赵庆云 著

创榛辟莽

近代史研究所与史学发展

社会科学文献出版社
SOCIAL SCIENCES ACADEMIC PRESS(CHINA)

范文澜先生1969年摄影。
（提供者：刘明远）

金毓黻

1961年在云冈石窟。 前排左起：范文澜、吕振羽、翦伯赞。（提供者：刘潞）

1956年苏联与蒙古学者访问历史研究所第三所时于所内花台前合影。由左至右分别为刘桂五、刘大年、苏联学者、蒙古学者、范文澜。（提供者：刘潞）

1960年10月，时为京都大学副教授的井上清首次访问近代史所，此为在近代史所会议室前的合影。左一为译员庞春兰。（提供者：刘潞）

中国科学院哲学社会科学部参加社教临别纪念，1966年1月12日摄于江西丰城。前排左一刘桂五；二排左五刘大年；三排左三曲跻武、右一王晶尧。（来源：人事处文书档案）

1960年左右于范老办公室前合影。前排左起：吴凤斌、王正烈、崔秀菊、王素、从翰香；中排左起：刘明逵、张中春、罗超、王明伦；后排左一黄德昭，右一谢珪造。（提供者：刘明远）

序 言

赵庆云新著《创榛辟莽：近代史研究所与史学发展》即将付梓，我已先睹，写下几句话。

近代史研究所"十七年"间的故事，现在很少人讲得完全了。我虽有 16 年时间担任研究所的负责工作，又在"文革"前进所，虽耳闻一些零星故事，也不能系统讲清楚近代史所与"十七年"史学的故事。我长期以为，近代史所的文书档案因"文革"动荡，早已不存于世，不免生有遗珠之憾。现在读了赵庆云的新著，方才知道他找到了近代史所"十七年"的文书档案，加上科学院的早期档案和个人日记以及回忆等资料，努力复原了近代史所"十七年"的历史，真是可喜可贺！

近代史所的历史，如果加上前身，已经过了 70 年。它的历史，它在中国科学院的地位和作用，它在新中国成立后对全国史学界的影响和发挥的作用，已经很少有人能说清楚了，包括今天在事领导诸公在内。这些已成为历史，成为历史学家的研究对象，成为一门学问了。赵庆云的研究意义也在于此。

70 年前建立的中华人民共和国，是中国共产党领导人民奋斗的产物。中国共产党的指导思想是马克思列宁主义、毛泽东思想。新中国的主流意识形态当然是以马克思列宁主义、毛泽东思想为指导。中国科学院建立，在史学领域，为什么首先建立近代史研究所，而不是首先建立历史研究所，这是一个令人感兴趣的话题。

范文澜作为延安马列研究院历史研究室主任和华北解放区华北大学历史研究室主任，他的史学专精在中国古代史，他下的功夫也在《中国通史简编》，虽然他也编著了《中国近代史》上册。为什么他坚决主张中国科学院首先要成立近代史研究所？我想这要回顾延安的整风运动。毛泽东在《改造我们的学习》中，非常郑重地提出要改造全党的学习方法和学习制度。他认为党内的学习存在三个方面的弊病：不注重研究现状，不注重研究历史，不注重马克思列宁主义的应用。他认为这是极坏的作风。谈到研究历史，他说："不论是近百年的和古代的中国史，在许多党员心目中还是漆黑一团。许多马克思列宁主义的学者也是言必称希腊，对于自己的祖宗，则对不住，忘记了。"他还进一步指出："对于自己的历史一点不懂，或懂得甚少，不以为耻，反以为荣。特别重要的是中国共产党的历史和鸦片战争以来的中国近百年史，真正懂得的很少。近百年的经济史，近百年的政治史，近百年的军事史，近百年的文化史，简直还没有人认真动手去研究。"为了克服党内学习方法的三个弊病，它有三个针对性的提议。在研究历史方面，他提议："对于近百年的中国史，应聚集人材，分工合作地去做，克服无组织的状态。应先作经济史、政治史、军事史、文化史几个部门的分析的研究，然后才有可能作综合的研究。"《改造我们的学习》是 1941 年 5 月在延安干部会议上的报告，它和《整顿党的作风》、《反对党八股》都是党的整风运动的基本文献。学习和贯彻这三篇基本文献，极大地改善了全党的学习方法和学习态度，提高了全党特别是高级干部的理论水平和政治水平。三篇文献是毛泽东思想的重要组成文献，是中国共产党取得新民主主义革命胜利的思想保证。

毛泽东所做研究近百年史的提议十分明确、具体。我们知道，范文澜在延安与毛泽东在研究中国历史问题上是有交流的。范文澜对毛泽东的思想理论水平是心悦诚服的。我认为，毛泽东在延安的这个提议，就是范文澜坚持在中国科学院首先成立近代史研究所的最重要的根据。

我在 1964 年 8 月进入近代史研究所，报到后两天就被所里派去参加 1964 年北京科学讨论会，任政法组秘书。1964 年北京科学讨论会是新中国建国以后举国家之力举办的一次最重要的国际学术讨论会，与会学者包括了文、史、哲、经以及自然科学各学科。我看到范文澜所长、刘大年副所长都是中国代表团组成人员，很活跃。在政法组，我看到刘桂五先生，也是很活跃的成员。刘桂五那时是近代史所的学术秘书，地位很重要。我在会上认识了安藤彦太郎先生和岸阳子小姐，他们两位后来结为夫妻，刘大年是他们两位的红媒。

说起刘桂五，我想起十多年前的一个故事。某年我在京西宾馆出席社科基金评审会。那里还有两院院士遴选会议在同时进行。我刚进房间坐定，就有人敲门。来人是中国科学院院士、中科院植物所一位老研究员。他进来对我说，看见社科基金的评审会在这里，他猜想一定会有近代史研究所的人参加，到会务组打听，知道了我的房间。他一进门就说，看见近代史所的人很亲切。他告诉我，1951年中国科学院作抗美援朝动员报告，报告人是近代史所的刘桂五。他说，刘桂五说话声情并茂，举手投足，他都印象深刻。老院士还说，近代史所在科学院的地位极其重要，很不一般。刘桂五不是近代史所负责人，科学院请他在全院作抗美援朝动员报告，这件事情在今天不可想象。刘桂五说话声情并茂，与我的了解是相同的，可见这位老院士的记忆是准确的。

赵庆云早些年从我攻读博士学位，研究范文澜、胡绳、刘大年与中国近代史学科体系问题，毕业后留所工作，很有成绩。他现在进入中国历史研究院历史理论研究所，是学有所归。

研究近代史研究所与"十七年"史学的关系，不是仅仅一个近代史所的问题，而是关系到全国史学发展方向的问题，很有理论意义。我觉得，他的研究值得学术界关注，特作赘言如上。

张海鹏

2019 年 3 月 16 日

于东厂胡同一号

目 录
CONTENTS

绪　论

一　选题意义

1949 年新中国成立后，伴随天翻地覆的政治变革，马克思主义史学进驻全国史坛的中心。"文革"前所谓"十七年"（1949～1966）史学，在中国马克思主义史学发展历程中具有至为重要的地位，中外学术界对此均已给予一定关注。因十年"文革"的史学大体可存而不论，则当代中国史学，需要着重关注"文革"前"十七年"及改革开放后 40 年这两个时段。[①]而要真正了解改革开放以来的史学，特别需要整理"文革"前"十七年"的研究状况，[②] 皆因这二者之间实质上存在无法割断的紧密关联。

就大陆学界而论，既有关于"十七年"马克思主义史学之研究主要着眼于以下几个方面。其一，史家研究。关于"史学五老"郭沫若、范文澜、翦伯赞、吕振羽、侯外庐，已有颇为可观的著述。专著如谢保成著《郭沫

[①] 也有学者将"十七年"史学与"文革"史学相提并论，认为"前三十年为第一阶段，这一阶段基本上是'泛政治化史学'时期，以农民战争史研究为代表的研究体系使中国史学完全政治化"（学术动态报道：《展望新世纪中国史学发展趋势》，《光明日报》2001 年 10 月 2 日，史学版）。这一看法不无偏颇，"十七年"史学与"文革"史学虽具有关联性，但二者无论如何都不可等同。"十七年"史学并非铁板一块，而是呈现出较为丰富与复杂的样态，不宜简单地以"泛政治化"一言以蔽之。

[②] 罗志田：《文革前"十七年"中国史学的片断反思》，《四川大学学报》2009 年第 5 期，第 5 页。

若学术思想评传》（北京图书馆出版社，1999）、陈其泰著《范文澜学术思
想评传》（北京图书馆出版社，2000）、王学典著《翦伯赞学术思想评传》
（北京图书馆出版社，2000）、张传玺著《新史学家翦伯赞》（北京大学出版
社，2006）、朱政惠著《吕振羽学术思想评传》（北京图书馆出版社，
2000）、方光华著《侯外庐学术思想研究》（生活·读书·新知三联书店，
2015）、杜运辉编《侯外庐先生学谱》（中国社会科学出版社，2013）等。
这类著述，由于论题集中，类似于掘井式的研究，自不乏深入细致之作，
尤其在资料开掘方面奠定进一步探讨的基础。惟此种以人物为中心的研究，
不免呈现"马太效应"，论述往往集中于少数著名史家，"史学五老"之下
如尹达等已难顾及，① 遑论其他生前身后均名声不彰的学人。而且，个案
研究亦天然有其局限，由于将关注焦点集中于个人，往往不易把握学术发
展的整体脉络及时代背景，甚至以研究对象之是非为是非，失去研究者应
有的裁断。值得注意的是，近年来学风丕变亦影响到学术史书写。在学界
近年绘制的现代中国学术地图中，一度被遗忘的王国维、陈寅恪、傅斯年、
钱穆等已然居于显著位置，受到空前重视；与此相对应，曾经主宰当代中国
史坛数十年的马克思主义史学则门庭冷落，甚而有被边缘化之虞。在此情势
下，以马克思主义学人为中心的典型个案研究，似呈难以为继之势。

　　其二，从史学思潮、史学流派着眼，侧重全景式把握和综论式评述。
主要论著有桂遵义著《马克思主义史学在中国》（山东人民出版社，
1992），肖黎主编《中国历史学四十年（1949～1989）》（书目文献出版
社，1989），周朝民等编著《中国史学四十年》（广西人民出版社，
1989），蒋大椿著《20世纪中国马克思主义史学》（罗志田主编《20世纪
的中国学术与社会·史学卷（上）》，山东人民出版社，2001），王学典著
《历史主义思潮的历史命运》（天津人民出版社，1994）、《20世纪后半期

---

① 近年来，在新中国成立后史学界"颇似中共史学界的发言人"（章群：《中共早期的历史
　　研究工作》，学海出版社，2000，第31页）的刘大年亦引起学界关注，周秋光、黄仁国撰
　　写《刘大年传》（岳麓书社，2009）；黄广友以《刘大年史学研究》为题完成博士学位论
　　文（山东大学历史学院，2010）。

中国史学主潮》（山东人民出版社，1996），王学典著《近五十年的中国历史学》（《历史研究》2004 年第 1 期），王学典、陈峰著《二十世纪中国历史学》（北京大学出版社，2009），张剑平著《新中国史学五十年》（学苑出版社，2005），姜义华、武克全主编《二十世纪中国社会科学·历史学卷》（上海人民出版社，2005），侯云灏著《20 世纪中国史学思潮研究》（北京师范大学出版社，2007）。

　　这些著述着眼于宏观脉络的把握，为我们勾勒了“十七年”马克思主义史学发展的总体面貌。但因论述范围广泛，难以进行具体深入的考察。其中王学典致力于马克思主义史学研究有年，善于通过建构理论概念来把握史学发展的大势，如发挥周予同、余英时之“史观派”、“史料派”概念，以二派之对抗消长为脉络纵论新中国成立以后的 50 年史学;[①] 以“历史主义”与“阶级观点”的冲突为主线条理马克思主义史学发展;[②] 以“新史学”、“新汉学”的斗争和轮回为主线来梳理整个 20 世纪中国史学。[③] 这些论述多有所见，较一般综论式的著作更为深入，在学界引起颇为热烈的反响。但此种以理论概念条理史事、以截然派分研治史学史的取径，仍不免存在局限。这些概念工具看似可以笼罩所有，实则有时与真实情况难以切合。由于著者的主观取舍，有意无意之间，或片面放大，或视而不见，在条理毕具、脉络愈益清晰的同时，仍难免陈寅恪所谓“其言论愈有条理系统，则去古人学说之真相愈远”的质疑。

　　此外，关于“十七年”间中国近代史学科的发展，张海鹏、龚云著《中国近代史研究》、张海鹏著《20 世纪中国近代史学科体系问题的探索》（《近代史研究》2005 年第 1 期）做了较为系统的梳理。关于某些重要史学理论问题的评述亦值得注意。主要有：龚书铎、李文海主编的“二十世纪中国学术论辩书系”，含《中国历史人物研究论辩》、《中国近代史基本线索的论辩》、《中华文明起源和民族问题的论辩》、《中国资本

　　① 　王学典：《近五十年的中国历史学》，《历史研究》2004 年第 1 期。
　　② 　王学典：《历史主义思潮的历史命运》，天津人民出版社，1994。
　　③ 　王学典、陈峰：《二十世纪中国历史学》，北京大学出版社，2009。

主义萌芽的学术研究与论争》、《中国农民战争史论辩》、《20世纪中国古史分期问题论辩》等专书；李振宏主编的"新中国学案丛书"，含《古史体系的建构与重塑》、《唯物史观与伦理史观的冲突》、《生存与抗争的诠释——中国农民战争史研究》、《民族历史与现代观念——中国古代民族关系史研究》、《世界眼光与本土特色——中国资本主义萌芽研究》等著作。此外，还有蒋海升著《"西方话语"与"中国历史"之间的张力——以"五朵金花"为重心的探讨》（山东大学出版社，2009）、张越著《"五朵金花"问题再审视》（《中国史研究》2015年第2期）等。这些论著从专题切入，对曾经引起史学界广泛争论的一些重要问题——尤其是所谓"五朵金花"——做了系统梳理和评析。

港、台学界的相关研究，主要有逯耀东著《中共史学的发展与演变》（台北：时报文化出版事业有限公司，1979）、吴安家著《中共史学批判论集》（台北：幼狮文化事业公司，1979）、章群著《中共早期的历史研究工作》（台北：学海出版社，2000）等著作。这些著作以综论介绍为主，著者之评论亦具批判眼光。然总体说来，其研究深度尚显不足，且限于资料，有些论述不无隔膜之处。

域外主要是美国、英国对"十七年"马克思主义史学给予了一定重视。费正清、刘广京、芮玛丽、邓嗣禹、房兆楹均曾撰写文章，评论中国史学会编纂的"中国近代史资料丛刊"，集中发表于1957年的《亚洲研究杂志》。由麦克法夸尔（Roderick MacFarquhar）负责的英国《中国季刊》，于1964年9月6日至12日组织召开关于中国马克思主义史学的理论研讨会。费维恺（Albert Feuerwerker）代表美国哈佛大学参加并主持会议。会议论文有对毛泽东的史学研究。而此前费维恺已出版其主编的《中国马克思主义史学》（1961），还主编了一本关于中国马克思主义史学研究情况的选编文集——《中国共产党人的中国近代史研究》（1961），对郭沫若、吕振羽、范文澜、胡绳、刘大年等人的著作，都有详细介绍。1968年，费维恺又主编论文集《共产党中国的史学》。此外，詹姆斯·P.哈里森（James P. Harrison）撰写的《中国共产党和农民战争》（1971）对马克思主义史学中农民战争问题的理论进行了研究。① 这些著述，以"他者"的视角审视大陆"十七年"史学，能予人以启迪，但仍不免止于介绍而失之浅简。

无须讳言，我们对"十七年"史学尚缺少真正具体深入的认识，其总体研究水平较晚清民国时段的学术史研究逊色不少。有学者指出，在我们今日的史学言说中，"十七年"史学某种程度上处于"失语状态"，以致造成我们自身学统的中断而不自知。② 不少学者视"十七年"史学为"完全政治化"的产物而不屑一顾。然而，学术发展有其内在延续性，"知新"必须建立在"温故"的基础之上。"十七年"马克思主义史学对中国史学此后的发展影响深远，其经验和教训在今天仍可以为我们提供借鉴。

近代以来，学术的进步与影响在很大程度上得力于学术机构、团体的作用。③ 20 世纪 20 年代，以北京大学国学门的设立为嚆矢，出现了专门的史学研究机构。就现代史学的发展而言，研究机构促进了史学研究的专门化、组织化、制度化与职业化进程，并构成某一史学流派的依托与载体，为学者的分工协作、资源整合、学术交流提供了平台。因而，史学机构在史学发展过程中发挥了极为重要的作用。近年来，台湾学者陈以爱所著《中国现代学术研究机构的兴起——以北京大学研究所国学门为中心的探讨（1922~1927）》④ 开其端，不少学者以学术机构或学术群体为研究对象来探讨学术史。⑤ 此种取径，超越单纯的文本分析阐释，关注学术

---

① 详见朱政惠《20 世纪美国对中国史学史的研究》，《史学史研究》2003 年第 4 期，第 5~7 页。

② 罗志田：《文革前"十七年"中国史学的片断反思》，《四川大学学报》2009 年第 5 期，第 5 页。

③ 参见〔美〕刘易斯·科塞《理念人：一项社会学的考察》，郭方等译，中央编译出版社，2001，第 29~38 页。

④ 陈以爱：《中国现代学术研究机构的兴起——以北京大学研究所国学门为中心的探讨（1922~1927）》，台北：政治大学历史系，1999。

⑤ 如蔡乐苏《蒋廷黻与清华大学历史系课程新模式的建立》，《北京社会科学》2004 年第 4 期；吴忠良《传统与现代之间：南高史地学派研究》，华龄出版社，2006；尚小明《北大史学系早期发展史研究（1899~1937）》，北京大学出版社，2010；陈峰《趋新反入旧：傅斯年、史语所与西方史学潮流》，《文史哲》2008 年第 3 期；陈峰《傅斯年、史语所与现代中国史学潮流的离合》，《清华大学学报》（哲学社会科学版）2010 年第 3 期；吴兴星《清华历史系的早期发展（1926~1935）》，硕士学位论文，华中师范大学历史文化学院，2012；等等。

建制层面的种种因素，聚焦于史学发展的基本生态环境，较此前以个人或论著为中心的研究，拓展了研究范围与视野；较仅以史学思潮为中心的宏观综论，又更为具体切实，因而对近代学术史、史学史研究有新的开拓。

不无遗憾的是，当下以学术机构为研究对象的取径，主要集中于晚清民国时段，尚未见用于新中国成立后"十七年"期间之史学研究。其原因或不止一端。但1949年前后学术研究机构的内涵颇有不同，当为要因。1949年前的史学机构，强调"为学术而学术"，相对独立于政治。① 如北京大学国学门、清华国学研究院、中央研究院历史语言研究所等，学人在其中切磋砥砺，即便政治局势跌宕起伏，仍在一定程度上保有学术研究的独立空间。新中国成立之后，史学既已被纳入意识形态建构的考量之中，自然与政治产生了紧密关联。概言之，新中国成立后的史学研究机构，"史学研究为政治服务"已成为天经地义，与民国时期主要以研究高深学问为职志的中研院史语所等史学机构自然颇异其趣。

但是，作为现代学术体制的产物，学术研究机构毕竟已经落地生根，虽有差异，然不离其宗。新中国成立后的史学研究机构，仍然主要承担着集聚专业史家以进行史学研究的功能，并在此过程中形成其自身的学术传统。即便在政治运动最为激烈之时，其学术研究工作仍未完全中辍；其学术精神与传统虽经"文革"浩劫，仍得以传承。就其本质而言，新中国成立后与民国时期的史学机构，具有诸多相同点。且因1949年后强调权力集中的政治体制，史学研究亦更注重自上而下的整体规划与推动，国家级史学研究机构对于引领全国史学发展无疑发挥着至为关

---

① 蔡元培创建中研院，是希望学术研究避免各种干扰，学人可以"静心研究，于中国文化上，放一点光彩，以贡献于世界"。中国社会科学院近代史研究所中华民国史室编《胡适来往书信选》（上），中华书局，1979，第395页。不过也应看到，中研院隶属国民政府，也在一定程度上受到政府制约，纯粹的学术追求在近代中国实际上难以实现。参见钱斌《学术自由与制度保障——以中央研究院为例》，《安徽史学》2010年第4期，第31~40页。

键的作用。进而言之，从某种意义来说，正因为与政治之间难以分割的纠葛，新中国成立后的史学机构较诸民国时期相对纯粹的学术机构，或许具有更为广阔的探讨空间。考虑及此，笔者乃欲从中国科学院近代史研究所这一深具典型意义的史学研究机构切入，来探讨"十七年"间史学发展的具体状况。

20世纪50年代的大陆史学界，自以马克思主义史学居于主导，甚而一统天下。然就马克思主义史学而论，也并非完全一致。论其脉络，可能还有"延安史学"与"重庆史学"之区分。抗战时期的延安与重庆，为马克思主义史学的两个中心。延安的马列学院历史研究室和中央研究院历史研究室，以范文澜为核心，一度颇具声势；抗战时期，郭沫若、侯外庐等人在重庆白区以国民政府的文化工作委员会为阵地，组建马克思主义史学队伍，并组织"新史学会"，"顾颉刚、张志让、周谷城等著名学者，都会聚到这面'新史学'的旗帜之下"。① 两地史学研究既呈现出诸多共性，也存在差异。其最为显著者是：延安史家更强调史学研究服务于现实革命之功用，体现出强烈的战斗性；重庆的马克思主义史家因白区环境的原因，从事相对纯粹意义的学术研究，其研究范围主要是中国古代社会史、思想史。② 新中国成立后，中科院近代史研究所与延安史学机构一脉相承，当为"延安史学"的继承者；成立于1954年的中国科学院历史研究所③，以郭沫若、侯外庐等为核心，并主要在中国古代史领域进行离现实较远的学术研究，在一定程度上或可视为"重庆传统"的化身。④

有学者认为，"延安史学在1949年以后突破了原有的区域限制，占据史坛的中心，成为中国大陆史学的主导范式。其治史理念、价值预设和理

---

① 侯外庐：《韧的追求》，上海三联书店，1985，第116、123页。
② 详参洪认清《抗战时期延安与重庆马克思主义史学的区域特色》，《三明学院学报》2006年第1期，第67～72页。
③ 1954年初成立时，分为中国科学院历史研究所一所、二所，1960年合并为历史研究所。
④ 此点承历史研究所彭卫先生提示。唯此类派分，只是大体而论，不宜绝对化。如历史所的重要人物尹达，即曾在延安史学机构待过一段时间。

论框架长期支配中国史坛，是当代马克思主义史学的直接源头"。① 此论
自有其见地。作为"延安史学"的化身、新中国成立后第一个国家级史
学研究机构，中科院近代史研究所无疑在中国马克思主义史学发展历程中
扮演了相当重要的角色，且在海内外具有深广的影响力。近代史所的范文
澜、刘大年、黎澍等人在"十七年"时期的史坛亦居于相当关键的位置，
一些影响全国的史学活动均有近代史所的主导或参与。某种意义上可以将
中科院近代史所视为 20 世纪五六十年代中国马克思主义史学发展的缩影。
本书着眼于"十七年"这一时段，将近代史研究所的学术研究置于当时
整个社会政治的宏观视野中，力图超越一般史学史的局限，进行多层面的
探讨，以展现"十七年"间马克思主义史学丰富、复杂的发展状况及曲
折的发展历程，并在此基础上对"十七年"史学加以省思，汲取其优势，
正视其缺失，以祈为当今史学提供某种借鉴。

二　资料概况与研究取径

　　笔者之所以选择以中科院近代史所这一史学机构为研究对象，一
方面固然因近代史所在"十七年"间中国史学界的重要地位，更因偶
然的机会得以查阅近代史所保存的 1950～1966 年为数颇丰的档案资
料。主要包括历年的学术计划、总结、学术会议记录、往来公文信函、
历次政治运动中的发言记录，以及人事档案资料。这些档案内容相当
丰富，涉及"十七年"间中科院近代史研究所发展以及整个中国史学
界的诸多方面。

　　近代以来，档案作为直接史料的价值受到史家重视。然而，档案自有
其局限，其中不乏应付检查的官样文章，若不以其他资料相互比对参证，
则难免陷于迷信档案、被档案误导之窠臼。如近代史所档案中，历年工作

①　林国华、陈峰：《论延安时期史学机构的产生、沿革及特点》，《山东大学学报》2006 年第
　　3 期，第 78 页。

计划构想均颇为详尽，然而不少计划徒具空文，并未落实；历次政治运动中的材料，如整风材料、自我检查、"大字报"等，亦因当时特殊的政治环境而不无刻意造作、夸大甚至歪曲之处。① 似此必须谨慎对待，细加甄别，不可过于依赖、轻信档案文献，以免被其误导。

　　研究此项课题，笔者也比较重视私人所藏未刊资料。由于近代史所一些老人尚健在，笔者的研究课题又获得蔡美彪、张振鹍、李瑚、曲跻武、张海鹏、曾业英、朱东安、韩信夫、荣维木等前辈学者的大力支持。蔡美彪先生提供了所珍藏的信函。张振鹍先生将他与沈元 1965 年在山东黄县下丁家口子村搜集到的大量村史资料，以及其兄张振鹤所写《沉冤二十二年》等资料见示。李瑚先生则提供了他的日记手稿，以及其所整理的《本所十年大事简记（1951～1960）》。此外，笔者还蒙刘潞先生提供刘大年保留的大量未刊文献，包括日记、文稿、读书札记、往来信函等。这些学人的私密性资料多带有个人的情感烙印，有助于把握当时学人之人脉关系及各自心路，对本课题之研究弥足珍贵。尤其是刘大年、李瑚等学人的日记，虽然较为简略且含蓄，亦未连贯始终，然重要事情均有记载，且从中可以窥见其当时的心境感受。

　　公开出版的著作论文为学术史研究资料之大宗，其重要性自不待言。近代史所学人虽然在"十七年"间成果难如人意，然公开出版的著述亦复不少。论及学术发展，当然还需以学人著述为基础。惟此种文献，搜罗虽然不难，准确解读则须细致深入。有学者指出，文章结集出版时已从最初发表的期刊中抽离，"于原本脉络中本可一目了然的意义，必然有所失落"；且结集时往往已经过编者的着意编排，未必能保持原貌。② 因此，对于相关论文，力求广泛阅览论文最初发表的期刊，以准确把握其历史语境和脉络，以尽量避免误读错解。同时还须看到，原文与文集可能具有不

①　不过，对这些资料还是不可轻忽，关键在于如何才能恰如其分地加以解读。若能准确把握当时的政治氛围，透过这些歪曲夸大之处，亦可以窥见当时学人的真实心迹。

②　陈以爱：《学术与时代：整理国故运动的兴起、发展与流衍》，博士学位论文，台湾政治大学历史系，2001，第 3～4 页。

同的史料价值。透过原文虽可窥见原初的历史语境，但与文集相对照更可能发现学者思想观点之变化和学术脉动之表征。

近年来，不少传记资料相继出版，包括日记、书信、回忆录、年谱等。如《夏鼐日记》、《五石斋文史札记》、《红尘冷眼》、《静晤室日记》、《顾颉刚日记》等，其中均有不少涉及近代史所学人人际网络、学术活动的相关资料，亦值得重视。

除此而外，笔者还投入相当多的时间精力，进行口述访谈。采访近代史所学人数十人次，收获颇丰。有些隐晦难解之史事，访谈时往往一语道破其背景即豁然开朗。而且，通过对一些亲历者的访谈，也可获得一种历史感，在一定程度上重返历史现场。不过无须讳言，访谈者自身记忆可能不清，且大多难免带有一定主观性；不同访谈者对同一事情的叙述往往有抵牾之处。职是之故，使用访谈资料尤须慎重辨别。

概而言之，虽然在史料搜集、发掘方面已颇费功夫，然而相对于研究的问题来说，又深感史料之不足。史料永难穷尽，而解读史料、寻绎史料背后隐藏的含义，更考验研究者的眼光和识力。

笔者亦自我警醒，不可一味依赖新资料，反而对于习见的史料视而不见。傅斯年的论述可引为鉴戒："必于旧史料有功夫，然后可以运用新史料；必于新史料能了解，然后可以纠正旧史料。新史料之发见与应用，实是史学进步的最要条件；然而但持新材料，而与遗传者接不上气，亦每每是枉然。从此可知抱残守缺，深固闭拒，不知扩充史料者，固是不可救药之妄人；而一味平地造起，不知积薪之势，相因然后可以居上者，亦难免于狂狷者之徒劳也。"[1]

本书以近代史研究所为切入点，所着眼的则是"十七年"间的马克思主义史学之发展。力图通过尽量挖掘、搜罗、综览不同类型的史料，相互比对各种公开发表的论文专著与档案文献及私人记述，不求面面俱到，而着重从近代史所之人才集聚、科研组织、机构运作、学科建设、研究理

---

[1]　傅斯年：《史学方法导论》，《傅斯年史学论著》，上海书店出版社，2014，第 26 页。

念、成果刊布、与"十七年"史学界之关联等几个方面做较为具体、深入的探讨。进而言之，本书在考察学者之史学研究的同时，将相当部分的笔墨放在钩稽学人的具体学术活动和人脉关系，力图将学人之"学"与其"行"紧密结合起来加以考察，见之于行事，梳理脉络，把握头绪，从而尽可能地接近历史实际。①

　　大体而论，历史研究只有先弄清"是什么"，在此基础上才能进一步研究"为什么"。在"是什么"尚模糊不清之时，我们对"十七年"史学之研究，实有必要超越批判或者捍卫的价值立场，充分挖掘史料，重返特定的时空语境，厘清"十七年"间以"革命"为基调的时代背景之下学人在政治与学术之间不无纠结困扰的实际作为，探讨其种种学术理念构想在具体实践中受到何种局限，进而对"文革"前"十七年"间马克思主义史学发展的丰富与复杂样态有更深入的认识。

---

① 此种方法取径，桑兵先生多有阐发。笔者力有不逮，然虽不能至，心向往之。桑兵：《晚清民国的学人与学术》，中华书局，2008，第 7 页。

第一章 近代史所的渊源及筹设背景

一 延安史学机构之沿革

中科院近代史研究所直接渊源于延安一脉史学研究机构。或因毛泽东对历史的偏爱，中国共产党极具历史意识。1937 年 4 月初，张闻天受中共中央委托，在延安抗日军政大学组织成立"中国现代革命运动史研究委员会"，成员有刘亚楼、张爱萍、杨兰史、郭全、莫文骅，朱德也偶尔参加活动。此团体以编写教材、培训学员为职志。① 1937 年冬延安解放社印行张闻天组织编著的《中国现代革命运动史》铅印本，此书为系统运用马克思主义观点分析研究中国近百年历史的开创之作，对后来范文澜的中国近代史研究有所影响。②

1938 年 5 月 5 日，延安马列学院成立，张闻天兼任院长。马列学院虽仅为一个培训性质的学校，却能注意将学习和研究相结合。③ 第一班学员尹达和佟冬，以及自北平赴延安、曾做过大学讲师的杨绍萱，三人成立

---

① 莫文骅：《〈中国现代革命运动史〉的写作经过》，张闻天编著《中国现代革命运动史》，中国人民大学出版社，1987，第 415～418 页。

② 桑咸之等：《重读张闻天编著的〈中国现代革命运动史〉》，《中共党史研究》1989 年第 1 期，第 88～89 页；胡华：《读张闻天编著的〈中国现代革命运动史〉》，张闻天编著《中国现代革命运动史》，第 419 页。

③ 邓力群：《我对延安马列学院的回忆与看法》，吴介民主编《延安马列学院回忆录》，中国社会科学出版社，1991，第 8 页。

历史研究室，隶属教务处。陈伯达被任命为主任，"但他只是挂个名，极少过问研究工作，似乎是一个局外人"。① 总体说来，此时的历史研究室尚属草创，并无多少实绩。1940 年 1 月，在刘少奇的安排下，范文澜几经周折到达延安。由于范文澜的到来，延安史学很快呈现出新局面。范氏亦成为延安史学之核心人物。

范文澜，字仲沄，号芸台。1893 年 11 月 15 日出生于浙江绍兴，自幼接受传统经史教育。1913 年考入北京大学文预科。翌年入文本科国学门，受业于国学名家黄侃、陈汉章、刘师培等人，以"追踪乾嘉诸老"为职志，受到古文经学的熏陶与考据学派的严格训练，为后来转入史学研究奠定了基础。② 1917 年 6 月，范文澜担任蔡元培的私人秘书，翌年初至沈阳高等师范学校任教。1922 年应天津南开学校校长张伯苓之邀赴南开中学任国文教员。1925 年任南开大学教授，应顾颉刚之约加入朴社，体现出继承清儒朴学传统的志趣。1925 年出版《文心雕龙讲疏》一书，学界名流梁启超高度评价曰："征证详核，考据精审，于训诂义理，皆多所发明。"③ 是年五卅反帝爱国运动兴起，在救亡图存的时代大潮激荡下，范氏无法静坐于书斋，毅然参加中共领导的天津市各界反帝大游行，由固守于纯学术之象牙塔的"旧国学传人"转变为献身民族革命事业的知识分子。④ 1926 年秋，范氏在天津加入中国共产党，从事革命活动，在课堂上和接触学生时"常谈国外国内大势和共产主义"⑤，招致当局忌恨。1927 年 5 月天津警察局欲将其拘捕，幸得张伯苓协助方脱离虎口，暂避北京。作为讲师，先后在北京大学、北京女子师范大学、中国大学、朝阳

---

① 叶蠖生：《我所了解的中国历史研究室》，温济泽等编《延安中央研究院回忆录》，湖南人民出版社，1984，第 69 页。

② 朱瑞熙、徐曰彪：《范文澜》，陈清泉等编《中国史学家评传》（下），中州古籍出版社，1985，第 99 页。

③ 梁启超：《〈文心雕龙讲疏〉序》，新懋印书局，1925，第 2 页。

④ 对于范氏的思想转变，叶毅均有较深入的探讨。详参氏著《为何成为马克思主义史学家？——范文澜学术思想前传》，博士学位论文，新竹清华大学历史研究所，2017。

⑤ 《范文澜同志生平年表》，中国社会科学院近代史研究所编《范文澜历史论文选集》，中国社会科学出版社，1979，第 351 页。

大学、中法大学、辅仁大学任教。① 他还秘密参加了北平左翼文化团体如左联、社联及互救会的活动。1930 年 9 月，阎锡山的宪兵在其住处搜出《红旗》等书报文件，将其监禁。经北平各大学教授联名营救，两周后获释。1932 年出任北平大学女子文理学院国文系主任，次年 10 月接任该院院长。其间与鲁迅多有交往。② 1934 年 8 月以"共党嫌"被北平宪兵逮捕，解往南京。时任中央研究院院长蔡元培出面营救，次年初获释。1935 年 1 月回到北平，在辅仁大学等任教，但行动受到监视。时日本侵略野心正炽，家国陵夷，范氏以满腔孤愤在抗战爆发前夕编写通俗历史读物《大丈夫》，"志在叙述古人，发扬汉族声威，抗拒夷狄侵陵的事迹"。③蔡美彪认为，此书的出版在其著作生涯中是一个转折，"从继承汉学家法，校勘考释，转而编写贡献于民众教育的深入浅出的读物，为而后《中国通史简编》一书的编写，开拓了先路"。④

1936 年暑假，范氏应聘到河南大学文学院任教上古史、文学史、经学。次年七七事变后全力投身抗日救亡运动，为王阑西、嵇文甫等编辑的《风雨》周刊撰稿，主编《经世》战时特刊，宣传中共抗日主张。还与嵇文甫发起成立河南大学抗敌工作训练班，编写《游击战术》一书作为教材。1938 年参加新四军游击队，被誉为"文武双全的民族英雄"。⑤

1922 年至 1936 年间，范文澜已完成一系列学术著作，涉及经史子集各个领域，获得主流学术界的认可。1940 年到达延安后，其时边区"文协"第一次代表大会正在召开，由于此前的学术名望，范文澜被选为执行委员。中共中央将其安排至马列学院历史研究室工作。大体同时入历史

①　《范文澜同志生平年表》，《范文澜历史论文选集》，第 351 页。
②　《鲁迅全集》第 16 卷，人民文学出版社，2005，第 334～335 页。
③　范文澜：《大丈夫·凡例》，《范文澜全集》第 6 卷，河北教育出版社，2002，第 168 页。
④　蔡美彪：《范文澜》，中国社会科学院科研局编《中国社会科学院学术大师治学录》，中国社会科学出版社，1999，第 146 页。
⑤　铁夫：《范文澜先生》，《中国青年》第 1 卷第 10 期，1939 年 10 月。

研究室的还有谢华、叶蠖生、金灿然、唐国庆，[①] 研究室人员增至 8 人。不久，范氏取代陈伯达成为历史研究室主任。[②]

　　毛泽东将史学与正在进行的革命事业紧密结合起来。在 1938 年 10 月的中共六届六中全会上，他针对"教条主义"提出"马克思主义中国化"的命题，主张将马克思主义理论与中国革命实际相结合。所谓中国革命实际，包括中国的现实与历史两个层面。毛泽东明确指出："指导一个伟大的革命运动的政党，如果没有革命理论，没有历史知识，没有对于实际运动的深刻的了解，要取得胜利是不可能的。"[③] 显然，毛泽东将历史研究与马克思主义革命理论相提并论，将之提升到了攸关革命成败的高度。1940 年正处于整风运动的酝酿时期，毛泽东力图扫清俄式话语对中共革命的影响，重塑意识形态体系，同时在思想文化领域也要同国民党争夺话语权。这两方面的任务，均须倚重史学的参与，历史研究室因而获得了强有力的政治支持。

　　范文澜很快接到毛泽东要求用新观点编写简明中国通史的任务。当时党内史学家不乏其人，为何此前主要从事经学、古典文学研究的范文澜被毛泽东看中而委以撰写通史之重任？这或许与范氏身兼"新"、"旧"不无关系。他有深厚的旧学功底，并服膺马克思主义，对新学有自己的领会。有学者指出，范文澜之通史撰著，得力于其早年的经学训练者甚多。[④]

　　范氏组织研究室人员佟冬、尹达、叶蠖生、金灿然、唐国庆等人着手编撰，具体分工为：范文澜任第一编；佟冬、尹达、范文澜任第二编；叶蠖生、金灿然、唐国庆、范文澜任第三编。从叶蠖生、佟冬二人的回忆来看，范文澜最初的设想是仿效司马光撰《资治通鉴》的做法，让其他人仅做资料长编，

---

　　①　谢华在大革命时期参加革命，长期从事白区的地下斗争。到延安后先在军事部门工作，因爱好历史，自己要求进历史研究室；叶、金、唐 3 人均为马列学院毕业的学员。参见叶蠖生《我所了解的中国历史研究室》，温济泽等编《延安中央研究院回忆录》，第 70 页。

　　②　叶蠖生：《我所了解的中国历史研究室》，温济泽等编《延安中央研究院回忆录》，第 70 页。

　　③　《毛泽东选集》第 2 卷，人民出版社，1991，第 533 页。

　　④　周文玖：《范文澜的经学与史学》，《史学史研究》2014 年第 4 期，第 54～64 页。

而由他来统一撰写。但实际上除金灿然外，其余各人并不止于编纂资料，还着手撰史并有所论述，以致文风、观点各异。① 即范氏所言："稿子是齐了，有的太详，有的太略，不甚合用，中宣部索性叫我从头写起。"②

范文澜充分展现了其深厚的国学功底及对马克思主义理论的熟练运用，于 1940 年 8 月至 1941 年底撰成约 60 万字的书稿，上册于 1941 年 9 月、中册于 1942 年 12 月由延安新华书店出版。出版后风行一时，广受欢迎。撰著过程中，范氏曾请教毛泽东。毛泽东不止一次对他说："写中国历史要'夹叙夹议'。"③ 范氏运用马克思主义观点贯通叙述中国历史，充分展现了其深厚的国学功底。《中国通史简编》堪称开拓之作，与此前的"正史"及各种通史判然有别。毛泽东对《中国通史简编》评价甚高，"认为我们党在延安又做了一件大事。说我们共产党人对于自己国家几千年的历史，不仅有我们的看法，而且写出一部系统的完整的中国通史，这说明我们中国共产党对于自己国家几千年的历史有了发言权，也拿出了科学的著作了"。④ 相较于此前左翼史著偏于"社会发展史"的空疏，范著通史的特点在于"将他们所持的观点和方法论，用大量的具体的历史材料给以表现。在全书中几乎找不到他们特意解释自己的观点的地方，然而在历史事件的叙述中却到处被上述的观点贯穿着。将观点、方法藏在材料的隐避物内，所写出的才是真实的中国历史，而不是架空的社会发展的公式"。⑤

《中国通史简编》在延安出版，为在国统区发行方便，编著者不称马列学院历史研究室，而称"中国历史研究会"。此书出版后风靡一时，令国民党当局颇为不安。1942 年 2 月 9 日，国民党中央图书杂志审查委员

① 叶蠖生：《我所了解的中国历史研究室》，温济泽等编《延安中央研究院回忆录》，第 71 页；佟冬：《我的历史》，《中国当代社会科学家传》第 4 辑，书目文献出版社，1983，第 83 页。

② 范文澜：《关于〈中国通史简编〉》（原载《新建设》1951 年第 4 卷第 2 期），《范文澜全集》第 8 卷，河北教育出版社，2002，第 664 页。

③ 潘汝暄：《范文澜传略》，《中国现代社会科学家传略》第 4 辑，山西人民出版社，1983，第 214 页。

④ 佟冬：《我的历史》，《中国当代社会科学家传》第 4 辑，第 83 页。

⑤ 金灿然：《〈中国通史简编〉是怎样写成的》，《解放日报》1941 年 12 月 13 日，第 3 版。

会对《中国通史简编》的审查意见为："经查该书内容曲解史实，强调阶级意识，是以淆惑听闻，动摇青年信念，触犯审查标准，应即予以查禁。"① 1947 年 7 月 17 日，南京《中央日报》发表题为《介绍一部历史奇书》的社论，攻击《中国通史简编》为"一部亡国主义的宣传品，这部宣传品的宗旨在教导一般青年仇视祖国、背叛祖国，另觅外国做他们的宗主"。令南京当局始料未及的是，这一社论反令《中国通史简编》声名远播。1947 年 10 月 9 日，国民党中宣部副部长陶希圣向"中央社"发表谈话，直接攻击范著，随后对之公开查禁。②

1941 年 7 月，"马列学院"改组为"马列研究院"。是年 9 月，"马列研究院"复更名为"中央研究院"，这一名称改易，也体现出反"教条主义"的意味。中央研究院"为培养党的理论干部的高级研究机关，直属中央宣传部"。③ 其研究工作采取分科设室、专家指导的原则，共设 9 个研究室，历史研究室改名中国历史研究室。范文澜被任命为中央研究院副院长兼中国历史研究室主任。叶蠖生担任研究室秘书，协助组织研究工作。改组后，原有成员谢华、尹达、唐国庆调离（其中谢华在整风开始后又回到研究室），补充了大量新成员：特别研究员齐燕铭和吕振羽④，研究员刘亚生；此外尚有研究生陈道、宗箢、李徽、孙孝实、夏奇峰、胡朝芝、湛湘汉等。陈、宗、李三人于抗日战争前参加工作，其他几位都是抗战后从各地奔赴延安的爱国青年。至 1943 年初，成员发展至 20 余人。

1942 年 3 月 18 日，延安中央研究院整风运动开始，历史学者集中学习整风文件，研究工作只得中断。1943 年 5 月，中央研究院改组为中共

---

① 中国第二历史档案馆编《中华民国史档案资料汇编》第 5 辑第 2 编《文化》（一），江苏古籍出版社，1998，第 627 页。

② 俞筱尧：《〈中国通史简编〉在国统区》，《书林随缘录》，中华书局，2002，第 426～433 页。

③ 《关于延安干部学校的决定》（1942 年 12 月 17 日），转引自李维汉《中央研究院的研究工作和整风运动》，温济泽等编《延安中央研究院回忆录》，第 7 页。

④ 齐燕铭曾在中国大学任讲师，为著名经学家吴承仕的得意门生；吕振羽曾任中国大学教授，1936 年入党，1942 年到延安，此时已有较高的学术声望。叶蠖生：《我所了解的中国历史研究室》，温济泽等编《延安中央研究院回忆录》，第 73 页。

中央党校三部，中国历史研究室成员也被调离，原历史研究室形式上已不复存在。范文澜调中宣部历史组，根据部署分工编写中国近百年政治史。至 1945 年末完成自鸦片战争至义和团运动部分，手稿由叶蠖生整理，1946 年以《中国近代史》上编第一分册之名在延安出版。

当时研究条件颇为艰苦，尤其缺乏图书资料，连 "《农政全书》、《天工开物》 这类书都找不着，有关史学的杂志新书，更是难以看到"。① 据佟冬回忆，历史研究室是在只有一部二十四史的情况下开始研究工作的。② 范氏亦坦言："过去在延安的时候，图书馆很小，书一共就是那么几本，靠那几本书就写起近代史来了。"③

1945 年 11 月，晋冀鲁豫边区政府主席杨秀峰、副主席戎子和遵照中共中央指示，决定创办北方大学，培养急需的建设人才。12 月组成以杨秀峰为主任的北方大学筹备委员会，校址定在文化一向比较发达的河北省邢台县。④ 经中共中央推荐，边区政府任命范文澜为北方大学校长。范氏于 1946 年 4 月抵达邢台开始履职。

北方大学开设 7 个学院，形式上更接近于正规综合大学。⑤ 其历史研究与教学始于 1946 年初，时有历史教员 3 人，且成立了历史小组。1946 年 7 月教师增至 5 人，在范文澜指导下成立历史研究小组，以编纂教材为主要任务。1947 年初，范文澜接中宣部电报，要其聚集人才研究历史。是年 8 月，北方大学成立历史研究室，范文澜兼研究室主任，刘大年任副主任。1947 年秋至次年初，叶丁易、王冶秋、尚钺等先后从国统区来到北方大学，历史研究室一时人才称盛，人员由研究员 8 人、研究生 1 人增为研究员 11 人、研究生 3 人，除前述范、刘、叶、王、尚外，还有荣孟

---

①　范文澜：《关于〈中国通史简编〉》，《范文澜全集》第 8 卷，第 665 页。

②　佟冬致张剑平信，转引自张剑平《谈〈中国通史简编〉在延安的问世》，《延安大学学报》1991 年第 4 期，第 88 页。

③　"范文澜发言"，《克服理论宣传工作中教条主义习气问题座谈会记录摘要》，《学习》1956 年第 7 期，第 13 页。

④　《北方大学工学院史料》，北京理工大学出版社，1995，第 419 页。

⑤　刘大年：《北方大学记》，《近代史研究》1991 年第 3 期，第 184～185 页。

源、尹达、王可风、王南、刘桂五、纪志翘、牟安世等。研究室的主要任务为修订《中国近代史》和《中国通史简编》，同时亦给各学院授课。[①]

据荣孟源回忆：范文澜任北方大学校长后，"因为眼疾影响了写作，但他对于修改《中国通史简编》和写完《中国近代史》等工作念念不忘。1947 年新年一过，他就开始修订《简编》，暑假时又开始续写和修订《中国近代史》"。[②] 范文澜在 1949 年华北大学版《中国近代史》的"再版说明"中提及："1947 年秋华北新华书店翻印时，北方大学历史研究室诸同志曾校订一次，略有增删。"[③] 在此期间，对于刘大年写作《美国侵华简史》，从资料搜集到撰著成书、修改出版，范氏均给予全力支持。

1948 年春夏，中共中央决定将华北联合大学与北方大学合并，组成华北大学（是为中国人民大学之前身），吴玉章任校长，范文澜、成仿吾任副校长，校址设在正定。8 月 1 日，华北大学正式成立，范文澜兼任研究部主任，研究部下设法学、经济、语言、历史 4 个研究室。研究室设在正定王士珍旧居。

华北大学历史研究室与北方大学历史研究室一脉相承，范文澜任历史研究室主任，刘大年任副主任。研究人员结构亦基本延续下来。在 4 个研究室中，历史研究室颇受重视。二部之社会科学小组取消，小组 4 人入历史研究室，进行中国社会史研究。[④] 刘大年还将华北大学学生唐彪、贾岩调入研究室。[⑤] 其主要课题包括：几个青年帮助范文澜修订与续写《中国通史简编》；范文澜带头、刘大年实际领导《中国近代史》的编写、修订，并于 1949 年由华北大学出版修订版。[⑥]

---

① 韩辛茹主编《回忆北方大学》（内部刊行），北方大学校友会、长治市地方志办公室，1991，第 23～24 页；刘大年：《北方大学记》，《近代史研究》1991 年第 3 期，第 185 页。

② 荣孟源：《范文澜同志在延安》，温济泽等编《延安中央研究院回忆录》，第 186 页。

③ 范文澜：《中国近代史·再版说明》，华北大学出版社，1949。

④ 刘潞、崔永华编《刘大年存当代学人手札》，内部印行，中国社会科学院近代史研究所，1995，第 21 页。

⑤ 《致艾思奇及复函》（1948 年 9 月 3 日），王玉璞、朱薇编《刘大年来往书信选》（上），中央文献出版社，2006，第 12 页。

⑥ 赵俪生：《篱槿堂自叙》，上海古籍出版社，1999，第 130 页；范文澜：《中国近代史·再版说明》；程文：《吴玉章在华北大学》，黄达主编《吴玉章与中国人民大学》，山西教育出版社，1996，第 104 页。

历史研究室还承担中宣部为迎接全国解放组织编写历史课本的工作。王南、荣孟源、刘桂五、彭明等几位参与。[①] 至 1949 年 3 月 1 日，所编近代史课本上册（鸦片战争到辛亥革命）已经付印，下册（五四至现在）也已写好初稿。[②]

1949 年 3 月，华北大学迁入北平。4 月，华北大学历史研究室由正定迁来北平东城王府井大街东厂胡同一号，[③] 对外称华北大学历史所。1950 年 5 月归入中国科学院近代史研究所，成为中国科学院名下第一个成建制的史学研究机构。

以上大略梳理了新中国成立前延安马克思主义史学研究机构的创建与发展脉络。虽然这一研究机构最初的任务是编纂《中国通史简编》，但在推重致用的史学理念引导之下，后来实际上将研究之重点转入和现实斗争联系尤为紧密的中国近代史领域。[④]

延安史学机构虽偏居一隅，其声势和影响却不可小觑，甚而引起了国民党统治区主流史学界的震动。据顾颉刚日记记载，1943 年 3 月 24 日重庆成立中国史学会，即可能意在应对当时延安史学机构之兴起构成的挑战。[⑤]

在延安一脉史学机构的发展沿革中，范文澜无疑起着灵魂与核心作用，他不仅是行政上的领导，亦为学术研究上的领衔者。机构设置名目虽几经变化，然均以范文澜为依归，其实际工作亦以范氏撰著修订《中国通史简编》及《中国近代史》为中心。

陈其泰认为，范文澜治史具有浓厚的中国民族特色，堪称毛泽东的学

---

① 彭明：《范文澜治史的我见我闻》，《文史知识》2000 年第 12 期，第 71 页。

② 《张仲实来函》（1949 年 3 月 1 日），王玉璞、朱薇编《刘大年来往书信选》（上），第 27 页。

③ 此处此前为北京大学文科研究所所在地，亦为胡适、傅斯年、汤用彤、梁思永、郭宝钧等人居住处。

④ 金灿然认为："研究历史的目的既然主要的在认识中国，帮助目前的革命实践。在这种意义上，近代史的重要性便远过于古代史，近世史的重要性更远过于古史。"金灿然：《〈中国通史简编〉是怎样写成的》，《解放日报》1941 年 12 月 14 日，第 3 版。

⑤ 《顾颉刚日记》第 5 卷，台北：联经出版事业公司，2000，第 50 页。

术知音，彼此在精神上有强烈共鸣。① 许冠三且强调，"范文澜的史学思想是最具中国特色的历史唯物论，它和马克思主义史学的关系，亦如毛泽东思想之于马克思主义"。② 范文澜与毛泽东非同寻常的关系，在一定程度上也影响了此后的近代史研究所之地位与特色。

总体说来，延安一脉史学研究机构之特点有以下数端：

其一，热衷于学习唯物史观理论，以毛泽东的史学思想及具体论断作为研究的直接指导，"学习马列主义、毛泽东思想是范老首先注意的问题"。③ 这也在一定程度上决定了其在新中国成立后史坛之政治优越性和正统性。

其二，强烈的以史经世取向。马列学院历史研究室、中央研究院中国历史研究室的成立无不与现实政治斗争息息相关。以史学服务于抗日救亡、革命斗争，成为延安史家的共识。为增强政治动员的现实功用，自无暇从事窄而深的专题研究，其史著重在普及，多明白晓畅，通俗易懂。如范文澜著《中国通史简编》、《中国近代史》文字力求雅俗共赏。不过，相较于许立群的《中国史话》、韩启农的《中国近代史讲话》、曹伯韩的《中国近百年史十讲》等通俗史学读物，范氏著述之学术性无疑远胜。换言之，普及与提高并非必然排斥之关系，延安史学机构虽注重历史知识普及，然亦不轻忽其学术追求。学术通俗化在革命与战争年代自有其必要性。南京国民政府之中央研究院即因轻视学术普及而受到批评。④

其三，注重集体协作。有学者指出，集体主义"是马克思主义重构社会的原点，也是共产党人改造和自我改造的基础"，⑤ 强调集体合作有

---

① 陈其泰：《范文澜与毛泽东：学术的关联和风格的共鸣》，《当代中国史研究》2001 年第 2期，第 111 页。
② 许冠三：《新史学九十年》，岳麓书社，2003，第 446 页。
③ 荣孟源：《学习范文澜同志》，《光明日报》1981 年 6 月 28 日。
④ 批评者曰："闻共匪所设立的伪中央研究院有基于所谓马列主义的中国通史之编印，为什么中华民国的中央研究院不能依据宪法，有基于三民主义的中国通史之纂辑？"《中央研究院的使命》，《申报》1947 年 10 月 16 日。
⑤ 黄道炫：《抗战时期中共干部的养成》，《近代史研究》2016 年第 4 期，第 41 页。

此思想基础。加之在当时极艰难的条件下，延安史学机构虽集中了中共方面的学术精英，然毕竟偏处一隅，学术资源较为有限，人员流动较为频繁，研究队伍的职业性、稳定性均难免有所欠缺。强调计划、强调集体协作，遂成为一大特色。在编纂《中国通史简编》过程中形成了分工合作集体撰著的模式，① 其间范文澜等人对年轻学者倾注心血给予指点，使之得到学术训练。这种集体模式在新中国成立后得以延续，且进一步发展强化。

概而言之，自马列学院历史研究室、中央研究院历史研究室，到北方大学历史研究室、华北大学历史研究室，直至新中国成立后的中科院近代史研究所，昭示了延安马克思主义史学萌生、发展的演变脉络。② 延安史学在新中国成立后也在很大程度上形塑了马克思主义史学的基本形态。无须讳言，因其过于强调服务于现实政治，不免滋生实用主义之弊，且对此后中国的史学发展产生了深远影响。

二 近代史所之筹设

1950 年 5 月，中国科学院近代史研究所成立，是为新中国成立后第一个国家级史学研究机构。近代史研究所承接延安史学之脉络，主要以华北大学历史研究室人员为班底，其进驻全国史坛之中心，昭示了延安史学在新中国成立后的正统地位。令人不无疑惑的是，中科院为何率先成立近代史研究所，而非涵盖更为全面的历史研究所？时人

---

① 虽然最终因初稿风格各异难以统一，但金灿然等按照范氏要求编写的材料札记还是发挥了作用。叶蠖生：《我所了解的中国历史研究室》，温济泽等编《延安中央研究院回忆录》，第 71 页。

② 台北学者林美莉认为："1950 年 5 月 1 日，以北平研究院史学研究所与中央研究院历史语言研究所图书史料整理处作为基础，设立中国科学院近代史研究所。"（林美莉：《中共政协"文史资料"工作的推展，1959～1966——以上海经验为中心》，《新史学》2015 年第 3 期）此说不确。从人员上来说，中科院近代史所与民国时期的中央研究院历史语言研究所和北平研究院史学研究所并无关系。真正以北平研究院史学研究所与中央研究院历史语言研究所为基础设立者，应为中国科学院考古研究所。

对此如何认识，主持其事者有哪些考量？笔者爬梳相关档案文献及访谈资料，发现此一举措背后不仅牵涉到郭沫若、陶孟和、范文澜、陈寅恪、陈垣、向达等著名学者，亦折射出新中国成立初期史学界新、旧阵营微妙的紧张关系。

　　1949 年 7 月 13 日，周恩来宣布：不久的将来必须成立为人民所有的科学院。① 9 月 7 日，周恩来在新政协筹备会各界代表的会议上作关于共同纲领草案初稿的报告，第 43 条就有"设立科学院为国家最高的学术机关"之语。②

　　1949 年 6 月，在中宣部部长陆定一主导之下，中国科学院开始筹建工作。③ 9 月，由钱三强、丁瓒起草的《建立人民科学院草案》强调：过去两大国立研究机关——中央研究院和北平研究院——各自为政，设置的研究所叠床架屋。但两院毕竟有 20 年的积累，新的科学院应在此两院基础上加以整理改组。并建议：中研院史语所"大部分已移到台湾，其中不肯去的，现在留在南京一部分到了北平……历史部分，没有成为一个特殊单位的必要，可以并入各大学中。两所中的考古部门，可以合并，由郭沫若主持之，地点集中在北平，名称可以叫做考古学研究所"。④ 10 月 26日，原华北大学历史研究室成员赵俪生则提出，新史学建设的具体表现便是新的通史、新的断代史和新的专史之写定，新时代的人民有理由向史学工作者"要求一部精严的新的通史"，并强调新通史必须"经过广大史学工作者有组织的集体研究与集体创作，方能完成"，因此有必要"组织并

①　樊洪业主编《中国科学院编年史（1949~1999）》，上海科技教育出版社，1999，第 1 页。
②　《竺可桢日记》第 2 卷，人民出版社，1984，第 1284~1285 页。
③　樊洪业：《〈建立人民科学院草案〉的来龙去脉》，《中国科技史料》2000 年第 4 期，第329 页。
④　油印本，中国科学院档案：办永 50-1。钱三强回忆："大约在 1949 年 9 月，丁瓒和我共同写了一份《建立人民科学院草案》的文件。当时讲明由丁瓒写院部机构，我写各研究所的部分。写后经恽子强看过送给陆定一。"钱三强：《筹建科学院前后我参与的一些事情》，《院史资料与研究》1991 年第 4 期，第 1 页。

领导这一支达成任务的部队"。① 可以推测，在 1949 年 9、10 月间，对于中科院史学研究机构之组建仍在讨论之中。

不过，在此之前的 1949 年 1 月 31 日北平和平解放，华北大学奉命移驻北平，其历史研究室于 4 月由河北正定迁至北平王府井大街东厂胡同一号，对外仍称华北大学历史研究室。其人员有范文澜、荣孟源、王禹夫、刘桂五、钱宏、贾岩、唐彪、王可风、牟安世等。② 范文澜一方面抓紧《中国近代史》上册之修订，为此在其居室多次召开讨论会。③ 另一方面开始着手引进年青人员。据来新夏回忆，1949 年 8 月下旬，范文澜主持的历史研究室"准备从学员中挑选几位旧大学历史系毕业的本科生去读研究生，研习中国近代史，享受供给制待遇"。9 月初报到者达 12 人。④ 范氏如此大规模地招兵买马，显然已经得到授意，为在中科院成立国家级史学研究机构做准备。而且其规划布局以"中国近代史"为主体，意图已颇为明朗。

1949 年 9 月 27 日，新政协第一次会议通过了《中华人民共和国中央人民政府组织法》，规定在政务院下设科学院。科学院被设计为政务院所属的、主管国家科技行政事务的政府职能部门，同时肩负科学研究的重任，可谓一身而二任。1949 年 10 月 19 日，中央人民政府委员会举行第三次会议，任命郭沫若为中科院院长，陈伯达、李四光、陶孟和、竺可桢为副院长。11 月 1 日，中国科学院成立，院机关正式开始办公。⑤ 中国科学院主要接收中央研究院、北平研究院、静生生物调查所等科研机构，并以之为基础，经调整改组而成。事实上中国科学院与中央研究院之间具有

① 赵俪生：《论中国新史学的建设问题》（原刊《新建设》1949 年第 1 卷第 6 期），赵俪生：《史学新探》，新知识出版社，1954，第 16~17、18 页。
② 王可风、唐彪 1950 年就被派往南京接收国史馆，组建南京史料整理处。牟安世于 1950 年 9 月被调参加《毛泽东选集》注释工作，自此离开近代史所。《牟安世先生生平》，《牟安世先生纪念文集》，中华书局，2008，第 233 页。
③ 彭明：《范文澜治史的我见我闻》，《文史知识》2000 年第 12 期，第 72 页。
④ 来新夏：《我学中国近代史》，《近代史研究》2003 年第 3 期，第 263 页；《中国科学院近代史研究所近况》，《科学通报》1950 年第 4 期，第 259 页。
⑤ 中国科学院办公厅编《中国科学院资料汇编》第 2 集（1950 年），内部资料，第 157 页。

相当的连续性,①但在宣传中刻意强调变革:过去的中研院是依附于国民党政府的研究机构,而现在是为人民服务的科学院。②

　　1949年11月10日,中国科学院正式接管北平研究院史学研究所及中央研究院历史语言研究所图书史料整理处。③随后,中科院即开始考虑以北平研究院、中央研究院相关研究所为基础,着手组建人文社会科学领域的研究所。据竺可桢日记,1949年12月8日,中科院院长郭沫若,副院长竺可桢、陶孟和至三贝子花园之北平研究院史学研究所,召集全体人员,有研究员徐炳昶、黄文弼、冯家昇、王静如,副研究员苏秉琦、钟凤年,助理研究员许道龄、程溯洛、尚爱松,助理贾敬颜。由所长徐炳昶汇报工作。④是年12月15日,中科院副院长竺可桢至中研院图书史料整理处,由郭宝钧报告内部情形:

　　　　缘南京历史所搬赴台湾后,大部人员如傅孟真、李济之与董彦堂均去台北,南京所留人员则来京,尚有傅乐焕(辽史)在美国,张焜(语言)在美国,夏鼐在浙江大学,王明(历史)则于今日甫到京。故历史、语言、考古、民族四部门因材料迁至台北,研究工作甚难进行。历史方面无研究员指导,赖家庆系助理。……考古方面郭宝钧前曾帮同发掘安阳,下年度希望春季能前往,并于秋季至甘肃作史前发掘,及东西文化交通史及中原原始文化在河南之发掘。每次发掘需三万斤小米,合九万斤。民族方面完全停顿云云。⑤

① 中央研究院下属的13个研究所中,只有历史语言研究所迁往台湾,其他各所或全部或大部人员留在了大陆。中科院与中研院的前后继承关系显而易见。详参樊洪业《中国科学院早期的改造之路》,《科学文化评论》2005年第6期,第24页。

② 1949年9月,遵照陆定一指示,钱三强、丁瓒撰写《建立人民科学院草案》,将科学院拟名为"人民科学院",以示与中研院的科研"脱离现实"的区分。油印本,中国科学院档案:办永50-1。

③ 樊洪业主编《中国科学院史事汇要(1949年)》,中国科学院科技政策与管理科学研究所院史研究室,1991,第46页。

④ 《竺可桢全集》第11卷,上海科技教育出版社,2006,第585页。

⑤ 《竺可桢全集》第11卷,第590页。

郭宝钧亦强调史语所主体迁台，"历史方面无研究员指导"；但中研院历史、语言、考古、民族等确乎已有相当深厚的学术积累，率先建立相关研究所无疑成为中科院领导层的重要考量。

1950 年 1 月 14 日上午，中科院开会讨论 1950 年工作纲要。竺可桢和钱三强所拟稿经丁瓒合成后加以修改，郭沫若对此稿不甚满意，"尤其对于社会科学与历史部份。历史的材料由孟和根据各所报告列举若干条交丁瓒写成，其中有一项以改进新文〔字〕为历史组重要工作，不知系何人之主张，因历史所无人主张新文字，而亦未有人讨论过"。① 1950 年 2 月 6 日，在文教委员会全体会议上，"翦伯赞问科学院之历史语言研究所何以不研究近代史"。② 可见直至 1950 年 2 月，中科院领导层对于史学研究所之具体设置及定位尚未确定。

1950 年 2 月 23 日，郭沫若在院务报告中提出："中〔研〕北研历史研究所主要的工作在发掘，两所如何归并尚未想出好的方案，现正进行已往未完成之报告。此外将语言研究所独立，历史方面过去多注意过去，而忽略现实，现主要推广现代史。"③ 其中值得注意者有三：（1）分隶中央研究院、北平研究院的两个历史研究所（笔者按：隶属中央研究院的实为史语所）需要归并，其重点工作即为考古发掘，将之合并组建考古研究所，实为顺理成章。（2）语言研究原为中研院史语所之一部分，现将之分离出来，单独成立语言研究所。（3）历史方面"现主要推广现代史"。可见此时已确定以"现代史"为历史研究之重心，"近代史研究所"实已呼之欲出。

笔者注意到，在 1950 年的《中国科学院拟请任命之各所、台、馆正副负责人名单》中，唯有史学研究所的名称颇为独特："近代史历史研究所　所长范文澜　　副所长刘大年"④。可见对于史学研究所之命名

---

① 《竺可桢全集》第 12 卷，上海科技教育出版社，2007，第 11～12 页。
② 《竺可桢全集》第 12 卷，第 27 页。
③ 《二月二十三日院务汇报记录》，中研院院档：1950－02－005。
④ 《中国科学院拟请任命之各所、台、馆正副负责人名单》，中研院院档：人永 50－1。

究竟为"近代史研究所"抑或"历史研究所"，当时尚在两可之间。但以范文澜为所长则确定无疑。而据竺可桢日记，1950 年 3 月 20 日"经钱（指钱三强。——引者注）与郭沫若讨论，结果已内定如下：历史所　所长范文澜　副所长刘大年"。① 3 月 23 日又记："至院开院务汇报。今日郭沫若报告科学院十七个所所长及若干副所长人名，计共卅一人……今日提出时，有机化学忽改为应用化学……而且郭沫若要范文澜做所长，把历史研究所改成近代史研究［所］。"竺可桢对郭沫若改变研究所名称颇为不满，甚至在日记中发牢骚曰："院是大家的，非郭某一人的也。"② 不过他愤愤于"郭沫若要范文澜做所长，把历史研究所改成近代史研究所"，对郭沫若多少有些冤枉。笔者认为，让延安史学的领军人物范文澜出任中科院史学研究所所长，可能有中宣部甚至更高层之授意或指示，并非郭沫若所决定；而所谓"把历史研究所改成近代史研究所"，主要亦为范文澜之意。

1950 年 4 月，范文澜所率人马仍称华北大学历史研究室，由华北大学支付经费。是月 24 日，竺可桢"上午至东厂胡同一号晤范文澜，知华北大学已将历史研究所部份之事业费停付，渠有研究生二十余名，同事二人，均系供给制，但购书、做书架每月需二万四千斤小米云，希望五月起能支付云"。③ 5 月 19 日，中央人民政府政务院颁发由周恩来签发的任命通知书："兹经政务院第三十三次政务会议通过，任命范文澜为中国科学院近代史研究所所长。"5 月 27 日，政务院人事局致函范文澜，随函附送任命通知书，"希即察收到职"。6 月 1 日，中国科学院院长郭沫若再签发任命通知。④ 因 1950 年 5 月华北大学历史研究室划归中科院，改名近代史

---

① 《竺可桢全集》第 12 卷，第 55 页。
② 《竺可桢全集》第 12 卷，第 57 页。
③ 《竺可桢全集》第 12 卷，第 80 ~ 81 页。
④ 《中央人民政府政务院任命通知书　政字第 0429 号》、《政务院人事局致范文澜函》、《中国科学院通知》，均据泰和嘉成 2013 年 5 月拍卖《范文澜手稿十六种》。

研究所，近代史所通常以 1950 年 5 月作为正式成立日期。①

是年 6 月 20 ~ 26 日，中科院第一次扩大院务会议在京召开。近代史所确定研究方针为："学习马列主义，毛主席思想，以历史唯物论的观点和方法来研究中国近代史。批驳旧历史中错误荒谬的观点，发扬中国人民革命的英勇事迹，回复人民历史的真面目，因此政治理论学习与业务研究采取并重不偏的态度。"总的研究任务确定为"编写中国近代史"，"搜集整理中国近代史资料及编制中国近代史年表"，并开展专题研究。②

据梁承邺披露，时任中科院副院长的陶孟和于 1952 年 5 月 22 日致函梁方仲，其中有"陈寅恪先生近况如何？科学院前年曾拟请其来京主持历史研究，迄无结果。请便中一询（最好直接不要经过旁人），并代述科学院拟借重之意"。据梁方仲致徐中舒函，陈未应允，并举徐中舒以自代。③ 陶孟和函中提及 1950 年近代史所成立之前后，中科院还有请陈寅恪北上"主持历史研究"之意。中科院 1950 年成立的考古所、语言所即分别以中研院史语所的考古、语言两组为基础组建。陶孟和函中所谓"主持历史研究"，当指中科院 1950 年曾有成立"历史研究所"并以曾任中研院史语所历史组组长陈寅恪任所长之设想。据李璜日记所载，中科院院长郭沫若"拟成立历史研究所"，④ 亦可佐证。但陈寅恪似未予以积极回应，即所谓"迄无结果"。据胡文辉考释，陈氏所作诗句"催归北客心终怯"可能即指 1950 年面对中科院之邀请而心存犹疑。⑤

此外，据周一良回忆："北京解放后不久，范老嘱我写信给陈先生，代他致意，陈先生没有反应。"⑥ 陈寅恪对中共史家郭沫若、范文澜等人不

---

① 在钱宏、刘桂五等人员的人事档案中亦明确：1950 年 5 月由华北大学调入近代史研究所。近代史所档案：《干部履历表》。
② 《中国科学院第一次扩大院务会议》，内部印行，1950，第 27 页。
③ 梁承邺：《从新发现史料看陈寅恪北上问题》，《南方周末》2006 年 3 月 23 日。
④ 《李璜日记》，未刊手稿，李璜先生提供。
⑤ 胡文辉：《陈寅恪诗笺释》上册，广东人民出版社，2008，第 542 页。
⑥ 周一良：《从〈陈寅恪诗集〉看陈寅恪先生》，《周一良集》第 5 卷，辽宁教育出版社，1998，第 228 页。

无戒心，对范氏所著《中国通史简编》甚至反感。1950～1951 年所作诗中有"简编桀犬恣雌黄"之句，可能即为对《中国通史简编》的激烈批评。①

不过，中科院 1950 年聘请各学科之"专门委员"，② 史学方面分近代史组与历史考古组，陈寅恪为历史考古组之"专门委员"（共 20 人，尹达、向达、杜国庠、吴晗、李亚农、吕振羽、金岳霖、侯外庐、梁思永、夏鼐、徐炳昶、马衡、陈寅恪、陈垣、汤用彤、裴文中、冯友兰、翦伯赞、郑振铎、邓之诚）。③ 1950 年成立学术评审委员会，主席李四光，副主席陶孟和、竺可桢、吴有训，秘书长钱三强，评审委员共计 21 人，陈寅恪亦列其中。评审委员中史学领域仅有陈寅恪与范文澜，④ 足见中科院在 1950 年对陈寅恪之特别看重。

综上所述，笔者推测：1950 年中科院初创，社会科学方面的考古、语言、社会学研究所均以中研院为基础筹建；唯史学研究方面，延安史学研究机构曾有相当声势，华北大学历史研究室接续延安史学之脉络，也有一定的研究力量和研究基础。中科院初创之时，党员学者匮乏为首要难题，渊源于延安的华北大学历史研究室自然受到高度重视。范文澜、刘大年均为中科院党组成员。⑤ 另据刘大年回忆，中科院建院之初，"中宣部曾提名范文澜为中国科学院副院长兼历史研究所所长，他执意辞谢不就"。⑥ 据曾任中科院党组书记、副院长的张稼夫回忆："在科学院工作时期，科学院的重大事项，郭老、李老、竺老、范老和我都事先交换意见，

---

① 《陈寅恪诗笺释二题》，《古今论衡》（8），台北：中研院历史语言研究所，1998，第125 页。

② "专门委员"是在对中国知名学者调查的基础上聘任的。聘任名单于 1950 年 6 月 7 日呈报文委，10 月 25 日获得批准。李真真：《中国科学院史事汇要（1950 年）》，中国科学院院史文物资料征集委员会办公室，1994，第 5 页。

③ 不过，此"专门委员"实际发挥作用有限，金灿然谓专门委员会"只有个空名义"，见王玉璞、朱薇《刘大年来往书信选》（上），第 86 页。王亚南称之为"偏枯的专门委员"。刘潞、崔永华编《刘大年存当代学人手札》，第 158 页。

④ 《各种委员会名单》，李真真：《中国科学院史事汇要（1950 年）》，第 138 页。

⑤ 樊洪业主编《中国科学院编年史（1949～1999）》，第 32 页。

⑥ 刘大年：《〈历史研究〉的光荣》，《刘大年史学论文选集》，人民出版社，1987，第596 页。

统一思想，然后再交院务会议通过。"① 可见来自华北大学历史研究室、代表延安史学的范文澜、刘大年在中科院地位颇高，将华北大学历史研究室纳入中科院并无疑义。而北平研究院史学研究所、中研院史语所的历史组研究国史的学者不少，再加上在大学任教的原中央研究院史学院士陈寅恪、陈垣，以及向达、顾颉刚等民国著名历史学者，历史学方面的学术积累相当深厚。这些学者是否纳入中科院史学研究机构，纳入后与范文澜等延安史家如何相处，以何者为主导，在 1949 年至 1950 年初，中科院领导层对这些问题可能尚在犹疑之中。而可以确定的是，1950 年 5 月率先成立近代史研究所，范文澜的意向可谓举足轻重。范氏究竟又是出于何种考虑呢？

蔡美彪曾撰文认为，范文澜之所以坚持率先成立近代史研究所，主要是"希望缩小工作范围，培养专门人才，以使近代史研究这个薄弱领域得到充实和发展"。② 不过，范氏此一用心似乎并未得到学界理解，一些治古史的著名史家对此颇有异辞。在 1950 年 12 月 8 日由范文澜主持的新史学会春节座谈会上，"陈垣发言，责问科学院何以不设历史研究所，颇愤愤也"。③ 1951 年 2 月 8 日，"新史学会开茶话会，徐特立主张会名去'新'字，今后新旧一家。郭沫若言：新史学家对史书皆属'真空'。陈垣主张科学院应设史学研究所"。④ 据杨树达 1954 年 3 月 28 日记，"姚薇元书来，云寅恪以多病辞不北行，举陈垣自代。且谓寅老不满意于科院，谓解放数年，绝不重视史学，至此老成凋谢之际，乃临时抱佛脚，已有接气不上之象云云"。⑤ 此处所记之背景为 1953 年 11 月中科院派陈寅恪学生汪篯南下请陈出任中科院中古史研究所所长，陈以不宗奉马列为条件做

---

①　张稼夫：《我与科学院》，《院史资料与研究》1991 年第 2 期。

②　蔡美彪：《严谨务实　淡泊自甘》，《社会科学管理与评论》1999 年第 1 期，第 63 页。

③　宋云彬：《红尘冷眼——一个文化名人笔下的中国三十年》，山西人民出版社，2002，第 222 页。

④　邓之诚：《五石斋文史札记》（三十一），《中国典籍与文化》2009 年第 69 期，第 122 页。

⑤　杨树达：《积微翁回忆录》，北京大学出版社，2007，第 273 页。

出答复。① 姚薇元为陈寅恪任教清华时之研究生，此时任教广州，所述应为可信。而令陈寅恪深为不满者，即中科院"绝不重视史学"，实指1950年率先成立近代史所排斥民国时期的著名史家。向达1953年在总结新中国历史科学工作的文章中明确批评道：历史科学"领导不够强，不够明确。历史科学工作究竟由哪一方面来领导？这是一般从事于历史科学工作者都想知道的。照说当然是由中国科学院来领导，但是科学院至今只有考古和近代史两个研究所，而照顾全面的历史研究所始终未见成立"。② 1957年他借"鸣放"之机激烈抨击，未首先成立涵盖全面的历史研究所，"是范文澜在里面阻挠"；"历史一二所以前没有成立，和范文澜的宗派主义有关系。1953年由于陈垣提出为什么只有近代史所，1954年才成立历史一二所。历史一二所是怎样成立的，在什么压力下成立的，党委会可以检查一下"。③

由此看来，率先成立近代史所，其中可能还别有隐情。据李瑚的日记，1951年8月14日，"范老讲本所历史。又谈，郭沫若院长拟成立历史研究所，因人力不足，先成立近代史所"。④ 范氏所谓因"人力不足"而不能先成立"历史研究所"，也不无蹊跷。实则就史学界而论，新中国成立前夕，历史学者虽有赴台或滞留美国者，但大陆古代史学科积累深厚，人才济济，且对于中科院不无向往之心，反而是研究近代史者"人力不足"。

据蔡美彪回忆，对于成立历史研究所，范文澜有所顾虑：

---

① 参见陆键东《陈寅恪的最后20年》，生活·读书·新知三联书店，2013，第90～115页。
② 方回（向达）：《解放四年来历史科学的发展》，《光明日报》1953年10月3日，第6版。据张振鹍先生回忆，向达撰写此文，乃是对刘大年所写的《中国历史科学现状》（《科学通报》1953年7月号，该文是刘氏作为"科学院访苏代表团团员"向苏联的介绍，俄文译稿在是年苏联《历史问题》五月号上发表）有所不满而作，隐然有针锋相对之意。张振鹍先生访谈记录，2016年1月8日。
③ 《向达在中国科学院哲学社会科学部召开的高级研究人员小型座谈会上的发言》，中国科学院整风领导小组办公室编印《中国科学院右派分子言论材料汇集（一）》，内部资料，1958，第47、53页。
④ 李瑚：《本所十年大事简记（1951～1960）》，未刊手稿，以其日记为基础整理而成。

因为国民党政府统治下的历史研究单位很多，人事关系很复杂，思想倾向也不一样。如果接收这些人，就需要用很大精力去处理这些人事关系，很难办。旧史学界搞近代史的人很少，成立近代史所，研究近代以前的学者我这都不吸收。如果把旧史学界的学者吸收进来，就难免会有人事纠纷。范老一直思想保守，希望范围小一点，他好集中精力写书。至于近代史的研究力量，可以着重培养年青人。①

这可能揭示了范文澜的真实考虑。率先成立近代史研究所，因陈垣、陈寅恪、向达等来自旧史学界的著名学人并不以近代史见长，自可名正言顺地将他们拒之门外，以免去"人事纠纷"。陈寅恪、陈垣等人在民国史学界声名显赫，其学术成就早已得到公认，真要与来自解放区的史学家同处一个研究所，在学术观点、门派纠纷上的确是不小的挑战。范氏或存开宗立派之心，确有另起炉灶以建设中国近代史学科之意。这一举措让陈寅恪、陈垣、向达等民国史学名流不满，亦在情理之中。

中科院近代史所与"旧史学"切割，原北平研究院史学研究所、史语所历史组的人员亦因此只得纳入中科院考古所之中，但考古所此时已明确定位为田野发掘考古，这些历史学者也有被边缘化之虞。1950 年中科院第一次扩大院务会议前，由办公厅通知各所开会讨论。考古所的历史学者尚爱松、许道龄、程溯洛、贾敬颜等人提出：

考古所包含有历史部门，二者虽关系密切而工作性质则颇不同。是否可将历史部门作有组织的分组，成立"历史组"或"历史研究室"，添聘新人，加强工作……因为考古、历史二者工作性质不一，我们建议考古研究所中的"所务会议"，除经费等项外，其他如工作计划、图书购置、成绩审查等性质不同等项，似应由考古、历史分门

① 蔡美彪先生访谈记录，2011 年 8 月 6 日。

各别处理，较为清楚……希望考古所中的相同部分能集中在一处，可资观摩以便工作。①

1951 年 12 月 22 日，中科院召开第 13 次院长会议，讨论"关于在考古所内分出另设历史研究所问题"，决议"名称应慎重考虑，因已有近代史所存在"，将此问题搁置。②

1952 年 10 ~ 11 月，考古所的历史学者冯家升、王静如、傅乐焕、赖家度、程溯洛、贾敬颜、王崇武、尚爱松等先后调离。③ 王崇武调至近代史所，其余多调至中央民族学院。向达在 1957 年指责道："考古所原有的历史组，一脚被踢开，送到中央民族学院。当时科学院对民族学院说，我们不需要历史组。但一面又对历史组的同志说：中央民族学院成立研究部，要请历史组的人过去。用这种两面欺骗的手段，不是宗派主义是什么？范文澜、于光远、胡绳应该检查自己在史学界的功过。"④

还需注意的是，新中国成立之初，范文澜在史学界的地位颇为关键。他作为中国史学会的实际主持者，一度致力于沟通新、旧史学，与旧史家打交道于他而言无疑并不陌生。向达与范文澜一度联系颇为紧密。向达 1957 年对范文澜的指责，除针对中科院率先成立近代史所而外，亦将中国史学会之名存实亡归咎于范氏。⑤ 后文详论，兹不赘述。

率先成立近代史研究所，范文澜固然主要着意于人事方面的考量，同时亦须看到，研究近代史实为此前延安一脉史学研究机构之工作重心。由于现实政治斗争中的实际问题无不由近代历史演变而来，近代史是中国共

---

① 《中国科学院第一次扩大院务会议》，第 7 ~ 9 页。
② 《第十三次院长会议纪录》，薛攀皋、季楚卿编《中国科学院史料汇编（1952 年）》，内部资料，中国科学院院史文物资料征集委员会办公室，1994，第 81 页。
③ 《中国社会科学院考古研究所 1950 ~ 2010 历程》，内部印行，考古研究所，2010，第 173 页。
④ 《向达在中国科学院哲学社会科学部召开的高级研究人员小型座谈会上的发言》，《中国科学院右派分子言论材料汇集（一）》，第 47 页。
⑤ 《向达在中国科学院哲学社会科学部召开的高级研究人员小型座谈会上的发言》，《中国科学院右派分子言论材料汇集（一）》，第 47 页。

产党领导革命的重要历史依据，毛泽东尤为重视中国近代史之研究。他在1939 年 1 月 17 日复信何干之时即表示："将来拟研究近代史。"① 1940 年夏，范文澜在延安新哲学会年会上作关于中国经学简史的讲演。毛泽东亲去听讲，并于是年 9 月 5 日致函范氏："……第三次讲演因病没有听到，不知对康、梁、章、胡的错误一面有所批判否？不知涉及廖平、吴虞、叶德辉等人否？越对这些近人有所批判，越能在学术界发生影响。"② 1941年 5 月，毛泽东在延安干部会议上作《改造我们的学习》的报告，强调指出：

> 不论是近百年史和古代的中国史，在许多党员的心目中还是漆黑一团……特别重要的中国共产党的历史和鸦片战争以来的中国近百年史，真正懂得的很少。近百年的经济史，近百年的政治史，近百年的军事史，近百年的文化史，简直还没有人认真动手去研究。……对于近百年的中国史，应聚集人材，分工合作地去做，克服无组织的状态。应先作经济史、政治史、军事史、文化史几个部门的分析的研究，然后才有可能作综合的研究。③

毛泽东的这一指示对范文澜及中国历史研究室影响极大，直接促使范文澜此后相当长的时期里将学术研究的重心转向中国近代史研究领域。在1942 年中国历史研究室订立的三年规划中，将人员分成近代史组、农民土地组、民族组，近代史组规划 8 个课题，农民土地组 3 个课题、民族组 2 个课题，④ 足见研究中国近代史已然成为重中之重。

1943 年 3 月 16 日，毛泽东在中央政治局会议上提出，要着重开展中国近百年史研究，并提议中国近百年史各专门史的研究分工如下：政治史

---

① 中共中央文献研究室编《毛泽东书信选集》，中央文献出版社，2003，第 123 页。
② 《毛泽东书信选集》，第 149 页。
③ 《毛泽东选集》第 3 卷，人民出版社，1996，第 797、798、802 页。
④ 《原延安中央研究院各研究室计划》，温济泽等编《延安中央研究院回忆录》，第 280~283 页。

由范文澜负责，军事史由总参谋部、总政治部负责，经济史由陈伯达负责，哲学史由艾思奇负责，文学史由周扬负责。① 根据此部署，范文澜全力投入近百年政治史的撰写，并撰成影响深远的《中国近代史》上编第一分册。1944 年 6 月，《新民报》主笔赵超构访问延安，其观感为："倘说中国的旧史是依着'成王败寇'的观点而写的，则延安版的国史恰取着相反的观点。凡是旧史上的'寇'，差不多都翻身成为阶级斗争的革命英雄了。因为这样，所以越写到近代就越难写，尤其是近百年的历史，是他们认为最重要的一节，正集合许多专家来研究。"②

"革命的历史家，必然是革命理论的积极宣传家"，③ 近代史研究于中共史家而言，更多地具有批判武器的意义。对中国近代史的撰写与解释构成了中国共产党革命动员体系中的核心话语，对于发动普通民众投身革命发挥了相当重要的作用。范氏在转入中国近代史研究之同时，亦倾力扶植后学，为研究近代史聚集、培养年青人才。如牟安世 1947 年北京大学历史系毕业后入北方大学、华大历史研究室，在范氏指点下选择以治中国近代史为自己毕生之业。刘大年在范文澜支持、指引下撰写《美国侵华简史》。荣孟源、彭明等新中国成立后的近代史名家，亦均曾在历史研究室受过范氏的言传身教。

民国时期中国近代史学科尚处于草创阶段，不受主流史学界重视。虽然新中国成立前有识史家如梁启超、章太炎、陈寅恪等均对学界"详古略今"之学风有所批评，但学术积累自有其运行规律，学术风气并非一时可以轻易扭转。1943 年傅斯年致朱家骅函："原来在此（北）平时，弟感觉社会所之亦治史学也，曾与孟和商量，二人同意如下：近一百年史，

---

① 毛泽东：《在中央政治局会议上讲话的要点》，《毛泽东文集》第 3 卷，第 10 页。但蔡美彪所言有所不同。他曾提及："1943 年党中央组织人力，分别编写四部著作，负责人分别是：经济史陈伯达，政治史范文澜，军事史郭化若，文化史欧阳山。"蔡美彪：《范文澜治学录》，氏著《学林旧事》，中华书局，2012，第 31 页。
② 赵超构：《延安的一月　文艺界座谈会》，南京新民报社，1945，第 146 页。
③ 刘大年：《序》，《范文澜历史论文选集》，第 13 页。

即鸦片战争起，由社会所办，其设备亦由社会所……"① 20 世纪 50 年代，台北中研院筹建近代史所，史语所的一些人仍持明确反对态度。他们"认为学术研究要追求真理，真理是要下定论的，近代史时空距离太近，缺乏客观性，不能成为一个学术研究对象，尤其现代史更不可能"。因此，郭廷以在中研院陷入"孤立窘境"。②

与此相对照的是，在推重致用、"厚今薄古"的史学思想引导之下，以范文澜为核心的延安史学，形成了重视近代史研究的传统。新中国成立后延安史学进驻史坛中心，率先成立近代史所实为顺理成章之事，亦与当政者的构想相合，凸显出近代史的认知、研究对于新政权意识形态之构建极端重要。③ 周恩来对此曾有颇为形象的表述："整个历史是我们今天的摇篮。近百年史是我们今天的胚胎。"④ 郭沫若在 1951 年中国史学会成立大会上所作演讲中，明确提出"注重近代史的研究，就成为当今的历史工作者迫不容缓的任务"，并将"从贵古贱今的偏向转向到注重近代史的研究"视为"史学界的一大进步"。⑤ 吴玉章更提出，"近百年史当然是应该研究的，但我认为近三十年史更应当首先很好的研究……研究起来一定能更加强我们斗争的勇气和力量"。⑥ 对率先成立近代史所耿耿于怀的向达在 1953 年的总结中也表示："近代史研究所的成立，使历史科学工作回到现实的生活中来，这是过去半殖民地半封建时期所办不到的。"⑦

1950 年 5 月近代史所成立后，范文澜即致力于组建研究力量。就范氏

① 中研院史语所傅斯年档案 1943 年 1 月 15 日傅斯年致朱家骅函，转引自桑兵《晚清民国的学人与学术》，第 341 页。
② 陈仪深、黄克武等：《郭廷以先生门生故旧忆往录》，台北：中研院近代史研究所，2004，第 361 页。
③ 中共重视近代史，亦为聂崇岐这样的旧派学人所感知。聂氏 1949 年 2 月与邓之诚谈及要"发愤维新"在燕京大学开设中国近代史课程。邓之诚著，邓瑞整理《邓之诚日记》第 5 册，北京图书馆出版社，2007，第 9 页；《历史学系一年概况》，《燕京社会科学》1949 年第 2 卷，第 302～303 页。
④ 《刘大年日记》，1963 年 4 月 19 日，未刊手稿。
⑤ 郭沫若：《中国历史学上的新纪元》，《大公报》1951 年 9 月 28 日。
⑥ 吴玉章：《历史研究工作的方向》，《大公报》1951 年 9 月 28 日。
⑦ 方回：《解放四年来新中国的历史科发展概况》，《光明日报》1953 年 10 月 3 日，第 3 版。

而言，成立近代史研究所并不意味着放弃古代史阵地，甚至可以说，"近代史研究所"只是向"历史研究所"发展的过渡阶段。事实上，20世纪50年代范文澜本人极重视《中国通史简编》的修订（后实际上为重写），并以此为中心成立"通史组"，蔡美彪、漆侠、王忠、余元庵、金毓黻、王崇武等史家主要协助范氏从事"中国通史"之编撰。1952年9月，范文澜报告五年计划，要求加紧完成《中国通史简编》之修订，并"深入钻研，为成立历史研究所做准备，希望本所同志成为骨干"。1952年10月范氏报告近代史所工作计划，提出要为"古代史、少数民族史、世界史、苏联史"等方面的研究做准备，并在5年之内"向历史研究所发展至100人"。[1] 由此观之，范文澜1952年还曾构想以近代史研究所之研究人员为基干成立"历史研究所"。但史学研究最重积累，范氏侧重培养年轻人，短期内却并不易见功，以之为主体扩展成"历史研究所"自然并非易事。

新中国成立初期中科院唯一的历史研究所——近代史研究所——在起初几年所获成绩难孚众望，与民国时期中研院史语所之史学研究的声势成就无疑相去较远，当时亦受到外界的尖锐批评，承受了不小的压力。[2] 向达后来更指责"现在史学界之所以奄奄一息是和范文澜的宗派主义分不开的"。[3] 向达所谓"宗派主义"，其一大表征便是成立"近代史研究所"而非"历史研究所"。历史研究的"国家队"仅有近代史研究所，确也难以开创史学研究的繁荣局面。而中共对历史极为重视，党的领导人毛泽东更有浓厚的历史情结，对于此种沉闷局面自然不能满意。

1953年中共中央决定成立中国历史问题研究委员会，毛泽东亲自批准其成员名单，并指定陈伯达担任委员会主任。是为中共中央专门指导全国历史研究的最权威机构。[4] 是年9月21日，中国历史问题研究委员会召

---

① 李瑚：《本所十年大事简记（1951~1960）》。
② 金毓黻：《静晤室日记》，辽沈出版社，1993，第7354页。
③ 参见《向达在中国科学院哲学社会科学部召开的高级研究人员小型座谈会上的发言》，《中国科学院右派分子言论材料汇集（一）》，第47、53页。
④ 刘大年：《刘大年史学论文选集》，人民出版社，1987，第597页。

开第一次会议。陈伯达在发言中特别提到：

> 关于研究机构的问题，重要的科学研究机构应该集中在科学院。中国科学院不但应成为自然科学的权威机构，而且也应成为历史研究的权威机构。中宣部提议设立三个历史研究所，从远古到南北朝为第一所，以下为第二所，近代史所为第三所。这不是历史阶段的划分，是工作范围的区别。第一所郭老兼所长，第二所请陈寅恪先生担任所长。聘请研究人员的范围不要太狭，要开一下门，像顾颉刚也可以找来。增加几个研究所可以把历史研究的阵容搞起来，学术问题在各所讨论。由郭老、范文澜同志来共同组织讨论会。有些问题在讨论之前我们这个委员会先研究。①

另据黎澍回忆，毛泽东曾直接指示："中国历史很长，建议在中国科学院设立三个研究所，把中国史分作三段来研究：第一所研究古代，止于汉；第二所研究魏晋到鸦片战前；第三所研究鸦片战争以来的近代史。三个历史研究所合办一个杂志，定名为《历史研究》，方针是百家争鸣。"② 可见在中科院成立 3 个历史研究所，乃最高领袖之意志。而陈伯达在发言中所说的"聘请研究人员的范围不要太狭，要开一下门"，是否也代表毛泽东的看法，无法求证，其言外之意，当是此前中科院在组织史学研究机构时眼光不无狭窄之嫌。

1953 年 10 月 3 日，中科院召开第 31 次院务常委会，确定中科院成立历史研究所的筹备委员会，由范文澜主持，刘大年为秘书，范文澜、侯外庐、尹达、郁文、刘大年为委员，并讨论中科院中古上古历史研究所人选。以南北朝前为第一所，由郭沫若主持；隋唐以后为第二所，陈寅恪任

---

① 《中国历史问题研究委员会第一次会议记录》，内部资料，中共中央宣传部办公室 1953 年 11 月 5 日印发，刘潞提供。
② 黎澍：《毛泽东与"百家争鸣"》，徐宗勉、黄春生编《黎澍集外集》，社会科学文献出版社，2003，第 139 ~ 140 页。

所长，副所长为尹达。确定创办刊物《历史研究》。竺可桢日记还记有"三所陈援菴或吴晗或侯外庐、杜国庠"。[①] 之所以会有此提议，或因当时近代史所（即规划中的"三所"）所长范文澜有辞职之意。范氏在 1953 年 11 月 15 日致函吕振羽，表示中科院琐事太多，"长此下去，我将不能完成党交给我的任务。如果这样，我将死不瞑目"；如果中科院不能给予充分的工作时间写书，就"决心离开科学院"而调东北人民大学。[②]

中科院颇具雄心，设立 3 个历史研究所，"历史学界希望通过这三个所的建立，能把我国现有的历史研究的力量很好地组织起来"。[③] 中科院的苏联顾问柯夫达提出，"中科院有 3 个历史研究所，太多了，该合并"。院党组书记张稼夫在党组会上顶了回去："苏联只有几百年历史，而我们有几千年历史，怎么不可以有三个历史研究所。"[④] 中科院全国征调著名史家，"涉及高等院校的，由胡乔木发函教育部商调"。[⑤] 费孝通、潘光旦还推荐燕京大学邓文诚（通史）、瞿同祖（封建社会，上古史、秦汉史）、谭其骧（地理）、邓德坤（考古）、姚薇元等人。[⑥] 见邀者尚有杨树达、陈寅恪、顾颉刚、容庚等人。杨树达 1953 年 11 月 6 日记曰："峻侄书言：中央恐学术传统中断，故邀请历史语言学者入京，从事研究，事由郭沫若主持。……为学术计，此事至可喜，不关个人也。"[⑦] 中科院欲网罗天下英才发展历史学术，得到不少史家的响应。如陈垣兴高采烈地表示："我可以做这个工作。"[⑧] 向达、顾颉刚等人亦积极应和。后侯外庐、顾颉刚调入历史所，均由刘大年具体办理。

① 《竺可桢全集》第 13 卷，上海科技教育出版社，2007，第 256 页。
② 《吕振羽全集》第 10 卷，人民出版社，2014，第 671 页。
③ 《中国科学院积极准备进一步加强历史研究工作》，《科学通报》1954 年第 1 期。
④ 樊洪业、王德禄、尉红宁：《许良英先生访谈录》，《院史资料与研究》1992 年第 6 期，第 39 页。
⑤ 易新农、夏和顺：《容庚传》，花城出版社，2010，第 209 页。
⑥ 《竺可桢全集》第 13 卷，第 257 页。
⑦ 杨树达：《积微翁回忆录 积微居诗文钞》，上海古籍出版社，1986，第 375 页。
⑧ 1953 年 4 月 20 日高校党委统战部《各校上层统战工作情况》，转引自陈徒手《故国人民有所思——1949 年后知识分子思想改造侧影》，生活·读书·新知三联书店，2013，第 63 页。

　　1954 年 6 月 3 日中科院新组建历史研究一、二所，近代史研究所改名为"历史研究所第三所"。至 1960 年一、二所合并为中国历史研究所，三所恢复名称为近代史研究所。中科院古代史、近代史两个研究所平分秋色的格局自此奠定。

　　中科院 1950 年率先成立近代史研究所，表面看来，其直接导因于范文澜之选择，体现了中共"厚今薄古"的史学理念；但其背后隐然可见当时史学界之延安史学与民国"旧史学"之间颇为微妙的关系，体现出新时代史坛的权势转移。延安史学由边缘进驻史坛之中心，成为新中国成立后史学界的主导，但因其在学术积累方面尚有所欠缺，难以独力撑起整个史学繁荣之局面。而民国"旧史学"学术积淀深厚，虽然在政治上居于被改造之地位，但学术上却当仁不让。在最高当局的直接介入下，1954 年成立上古、中古、近代 3 个历史研究所，引入民国"旧史学"，打破了延安史学在中科院的垄断地位。此种举措虽被陈寅恪讥为"临时抱佛脚"，却为顺应当时史坛实际格局的开明之举。细绎各方对中科院史学机构设置的不同考量，我们对于新中国成立初期史学界的复杂形态可能会有更深入的理解。

　　1950 年 9 月，在中科院第二次扩大院务会议上，郭沫若明确表述：中科院"是全国最高的科学研究机构，它的使命不仅是领导其本身所属的各研究所的研究工作，并且应该把全国各方面的科学研究工作和科学研究工作者有计划地有系统地组织起来，领导起来"。[①] 中科院近代史所的率先成立，对于新中国的历史学科布局，对于中国近代史学科的发展，均有相当深远的影响。甚至据说台湾中研院近代史所的成立，一定程度上也是因担心中共垄断中国近代史的话语权而奋起直追。[②]

　　范文澜而外，曾实际较长时间主持近代史所工作者为刘大年。1950 年 3 月 20 日，中国科学院院长郭沫若、副院长竺可桢等与研究计划局副

---

① 中国科学院办公厅编《中国科学院资料汇编（1949～1954）》，内部资料，1955，第 188 页。

② 姜涛：《近代史就是要近》，《近代史研究》2010 年第 2 期，第 25 页。

局长钱三强讨论中国科学院初建各所所长人选时，刘大年被内定为近代史所副所长，[①] 5 月刘大年任近代史所研究员，并担任中国科学院专家委员会近代史组委员，[②] 但副所长职未予宣布。1951 年 7 月，刘大年担任中国科学院党组成员，随后思想改造运动兴起，任中国科学院研究人员学习委员会办公室主任，1952 年 10 月任《科学通报》编辑室主任。1953 年初近代史研究所分为三个研究小组，刘大年任第一组即经济组组长；是年 4 月 10 日，被任命为中国科学院编译局副局长；12 月 3 日，中国科学院召开院务常委会，刘大年被议定为近代史所副所长；[③] 12 月 30 日，被正式任命为近代史研究所副所长。[④] 据刘大年所言，他自 1954 年以来一直负责近代史所的具体工作。但因 1956 年前在哲学社会科学学部兼任分党组成员、学术秘书，因而对于近代史所的工作"除了制订计划，召开工作会议，自己也不分担研究任务，事情管的不多"，以致被批评为"内轻外重"。1956 年下半年起，刘氏的工作重点放在近代史所。[⑤] 1957 年范文澜提出希望减轻行政工作负担以便专心写书，刘大年遂以副所长名义，担任近代史所党的领导小组组长，实际主持所务工作。[⑥]

三 近代史所组织结构之嬗变

近代史所的组织架构，以研究组为基本单位，经历了逐步建立、因时嬗变的过程。研究组的设置实际上沿用了中央研究院的组织方法。

①《中国科学院拟请任命之各所、台、馆正副负责人名单》上有"近代史研究所所长：范文澜；副所长：刘大年"。中国科学院院档：人永 50 - 1。
② 王玉璞、朱薇编《刘大年来往书信选》（下），第 699～700 页。
③《竺可桢全集》第 13 卷，第 332 页。
④ 据王玉璞忆及，刘大年回近代史所工作，"是乔木的意思，他看了《科学通报》发了一通议论，历史学家当这个主编是岂有此理。当时范老确实要找个管理所务工作的得力助手"。王玉璞先生访谈记录，2003 年 6 月 23 日，访谈人：朱薇。
⑤ 近代史所档案：《大会发言稿》（刘大年，1960 年）。
⑥ 近代史所档案：《干部履历表》。据王玉璞回忆，这一决定由陈伯达传达，"说做好做坏拿你是问"。王玉璞先生访谈记录，2003 年 6 月 23 日，访谈人：朱薇。

1949 年 4 月，华北大学历史研究室迁抵北京。9 月后，文管会交来 3 万斤档案，范文澜将人员分成两组：（1）通史简编组，共 5 人，由范文澜领导，其主要工作为修改《中国通史简编》；（2）近代史组，共 15 人，由王可风领导，主要负责整理近代史档案资料。此外还成立资料室，由刘桂五领导，成员有李达、骈炎龙。主要负责清理及借还一切图书资料，并将大部分书籍予以编目。①

1951 年 10 月 3 日，近代史所召开研究工作会，决定分为两组，甲组为革命史组，乙组为反革命史组，"两组分工，同时并进"。② 这一分组看似寻常，实则体现了范文澜之见地。"革命史"与"反革命史"乃一体之两面，二者不能截然分割，二者各有侧重，并行不悖。

1952 年 1 月 9 日，近代史所成立资料委员会，以丁名楠为主任，荣孟源、钱宏、沈自敏、樊百川、予拔、李瑚为委员。1 月 17 日成立《进步日报》之《史学周刊》编委会，由荣孟源、钱宏、漆侠、何重仁组成，荣孟源任主编。③

1952 年，范文澜亲自将聂崇岐延揽入近代史所，聂崇岐与燕京大学旧人孙瑞芹、张雁深等人组成近代史所资料编辑室，主要负责"中国近代史资料丛刊"之编纂工作。

1953 年是全国第一个五年计划第一年。近代史所的工作及机构设置，已然直接受中宣部指示而进行。因中宣部要求近代史所加强近代史专题研究，近代史所乃决定成立经济、政治、外交三组（通称近代史一组、二组、三组）。经济史组组长刘大年，干事谢琏造；政治史组组长荣孟源；外交史组暨帝国主义侵华史组，邵循正兼任组长，沈自敏任干事（沈在 1953 年"反小圈子"中受批判，改以丁名楠任干事）。此外还有通史组、近代史资料编辑组。其中，近代史资料编辑组主要负责编辑《近代史资

---

① 《中国科学院近代史研究所近况》，《科学通报》1950 年第 4 期，第 259 页。
② 《李瑚日记》，1951 年 10 月 3 日。
③ 《李瑚日记》；李瑚：《本所十年大事简记（1951～1960）》。

料》，由荣孟源任主编。① 自此，近代史所的组织结构格局初步奠定，科研工作逐步走上正规化轨道。

1954 年 6 月 12 日，中国科学院第 23 次院务常务会议通过《中国科学院研究所暂行组织规程》，对院、所、组（室）的组织架构予以规范，其中值得注意的是关于所务会议的规定："研究所设所务会议，由所长主持，副所长、各研究室主任及研究组组长、办公室主任（目前尚未设办公室者，由所务秘书）参加，每月举行一次，有必要时得召开临时会议。所务会议讨论下列各事项：（一）本所工作计划及工作报告；（二）所内奖励事项；（三）所内出版事项；（四）本所研究人员、技术人员及高级行政干部加薪晋级及任免事项；（五）本所概算、预算、决算；（六）重要图书仪器的购置事项；（七）所内各项规程；（八）国内外有关本所的学术联络事项；（九）其他由所长交议事项。"②

1954 年近代史所新设两个组：（1）现代史组，负责 1919～1949 年这 30 年历史之研究；（2）地震资料编辑组，由金毓黻负责，成员主要有王其榘、王会庵、李育民等人。其余各研究组不变。

1955 年，中国科学院设立学部，是为向苏联科研体制学习的一大举措。5 月 31 日公示 233 位学部委员名单，近代史所范文澜、刘大年被推为学部委员。6 月 10 日，中科院哲学社会科学部成立，郭沫若兼学部主任，刘大年任学术秘书。同年 11 月，在中科院统一部署下，近代史所成立第一届学术委员会，学术委员有王崇武、田家英、刘大年、刘桂五、何干之、罗尔纲、邵循正、金灿然、胡华、胡绳、范文澜、荣孟源、黎澍，共 13 人。③ 学术委员会定位为"研究所学术领导的核心"，④ 其职责为"制订研究计划，领导学术讨论会，审查科学论文及培

---

① 《李瑚日记》。
② 《中国科学院研究所暂行组织规程》，《中国科学院资料汇编（1949～1954）》，第 72 页。
③ 《中国科学院 1955 年各研究单位组织机构》，中国科学院学术秘书处编《中国科学院年报（1955）》，内部资料，1956 年 6 月印行，第 171 页。
④ 《中国科学院资料汇编（1949～1954）》，第 170 页。

养研究生等"。①

1956 年 1 月 30 日，近代史所决定调整机构，以服务于范文澜主编、刘大年协助的 100 万字的多卷本《中国近代史》编写工作。具体做法为：将通史组成员与近代史 3 个组整合起来，以近代史的 3 个时间段，分成 3 个编写组。由于编写工作未能顺利进行，组织结构不久后又恢复旧观。

1957 年，近代史所结构设置又有所调整。是年 1 月增设翻译组，以承担翻译任务，配合研究工作。是年 9 月，邵循正建议近代史一、二、三组合并为一个大组，由刘大年任组长，以集中力量编写《中国近代史》。此外，于反右之后组建了工具书组（全称为"近代史资料与工具书组"，一般通称"工具书组"），以聂崇岐为组长，王秀芳任干事。

1958 年 10 月，此前研究成果丰硕的帝国主义侵华史组迫于压力宣告撤销，其人员转至近代史组。② 1959 年 3 月成立中华人民共和国史组。

1960 年 3 月，近代史所领导小组着手进行组织调整，决定设立工作机构：

（一）学术秘书处，负责所内外的学术组织工作和学术情报工作，学术秘书刘桂五。（二）干部培养处，负责培养干部的具体组织工作，主任汪士汉。（三）图书资料编译委员会，负责研究资料的编译工作和图书资料搜集工作中的有关方针性的重大问题，主任曲跻武，委员七人中党员四人，非党员三人。（四）办公室，主任程宏宇。领导小组成员的分工，刘大年多照顾学术秘书处、干部培养处和各研究组的工作；张维汉照管办公室、图书资料编译委员会和政治思

---

① 《中国科学院资料汇编（1949～1954）》，第 11 页。
② 1958 年春，《帝国主义侵华史》第 1 卷出版，却受到所内一些人的抨击，说它是"挨打受气史"而全盘否定。虽然范文澜支持，但"侵华史"研究难以为继。参见张振鹍《回忆范老与帝国主义侵华史研究》，《近代史研究》1994 年第 1 期，第 30～31 页。

想工作；汪士汉、曲跻武、刘桂五分管干部管理处、图书资料编译委员会和学术秘书处的工作。

设立研究组：

（一）近代史第一组（旧民主主义革命时期），组长刘桂五，副组长丁名楠。（二）近代史第二组（新民主主义革命时期），组长李新（借调），副组长汪士汉、董其昉。（三）现代史组（中华人民共和国史），副组长王晶尧（组长暂缺）。（四）对外关系史组，副组长丁名楠。（五）工人运动史组，组长曲跻武。（六）中国通史组，范文澜兼组长。（七）资料书编译组（将原来的工具书组、近代史资料组和翻译组合并），组长聂崇岐，副组长姜克夫。（经济所经济史组拨归我所后再设立中国近代经济史组）①

值得注意的是，近代史所从中国人民大学借调李新（1962 年正式调入），任近代史第二组组长，其加强当时所谓"现代史"研究之意相当迫切。

1961 年 10 月 5 日，近代史所制定《关于精简机构的意见》，将近代史资料编辑组、工具书组、翻译组合并为史料编译组，以聂崇岐为组长。设干部培养处。

1962 年增设中国近代思想史组，黎澍任组长，丁守和任副组长，并着手编写《中国近代思想史》。

因"反修"工作之需要，也因中苏边界谈判之需要，1964 年 4 月 20 日，近代史研究所申请成立反修历史一组和反修历史二组（研究中苏边界问题）。后实际成立了以研究中苏边界问题为中心的"中苏边界历史组"，

---

① 《近代史研究所领导小组致分党组的函》（1960 年 3 月），近代史所档案：《研究计划与总结》。

近代史所同人称之为"西郊组"，对外使用"中国近代史讨论会"名目，并以此刻制公章。中国近代史讨论会负责人为金应熙（中山大学历史系主任）、李龙牧（复旦大学新闻系主任）和余绳武。

　　以上大体梳理了近代史所研究工作的结构之演变。不难看出，十余年间其组织机构多有变化，各研究组并无确定的人员编制，研究组之分合及名称变换较为频繁，缺少持续稳定性。这与其"历史研究为现实服务"的基本导向有关，且因此导致一些研究人员难以长期沉潜深入从事某一方面的研究工作。不过也须看到，研究编纂近代史、现代史，编译整理出版近代史资料，修改《中国通史》，这几项主要工作则大体上一以贯之，并不因研究组名称的变化而兴废。

　　因近代史所的主持者范文澜、刘大年等人极重视近代史料编译工作，并在机构设置、人员配备上予以保证，史料编纂翻译方面成绩斐然可观。

　　近代史所成立初期即明确表示："本所之主要工作任务，为协助范文澜同志编写中国近代史，一俟通史简编之修改工作完成，全体同志即可参与近代史工作。"[1] 可见在范文澜的设想中，通史组的设立具有过渡性。但是，在"十七年"间，通史组却成为相对稳定的一个研究组，[2] 其学术成就也较突出。

四　学术机构中的党组织

　　1949 年中华人民共和国成立，中国共产党成为中国唯一的执政党，无疑也成为在国家社会各个层面领导一切的核心力量。不过，中共历来注重因时因地制宜，其领导作用之贯彻实施，在不同的领域亦有所差别。因

---

[1]　近代史研究所通讯组：《中国科学院近代史研究所近况》，《科学通报》1950 年第 4 期，第 260 页。

[2]　不过，通史组人员也还是难以全力投入通史工作，如蔡美彪作为范文澜的得力助手，也经常被借用。1960 年，王忠、王寿彭一度被调出。近代史所档案：《蔡美彪致刘大年、张维汉》（1960 年 7 月 5 日）。

党员学者匮乏，加之知识精英在国家建设中的作用为其他群体所无法替代，中共在中国科学院对学术研究的领导管理，相对于一般党政机关就显得更为柔性，更注意策略；其掌控的宽严力度也根据形势发展因时而异。对于中共在学术研究机构中的实际运作，目前学界尚较少关注。本节主要着眼于党组织在近代史所这一学术机构的基层运作（兼及中科院及哲学社会科学部），对中共如何领导学术研究作一初步探讨。

1949 年 10 月 19 日，中央人民政府委员会第三次会议确定郭沫若任中科院院长，陈伯达、李四光、陶孟和、竺可桢任副院长。[①] 在遴选中科院领导时，尤为注重从原中央研究院物色人选。除陈伯达外，郭沫若、李四光、陶孟和、竺可桢均为原中央研究院院士。而陈伯达身份特殊，并不具体管事。显而易见，中科院建院之初，有意强调其学术定位，而淡化党的色彩。

1949 年中科院初创时，仅有一个党支部，由吴征镒、汪志华担任负责人。当时其活动并未公开化，党的作用主要是通过党员个人参与活动的形式来体现。在"范文澜夫妇率领其研究近代史的大队党员和进步群众，从老解放区回到北京"后，改由近代史研究所的老党员王某任科学院总支书记。党员的组织生活移到范文澜家中，其后乃由刘大年任总支书记。[②] 此时一切尚未步入正轨。1949 年 11 月初中科院成立党组，由陈伯达任党组书记，恽子强为副书记。党组成员有丁瓒、李亚农、吴征镒、汪志华、孙桐。陈伯达身份特殊，在中科院为挂名性质。1951 年改由恽子强任党组书记，丁瓒任副书记，党组成员还有范文澜、李亚农、刘大年、曹日昌、汪志华、孙桐。[③] 恽子强为化学家，丁瓒为心理学家，党务工作均非其所长。党组的实际作用亦较为有限。

1951 年底展开"三反"运动和思想改造运动，[④] 中科院的党组织从

---

① 樊洪业主编《中国科学院史事汇要（1949 年）》，第 32 页。
② 吴征镒：《怀念亡友汪志华》，氏著《百兼杂感随忆》，科学出版社，2008，第 277 页。
③ 樊洪业主编《中国科学院编年史（1949～1999）》，第 32 页。
④ 中科院思想改造运动于 1951 年 11 月正式启动。至 1952 年 1 月又兴起"三反"运动。于是乎着重"三反"，但思想改造也未中止，而与"三反"双管齐下。1952 年 7 月中旬"三反"告一段落，遂集中进行思想改造运动。

幕后走向台前。胡乔木坦言：对思想改造"的领导是否胜任是一个考验，对共产党员是一个检验"。① 在中宣部直接领导下，中科院成立思想改造学习党组，中宣部科学卫生处副处长赵沨任书记，刘大年任副书记，党组成员有恽子强、丁瓒、范文澜等。党组下设思想改造办公室，刘大年任办公室主任。赵沨为中宣部官员，在中科院不便直接发号施令，乃由刘大年依中宣部意见，实际主持全面工作。办公室工作人员有汪志华、张克明、刘桂五、何祚庥、徐云。② 因当时中科院党员力量比较薄弱，有无人可用之虞。刘大年当时不过 37 岁，且此前并不安心，一直要求"离开近代史所，离开科学院"；他同意主持思想改造，"也是以六个月为期——有正式公文手续为凭"。③ 可见其对于从事思想改造工作并不太热衷，多少有些勉为其难。

1952 年 1 月 4 日，学习委员会办公室提出要"发展党的组织"，"加强党的战斗性和与群众的联系"。④ 此时运动主要转入"三反"。1 月 7 日，刘大年作为学习委员会办公室主任、三反办公室主任在党内讲话，强调应"由党的组织力量（当然团的组织也该如此）来保证继续深入发动群众。不但要使我们自己，而且要使科学院的每一个工作人员都受到这个革命运动的教育和锻炼。……自己不检讨，或检讨不深刻，处于被动地位就不可避免。三个副院长的情况，好些所的情况就是证明。我们负有一个部门或一个单位行政责任的党员同志，不应踏此覆辙"。他还明确表示："这个运动的性质不是任何寻常的群众运动。对于我们党来说是一种反对资产阶级思想侵蚀的斗争，是一个革命运动，是一种阶级斗争。""我们科学院党员的责任是重大的，必须保证这个斗争取得胜利，并在其中提高自己。"为了使

---

① 《刘大年日记》，1951 年 11 月 28 日。
② 刘大年：《自传》（1956 年 1 月 25 日），未刊稿；中国科学院院史文物资料征集委员会办公室编《院史资料与研究》1993 年第 1 期（总第 13 期），第 14 页；王德禄、尉红宁：《关于思想改造运动——刘大年先生访谈录》，《院史资料与研究》1992 年第 1 期，第 28 页。
③ 刘大年：《我的思想改造学习检讨》，手稿。
④ 《刘大年日记》，1952 年 1 月 4 日。

这个运动能够深入和贯彻下去，必须"发挥党的组织力量"，党（团）员在群众中应继续带头向各级负责人大胆提意见，从而继续推动群众提意见；党员还应"向主持这个运动的各有关的同志及时反映意见（曾临时规定党团员归分区负责党员调遣，听其分配工作）"。① 这些言词颇具"斗争"色彩和"敌情"意识，中科院的"三反"运动亦颇为激烈。

此前在中科院颇为低调的党组织，初次亮相即展示了相当的威力。但在陆定一看来，中科院的党员干部存在两个缺陷：其一，思想水平不够高，缺乏必要的马克思列宁主义的理论准备。其二，习惯于将自己的注意力放在一个狭小的范围里，脱离群众斗争和社会实际。因此，应"认真加强党员干部的理论学习，坚决改变事务主义的工作方式和认真研究党的各项重要政策"。②

至 1952 年 7 月中旬，"三反"运动告一段落，遂集中进行思想改造。思想改造的实际主持者刘大年所能倚重的"最主要的还是近代史所的人"，"近代史所的人，头一两年就是参加运动：思想改造运动，三反五反等，业务上没做什么，别人也觉得近代史所就是该干这个"。③

中科院思想改造不如高校严厉，后来很快即转入"和风细雨"，当时高等学校中有人说科学院是"防空洞"、"避风港"。④ 之所以如此，虽然也不无高层对中科院党的力量薄弱的顾虑，⑤ 可能主要还因此时国家建设

① 《刘大年日记》，1952 年 1 月 7 日。

② 《中国科学院支部讨论学习杂志问题的报告》（1952 年 5 月 14 日），据刘大年工作笔记，未刊手稿。

③ 王德禄、尉红宁：《关于思想改造运动——刘大年先生访谈录》，《院史资料与研究》1992 年第 1 期。

④ 李真真：《中宣部科学处与中国科学院》，《院史资料与研究》1994 年第 1 期。汪敬虞先生的回忆亦可佐证。汪敬虞：《记忆犹新的回忆》，《近代史研究》2000 年第 6 期，第 5～6 页。但亦不可过于低估中科院"思想改造"的激烈程度。如刘大年和范文澜对考古所的黄文弼、徐炳昶的批判相当严厉，令向达颇为不满。张振鹤：《沉冤二十二年》，未刊手稿，张振鹍先生提供。

⑤ 1952 年 6 月，中共中央专门就中科院思想改造问题作指示，提到："由于科学院党的力量较弱，不如各高等学校有学生群众，故应采取更加慎重的方式。"《中央关于在中国科学院进行思想改造运动的方针问题给华东局宣传部的复示》，薛攀皋、季楚卿编《中国科学院史料汇编（1952 年）》，第 54 页。

百废待兴，亟须知识分子发挥作用，高层决定收束，并由陈伯达出面纠偏。陈伯达明确表示："科学院不是一般的行政机关"；"共产党员在科学院工作是以科学工作者的身分工作，即与别人是平等的，不是共产党员的身分"。"共产党员讲话要谨慎，不要摇摇摆摆，自高自大自以为是，在群众中，在学术问题上尤其不要随便讲话。共产党员不要动不动以为别人落后，不懂辩证法，我们自己懂多少。"① "共产党员如何能搞好工作呢？是否可以滥用党的威信，妄自尊大，以党员的身分发号施令，而认为一切科学工作者，不经他同意，不通过他，就不能做事情呢？如果采取这种态度就是错误的。共产党员在科学院的基本任务，是在于谦逊地向科学家们学习，帮助科学家们做好工作。"② 将陈伯达的讲话与刘大年的内部讲话对照，颇堪寻味。在中科院的学者感受到普遍压力之后，陈伯达这番表态，自然主要意在安抚人心。

　　"三反"、思想改造运动中，中科院以为数不多、资历不高的党员也能掌控局面，可见具体主导思想改造的党员干部，其权威并非来自个人；进而言之，如中宣部部长陆定一所言，"党、军队的力量"使思想改造成为可能。③ 但在高层看来，在中科院加强党的力量、强化党的领导已成当务之急。1952 年 12 月 28 日胡乔木谈中科院工作时即颇为忧虑，认为"说科学院是新解放区是合理的"；④ 科学院工作存在困难关键在于党员"人力薄弱"，因而需要发展党（团）员，尤其需培养党员领导干部。他说："我们派到科学院的党员不外三部分。1. 如丁、曹、吴（引者按：应指丁瓒、曹日昌、吴征镒）等，懂得一些科学，但政治上没有受过锻炼，没有严格的组织生活，因此要有觉悟，自己是完全的新党员，

① 《刘大年日记》，1952 年 7 月 14 日。
② 《陈伯达副院长在中国科学院研究人员学习会上的讲话》（1952 年 7 月 18 日），《中国科学院资料汇编（1949～1954）》，第 23 页。
③ 《陆定一讲话记录》（1951 年 12 月 27 日夜），据刘大年工作笔记，未刊稿。
④ 称中科院为"新解放区"似流传颇广。武衡由东北分院调入中科院时，有人告诫他中科院是"新解放区"，意即这里是未经改造或未改造好的单位。武衡：《充实而有意义的三年（上）》，《中国科学院院刊》1991 年第 2 期，第 183 页。

不能担任政治上的领导。2. 大学生，好处是学科学的，科学、政治上都是较幼稚的，我们要依靠他们，因人多，能发展。3. 在地方工作但未了解科学，好处是有经验，只有这一部分才能是骨干，离开了他们不能整顿。但因为不了解科学，因要与科学发生关系可能片面、急躁。这三部人都要，把他们的长处结合起来，最后有共产主义科学家，就完全解决了问题。"①

胡乔木所提到的丁瓒、曹日昌、吴征镒等人，均曾从事学术研究。其中丁瓒1927年入党，1935年毕业于中央大学心理系，1938年协和医学院脑系科研究生毕业，1947~1948年为美国芝加哥大学心理学研究生。他是当时党内为数不多在专业领域有较高造诣的学者，因而在中科院筹建过程中发挥了重要作用，并承担中科院党组副书记之重任。但他党龄虽长，却"政治上没有受过锻炼"，很快被认为难当大任。在"思想改造"运动中被批判为"缺乏原则性和思想性，把党的统战政策庸俗化了"。② 1953年中科院组织访苏代表团，起初由丁瓒筹备，并已宣布他为代表团秘书长。"但由于过去工作中的问题特别是近来发现的历史上的问题"受到处理，③ 后被开除党籍。

胡乔木虽然也提到在中科院这三种党员都需要，以结合其所长；且提出"党员应学习业务"，要培养大量"共产主义科学家。"但这至少短期内不切实际。他这番话表明，对于在中科院如何加强党的领导，领导层之考虑已有所变化。简言之，即由先前重用懂学术的党员干部，转而依赖不懂学术的政工干部，并很快就有了大动作。1952年9月派曾担任西康省委副书记的秦力生任党组成员、院办公厅主任，并负责院党支部工作。同年12月又调派张稼夫任中科院党组书记、副院长。1953年1月派郁文任院党组成员，分管人事和党务。院党组成员有张稼夫、范文澜、秦力生、

---

① 《刘大年日记》，1952年12月28日。
② 《对丁瓒同志思想检讨综合意见》（1952年7月2日），据刘大年工作笔记。
③ 《刘大年日记》，1953年2月24日。

郁文、恽子强、刘大年、张庆林、刘咸一、彭庆昭。① 张稼夫曾在中央研究院做社会经济研究，多少有些学术背景，后参加革命，任中共西北局宣传部部长。秦力生、郁文等人均为职业革命者出身，熟悉党务。中科院党组的领导权威很快树立起来。

但中科院作为全国最高的科研学术单位，其核心要义无疑还在于实现真正意义的学术领导。就科研学术领导而论，中科院当时尚难孚众望。1950 年虽有专门委员之设，但实际发挥作用有限。② 第一次扩大院务会议之后，中科院力图加强学术领导系统，仍难有根本改观。③ 中央研究院于1948 年建立院士制度，其科学体制已初具规模。中科院力图另辟蹊径，遂取法苏联。1953 年组织访苏代表团，3 月 5 日抵达莫斯科，访问苏联科学院。历时两月余，回国后代表团在京组织了 16 个专题报告会和 3 个总结报告会，传达见闻与收获。张稼夫于 7 月将访苏的情况向胡乔木作了两次汇报。9 月 15 日，又以院党组名义将访苏报告正式呈送中共中央及国务院。1954 年 1 月 28 日，代表团团长钱三强在政务院第 204 次政务会议上作访苏代表团工作报告，着重谈到院士制之优势。④

访苏之行，使中科院领导层意识到应在领导体制上有所变革。郭沫若坦言：中科院是学术研究机构，"和一般机关在性质上有所不同"，但实际上其领导之实施"与政府其他部门没有多大区别"，因而"未能适当地组织国内优秀的科学家参加学术领导工作，而这对于加强科学院的学术领导，使科学院成为名副其实的全国科学研究工作的中心是具有决定意义的

---

① 樊洪业主编《中国科学院史事汇要（1949 年）》，第 32 页。
② 金灿然在 1954 年被聘为历史研究所第三所学术委员后，致函范文澜：希望"不要像上一届专门委员会一样，只有个空名义"。见《金灿然来函》，王玉璞、朱薇编《刘大年来往书信选》（上），第 86 页。
③ 李真真：《中国科学院史事汇要（1950 年）》，第 3～5 页。
④ 《中国科学院关于访苏代表团工作的报告》，《中国科学院资料汇编（1949～1954）》，第 235～241 页；武衡：《中国科学院代表团首次访问苏联》，《院史资料与研究》1991 年第 2 期（试刊），第 29、30 页。

问题"。①

学习苏联的科学管理体制也并非易事。苏联虽然也强调要"提高科学机构中党组织底作用"，② 但其学术领导体制较为成熟。苏联科学院体制最关键者为院士制度，其最高决策机构是科学院院士全体大会，由院士选举院主席团、院长、副院长。其院内不设党组织，党支部亦归属地方党委系统。苏共中央对苏联科学院的领导主要通过学术秘书处实施。学术秘书多由有一定学术造诣的党员担任，其角色至为重要。

在当时中科院内多有对院士制的憧憬。院长郭沫若倾向于院士制；1954 年被聘为中国科学院院长顾问的苏联科学院通讯院士 B. A. 柯夫达亦力主院士制："如果在中国科学院还没有院士之前，是不能称其为科学院的，而只是各个研究所的联合的行政组织。"③ 但院党组书记张稼夫最为关切的是如何进一步强化党对科学工作的领导。因他与秦力生、郁文等人不谙学术，实际上只能在政治上领导而难以在科研业务上实现领导，苏联的学术秘书处这一机构设置正好契合其加强学术领导之需要。据张稼夫回忆，他还在访苏途中，组建学术秘书处的设想就已定型。④对于院士制，张稼夫等人顾虑会冲击党的领导，"甚至有人认为科学家们主张搞院士制就是向党'夺权'"。⑤ 张稼夫与郭沫若的意见存在分歧。而在当时的中科院组织架构中，院党组事实上处于核心位置。最后确定参照苏联科学院建立学部制。1954 年 4 月 8 日，正式成立学术领导工作机构——秘书处。⑥

---

① 《关于中国科学院的基本情况和今后工作任务的报告》，《人民日报》1954 年 3 月 26 日，第 3 版。

② 《提高科学机构中党组织底作用》（原载《真理报》1950 年 8 月 10 日社论），《科学通报》1952 年第 Z1 期。

③ 《中国科学院院长顾问 B. A. 柯夫达关于规划和组织中华人民共和国全国性的科学研究工作的一些办法》，《中国科学院年报（1955）》，第 62 页。

④ 李真真、尉红宁：《张稼夫同志访谈录》，《中国科学院学部制的建立及发展专辑》，《院史资料与研究》1991 年第 6 期（试刊），第 23、24 页。

⑤ 武衡：《充实而有意义的三年（上）》，《中国科学院院刊》1991 年第 2 期，第 186 页。

⑥ 《中国科学院加强领导学术研究工作》，《人民日报》1954 年 4 月 9 日，第 1 版。

　　当然，对于苏联科学院领导体制的选择取舍、移植改造，可能并非张稼夫所能决定，而是当时客观情势的产物，归根结底体现了高层的考量。重视发挥科学家的作用，但又要加强党的领导，可能才是其基本倾向。

　　加强党的领导，一是在科研人员中发展党员。中央 1954 年 3 月 8 日对中科院党组报告的批示中特别指出："应当在青年科学工作人员中加强党、团的工作"；"应当在青年科学工作人员中积极而慎重地发展党员，旧科学家中够党员条件的相应接受入党，以逐渐改变在科学工作中党组织力量弱势状况。"① 二是形成强有力的党的领导机构。1956 年后，张劲夫调任中科院党组书记，后又调来杜润生、裴丽生。这几人资历既高，党务、政治能力也强。在各个学部建立分党组和党委，各研究所建立完善党支部。1955 年 1 月 8 日，中科院党组又致函中宣部、中组部，申请分三批调配 30 名地委级以上干部担任党员副所长、28 位县级以上干部担任各所办公室主任，并提出若干名单。② 中科院党的领导力量大为加强。

　　"十七年"间，党的领导在中科院经历了一个不断强化的过程，但其领导作用在基层具体如何实施，或难一概而论，呈现出更为丰富复杂的面貌。

　　20 世纪 50 ~ 60 年代中科院哲学社会科学部成立有党委，研究所的党组织大多为党支部。③ 但其定位并不明晰，时人之认识亦存在分歧。从体制上来说，此学部党委为机关党委性质，研究所的党支部为机关党支部，仅负责党员组织生活之管理，并无权决定整个学部或各研究所的重大事务，亦无权对全学部或全所发号施令。但事实上，学部的党委、各研究所

---

① 武衡：《充实而有意义的三年（上）》，《中国科学院院刊》1991 年第 2 期，第 182 页。
② 《本院院党组致中央宣传部、中央组织部函》，中国科学院院档：55－1－19。
③ 1959 年哲学社会科学部在历史研究所试行党委制。根据其经验，"党委制更有利于加强党对科学研究工作的领导和发挥党的核心领导作用。因此，遵照院党组的指示，凡有条件实行党委制的单位，可研究试行"。近代史所档案：《哲学社会科学部机关临时党委工作报告》（1960 年 6 月 17 日）。1965 年，"学部党委在十一月成立政治部，在摸清各所政治工作情况的基础上，有步骤地在各所建立党委制，并成立政治工作机构"。近代史所档案：《哲学社会科学部一九六五年第四季度工作计划要点》（1965 年 12 月 20 日）。但研究所层级实际上直到"文革"后才普遍建立党委制。

的党支部无疑又是一种政治中心之所在，要发挥"战斗堡垒作用"。① 这种名与实的不尽符合，在实际运作中则显得颇为微妙。一般党政机关党委书记为一把手乃是定制，其权力难以受到挑战。而学部的党委书记、研究所的支部书记，其权威则往往因人而异。

1954 年 12 月 29 日，近代史所党支部确定由周超任书记兼保卫委员，刘桂五任组织委员，刘大年任宣传委员。1956 年 12 月 28 日，党支部换届选举，胡金、周超、王来棣、刘桂五、刘大年当选为支部委员。② 周超时任所办公室主任，后任所务秘书，为纯粹的政工人员，威望不太高。1958 年底整风补课，给周超提的批评意见达 30 条，认为他在行政上亦"未发挥作用，未负起责任"。③ 1962 年 2 月 27 日党支部换届，张崇山、刘述之、汪士汉、陈恕、何堂红、黄德昭为支部委员，行政副所长张崇山任支部书记。④ 刘大年在第一、二届支部均非书记，在第三届支部中并非支委，但他此前在中科院党务系统中曾任要职，1953 年 12 月 3 日转任近代史所副所长，并实际负责研究所日常工作。⑤ 1957 年范文澜明确提出希望减轻行政工作负担以便专心写书，刘大年遂以副所长名义，担任近代史研究所领导小组组长，⑥ 且同时担任哲学社会科学部党组成员。无疑刘才是近代史所的实际主持者。此外，所长范文澜虽然在 1957 年后较少参与日常行政事务，有退居二线之意味，但他作为中央候补委员，其资历和声望是其他人无法企及的。他不仅为近代史所的缔造者和精神领袖，在研究所后来的各项重大决策和政治运动中，其作用也往往举足轻重。不过应该看到，近代史所的情况或有一定特殊性。如文学所党支部以贾芝为书记，王燎荧任副书记。⑦ 贾、王均有较强的研究能力，在 1956 年都担任文学

---

① 近代史所档案：《科学院党委 1960 年工作计划要点》（1960 年 3 月 28 日）。
② 近代史所档案：《党支部会议记录》（1956 年）。
③ 《12 月 10 日下午高研组座谈记录》，近代史所档案：《整风补课资料》（1958 年）。
④ 近代史所档案：《中国科学院批复函》〔人事文书 -（1）〕。
⑤ 《竺可桢全集》第 13 卷，第 332 页；近代史所档案：《刘大年整风检查》（1959 年）。
⑥ 近代史所档案：《干部履历表》。
⑦ 《中国社会科学院文学研究所所志》，社会科学文献出版社内部印行，2013，第 93 页。

所第一届学术委员。①

1957 年反右后，中央为了加强中国科学院各研究所的政治思想工作，调入一批司局级干部担任各所党的领导工作。不少研究所配备专职党员干部兼行政副所长，同时负责党务工作。1958 年张维汉（1932 年入党，曾任地委书记）调入近代史所任行政副所长、党支部书记。同年唐棣华调任文学所行政副所长，亦兼任党支部书记。

还须注意到，哲学社会科学部在行政（主任、副主任）、党务（党委书记、副书记）的架构外，于 1957 年设立"分党组"，潘梓年任分党组书记，刘导生任副书记，尹达、刘大年为分党组成员。各研究所在行政（所长、副所长）、党务（党支部书记、副书记）的架构之外，多设有"领导小组"或曰"领导核心小组"。② 研究所的领导小组类似于党组，其成员一般包括党员所长、副所长，支部书记，以及其他重要党员干部。如近代史所 1960 年的领导小组成员有副所长刘大年任组长，副所长、支部书记张维汉，支部委员（学术秘书）刘桂五，以及党内资历较高的汪士汉（干部培养处主任、近代史二组副组长）、曲跻武（1959 年从《工人日报》社长任上调入，任工人运动史组组长）。1966 年近代史所的领导小组又改由刘大年（副所长）、黎澍（副所长）、张崇山（副所长）、李新（现代史组组长）、刘桂五（学术秘书）等五人组成。③

但是，学部分党组与学部党委、研究所的领导小组与党支部的关系并不明晰。哲学社会科学部党委副书记刘斗奎，在 1960 年 6 月初的一次党委常委会上提出"学部一定要解决两个中心问题"。参加会议的常委有刘导生、刘斗奎、吴一尘。刘斗奎根据毛泽东的《论党委制》、《组织工作问题》，坚持学部的领导中心是党委，刘导生则强调"学部党委是机关党

① 《中国社会科学院文学研究所所志》，第 107 页。

② 近代史所称之为"领导小组"；文学所则称之为"领导核心小组"，以何其芳（所长）、毛星（副所长）任正、副组长。《中国社会科学院文学研究所所志》，第 93 页；历史所亦名之为"核心小组"。近代史所档案：《关于讨论保证完成重点项目情况的请示报告》（历史研究所，1965 年 12 月 4 日）。

③ 近代史所档案：《近代史所下乡方案的报告》（1966 年 3 月 14 日）。

委性质，不发生两个中心问题"。一时争论不下。刘导生建议提交分党组正式讨论。① 1960 年 6 月 11 日召开学部分党组扩大会议，潘梓年、张友渔、刘导生、尹达、石明远、王慎之、刘大年、唐棣华、王平凡、吴一尘、刘斗奎、张仲才、牛兆勋等人出席。刘斗奎根据"组织工作问答"认为党组是在党委的领导之下。党组书记潘梓年强调："机关党委与领导一级的党委不一样，后者有决策的权利。机关党委的作用就是保证、监督。党组与党委是指导关系，因此党组对党委工作可以讨论。领导小组明确了是党组性质，成员是上面指定的，而不是选举的。关系始终是两个系统。讨论讨论，提提意见当然是可以的，对党组、领导小组可以提出意见、建议，但是不能决定党组、领导小组怎么办。"张友渔也提出："党组和所的领导小组也不应是领导关系，党组没有上下级关系。"吴一尘提出："党委对分党组本身的组织生活问题要不要管？（各研究所）领导小组的团结问题党委代分党组来管，这是事实。"刘导生表示："这个问题可向上级请示。党组下面还有党组，这个形式也不合理。""两个领导中心，搞起来一定有问题。如党委执行上级党委的指示没有错，但如果不经过分党组根据我们的情况进行研究，往往有冲突。"潘梓年最后表示："政策方针的贯彻是分党组、领导小组，至于党员思想作风支部管。"② 这个定位仍然不够明晰，经讨论仍不能完全消除困扰。

而在研究所的层级，领导小组作为党的组织，其设置的主要目的在于整合党组织与行政的力量，强化党对全所各项事务的领导。如果所长不是党员，则由行政副所长任领导小组组长。从其定位来说，各研究所的领导小组至关重要。中科院哲学社会科学部 1960 年 2 月曾制定《党的建设问题研究提纲》，其中党的组织建设问题项列有："一、领导小组的具体任务是什么，是否对下列问题进行过认真研究并贯彻执行：1. 路线方针任务以及各项重大政策；2. 政治思想领导问题；3. 对支部的指导或领导问

---

① 《分党组扩大会议参考材料之二》，近代史所档案：《分党组资料》。

② 《关于分党组与党委关系问题的讨论情况》，近代史所档案：《分党组资料》。

题；4. 干部管理问题；5. 领导小组是否形成了本单位领导和团结的核心。"① 从中可见领导小组对研究所的全方位领导之责。

　　根据规定，领导小组也对党支部负指导之责。党支部"在上级党委的领导下，在本单位领导小组的具体指导下，进行工作，定期向领导小组汇报情况，取得帮助和指导"。"支部对上级和本单位领导小组所发布的一切工作指示，应动员全体党员和群众坚决执行。"② 领导小组与党支部的根本目的均为贯彻党的领导，但二者平时工作各有侧重，领导小组偏重于学术研究的业务领导及全所行政事务，党支部偏重于政治思想工作。理论上党支部应接受领导小组之指导，向领导小组汇报工作；但"指导"并非"领导"，实际工作中，这种"指导"亦不好把握。党支部无疑也是研究所之中心，尤其在政治运动中，"支部实际上是运动的发动机"，运动的布置、推动，均需依赖支部。领导小组组长在党内亦受支部领导。要求支部与领导小组"互通声气，拧成一股绳"，③ 则并非易事。如果领导小组组长与支部书记关系不睦，二者有时甚至产生极为尖锐的矛盾，支部可以与领导小组分庭抗礼。

　　哲学社会科学学部社会科学情报研究室副主任洪彦林任领导小组组长，副主任杨海天任领导小组副组长；洪、杨与支部书记李振远、支委刘列夫矛盾颇为尖锐。实际上李振远亦为三人领导小组成员。李是军队转业干部，此前"猜疑洪彦林对他不尊重……在一次支委会上，李对洪大发脾气，说老子革命二十多年，没被人瞧不起过，如今你洪彦林瞧不起我……"刘列夫亦对洪彦林不满，认为洪对他不尊重。④ 洪彦林党内资历较高，1937 年在延安陕北公学学习，1938 年入党。新中国成立后历任中共旅大区委党校副校长、中共中央东北局理论宣传处副处长、中共中央宣

---

① 《党的建设问题研究提纲》（1960 年 2 月 4 日），近代史所档案：《分党组资料》。
② 《分党委六月至九月工作计划》（1959 年），近代史所档案：《分党组资料》。
③ 《杨海天致刘斗奎及分党组函（二）》（1960 年 11 月 25 日），近代史所档案：《分党组资料》。
④ 《杨海天致刘斗奎及分党组函（二）》（1960 年 11 月 25 日），近代史所档案：《分党组资料》。

传部《宣传通讯》主编、中共中央宣传部新闻出版处副处长等职。出身于浙江的书香门第，颇有学识。① 对于李振远等不懂业务的党务干部不无轻视。

　　1959 年的"反右倾"整风运动，主要目标为反"官僚主义"，锋芒主要指向领导。情报研究室领导小组与党支部均欲主导此次运动。领导小组召开扩大会（包括支委、党员组长或小组长）进行布置动员。支部亦开会布置。而支部的行动原则上应向领导小组汇报。李振远在政治运动中"有所恃而无恐"，并不把领导小组放在眼里。他主导党支部整理洪彦林的材料，总结洪有"四脱离"（脱离群众、脱离实际、脱离政治、脱离组织），贴洪的"大字报"。党支部多次开会却不向领导小组汇报。杨海天对党支部提出批评，支委罗振英则指责洪彦林、杨海天为何不作检查。杨海天针锋相对地回击："不检查是官僚主义的问题，不汇报牵扯到一个组织原则问题，不能相提并论。"② 洪彦林亦私下联络对李振远不满的潘培新等人，试图将整风之火烧到李振远身上。双方闹得不可开交。李振远向学部领导状告洪彦林、杨海天"对支部进行挑剔、攻击"，"鼓励、支持非组织活动成员攻击支部"。③ 此事还有背后因素。李振远、刘列夫得到学部副主任、分党组副书记张友渔的支持。张友渔代表分党组列举事实宣布洪彦林进行非组织活动。④ 学部监察委员会做出决定，支持李振远，将洪彦林定性为"进行非组织活动"，给予撤销党内职务之处分；将杨海林定性为"参与以洪彦林为首的非组织活动"，给以严重警告处分。⑤ 洪、杨不服，对学部监委的处理提出申诉，得到学部副主任、领导小组副书记

① 王维奇：《洪彦林同志的生平事业》，《瑞安文史资料》第 9 辑，1992，第 66～68 页。
② 《杨海天致刘斗奎及分党组函（一）》（1960 年 11 月 1 日），近代史所档案：《分党组资料》。
③ 刘列夫、李振远：《杨海天同志进行非组织活动的主要错误事实》，近代史所档案：《分党组资料》。
④ 《杨海天致刘斗奎及分党组函（二）》（1960 年 11 月 25 日），近代史所档案：《分党组资料》。
⑤ 近代史所档案：《关于洪彦林、杨海天两同志在运动中所犯错误的调查报告》（中共学部监委，1960 年 12 月 1 日）

刘导生支持。学部监委于 1960 年 12 月 12 日在潘梓年办公室召开会议，刘导生批评李振远等在反官僚主义运动中对洪、杨批判是"残酷斗争，无情打击"，后来并未给予洪、杨处分。[①]

领导小组、党支部之间的矛盾，源于二者的关系未能从制度上予以明确的定位，事实上造成研究所层级的"两个中心"。二者的关系是否和谐，难以获得制度保证，而往往取决于其主要领导者的个性。从洪彦林、李振远之例来看，虽然领导小组与党支部均为党的组织，但二者矛盾的背后，仍有党务与行政矛盾的影子。双方展开斗争，其间是非曲直实难断定。杨海天感慨说："这究竟是反官僚主义，是反非组织活动，还是一部分人反对另一部分人？"[②] 最后上级党委、党组维护情报室党支部的权威，而将领导小组改组。当时的党支部，实际上并非仅止于"机关支部"的意义。领导小组对党支部的"指导"，支部也可以不买账。研究所中这种领导小组之设置，在强化党的领导之同时，也因权责界限不够鲜明而导致困扰纠纷。

在这种相对固定的领导小组外，为满足政治运动之需要，研究所在每次政治运动中又设有各具名目的临时性领导小组。这种领导小组因事而设，较为灵活。1959 年 6 月 6 日，由学部领导潘梓年、刘导生签批，近代史所成立审查干部领导小组，张维汉任组长，成员有刘大年、张维汉、刘桂五、程红宇、刘述之。[③] 1963 年"五反"运动时，近代史所即建立了临时领导小组，成员为刘大年、黎澍、张崇山、汪士汉、刘桂五，以更好地推动运动之开展。具体分工为：刘大年、刘桂五负责全所研究工作；黎澍、汪士汉负责反修正主义学习；张崇山负责"五反"运动、审干工作。[④]

---

① 《监委会会议通知》（1960 年 12 月 10 日），近代史所档案：《分党组资料》、《对学部领导的意见（材料之一）》，1963 年 6 月。
② 《杨海天致刘斗奎及分党组函（二）》（1960 年 11 月 25 日），近代史所档案：《分党组材料》。
③ 近代史所档案：《人事文书—审干材料》（1959 年）。
④ 近代史所档案：《关于反修正主义与开展五反运动的计划》（1963 年 3 月 23 日）。

临时领导小组组长有时并非行政领导，但往往在党内有一定资历，这类组长在运动中也有相当的主导权。曲跻武 1959 年初至近代史所，9 月开展"反右倾机会主义"运动，即被任命为"反右倾"整风的"领导小组组长"，此临时领导小组由曲跻武、刘大年、刘桂五三人组成。据曲跻武回忆："刘大年实际代行所长职务，属于被批判对象，对运动进展他无权也无法讲什么话。结果，这个小组的碰头会，等于是我讲情况和问题，而通过刘大年向范文澜通报。""在做任何批判之先，首先要把准备采取的措施及我的想法，向对方通报。"这种领导小组的组成及活动方式，令曲颇不理解。此前因副所长张维汉批评近代史所通史组占用资源过多，致使几个近代史研究组"形同虚设"，"近代史研究所名不符实"，范文澜对张有所不满，欲将其作为整风对象。曲跻武则对张不无同情之意，遂"一直采取'围而不攻'的办法"，成立一个专门批判他的小组，同时告诉小组长，每次开会大家不要多谈，主要听张自己检讨，"实际是休战状态"。在党的小组会上，范文澜对张加以指责，曲跻武沉默不语。曲氏回忆其当时心态："既然我是领导运动的人，会议便不可能由范支配。我不表态，会议的其他成员便都作壁上观。"①

名目繁多的临时领导小组，每每与政治运动相始终，也是学术研究"革命化"的产物，对学术机构正常稳定的行政领导机制无疑会有所影响。而在当时的观念中，"研究所不是自由研究者的集合体，它是负担党和国家交给的任务的机构，是一个战斗队"。②"战斗"需要临机应变，则成立各种临时领导小组也就不难理解了。

1966 年"文革"开始后，近代史所的"造反派"很自然地组织建立了"文化革命领导小组"。但此领导小组成员中只有组长张德信一人为党员。"文革"由混乱到重建秩序，1972 年 11 月 17 日在全所"临时领导小组成立大会"上，刘大年被军宣队宣布为该小组组长，主持所内业务工作。

① 曲跻武：《清偿集》，内部印行，第 366～371 页。
② 近代史所档案：《刘大年整风发言稿》（1959 年）。

一年后，1973 年 12 月 12 日，近代史所军宣队在全所会议上宣布暂停所内"临时领导小组"的活动，所内一切工作归军宣队一元化领导。①

　　总体说来，"十七年"间中科院各研究所层级设立的"领导小组"，强化了党的领导，使行政、研究工作均在党的统领之下。但其本身定位不够明确。领导小组与党支部的关系亦存在含混之处，"两个中心"的问题并未能真正解决。在体现灵活性的同时，也存在一定的随意性，这对形成长期稳定的行政、党务领导体制，也带来一定影响。

　　1979 年 5 月，中国社会科学院党组提出要改革科研领导体制，建立"党委领导下的院长分工负责制"，各所实行"党委领导下的所长分工负责"。"坚持党集体领导原则；加强学术领导"。"为了正确贯彻党委领导下所长分工负责制，充分发挥行政领导的作用，党委要支持和保证行政负责人充分行使自己的职权，不要包办代替他们的工作。"② 这种在研究所建立的党委制，党务、行政各自分工的权责相对明确，有利于形成稳定的领导机制。

　　研究所党的领导作用，自然首先体现为把握政治方向，抓思想动向，改造旧知识分子。这些工作一般由党支部负责。具体来说包括以下几方面：

　　第一，组织政治学习。政治学习是日常必有的功课。中科院党委明确要求，每周六上午所有人员参加的政治理论学习时间必须保证，不得占用；此外，研究所党支部还要"善于想办法、出主意，充分利用这个时间，形成学习气氛，掀起大鸣大放，大争大辩"；"为了及时掌握各类人员在政治理论学习中所反映的思想情况，必须严格坚持学习汇报制度，各学习小组应将学习情况向本单位党组织汇报，各单位党组织每两周应就学习情况，争论问题，思想动态向院党委宣传部写一篇有内容，有分析的书面汇报"。③ 1963 年开展反修正主义学习，由近代史所党支部领导，由党、

① 三玉璞、朱薇编《刘大年来往书信选》（下），第 717、718 页。
② 王平凡：《沙汀、荒煤同志对文学研究所建设和发展的贡献》，《岁月熔金》（一编），中国社会科学出版社，2006，第 63~64 页。
③ 近代史所档案：《近代史所关于一般党员干部学习中央文件情况简报》（1963 年）。

团、工会共同成立学习委员会，由汪士汉、何重仁、陈霞飞、杨余练组成。采取小集中学习，自 2 月底始至 6 月底，在每月双周用周六一天的时间学习，上午看文件，下午开小组讨论会。① 实际学习时间远不止此数。如 1963 年 4 月 9 日至 13 日就集中学习了 4 天。② 除理论学习之外，还有时事政策学习。一为经常性的时事学习，二为遇重大时事政策问题的专门布置的学习，以"贯彻毛泽东思想，提高大家对国内外形势的认识水平"。1956 年各研究所曾普遍设立时事报告员，建立时事报告制度。时事报告员要"认真主动收集各类人员，特别是科学家的反映"，加以综合整理，分析研究，"及时汇报院党委宣传部，尽快上报国家机关党委"。③ 不过，这种政治时事学习时间长后难免疲沓，一般研究人员有时亦敷衍应付，尤其时事学习往往成为闲聊。④

第二，掌握群众思想动向。党支部给党员分派了联系群众的任务，通过党员"经常了解党内外的思想状况，及时的而又细致的进行思想教育，鼓舞大家的干劲，调动一切积极因素"，并要求"每个党员都要联系一定数量的群众，组成思想工作网，层层做思想工作"。"每一个党员要固定的经常的接触一部分党外群众，和他们交朋友，彼此相互了解，发挥他们的专长，改造他们的缺点。"⑤ 中科院党委宣传部在 1960 年的计划中，要求研究所党组织将本所研究人员按问题分类摸底，写一篇思想情况的反映，为"政治思想工作联系实际准备条件"，并要求"深入研究室，了解各类人员各方面的政治思想动态，并写成书面汇报向上级党委反映"。⑥

尤其对于"旧知识分子"，1952 年的思想改造运动后，对于他们的改造实际上一直未曾中辍。中科院社会科学学部分党委在 1959 年的文件中，

---

① 近代史所档案：《反修正主义学习计划》（1963 年 2 月 28 日）。
② 近代史所档案：《学习情况简报》（1963 年 4 月 3 日）。
③ 近代史所档案：《中国科学院党委宣传部 1960 年工作计划草案》（1960 年 3 月 18 日）。
④ 张振鹍先生访谈记录，2016 年 11 月 14 日。
⑤ 近代史所档案：《哲学社会科学部党委一九六五年工作要点》、《1963 年近代史研究所党支部工作计划》（1963 年 3 月 12 日）。
⑥ 近代史所档案：《中国科学院党委宣传部 1960 年工作计划草案》。

要求研究所支部"加强对民主党派和一切党外旧知识分子的领导，推动其思想改造"，并"帮助他们尽量根据其实际情况制订切实可行的思想改造规划"。还要求"各所组织读书会，争取所有旧知识分子全部参加，领导小组同志亲自主持。通过学习，加强对他们的政治思想工作。……按照政治排队情况，领导同志分工，有计划的进行个别谈话，征求他们（引者按：指旧知识分子）对工作上、学习上、生活上的意见，达到消除隔阂、心情舒畅，推动其自觉的改造自己"。① 1960 年中科院党委要求对旧知识分子建立情报制度，并要求建立人事卡片，实时掌握资产阶级知识分子的思想动态。②

第三，主导研究所的政治运动。由于党支部掌握着政治上的巨大权力，研究所中党员与非党员之间是有鸿沟的。据张振鹍先生回忆，他当时见到比他年轻的党员王来棣，就有避之唯恐不及的畏惧心理，因为担忧自己尚未觉察时，党员若向支部汇报就可能给其工作生活带来影响。③ 著名学者聂崇岐任组长的工具书组，实际上起领导作用的是年青的党员章伯锋。④

作为学术研究机构，归根结底其中心工作毕竟还是学术研究。1957 年"鸣放"时，不少学者抱怨党对学术研究干涉过多，是"外行领导内行"。反右运动中对此进行了重点批判。郭沫若特别强调："……我国正在进行社会主义建设，那么党才是真正的内行。……我们科学家首先应该向党学习，体会运用马克思列宁主义来改进和领导科学研究的方法……很多科学研究在今天要进行综合的组织，集体的研究，切实的协调。在这些方面，我们科学家就非常外行。"⑤ 对于郭沫若将社会主义建设作为党的

---

① 近代史所档案：《分党委六月至九月工作计划》（1959 年 4 月 16 日）。
② 近代史所档案：《关于 1960 年统战工作的安排意见》（中国科学院党委统战部，1960 年 3 月 15 日）。
③ 张振鹍先生访谈记录，2010 年 1 月 15 日。
④ 张振鹤：《沉冤二十二年》。
⑤ 郭沫若：《共同努力，向社会主义过关》（1957 年 7 月 24 日郭沫若院长在京区科学家反右派斗争座谈会上的讲话），中国科学院办公厅编《中国科学院年报（1957）》，内部资料，第 44 页。

内行来说服科学家，说明党的领导在学术研究中如何体现，仍存在不同的理解。

就党委来说，特别强调"加强党对研究工作的绝对领导……把政治工作渗透到一切业务工作中去"。① "支部必须根据上级党委的决议和计划结合本单位的实际情况，把政治思想工作与一切其他工作首先是研究工作逐步密切结合起来，以体现政治是灵魂，思想要领先，从而在各个工作环节中，发挥党的堡垒作用。"并要求党支部"在各研究组中着重抓学术思想上和治学方法上所存在的问题。是否在实际工作过程中贯彻了一盘棋的方针，贯彻着百家争鸣、群众路线、集体协作的工作方法，及时克服理论脱离实际、手工业工作方法和资产阶级个人名利思想的滋长和发展"。② 这样，在把握政治方向是否会干预学者的学术研究上，会有不同理解。讨论这个方案时，有人就提出，党支部结合业务没有问题，"但结合业务不要包办业务，干涉业务，也不要神秘化，不要随便扣政治帽子"。③

但事实上，党内一些干部对学术研究"扣政治帽子"的事并不鲜见。1958 年 5 月《帝国主义侵华史》第 1 卷出版，被带有"左"的思想倾向的领导干部批判，称新中国需要的是"扬眉吐气史"，而不是"挨打受气史"，《帝国主义侵华史》犯了方向性错误，应被彻底否定。此后"帝国主义侵华史"的研究不得不中止。④ 耐人寻味的是，"帝国主义侵华史"研究得到所长范文澜的大力支持，范氏对出版的《帝国主义侵华史》第一卷多所称许；但以范中央候补委员之地位，对他人的指责竟不能置一词辩解，其他有不同意见者亦唯有沉默而已。范文澜后来只能以托李侃在《人民日报》上发表书评的曲折方式对侵华史研究稍作维护，最终帝国主

① 近代史所档案：《哲学社会科学部机关临时党委工作报告》（1960 年 6 月 17 日）。
② 近代史所档案：《分党委六月至九月工作计划》（1959 年 4 月 16 日）。
③ 近代史所档案：《对党委支部工作试行草案讨论的意见》。
④ 张振鹍：《回忆范老与帝国主义侵华史研究》，《近代史研究》1994 年第 1 期，第 30 ~ 32 页；张振鹍先生访谈记录，2010 年 1 月 15 日。

义侵华史组仍不得不解散。

党对学术研究的领导，还体现为党员在学术研究中发挥何种作用。近代史所刘大年强调："我们这里研究工作的骨干大部是党员，党员能起决定作用。如果我们松懈，就要影响群众。"[①] 近代史所明确提出，科研工作也必须以党员、团员为中心："群众写书必须依靠党、团员，依靠青年和新生力量，一般说来，对一些问题的看法，党团员和青年群众比较正确，因为他们比较容易接受党的领导，掌握正确的方向。一些资产阶级知识分子由于世界观还没有得到彻底改造，对党的领导不象青年那样愿意接受，看问题往往是在基本方向上不明确或不对头。当然写文章的技巧上或文字上青年人可能不如资产阶级知识分子。但是，我们认为，方向正确与否是基本的，技巧文字是次要的。因此，群众写书必须坚持依靠党团员和青年力量，同时还要注意培养新生力量，如果新生力量成长不起来，一些资产阶级知识分子就会以'奇货可居'，放松对自己的改造。"[②]

当时哲学社会科学部几个研究所中，近代史所与意识形态关系相对更为切近，研究的政治方向问题尤为重要。说党员才是研究骨干力量，可能更多具有宣传鼓动的意味。近代史所也相当重视发展青年研究人员入党。1964年近代史所党员人数达63人，约占全体人员的43%。其中1949～1952年入党者仅1人，1953～1957年发展党员25人，1958年以后19人。发展的青年党员大多学历较高，主要为研究人员。[③] 其中蔡美彪、余绳武、刘明逵等研究能力突出的青年研究人员入党，成为学术研究的中坚。

从理论上强调政治思想工作与学术研究可以密切结合，甚至强调其一

---

① 近代史所档案：《支部大会对支部工作计划的意见》（1963年3月1日）。
② 近代史所档案：《集体写书的经验》（近代史研究所党支部，1960年5月20日）。
③ 近代史所档案：《中国共产党员统计年报表》（1964年12月31日）。中科院党委1960年明确提出，发展新党员应"放在研究技术人员方面，特别是青年研究技术人员"。近代史所档案：《关于1960年组织工作的意见》（1960年3月29日）。

致性，似乎也无问题。但实际上二者无法等同视之。党的领导确实可以在相当程度上取代行政工作，即学术研究的组织、协调等方面的工作。事实上研究所领导小组的设置，体现出在学术机构中党务和行政融为一体的趋势。但研究所党支部毕竟不可能代替学术研究工作。聂崇岐 1957 年被委以工具书组长之责，刘大年在委任时明确对他说，"你只管业务不管政治"，[①] 仍将业务与政治两种职责区分开来。

而党的领导者对政治思想工作与学术研究之关系的认识亦存在分歧。既有领导"硬要我们总结如何通过研究工作做思想工作"，也有相对开明者如刘导生"要求总结研究工作规律，按照规律来领导工作"。[②] 1958 年调入近代史所任行政副所长、党支部书记的张维汉，1960 年在整风中被批为"右倾"。他自知不谙学术研究，对于"透过业务抓思想"并不以为然，曾说："研究组的工作很紧张，我们无法做组里的政治思想工作，组里的政治思想工作，只有靠组里的党员同志去做。"人事科长陈恕批评他对政治思想工作缺乏热情。[③]

1959 年整风中，就有人批评"学部和所的领导同志，有一种'脚踏两只船'的歪风。组织上决定做行政工作，而自己偏要醉心于研究工作，结果是行政没有搞好，文章也写不出来"。[④] 在政治运动中颇为激进的汪士汉，也并不甘心于仅充当"运动员"的角色。他作为现代史组组长，一度热衷于编写《五四运动史》，以致被批评曰："研究人员钻到业务中去，就被书压住了钻不出来。……士汉同志政治上很强，但钻到五四运动里去，就钻不出来了。"[⑤] 但学术研究亦需要训练和积累，非能一蹴而就，他虽欲证明其堪当学术研究之任，但仍力不从心。"几年来的经验证明集体写书需要有一个理论水平较高、对业务比较熟悉有较多的写书经验的同

---

① 近代史所档案：《整风补课资料》（1958 年）。
② 近代史所档案：《对学部领导的意见（材料之十）》（1963 年 6 月）。
③ 近代史所档案：《1959 年冬党内整风学习资料》。
④ 近代史所档案：《学部整风材料》（1959 年）。
⑤ 近代史所档案：《1959 年冬党内整风学习的自我检查》（程宏宇）。

志作骨干。汪士汉同志虽则工作很努力，但因没有写书经验，开始工作时对五四运动完全不熟悉，领导起来困难比较大。"①

　　即使在"两条路线斗争"弥漫的政治氛围下，资产阶级学术标准与无产阶级的学术标准也并非那么泾渭分明、截然对立，实则仍有一定的学术评价标准，学术研究仍有其规律和规范。一篇政治正确却缺乏史料支撑的文章，自然难以被视为好的史学研究。

　　事实上，研究机构真正能行之久远者，无疑还是在学术上有所建树。1960 年"反右倾"整风运动，哲学社会科学部各所所长普遍被批为"重业务轻政治"。实际上，他们可能未必"轻政治"，政治之弦何曾能够放松；但他们也清楚地认识到，切实的学术研究成果才是立所之本。范文澜在 1958 年整风运动如火如荼之时提出："我们必须坚持业务整风两不误的原则。参加大辩论自是大好事，是否可以分批轮流去参加（每人参加的次数，看业务上需要的缓急），或选与业务工作影响不大的同志若干人去参加，请同志们考虑。将来算业务成绩账，总得能交出一些来才好。"②刘大年坦言："研究所要存在，必须做几件有分量的工作，'报得出账来'。做好了资料等基础性工作，就可以便利于全国学术界进行研究。"③

　　归根结底，"业务成绩账"、"政治思想账"均是党的领导对研究机构的要求。政治思想不易量化，有模糊空间；业务成绩却是一目了然。正因为有"业务成绩账"的压力，在对学术研究的组织管理中自然会有相对务实的举措。刘大年也因"迁就"旧派学者而受到不少批评："我所自成立以来，吸收了一些学有专长的资产阶级知识分子，但是如何正确地对待，这不是没有问题的。总的说来，是照顾多而近于迁就，教育少而近于自流。"而蔡美彪"对于组内人员的落后思想进行斗争不够，采取听之任之，放任自流的态度，认为他们对党虽有不满情绪，但只要不反党，还能

---

① 近代史所档案：《1963 年工作计划、总结》。
② 《范文澜致刘大年函》（1958 年），刘大年藏往来书信，手稿。
③ 《刘大年大会发言稿》（1960 年），近代史所档案：《整风资料》。

工作，也就够了。这种状况，实际上是政治上'和平共处'的反映"。①

　　"十七年"间中科院通过调入党政干部，移植并改造苏联的学部和学术秘书体制，使党的领导呈不断强化之势。具体到哲学社会科学部和研究所层级，学部党委、研究所党支部的定位并不明晰。名义上作为机关党委、机关支部，它们只负责党员的日常组织生活管理，对学部或研究所并无决策权；实际上它们扮演着远为重要的角色。为强化党的领导，学部设分党组，研究所设"领导小组"。但学部的分党组和学部党委，以及研究所的"领导小组"和党支部，其关系亦十分微妙，不易厘清，甚至发生冲突，有"两个领导中心"之虞。党组织通过政治教育、政治运动来领导学术机构的学术研究，力图将政治思想工作"渗透"到所有科研业务之中，使学术研究机构能够坚持正确的政治方向；但在"左"的时代背景之下，有时难免给学术研究带来影响。不过还应看到，学术机构的基本定位及学术自身的规律，仍然发挥着一定作用。如何平衡兼顾，给当时的学术领导者带来不小的压力。

---

　　①　近代史所档案：《近代史所关于一般党员干部学习中央文件情况简报》（1961 年）。

第二章　集聚人才与科研组织工作

如金毓黻所言："研究中国近代史为我国现阶段最薄弱的一环，其人数之少，本所及各高等学校均不能例外。至于本所以研究中国近代史为主，由于高级研究员太少，因而力量薄弱显得更为突出，此则为不可掩之事实，亦为短时间无法克服之现象。"① 此种情况之下，如何组织、集聚、培养研究中国近代史的人才，成为近代史所成立之初即面临的难题。

近代史研究所曾在 1961 年进行一次关于中国近代史学科的调查统计，其中对于当时国内近代史研究者作了以下总体估价：

（1）从事研究工作时间较长，有一定成就的，约有二十人。其中一部分是解放前即已运用马克思主义研究中国近代史，出版有专门著述的。有陈伯达、胡乔木、范文澜、田家英、胡绳、黎澍、刘大年、何干之、叶蠖生、李新、胡华、廖盖隆等。另一部分是解放前在国民党统治区研究近代史有专门、目前在马克思主义指导下继续进行研究工作的，有邵循正、罗尔纲、严中平、李平心、谢兴尧、蔡尚思、陈锡祺、王栻。

（2）全国解放前后，开始研究近代史，已有一定的成绩，发表过一些论文或著作的，约有三十人，缪楚黄、戴逸、陈旭麓、丁名

---

① 金毓黻：《静晤室日记》，第 7354 页。

楠、林增平、李时岳、胡绳武、金冲及、祁龙威、陈庆华、章开沅、余绳武、牟安世、汤志钧、江地、胡滨、鲍正鹄、夏东元、徐仑、毛健予、史筠、汪伯岩、孙守任、丁守和、钱宏、魏宏运、彭明、李龙牧、刘立凯、王仁忱。①

　　这一名单的取舍透露出的信息耐人寻味。其中所列用马克思主义研究中国近代史者共 12 人，大都同近代史所有密切联系。从 "旧社会" 过来的史家 "目前在马克思主义指导下继续进行研究工作" 者仅列了 8 人，其中近代史所有邵循正、罗尔纲二人。而其他在新中国成立前以研究近代史而著名者，诸如陈恭禄、郑鹤声、姚薇元、陆钦墀、李剑农等人，皆被排斥于此名单之外。② 换言之，这些人并未进入近代史所的视野之中。

　　其中郑鹤声③颇具典型性。郑氏于 20 世纪 20 年代末即涉足近代史领域，算是拓荒者之一。1944 年出版的《中国近世史》（上、下册）乃开创性著作，④ 此书以新航路开辟作为近世史开端，"上自明季，下迄今兹，包罗近三四百年之事实"。⑤ 顾颉刚评为 "体大思精，甚为赅备"，是当时近代史著述中 "最完善者"，并将之与近代史名家蒋廷黻相提并论，列为中国近代史研究两大流派之一。⑥ 新中国成立之初，郑鹤声曾任近代史所南京史料整理处研究员，并参加由中国史学会主持的《太平天国》、《鸦片战争》资料编辑工作。近代史所当时亟缺研究人才，却并未挽留郑鹤

---

① 近代史所档案：《关于近代史研究机构、人员、出版和学术活动的材料》，1961。
② 郑鹤声、姚薇元、陆钦墀在新中国成立后分别担任山东大学、武汉大学、吉林大学历史系近现代教研室主任。
③ 郑鹤声（1901～1989），1920 年考入国立南京高等师范学校文史地部，曾师事柳诒徵；1921 年加入史地研究会，先后任学会刊物《史地学报》编辑部主任、副总编。1929 年起任南京政府教育部编审处常任编审，兼第三组主任，并任中央政治学校、中央大学特约讲师、教授。1940 年被聘为民国教育部史地教育委员会成员，1946 年任南京国史馆纂修兼史料处处长。
④ 1944 年由重庆南方印书馆印行，收入上海书店出版社 1994 年版《民国丛书》第四编。
⑤ 郑鹤声：《中国近世史》前编第一分册，南方印书馆，1944，编纂凡例。
⑥ 顾颉刚：《当代中国史学》，辽宁教育出版社，1998，第 76 页。

声，而任其调入山东大学。①

一个学术科研机构，最重要者自然是罗致、培养人才。近代史所早期为集聚研究力量，颇费心力；然因看待旧派研究者的眼光不免略显狭窄，人才匮乏也在相当程度上给研究所的发展带来困扰。范文澜着重培养青年研究人员，并采取了种种措施，取得了一定成效，但仍难如人意。

一　研究队伍之组建

1949 年 4 月华北大学历史研究室进入北京，只有荣孟源、刘桂五、钱宏、贾岩、唐彪、王可风、牟安世等人。② 范文澜既已受命组建研究所，他立即着手引进年青人员整理档案史料，并为新中国成立后建立国家级史学机构做准备。范氏在 1949 年 5 月致函刘大年："正定第一部学生中，如有够入历史室之条件者，请您与可风商之，李新同志多多留意。北平书籍浩如烟海，需加增人力也。"③ 据来新夏回忆，他 1949 年正在华北大学二部史地系学习，8 月下旬某天，系主任尚钺约其到办公室谈话，"主要内容是副校长范老主持的历史研究室准备从学员中挑选几位旧大学历史系毕业的本科生去读研究生，研习中国近代史，享受供给制待遇"。随后，来新夏等 7 人经范文澜亲自调阅档案后被选中。④ 当时的历史研究室对有志于史学研究的青年学子有莫大的吸引力。至 1949 年 9 月新进人员计有刘明逵、高大为、禹一宁（即来新夏）、陈振藩、王佩琴、刘伟、

---

① 1955 年，高教部委托邵循正拟定全国综合性大学中国近代史教学大纲，邵氏于 1956 年 1 月邀请姚薇元、王栻、郑鹤声 3 人到北京讨论大纲，亦可见郑鹤声在中国近代史研究领域之地位。戴学稷、徐如编《邵循正先生百年诞辰纪念文集（续编）》，内部印行，2010，第 68～69 页。

② 王可风、唐彪 1950 年就被派往南京接收国史馆，组建南京史料整理处，牟安世于 1950 年 9 月被调参加《毛泽东选集》注释工作，自此离开近代史所。《牟安世先生生平》，《牟安世先生纪念文集》，中华书局，2008，第 233 页。

③ 王玉璞、朱薇编《刘大年来往书信选》（上），第 37 页。

④ 来新夏：《我学中国近代史》，《近代史研究》2003 年第 3 期，第 263 页。

王涛、李朝栋、傅耕垫、王忠、沈自敏、房鸿机等 12 人。①

　　1950 年 5 月近代史所正式成立后，继续招兵买马。是年 8 月，经尚钺推荐，清华大学历史系唐史研究生何重仁肄业入近代史所。② 1951 年 8 月 6 日，由政府分配北京大学历史系樊百川，清华大学历史系丁原英，辅仁大学历史、经济两系毕业生李瑚至近代史所。③ 张振鹤亦于是年 5 月入所。④

　　至 1951 年底，近代史研究所研究人员共 28 人：研究员 6 人，副研究员 1 人，助理研究员 9 人，研究实习员 12 人。⑤ 研究力量仍显薄弱。1952 年院系调整，不少旧派学人被调整至近代史所。主要有金毓黻、聂崇岐、张雁深、孙瑞芹、王会庵等人。⑥ 是年 9 月 29 日，李育民亦因院系调整，从北京大学调至近代史所。⑦ 1952 年 12 月张遵骝由上海复旦大学调入，任副研究员。⑧ 在陶孟和、李达支持下，1953 年朱士嘉由武汉大学调入近代史所。⑨ 这些旧派学人主要从事资料编纂工作，并发挥了重要作用（后文详论）。至 1953 年，近代史所研究人员达 47 人，⑩ 已然粗具规模。

　　按照范文澜建所之初的设想，本有另起炉灶、着重培养年青人之意。从近代史所建所之初几年间所进人员来看，多从北大、清华等名校的历史系毕业生中挑选，尤注重从清华大学研究院的研究生中引进人

①　《中国科学院近代史研究所近况》，《科学通报》1950 年第 4 期，第 259 页。
②　近代史所档案：《何重仁人事档案·干部简历表》。
③　李瑚：《本所十年大事简记（1951～1960）》。
④　张振鹤：《沉冤二十二年》。
⑤　《中国科学院 1951 年年底各类人员统计表》，《1949～1956 年中国科学院各种数据统计资料汇编》，内部印行。
⑥　金毓黻是 1952 年 9 月 19 日由教育部调配至近代史所，10 月到所工作，任研究员。近代史所档案：《金毓黻人事档案·金毓黻小传》。孙瑞芹、张雁深是 1952 年由燕京大学调至近代史所。近代史所档案：《人事文书－未整卷》。王会庵是 1952 年 10 月由北京大学院系调整委员会分配至近代史所，先后任助理编辑、编辑。近代史所档案：《王会庵人事档案·干部简历表》。
⑦　近代史所档案：《李育民人事档案·干部简历表》。
⑧　近代史所档案：《张遵骝人事档案·干部简历表》。
⑨　近代史所档案：《人事文书－79－3》。
⑩　近代史所档案：《人事文书－007－精简材料》。

才。不难发现，范文澜的建所思路，亦深受民国学界中国近代史研究趋向之影响。

民国时期的中国近代史研究，实以中外关系史为中心，侵华史、外患史、国难史、近代外交史之类著述，粗略统计，著作不下 130 多部，文章 300 余篇。① 当时大学的课程设置中，中国近代史、中国近代外交史往往合而为一。名家蒋廷黻受美国人马士的《中华帝国对外关系史》一书影响，视外交史为"中国近代史的最重要方面"，② 内政兴革仅为外交的反映，其《中国近代史》实际上可以看作"外交史大纲"。③ 金毓黻且认为，"近百年内，中国内政鲜有可述，对外关系，实居主位"。④ 因而，范文澜虽对蒋廷黻多有批判，在新中国成立后却实际上承续了重视近代中外关系史研究之传统，只是名之为"帝国主义侵华史"。

近代史所成立前后，范氏即开始物色有条件研究中外关系史的青年学子到所工作。他从清华大学研究院毕业生中挑选了沈自敏（1949 年毕业于清华大学研究院）、丁名楠（1950 年毕业于清华大学研究院历史系）、余绳武（1951 年毕业于清华大学研究院）、贾维诚 4 人，组成近代史所研究帝国主义侵华史的基干力量。而丁名楠、沈自敏、余绳武等人曾受业于邵循正，邵曾师从蒋廷黻。1953 年成立帝国主义侵华史组，沈、丁、余、贾 4 人为创始成员，并聘当时在北大历史系任教的邵循正为组长（兼任）。1953 年 3 月，李明仁由新华通讯社调至中国科学院历史研究所第三所。同年 4 月 9 日，张振鹍亦调入近代史所。⑤ 两人均被安排到帝国主义侵华史组。此后一两年间，组内又增加康右铭、潘汝暄等，

---

① 宫明编《中国近代史研究述评选》，中国人民大学出版社，1986，第 137 页。
② 蒋廷黻：《清季外交史料序》，《蒋廷黻选集》第 3 册，台北：传记文学出版社，1978，第 439 页。
③ 王聿均：《蒋廷黻先生对中国近代史研究的倡导》，《近代中国史研究通讯》1986 年第 1 期，第 22 页。
④ 金毓黻：《中国史学史》，河北教育出版社，2003，第 346 页。
⑤ 近代史所档案：《李明仁人事档案·中国科学院工作人员登记表》、《张振鹍人事档案·中国科学院工作人员登记表》。

侵华史组一时人才称盛。显而易见，无论关于中国近代史的治史理念，还是人脉与师从关系，近代史所与民国"旧史学"仍不可避免存在一定继承和关联。

范文澜为引进可造之才，颇费心力。据漆侠回忆，他1948年考入北京大学文科研究所史学部研究生，师从邓广铭。1951年研究生肄业之前，范文澜"看过我发表的几篇文章，并与北京大学历史系主任郑毅生天挺先生商定，调我到近代史所工作"。[①] 范文澜看中余绳武，托人通知进城一谈，当面表示希望余入近代史所工作。[②] 据曾于1949年入北大历史系读研究生的张振鹍回忆，"我们同宿舍有一位化学系的研究生陈健民，他的父亲是范老的好朋友，因此他常常到近代史所看范老。据他说，在谈话中范老有时打听我们这些研究生的情况，他向范老做介绍，谈到过我"。1952年秋，张振鹍从北大研究生毕业，被分配到华北行政委员会做扫盲工作，范文澜几次托张振鹤（张振鹍之兄）传话，希望将他调近代史所。张振鹍均谢绝。后来范氏邀他谈话，语重心长地开导说：近代史所需要人，扫盲工作高中毕业就够了，不需要研究生毕业的人去做。为将张振鹍调入近代史所，范氏亲自给华北行政委员会的领导写信。[③]

由于引进人员多为年青人，大多并无研究经验，范文澜当时所倚重者，一为荣孟源，任研究秘书，负责学术研究工作；一为刘桂五，任行政秘书，主要负责日常行政、生活事务。

充分利用所外的研究力量是近代史所早期重要发展策略。在建院之初，中国科学院设置了学科专门委员，并拟与有关各机关学校及史学界方

① 漆侠：《我和宋史研究》，张世林编《家学与师承——著名学者谈治学门径》第2卷，广西师范大学出版社，2007，第307~308页。
② 葛夫平访谈整理《余绳武先生访谈录》，中国社会科学院近代史研究所编《回望一甲子——近代史研究所老专家访谈及回忆》，社会科学文献出版社，2010，第209页。
③ 张振鹍：《回忆范老与帝国主义侵华史研究》，《近代史研究》1994年第1期，第27页；侯中军访谈整理《张振鹍先生访谈录》，《回望一甲子》，第223页。

面人士经常取得联系。① 近代史学科的专门委员名单如下：②

　　　　白寿彝　北京师范大学历史系教授、代理系主任

　　　　田家英　中共中央宣传部

　　　　吴玉章　中国人民大学校长

　　　　何干之　中国人民大学研究部副部长

　　　　邵循正　清华大学历史系兼主任

　　　　金灿然　出版总署编审局办公室主任

　　　　胡乔木　新闻总署署长

　　　　徐特立　中央人民政府委员

　　　　华　岗　山东大学校务委员会主任委员

　　　　叶蠖生　出版总署办公厅副主任

　　　　翦伯赞　燕京大学历史系教授

（因科学院在呈报政务院的名单中仅列所聘院外之专门委员，故本院专门委员未入此名单。）

　　从专门委员名单来看，涵括较为广泛。徐特立为革命元老，胡乔木、田家英为意识形态高官，金灿然、叶蠖生为当年延安马列学院历史研究室旧人，吴玉章、何干之与范文澜也曾在华北大学共事。但此专门委员会实际发挥的作用有限。金灿然谓专门委员会"只有个空名义"，③ 王亚南称

①　《中国科学院各研究所关于研究方针、具体任务、工作计划的意见》，《中国科学院第一次扩大院务会议》（内部资料），第1页。中科院筹建阶段，就曾提出成立由有关领导、专家、科研管理专家组成的"科学工作委员会"，但领导层以知识分子事权不宜过大为由，予以否定。中科院成立后，又提出成立各种学科专门委员会，到快定案时，又为了避免引起人事麻烦，而将各种学科专门委员会制度改成各种学科专门委员聘任制度，每个专门委员只以个人身份起顾问性质作用，没有任何实质的组织形式和组织行为。薛攀皋：《我与中国科学院》，《中国科技史杂志》2008年第29卷第4期，第311页。

②　1950年10月25日文委（50）文委人字第3449号函准予备案。当时历史学科专门委员会下设近代史组和历史考古组。

③　王玉璞、朱薇编《刘大年来往书信选》（上），第86页。

之为"偏枯的专门委员"。[①] 据邓之诚回忆："科学院三研究所专门委员，每门十二人，其分配此间北大、清华、辅仁、师大、燕大，每门各占一人，其余地区各占一人，共三十六人。高与陆志韦同提名，经郭沫若圈定用陆舍高，高颇用快快。此与前日，谢兴尧谓专门委员为名誉委员，毫无意思者，可谓无独有偶。"[②]

应该说，近代史所还是比较重视与其他单位的联系协作。1953年在总结中指出，"我们工作中有些缺点，就是因为未与国家有关机构取得联系而受到了限制。最近这种联系加强了，如近代史研究所与高等教育部门。各所间的联系也应加强，如近代史研究所与经济研究所近代经济史组"。[③] 1954年更强调与所外联系合作方式：（1）和某些单位共同商定研究问题，彼此分工，互相配合。（2）组织学术讨论会与其他学术活动，与所外互通声气。（3）随时交换、借用资料，互通有无。（4）请党和政府宣传教育部门中的一部分研究近代、现代史的同志用不同方式参加我所工作，最好有些人能固定为兼任的研究人员。[④]

1955年11月，近代史研究所成立学术委员会，[⑤] 其中所外学者7人，约占54%，可见"组织所外研究力量，扩大研究队伍"[⑥] 是其努力方向。非马克思主义史家3人，占23%，体现了兼容并包的意味。荣孟源在1953年的"反小圈子"事件中受到批判，亦得评为学术委员，可见领导层较为宽厚。

所外学术委员热情颇高。1954年金灿然致函范文澜、刘大年表示："我有两点希望：（一）能认真实行规程第二条所规定的项目……；

①　《王亚南致刘大年函》（1955年10月22日），刘潞、崔永华编《刘大年存当代学人手札》，第158页。

②　《邓之诚文史札记》（1），凤凰出版社，2012，第536页。

③　《中国科学院所长会议社会科学组会议总结》，《中国科学院资料汇编》（1949～1954），第233页。

④　刘大年：《历史研究所第三所的研究工作》，《科学通报》1954年第8期，第41～42页。

⑤　《中国科学院1955年各研究单位组织机构》，《中国科学院年报》（1955），第171页。

⑥　刘大年：《历史研究所第三所的研究工作》，《科学通报》1954年第8期，第41页。

（二）大力组织所外研究者，这种力量还在成长，很值得发掘。"① 金毓黻亦建议进一步发挥所外学者的作用，"建议多请兼任研究员，并作将来改为专任的准备"。②

学术委员中，身居意识形态领域关键位置的田家英、胡绳、黎澍与近代史所一直关系密切，黎澍且曾于 1956 年在近代史所招收研究生；中国人民大学的何干之、胡华主要研究 1919～1949 即当时所谓"现代史"的领域，近代史所也有借重之意。且因中国人民大学历史系与近代史所皆渊源于延安史学，二者多有合作。1958 年中国人民大学尚钺来函："我们近代史组和现代史组决定在范老和您的领导之下……并结合在一起工作"，"我们近代史组集体的和个人的规划，也打算置于三所的雄伟规划之内"。③ 1960 年中国人民大学何干之意欲与近代史所协作写中日关系史，刘大年致信张维汉、黎澍："我原来有一个想法：只要能够发挥学术界的潜力，对研究工作有利，这类工作我们应尽力促之，不要有所内所外畛域之见。"④

利用所外研究力量，毕竟不是根本之策。范文澜一度寄望于引进有实际革命斗争经验的党员干部，明确表示要"加强科学院'哲社学部'，调有斗争经验有研究能力的干部来"。⑤ 近代史所调入董其昉、汪士汉，均着眼于这一考量，并委以领导现代史研究组之重任。但董、汪二人均不谙学术研究，难孚所望。

1960 年，经刘大年力邀，新中国成立前研究中国近代史已著声名的近代史所学术委员黎澍，从中宣部调入近代史所，任副所长兼《历史研究》主编。这一举措影响颇广，"国内一些老辈学者认为近代史所'站住了'；国外学术界也有人谈论重视近代史所的'动向'"。⑥ 范文澜则极力

---

① 《金灿然来函》，王玉璞、朱薇编《刘大年来往书信选》（上），第 86 页。
② 金毓黻：《静晤室日记》，第 7358 页。
③ 《尚钺来函》（1958 年 6 月 25 日），王玉璞、朱薇编《刘大年来往书信选》（上），第 190 页。
④ 《致张维汉、黎澍》（1960 年 12 月 24 日），王玉璞、朱薇编《刘大年来往书信选》（上），第 223 页。
⑤ 《范文澜致刘大年》，刘潞、崔永华编《刘大年存当代学人手札》，第 105 页。
⑥ 刘大年：《怀念黎澍同志》，《近代史研究》1989 年第 2 期，第 1 页。

争取调入李新，并致函刘大年："刚才高教部干部司周达夫司长来电话，（周前在北方大学）说高教部同意李新同志来我所，但胡锡奎校长不肯放。胡这一关只好看中宣部是否能帮助我们的效果了。"[1] 李新终在 1961 年 8 月调入近代史研究所。[2]

　　近代史所自身人员建设，主要还是依靠引进大学毕业生。截至 1955 年 10 月，近代史所共有研究编辑人员 58 人。其中研究员 9 人（内有与北大合聘一人），副研究员 4 人，助理研究员 12 人，研究实习员 24 人，编辑 4 人，助理编辑 4 人，见习编辑 1 人。[3] 截至 1956 年底，共有各级研究编辑人员 84 人。其中研究员、副研究员 17 人，助理研究员 12 人，研究实习员 33 人，各级编辑 22 人。[4] 1956 年即增加研究员、副研究员 4 人，研究实习员 9 人，编辑 13 人。

　　至 1958 年，近代史所研究人员 58 人。[5] 是年在"大跃进"的氛围之下，近代史所亦提出宏大的跃进计划，快速扩充研究人员自在情理之中。近代史所计划 1958～1962 年增加 30 人，其中高级研究人员 10 人，中级研究人员 10 人，初级研究人员 5 人，助理业务人员 5 人。[6] 但因近代史学科积累并不深厚，研究近代史有成者相当有限，从高校或其他研究机构大量调入高级、中级研究人员并不现实。格于实际情况，1959 年至 1960 年，近代史所主要引进了大批应届大学毕业生。如 1959 年就有：南京大学黄德昭、山东大学杜春和、王公度，中国人民大学朱信泉、熊尚厚，中山大学吴悦丝、杨余练，四川大学王正烈、夏良才、熊兆祥，北京大学闻少华、陈世基、江青枫、

<hr>

① 刘大年藏书信原稿，刘潞提供。

② 中科院与高校存在谁是科学研究中心之争，高教部部长杨秀峰同中科院院长郭沫若为此在毛泽东面前相争。毛裁定，中科院为科研中心，但中科院也不要再从高校调人。（据李真真《中宣部科学处与中国科学院——于光远、李佩珊访谈录》，《百年潮》1999 年第 6 期，第 26 页）在此背景下，近代史所调入李新着实不易。

③ 近代史所档案：《历史研究所第三所一九五六年研究工作计划纲要》。

④ 近代史所档案：《历史研究所第三所的工作情况和研究计划》（1957 年 1 月）。

⑤ 近代史所档案：《人事文书 - 007 - 精简材料》。

⑥ 《历史第三所 1958～1962 年发展规划》，近代史所档案：《人事文书 - 011》。

席康元、吴凤斌。① 1960 年 2 月，北京大学从翰香、吴钧善入所。② 1960
年 9 月，北京大学高英玲、李嘉谷、陈宁生、邢会玲、李宗一、周新民、
朱锡勋、沈湘泉、朱辉、甘新春、王家鼎，中国人民大学徐曰彪、郑兆安、
陶用舒、易显石入近代史所。③ 其招兵买马的力度相当之大。

至 1960 年底，近代史所职工共计达 141 人，较 1958 年大幅增加。其
中研究员 8 人，副研究员 11 人，助理研究员 13 人，研究实习员 57 人。
研究人员中党员 15 人。编辑人员 12 人。助理业务人员 30 人（其中翻译
7 人，行政干部 10 人）。④

然而，由 "大跃进" 带来的一系列严重后果日益显现，至 1960 年下
半年中共中央已不得不从各个方面着手调整。1960 年 7 月 26 日，近代史
所即提出《关于精简机构的意见》。时全所共有 141 人（含临时工 10
人），精简意见为：（1）将干部培养处合并到人事组。（2）精简 16 人，
其中行政人员 1 人，研究人员 6 人，助理业务人员 9 人。⑤ 是年 9 月，中
央批转了习仲勋《关于中央各部门机构编制情况和精简意见的报告》，并
立即着手中央各部门的精简工作。1960 年 10 月 17 日，总理周恩来向中
央一级机关和北京市一级作 "精简干部和安排劳动力的动员报告"，中国
科学院党委要求各所向群众传达精神，并组织群众展开讨论。⑥ 10 月 26
日，中国科学院召开各单位领导小组组长会议，布置精简机构、下放干部
工作。⑦ "精简机构，下放干部，大力支援农业第一线"，成为 "当前党的
中心工作之一"，中科院哲学社会科学部监委会要求各单位认真做好思想发
动工作，"放手发动群众，大鸣大放大辩论，通过'五摆'——摆思想认

---

① 近代史所档案：《中国科学院干部统计卡片检查表》（1959 年 9 月 30 日）。
② 近代史所档案：《中国科学院干部统计卡片检查表》（1960 年 3 月 31 日）。
③ 近代史所档案：《中国科学院干部统计卡片检查表》（1960 年 9 月 30 日）。
④ 近代史所档案：《人事文书 –007 – 精简材料》。
⑤ 近代史所档案：《人事文书 –007 – 精简材料》。
⑥ 近代史所档案：《中国科学院党委通知》（1960 年 10 月 24 日）。
⑦ 近代史所档案：《精简机构下放干部运动中的思想情况》（中国科学院党委，1960 年 10 月
　 31 日）。

识，摆条件，摆困难，摆问题，摆解决办法，——使党的精简下放，大力支援农业第一线的政策深入人心，真正做到'走者愉快，留者安心'"。①

　　近代史所很快开始精简人员，定编定员。如1960年12月，新大学生席康文调往北京市科学院科技学校。12月17日，研究实习员单斌下放青海，研究实习员甘新春调往四川省委。1961年2月1日，研究实习员钱保元调往北京五中；图书管理员罗文章调往北京教育局。2月27日，助理研究员王爱云调往北京市某中学。②邓千里、罗文华、王秀方、郑兆祥等资料编辑人员皆被调走，罗超、王正烈、朱辉、朱锡勋、江青枫、陶用舒均被调至地方。③1961年4月17日，研究实习员汤永才调往新绩分院。同年5月30日，研究实习员吴钧善调往安徽历史所。经过两次精简后，至1961年8月，确定编制106名，其中研究人员61名，编辑人员7名，助理业务人员17名，行政干部9名，机关技工和勤杂人员9名，临时工3名。④

　　再据1962年2月9日近代史所人事科所写总结，近代史所精简前职工总人数165名，精简后在编总人数106名，第一次精简50名，第二次精简10名，另外调整顶替出去12名，共计72人。精简后的人员政治情况和各类人员的人数为：党员34名，团员15名，民主党派3名，群众54名。研究人员59名（研究员7名，副研14名，助研16名，实研22名），编辑人员13名，助理业务人员16名，行政干部9名，勤杂人员9名。⑤

　　此后继续精简人员，至1962年6月15日，确定编制为100名，包括：研究业务人员66名，占全所总编制的66%；助理业务人员13名，占13%；行政人员19名，其中干部9名，内包括1名行政副所长，占9%；勤杂人员10名，占10%；范老的秘书、司机2名，占2%。研究业务人员66名，其中高研19名，占研究业务人员总数的28.8%；中研17

　　①　《关于监委会今后两个月中心工作的通知》（1960年11月8日），近代史所档案：《学部党的材料》。
　　②　近代史所档案：《人事文书－干部调动名册》。
　　③　近代史所档案：《中国科学院干部统计卡片检查表》。
　　④　《关于精简处理情况》（1961年8月），近代史所档案：《人事文书－007－精简材料》。
　　⑤　《1961年人事工作小结》（1962年2月9日），近代史所档案：《人事文书－007》。

名，占 25.8%；初研 21 名，占 31.8%；编辑 6 名，占 9.1%；编译 3 名，占 4.5%。[1]

精简人员之同时，近代史所也注意调整人员结构比例。在 1961 年《关于精简机构的意见》中，提出今后各类人员的比例：（1）业务人员和助理业务人员的比例为 5 比 1。（2）业务人员和助理业务人员的总和与行政干部比例为 15 至 20 比 1。（3）业务人员、助理业务人员、行政干部的总和与服务人员的比例也是 15 至 20 比 1。[2]

但 1962 年的定编 100 名很快被打破。至 1963 年 3 月 26 日统计，近代史所共有职工 120 名。[3] 此后随着政治、经济形势渐趋好转，1963 年后近代史所又着手从大学毕业生中引进人员。据当年从武汉大学毕业后进入近代史所的曾业英回忆：“春节前近代史所已派人到学校挑选毕业生，据说是今天已故的原近代史研究室主任何重仁先生去挑的。当时是计划经济时代，用人单位本无权直接挑选毕业生，近代史所能享有这一特权，听说沾了副所长黎澍先生的光。当年，他奉命组织批判‘苏修’的写作班子，曾向上级领导部门反映人员短缺，要求增加新生力量，并得到批准，近代史所因有这把尚方宝剑，才有了这样的权力。这一年，除考取的 4 名研究生外，近代史所从北大、复旦和武大挑选了 7 名应届毕业生进所工作，其中北大 3 人，武大、复旦各 2 人。”[4] 当时挑选人员，主要还是看高校老师的推荐，如北大历史系毕业生韩信夫、郑则民、李学书就是在陈庆华的推荐下进入近代史所。

1964 年，近代史所引进人员更有大手笔。为组建年青的“反修”理论队伍，近代史所副所长黎澍到全国各高校招揽优秀毕业生，共挑选优秀应届大学毕业生 33 人。1964 年 10 月 31 日统计，近代史所人员增至 147

---

[1] 《近代史研究所关于机构编制和定员的初步意见》，近代史所档案：《人事文书 – 007 – 精简材料》。

[2] 《关于精简机构的意见》（1961 年 10 月 5 日），近代史所档案：《人事文书 – 007 – 精简材料》。

[3] 近代史所档案：《人事文书 – 010》。

[4] 杜丽红访谈整理《曾业英先生访谈录》，《回望一甲子》，第 463 页。

人，其中研究人员 100 人，含研究员 6 人、副研究员 15 人、助理研究员
26 人、研究实习员 53 人；编辑人员 9 人；辅助业务人员 31 人，其中翻译
11 人；行政干部 6 人。从年龄来看，25 岁及以下 23 人，26～30 岁为 33
人，31～35 岁为 25 人，36～40 岁为 26 人，41～45 岁 14 人，46～50 岁
为 17 人，51～55 岁有 4 人，56～60 岁 2 人，61 岁及以上 3 人。100 名研
究人员中，25 岁及以下为 23 人，26～30 岁为 23 人，31～35 岁为 10 人，
36～40 岁为 17 人，41～45 岁为 11 人，46～50 岁为 12 人，51～55 岁为 2
人，61 岁及以上 2 人。[①]

　　截至 1965 年 12 月 31 日，近代史所人员共 151 人。其中研究人员 72
人，含研究员 6 人，副研究员 15 人，助理研究员 25 人，研究实习员 16
人；编辑人员 9 人；翻译人员 16 人；业务辅助人员 22 人；行政人员 17
人。另有研究生 6 人。[②] 至 1966 年 12 月 31 日，近代史所共 147 人。其中
研究人员 71 人，含研究员 6 人，副研究员 12 人，助理研究员 24 人，研
究实习员 29 人；编辑人员 19 人；翻译人员 16 人；业务辅助人员 19 人；
行政人员 19 人。另有研究生 10 人。[③]

　　招收研究生也成为培养人才的一条重要途径。1953 年 2 月中科院代
表团赴苏联进行为期 3 个月的访问，学习如何组织科研工作。其中苏联科
学院极重视通过研究生制度培养科研人才，引起访问者的极大兴趣。1953
年 10 月 14 日至 11 月 7 日，中科院召开所长会议，正式讨论培养人才的
问题。随后决定仿效苏联建立研究生制度。1954 年 1 月 28 日郭沫若院长
在政务院第 204 次政务会议上的报告提出："增设研究生处，负责指导全
院研究生的培养工作"；"争取在一九五四年第三季度内招收第一期研究

①　《一九六四年全国干部定期统计表》，近代史所档案：《本所人员变动情况》。
②　《哲学社会科学部各类人员季度统计报表》（手写，1966 年 1 月 5 日），近代史所档案：
　　《本所人员变动情况》。原档数字如此。
③　《哲学社会科学部各类人员季度统计报表》（手写，1967 年 2 月 28 日），近代史所档案：
　　《本所人员变动情况》。原档数字如此。

生"。① 1955 年，中科院制定第一个研究生制度《中国科学院研究生暂行条例》，其中规定：研究生毕业后由中国科学院授予副博士学位。修业期限为 4 年，特殊情况延长不得超过 1 年。研究生论文选题应列为研究所研究计划的一部分。② 此条例于 1955 年 8 月 31 日由国务院颁布实施。是年 9 月 5 日，中科院开始招收研究生。这一举措在当时被寄予厚望，《人民日报》社论谓："正规的研究生制度的建立首先由中国科学院开始。"③

　　1955 年整个中科院招收研究生 50 名，哲学社会科学部 7 人，近代史所即占 4 人。④ 1956 年其简章上导师 6 人，专业方向 9 个。⑤ 最终仅黎澍招收了康有为研究方向的喻松青（1957 年 3 月入学）。当时对于研究生招生考试从命题到阅卷皆颇为慎重。黎澍 1956 年致函范文澜、刘大年："收到拟研究生考试题目的通知及附件一份。但是我不了解目前高等学校情况，于试题深浅及质量均无把握，很希望能得到你们所拟的试题作榜样（保证保密）。"⑥ 1956 年 12 月 13 日，金毓黻日记记载："下午开始阅研究生试卷，其中殊有佳者。"次日"阅研究生试卷，只阅过四五本，可谓缓慢之至。然不敢过快，快则有草率从事屈抑真才之失。"12 月 20 日记载："阅研究生试卷凡六、七日，至今日始阅完，又须与蔡君美彪交换评阅，此次阅卷颇为细心，以恐屈抑真才之故"。12 月 21 日，金毓黻还对阅卷加以总结："细审我所阅的试卷，仍然非常粗糙，不够细心。此由我对每个题目的内容，尚未十分了然，粗心作出评定，因而不免大有出入。

---

① 《关于中国科学院的基本情况和今后工作任务的报告》（1954 年 1 月 28 日郭沫若院长在政务院第 204 次政务会议上的报告），《中国科学院资料汇编》（1949～1954），第 10 页。

② 《中国科学院研究生暂行条例》，《中国科学院一九五六年招考研究生有关资料》，内部资料，第 1～2 页。

③ 《积极培养科学研究工作的新生力量》，《人民日报》1955 年 9 月 6 日，第 1 版。

④ 《中国科学院年报（1955）》，第 257 页。

⑤ 分别为范文澜（资产阶级改良主义运动）、刘大年（中国近代各阶级）、罗尔纲（太平天国史）、王崇武（清朝开国史、明史）、荣孟源（中国近代政治史、帝国主义利用宗教侵华史）、黎澍（鸦片战争、康有为）。《中国科学院一九五六年招考研究生有关资料》，第 35～36 页。

⑥ 王玉璞、朱薇编《刘大年来往书信选》（上），第 151 页。

又近来青年所写的文章，中含简字太多，字迹又过于细小，使我一眼看不甚清，心中急躁，以致前后所看有了很大的出入。"①

50 年代中科院实行实习员制和研究生制双轨并行，1956 年对研究实习员、助理研究员的培养结合学位、学术称号授予制度的建立作出了相应规定。近代史所的年青研究人员对于副博士学位相当热衷，以致金毓黻在关于培养青年人才的建议中特别提出："在他们（按：指研究实习员）思想和意识上，肃清想作副博士的念头，不肃清这一不合理的念头，就往往走向偏向，误入歧途，耽误了所应做的正常业务。"②刘大年在全所大会上亦强调："本所青年同志对副博士有兴趣，是应当的，但必须把这一要求汇成为一个力量，即是集中力量投到计划中去，才算正确。"③

1955 年近代史所招收的副博士研究生，其中丁原英、王仲皆为近代史所原有人员，招收的所外人员为龙盛运、金宗英。1957 年招收喻松青。整风反右后，实际上取消了研究生，近代史所将研究生完全改为研究实习员。直到 1962 年复招考研究生，1962～1964 年共从所外招收了王学庄等10 人（见表 2－1）。

表 2－1　招收研究生情况（据近代史所研究生档案）

年级	类别	姓　名	专业方向	导　师
1955	副博士研究生	丁原英	义和团	范文澜
		金宗英	中国近代阶级关系	刘大年
		龙盛运	太平天国史	罗尔纲
		王　仲	辛亥革命	邵循正
1957	副博士研究生	喻松青	康有为研究	黎　澍

---

① 金毓黻：《静晤室日记》，第 7329、7330、7340、7341 页。
② 金毓黻：《静晤室日记》，第 7362 页。
③ 金毓黻：《静晤室日记》，第 7370 页。

续表

年级	类别	姓　名	专业方向	导　师
1962	硕士	王学庄	太平天国史	罗尔纲 （因罗在南京， 实际由黎澍指导）
		陈铁健	中共党史	李　新
		吴富昌	帝国主义侵华史	丁名楠
1963	硕士	石芳勤	近代中国政治史	刘大年
		蒋大椿	史学概论	黎　澍
		顾　亚	中共党史	李　新
		黄光域	西藏史	王　忠
1964	硕士	尹仕德	史学概论	黎　澍
		朱东安	中国近代史	钱　宏
		钟卓安	中国近代史	蔡美彪

对于研究生的招录，一般而言更重视其专业能力。如王忠招收杨明星（即黄光域），主要看重其"历史知识与汉语文基础均较好，又曾学习藏文两年以上，有培养前途"。① 如石芳勤外文（俄语）仅 19 分，也因"业务知识较好，头脑清楚，从试卷中可以看出有一定分析能力和写作能力"而予以录取。②

政治审查自然也是重要的考量项目，但要求似并非严苛。如尹仕德，其父曾当过伪兵、参加过日伪维持会，1964 年仍被录取为黎澍的研究生。③ 石芳勤之父"于 1944 年被捕之事尚待调查"、蒋大椿之姑父"是反革命分子，被处死"，④ 均未影响其被录取。不过也有复旦大学姜义华本已通过黎澍所带"史学概论"研究生之考试，却因复旦党委书记杨西光

---

① 近代史所档案：《中国科学院哲学社会科学部 1963 年招考研究生初步录取人员登记表·杨明星》。
② 近代史所档案：《中国科学院哲学社会科学部 1963 年招考研究生初步录取人员登记表·石芳勤》。
③ 近代史所档案：《中国科学院哲学社会科学部一九六四年招考研究生初步录取人员登记表·尹仕德》。
④ 近代史所档案：《1963 年研究生录取名单·中国科学院近代研究所》。

的反对而未能如愿。①

以上对近代史所在1950～1966年的研究人员变动情况作了大致梳理，其中有几点值得注意：

其一，近代史所虽然渊源于延安史学，与延安中研院历史研究室－北方大学历史研究室－华北大学历史研究室一脉相承，但究其实，其人员延续下来者并不多，仅有范文澜、荣孟源、刘大年、刘桂五，以及赴南京组建史料整理处的王可风、唐彪等人。

其二，范文澜在组建研究队伍问题上，倾向于不涉"旧史学界"中人，着重培养年青的新生力量。建所之初引进人员，近代史所之创建者范文澜颇费心力，大多亲为物色，注重史学专业素养，多从北大、清华等名校挑选，从而为近代史所后来的进一步发展奠定根基。同时对所谓"旧派学人"，也并非绝对排斥，而大体能持用其资料编纂之所长的态度。"旧派学人"实际成为史料编纂方面的主力。值得注意的是，近代史所引进人员，除蔡美彪、张遵骝、王忠、余元庵、金毓黻、卞孝萱等少数几人协助范文澜从事通史编写外，大多数均为充实中国近代史的研究力量。

其三，近代史所在1950～1958年间，研究人员稳步增加。1958～1960年间，与"大跃进"的全国形势相应，近代史所研究人员数量呈现跃进式增加，至1961年又只得大力精简调整。这一番大进大出的研究人员流动，乃非同寻常的"大跃进"时代之产物。至1963、1964年再度因"反修"之政治任务而大量引进年青人员。政治因素在近代史所人员建设上，颇具双刃剑的意味。近代史所在人员建设上并未遵循正常新陈代谢的渐进式建设模式，而呈现出大起大落的激进特点，在人员编制上缺乏长期稳定的规划，有一定的随意性。不过，也正因为挟政治支持之优势，近代史所方得以在短时间内集聚大量青年人才，并在后来的发展中发挥作用。

其四，近代史所年青人员流动性较大，淘汰率亦相对较高。1960～

---

① 姜义华口述、熊月之撰稿《姜义华口述历史》，上海书店出版社，2015，第28页。

1961 年间"精简"掉的大多为入所未久的年青人，且大体依据综合研究能力、政治表现等方面而取舍。据曾业英回忆：年青人"有一种'被弹走'的压力。所谓'被弹走'，是指大学生进所后，被所里视为'没有培养前途的人'，而调离近代史所。当时所里有句口头禅，说'近代史所是把弹簧椅，随时都可能把你弹出去'"。因而，"进近代史所这扇大门不易，出去却不费吹灰之力，只要所里认为你政治不进步，业务不过硬，不是'又红又专'的苗子，就会随时将你扫地出门，用不着征求你的意见"。① 1965 年 5 月，北大毕业生李学书在参加完甘肃张掖"四清"运动后，就被不声不响地甩在了大西北的甘肃永靖县。②

对于所引进的青年研究人员及招收的研究生如何培养，近代史所亦颇费心思。1953 年中科院组织代表团访苏，了解到培养"科学干部"是苏联科学院取得重要成就的关键。③ 1953 年 10 月，中科院召开所长会议，强调了培养科学干部为发展科学事业的重要环节。④ 近代史所的研究队伍建设主要靠引进年青人员，1957 年"全所将近一百人只有三十岁的平均年龄，应该承认这是新生力量最大的象征"。⑤ 不言而喻，新生力量的培养成为重中之重。近代史所为此专门设立"干部培养处"这一机构，1960 年精简机构，曾有人提出将干部培养处合并到人事组，最终仍予保留。⑥

概而言之，近代史研究所培养青年人才基本承袭新中国成立前延安史学机构的培养模式，但又有所发展。这一模式要义有二：研究实习员给指导人作助手；研究实习员所研究之项目是指导人研究项目的一部分，在研究工作中培养青年研究实习员。金毓黻对此问题曾提出建议：对研究实习

---

① 杜丽红访谈整理《曾业英先生访谈录》，《回望一甲子》，第 470 页。
② 韩信夫先生访谈记录，2012 年 11 月 28 日。
③ 刘大年：《苏联培养科学工作干部的经验》，《科学通报》1953 年第 9 期，第 14 页。
④ 《中国科学院召开所长会议根据总路线讨论今后工作方向》，《科学通报》1953 年第 12 期，第 91 页。
⑤ 金毓黻：《静晤室日记》，第 7345 页。
⑥ 近代史所档案：《人事文书 – 007 – 精简材料》。

员实行全部分配制，即明确规定某一实习员为某一研究员或副研究员的助手，某一实习员是协助某一助理研究员研究某一问题的成员。先由个人自报，后由领导通过研究工作会议一一规定下来。① 当时青年研究人员大多要求在研究上得到有效指导，包括指定题目、帮助制定提纲、指出看哪些理论书、从哪里搜集材料、指出在这个题目中应该注意哪些问题、应该发现哪些问题等。② 这一青年研究人才的培养制度贯彻落实似乎并不理想，1956 年 12 月 29 日，在小组学习会上金毓黻即提出"培养新生力量未能符合要求"。③

1956 年 10 月 20 日，近代史所学术委员会召开第 3 次会议，并通过《培养研究实习员的暂行办法》：

一、研究实习员的工作性质：是他的实习指导人的助手，在实习工作中锻炼和提高。

二、培养期限和目标：1. 研究实习员的实习期限为五年，但可根据其实习成绩作必要的缩短或延长。2. 培养目标：要求在实习结束时达到：（一）初步熟悉和理解马克思列宁主义的基本原理和有关本门科学的重要理论。（二）具有本门科学方面的较广泛的基础知识。（三）能够熟练地运用一种外国文。（四）能够开始独立进行研究工作。3. 研究实习员在实习期间确实表现其不适合继续培养为专职研究人员的，应该调动他的工作。

三、研究实习员的工作方式，指导人的工作。

1. 研究实习员来所后，即分配到某一研究组工作，由组长指定一高级研究人员作为他的实习指导人，负责指导他的学习和工作。哲学社会科学部有关的学部委员和本所的学术委员亦可担任实习指导人。

---

① 金毓黻：《静晤室日记》，第 7370、7360～7361 页。
② 刘大年：《历史研究所第三所的研究工作》，《科学通报》1954 年第 8 期，第 43 页。
③ 金毓黻：《静晤室日记》，第 7354 页。

2. 研究实习员的工作分为两个阶段，即（一）在前三年，完全当实习指导人的助手，由指导人分配给他做具体工作（如整理资料、作记录、查书、抄写等），学习做研究工作的初步方法。（二）在后两年，除继续做一部分助手工作外，主要由指导人负责指导他完成一篇具有一定水平的科学论文。

四、研究实习员的学习。

1. 理论学习：除参加全院性的理论学习外，由所内统一规定必读的马克思列宁主义经典著作，进行自学。

2. 基本业务知识的学习：由所内统一规定必读的书籍，进行自学。

3. 语文学习：由所内根据研究实习员的需要，尽可能聘请教员（包括外国文、少数民族语文等教员），进行讲授和辅导。

4. 学习时间：前三年的学习时间规定为每周二十—二十四小时，后两年规定为每周十二小时。①

这个办法在 1955 年以后进入近代史所的研究实习员中开始实行，1957 年《历史研究所第三所的工作情况和研究计划》中指出："根据目前的执行情况看来，在科学院对研究实习员培养办法没有作出统一的规定以前，它还不失为一个暂可行的办法。"②

1957 年 1 月 5 日，刘大年在报告中坦言：本所工作主要缺点在于"收集许多好干部，但成长不很快，特别是对近代史研究无基础"。③ 1959 年的总结仍强调：

> 目前我所担任主要工作，成为当前研究工作的骨干力量的少数研究员和全部助理研究员，是过去十年中在所里逐渐成长起来

① 近代史所档案：《历史研究所第三所培养研究实习员的暂行办法》（1956 年）。
② 近代史所档案：《历史研究所第三所的工作情况和研究计划》（1957 年 1 月）
③ 金毓黻：《静晤室日记》，第 7369 页。

的，不能说这方面毫无成绩。问题是到底用什么观点来看待培养干部，如何培养干部，长期缺少明确的指导思想。历次揭露出来的主要问题是（1）干部成长的速度很慢，特别是和高等学校相比是如此。……（2）先后有过种种不同的培养干部的计划和办法，都分别试行过一个时期，都没有坚持下去（包括研究生制度）。到底哪是成功、哪是失败的，缺少认真的检查和总结。十年过去了，没有摸索出培养干部的经验。（3）考核使用干部有重才轻德的倾向，各种培干计划和办法的共同点是，注重业务知识，缺少政治要求，更谈不到有共产主义风格的要求。因此有些青年感到只有业务上的压力，没有政治上的压力。一谈到培养，好象唯一的办法就是写书写文章。某些人中甚至形成一种风气：万般皆下品，唯有研究高。①

刘大年的这一检查总结自然带有"史学革命"中批判所谓"白专道路"之时代烙印，不过其所言近代史所在培养青年人才方面成效不彰应为当时人们普遍之观感。至 1959 年 10 月 11 日，在分组讨论中实习员统计建所十年来培养人才的成绩：56 人中 4 人入党，5 人升助研（4 人研究生毕业，1 人大学毕业），7 人犯错误，11 人离所。死者 1 人。② 培养成才比例不高显而易见。

据杨余练在 1965 年 7 月 13 日所写的《近代史所几位青年研究人员的思想变化情况》："我们所的青年研究人员，除了极少数拔尖人物之外，绝大多数在政治上和业务上成长得都很慢。对此，悲观失望者有之，心安理得者有之，而多数人是既焦急又苦闷。"并举周天度、王公度、徐曰彪三人为例：

---

① 近代史所档案：《关于研究工作方针路线问题的检查》（1959 年）。
② 《李瑚日记》。

周天度，男，35 岁，武汉大学经济系毕业，在人民大学党史研究班学习三年之后，1956 年来所，一直在现代史组工作，现为助研。他在大学里是个成绩优秀的学生。初来所时，朝气勃勃，政治上积极要求进步，业务上打算作为一番。十年过去了，其间集体编写的《五四运动史》流产，个人花了将近一年写成的《论蔡元培》一文没有结果。现在的精神面目比之当初大不相同了。一方面焦虑不安，觉得自己各方面都长进得太慢了，和时代的步伐很不相称；另一方面感到信心不足，用他自己的话来说："难字想得很多，心情很沉重。"

王公度，男，30 岁，山东大学历史系毕业，1959 年来所，一直在现代史组工作。1959 年到现在，他参加过一年劳动锻炼，两次"四清"，坐下来读书有三年多。初来所时，他听说所内有十年的实习员，觉得很奇怪。后来自己搞学生运动史，搜集了大量的资料，但拿不出成品。六年过去了，他自己总结说："这几年说没有进步，不能说；进步多少，很难说"。再过四年就是十年，自己会怎么样呢？他感到茫然。他说："气可鼓而不可泄，但自己似乎已经泄气了，很难再鼓"。当然，他嘴里这么说，行动上还是在努力读书，力图作出成绩的。

徐曰彪，男，30 岁，人民大学党史系毕业，1960 年来所，先在共和国史组，后在工运史组工作。从 1960 年到现在，他除了参加一次"四清"外，有三年多坐下来读书。进所时，他政治上有点自悲[卑]（因为反右时受过批评），但认为自己读书还是可以读出点名堂来的。他头脑清楚，读书也很用功。在组内主要是给组长写书当助手，查找资料。自己写过一篇文章，没有结果。五年过去了，现在的心情据他自己说："不仅政治上自卑，业务上也好像自卑起来了"。他一方面觉得能给别人作点辅助性工作而心安理得，不必再给自己提出什么别的要求；另一方面，又觉得自己不能拿出什么重要的向人民交代的成果，在这里吃饭，于心不安。

以上三位同志从来所到现在的思想变化，总的倾向是：士气越来越低落。这种变化，就我们所来所时间较长的青年研究人员来说，具有普遍性。究其原因，从上面的叙述中我们可以看到，主要是因为业务上成长很慢，长时期拿不出成果，对自己从事这一工作的前途感到茫然。这样便影响到政治上的上进心，影响到整个精神面目的变化。同时，从所内政治思想工作来说，只抓了一般的政治上和生活上的问题，而没有深入到业务中来。业务工作中的思想问题，长期听之任之，得不到解决。[①]

杨余练所列举的 3 人均研究"现代史"（时限为 1919～1949 年），其难出成果可能还与"现代史"研究本身所受局限有关。而 1965 年 7 月 12 日从翰香所写的《近代史所青年成长情况》，则主要着眼于 1959 年后进所的整体青年人员在科研能力培养方面所遇困境。她总结道：

　　64 年入所的三十来位暂且不论，一年来他们完全是在参加四清和劳动实习。63 年入所的七位业务情况也不好评论，他们入所虽已两年但尚未分配到组。过去两年主要是劳动实习和参加四清。其余的人都是 59 至 62 年间陆续进所的。这批人入所时间长者六年，短者亦三年。六年时间不算短，等于又念一个半大学或两届研究生的时间。在其他部门，毕业五、六年的人，差不多都成为骨干力量了。但在我们所，独立从事研究工作这一关是否通过，看来都成问题。几年来本所所承担的几部主要著作如《通史》、《近代史》等，这批同志就根本没有参加。不仅未参加本所主要产品的创作，就是自己独个撰写的、未列入全所研究计划内的习作也寥寥无几，达到发表水平的少得可怜，稍微象样的文章几乎没有。不仅前几年成绩不多，而且目前士气还相当不振，这是本所青年存在的又一大问题。

[①]　近代史所档案：《近代史所几位青年研究人员的思想变化情况》（杨余练，1965 年 7 月 13 日）。

为何会造成这一局面呢？她认为有主客观方面的原因：

> 客观方面：（1）领导工作跟不上研究人员大量增加的形势要求。经常出现毕业出来了很久安插不下去，或名义上分配到组实际上无具体任务或无具体安排，甚至无人过问。（2）培干方针长期动摇不定。青年的学习与工作如何结合的问题，始终没有很好解决。时而强调多写文章，时而强调多读书；时而强调博览群书，时而强调少而精。翻来覆去，变化不已。（3）某些组领导不力也是原因之一。有的组缺乏统一领导，组长和专家虽有几位，但各自为政，力量分散。还有的组领导对青年单纯使用多，使用中帮助提高少，青年写了文章，无人帮助，自生自灭。主观方面：（1）由于这些同志基础普遍差，因而"补课"需要化去较大精力。再加上学习和研究方法上也有些问题。因此，有些同志虽然用功非常，但效果总不显著。有的同志虽然跟随著名专家工作多年也看不出多大进步。（2）思想上对科研的艰苦性认识不足，经不起波折，打了几次所谓败仗（我们这里把写出文章未得到发表称作打败仗）就会灰心丧气，甚至怀疑自己不是搞科学研究的"材料"。①

研究生制度是培养人才的重要途径。当时的研究生导师对培养研究生颇为重视，入学之初即为研究生制订学习计划。如丁名楠为所带研究生吴富昌制订的学习计划相当详细：

> 一、基本情况：原在大学期间近代史学得不多，外文是学俄文，现在接触"帝国主义侵华史"，首先要学习英语，并在一、二年内能加运用。其次须充实中外近代史基本知识，熟悉部分史料和学术动态，然后方能确定研究范围和专题。……

---

① 近代史所档案：《近代史所青年成长情况》（从翰香执笔，1965 年 7 月 12 日）。

二、四年大致安排

第一年：自学英语，达到能阅读一般书报；参加哲学听课，精读部分马列主义基本理论著作；熟悉中外近代史；浏览一、二部外交史基本史料书。

第二年：继续学习英语，阅读原著；系统学习有关专业的马列主义理论；确定研究范围，熟悉材料。

第三年：从事专题学习和研究，搜集材料，确定论文题目。学习日文。

第四年：完成论文，准备毕业考核。

三、第一年度读书计划（1962 年 11 月至 1963 年 8 月）

1. 英语：以自学为主，参加本所中级班听课，学完基本语法，掌握词汇 3000～5000 个，达到能较顺利阅读《北京周报》及一般英文杂志。……

2. 理论学习：……

3. 专业学习：继读《中国史稿》、《帝国主义侵华史》、《帝国主义与中国政治》及世界通史；浏览《筹办夷务始末》（三朝）和《清季外交史料》。

……

每两周一次，向导师汇报学习情况。①

黎澍的研究生喻松青回忆："我根据黎师的指导，制订了详细的学习计划，每个月都交上一篇理论学习和一篇古史学习的心得报告，一共交过四篇。每一篇黎师都详细看过，亲笔改正一些错误。"②

1960 年调入近代史所的黎澍，以爱惜人才、培养人才而著称。他在近代史所分管干部培养工作，在人才培养方面倾注了相当多的心力。刘大

---

① 近代史所档案：《吴富昌同志的学习计划》（1962 年 12 月）。

② 喻松青：《黎门师从记》，黎澍纪念文集编辑组编《黎澍十年祭》，中国社会科学出版社，1998，第 247 页。

年的一番话可为注脚：

　　培养青年干部是研究所的基本任务之一。我在这方面说话不少，成效很差。黎澍对待青年热心，重视人材……1963、1964 年，所里新添几十名大学毕业生。他给大家制订学习计划，开列书单，加以辅导。尽管那个读书计划执行时间不长，由"文化大革命"废止了。但它起了引导、启发作用。热心和善于启发，使青年们乐于同他讨论问题。有的同志在他的直接指导下取得了显著成绩。爱惜和重视人材，在黎澍的言谈中常有表示……"德才兼备"的正确要求在那种不正常情况下又失去本意。爱惜人材，用得其宜，谈何容易。研究机构怎样培养干部，并没有一套行之有效的办法。黎澍提出了办法，更树立了一种精神。近代史研究所在这方面比以前有了改进，主要归功于他的努力。①

1963 年 6 月，通过由黎澍起草的《近代史研究所关于研究生和研究实习员学习制度的规定》。② 兹摘引如下：

　　凡初到所的研究生和研究实习员首先必须以最大的努力完成做研究工作的基本训练。兹规定基本训练的内容和学习制度如下：
　　第一，文化学习。重点在臻进历史知识，训练阅读材料和运用文字的能力，学习内容包括古典历史著作和古汉语、现代汉语、外语，办法如下：
　　（1）古典历史著作和古汉语。古典历史著作和古汉语的学习结合进行，在史记、汉书、后汉书、三国志、资治通鉴等书中选读一部或几部，具体办法由导师决定。为了加强学习效果，暂定每人每半月

---

① 刘大年：《怀念黎澍同志》，《近代史研究》1989 年第 2 期，第 2 页。
② 近代史所档案：《近代史研究所关于研究生和研究实习员学习制度的规定》（1963 年 6 月）；另见《人事文书 - 未整卷》。

将所读古典历史著作用现代汉语翻译一段或一篇，字数 2000 以上，作为练习，交导师审阅。在阅读能力和学习效果提高以后，由导师根据情况，增加练习次数。另由学术秘书室举办古汉语讲习班，凡缺乏古汉语知识的人，均须参加学习。

（2）现代汉语。现代汉语的学习暂定结合毛主席著作的学习进行。鼓励有文学兴趣的人广泛阅读当代文学作品。

（3）外语。在高等学校已学第一外语的人，学习成绩好的，必须参加学习第二外语，并应在到所二年以内，翻译十万至二十万字的第一外语著作一本，使第一外语继续得到巩固；学习成绩不好的，应当发奋自修，每半月翻译 2000 字的外文书刊，作为练习，交导师审阅。学习材料由导师指定。……

清理现在的第二外语学习班。凡第一外语学得比较好的人和第一外语学习成绩不如第二外语的人（原文如此），准其继续随班听讲；凡第一外语没有学好，第二外语学得更不好的人，应令其退学，继续自学第一外语。整顿学习纪律，嗣后上课不守秩序，不尊重教师，长期不交作业的人，经学术秘书室查明属实，应即着其退学。加强学习效果的检查，除平日随堂测验外，每个单元学习完毕，均须进行测验，每半年大测验一次，年终总考试一次，责成教师坚决执行，务使该班在 1962 年提出的在一年半到两年内达到自由阅读外国书刊水平的学习要求，如实作到。

第二，马克思主义理论学习。规定《学习马克思主义理论的初步书目》一份，作为参考。……

第三，专业知识学习。在导师指导下根据各人专业知识的程度和研究工作的需要，确定专业学习的内容和进度。为了加强学习效果，每人均应在季度末将本季度学习情况和心得写一简要报告，交导师审阅。……

1963 年 7 月，黎澍还起草了《学习马克思主义理论的初步书目》，供研究生和研究实习员参考学习。① 黎澍制订的人才培养规划，对文化学习（含古典历史著作和古汉语、现代汉语、外语）、马克思主义理论学习、专业知识学习均有相当详细的规定，并且从理论、方法、古文、外语、写作方面对青年人员提出严格的具体的要求。要求青年每周交作业，并逐篇批改；为年青人指定论文题目，提供资料，并加修改。他直接指导的研究生和研究实习员如王学庄、蒋大椿、喻松青、从翰香等人，以及张海鹏、曾业英、陈铁健等在回忆中都对黎澍当年的提携教诲心怀感激。

外语学习受到特别重视。近代史所如孙瑞芹、张雁深、吕浦、邹念之等均为相当优秀的语言人才，1963 年在近代史所开办了英文、日文班，孙瑞芹、吕浦负责英语教学，邹念之则主要教日语。②

1964 年 1 月 6 日，邹念之在致刘桂五、张崇山信中，对日文班开办一年来的情况作了总结。上课者共 16 人，多为年青人，也有王其榘、罗平等年纪较大者。学习均情绪饱满。一年学习之后，已有近半数人员能够在辞典的帮助下阅读一般性的日文专业书籍。年终考试中，易显石获90.5 分，沈元 90 分，李嘉谷 88 分，沈湘泉 86.5 分，陈铁健 85.5 分，其他人员也均在 70 分以上。邹念之还提出准备采取的措施：加强课余辅导；加强基本训练，强制背单词；加强翻译工作训练。③

1964 年还计划由张雁深开设法文班。1964 年 5 月 2 日，张雁深致所学术秘书刘桂五的信中说：“近日身体好些，法文班什么时候都可以开始，经考虑，你前所提的办法——即限定三人，每周来我家上课一个钟头——我想对我目前身体情况来说最为适宜。这样的话，就是以自习为主，每周由我辅导考核一次。我相信，这样稳步前进，是照样能够达到学习目的的……奉上课本三套，每一套 5 册。共计 15 册。”④

黎澍的一系列措施，使近代史所的人才培养工作颇有起色。但由于

---

①　近代史所档案：《人事文书－未整卷》。

②　近代史所档案：《翻译组 1963 年完成工作情况》。

③　《邹念之致刘桂五、张崇山函》，近代史所档案：《翻译组工作计划总结》。

④　《张雁深致刘桂五函》（1964 年 5 月 2 日），近代史所档案：《翻译组工作计划总结》。

1964 年后政治形势日趋激进，参加"四清""滚泥巴"成为压倒一切的任务，1964 年 10 月以后，近代史所大部分人员被迫赴甘肃、江西参加"四清"运动。黎澍于 1965 年 11 月 5 日还制订了一个《近代史研究所学习毛主席著作计划》，并对学习作了具体安排："目前我所绝大部分人员在江西参加'四清'和在山东进行劳动锻炼。留在北京的人员中有一部分人长期患病休养，有一部分人与外单位进行协作，不参加所内的学习。在所参加学习的实际人数只有 27 人。这部分人暂先按原布置进行学习。到本月下旬在山东劳动锻炼的人员回所以后，立即组织一次比较集中的学习"。[1] 但随后不久"文革"开始，这些计划设想也就难有实现的可能了。

人才培养绝非朝夕之功，必须着眼于长远，其机制最好能够有一定的稳定性、延续性，而且有必要与职称评定等机制结合起来。但当时中科院哲学社会科学部对于研究人员的职称升等，只有比较含糊的规定，其办法标准并不明晰。实际上各研究所各行其是，宽严不一。[2] 学术评价的权力亦并未真正交给学术委员会。这种制度、机制建设上的欠缺，对于人才培养的效果不免有所影响，也不利于形成良好的学术研究生态。

二 近代史所的"旧学人"

伴随着 1949 年政治层面的天翻地覆，"十七年"史学自整体来说，体现出"破旧立新"的思维模式。马克思主义史学的主导地位，正是通过整合、批判"旧史学"而得以确立。当然，"破旧"与"立新"相辅相依、并行而不悖。刘大年在 1953 年的报告中表示："1949 年中国人民解放战争取得全国胜利之后，原来被分隔在国民党统治区和解放区的两部分进步的史学工作者会师了。原来处在国民党政府黑暗统治下的其他史学工作者都获得了解放。他们一般的在整理、考证史料方面有过一些成绩，

---

① 近代史所档案：《近代史研究所学习毛主席著作计划》（1965 年 11 月 5 日）。
② 近代史所档案：《对学部领导的意见（材料之十）》（学部五反办公室整理，1963 年 6 月）。

其中如陈寅恪、陈垣等在这方面有更多的贡献，而现在大家又有学习马列主义的要求，这是中国新旧史学家大团结的基础。"①

然而，学术研究必须先因而后创，学术机构也并不能凭空出世，而必须有所凭借。近代史所接续延安史学之脉络，继承延安史学之学统，如前所述，其于1950年率先创建，即有从人脉关系上切断与"旧史学"界的联系、着重培养新生力量、树立马克思主义史学正统之用意。但事实上，在"十七年"间，近代史所的"旧学人"② 亦不在少数，且为近代史所的早期发展贡献颇多。近代史所中，"新""旧"学人并存，其中的"旧学人"群体，正为我们提供了一个颇为难得的研究样本。这些所谓"旧学人"如何因应新时代，其学术研究与生存状况如何，值得详加探讨。

近代史所的"旧学人"，总体情况如表2－2。

表 2－2　近代史所"旧学人"总体情况

姓名	入所时间	研究专长	来所情况
金毓黻	1952 年 9 月 19 日	东北史、宋辽金史、史学史	高校院系调整，自北京大学文科研究所民国史料研究室调入，始任四级研究员
聂崇岐	1952 年	宋史、资料编纂	范文澜亲自邀请，自燕京大学调入
王会庵	1952 年 10 月	史料编纂	北京大学院系调整委员会将其分配至近代史所，任助理编辑
邵循正	1953 年	元史、中国近代史	兼聘
张国淦	1953 年	经学、方志	聘为特约研究员
王崇武	1954 年	明史、史料编纂	自中科院考古研究所调入
罗尔纲	1954 年 4 月	太平天国史	自中科院经济研究所调入，评为一级研究员
刘起釪	1950 年	中国古代史、《尚书》研究	自南京国史馆入南京史料整理处
邵循恪	1954 年	国际法、政治学	有照顾邵循正之意

① 刘大年：《中国历史科学现状》，《科学通报》1953 年第 7 期，第 8 页。

② "旧学人"之概念，乃取诸当时马列派学人的观念，是否宗奉马列当为判断标准之一；此外其从事学术工作"原来处在国民党政府黑暗统治下"，亦是应有之义。否则"新""旧"难以判别。如范文澜被称为"旧国学传人，新史学宗师"，一身兼有"新""旧"。

续表

姓名	入所时间	研究专长	来所情况
张雁深	1952 年	翻译、中法关系史等	自燕京大学调入
孙瑞芹	1952 年	新闻记者、英文翻译	自燕京大学调入
张遵骝	1953 年	佛学、经学	自上海复旦大学调入，任副研究员
朱士嘉	1953 年	方志	自武汉大学调入

资料来源：据近代史所人事档案、科研档案整理。

　　这些"旧派学者"，进入近代史所的情况各不相同，各自的际遇亦同中有异。

　　金毓黻在民国史学界颇具影响，且与国民党及国民政府均有一定联系。1938 年，金毓黻任中央大学历史系主任，1941 年转四川三台东北大学任教，兼东北史地经济研究室（后改为文科研究所）主任。"值伪教育部长陈立夫来校视察，劝我加入国民党，我未拒绝，不久就以他为介绍人领到党证。"① 1944 年 4 月回东北大学任教，任文学院院长。1945 年抗战胜利后，任国民党政府监察院监察委员，复任教于中央大学。次年夏以国民政府教育部辅导委员和清理战时文物损失委员会东北区代表身份，视察东北文物。1947 年 2 月辞去监察委员和中央大学教授职务，改任国史馆纂修。同年 4 月任沈阳博物馆筹备委员会主任，负责筹建沈阳故宫博物院事宜。是年秋任国史馆北平办事处主任。1949 年 1 月，旧国史馆并入北京大学，金毓黻亦随之转入北大文科研究所，兼任教授，同时在辅仁大学兼课。金氏曾辗转于政学二界，其人情练达，确非一般纯粹书生可比。国民党军事委员会委员长侍从室人事登记片，有关于金毓黻的调查报告谓："德的方面为人平正，常识丰富，对历史颇有研究（为东北历史专家）。惟思想稍旧，洁身自好，而于群的精神稍差，适任教授或公务机关之高级幕僚（原报告存高惜冰卷）。近来对政治兴趣渐示淡薄，与刘尚清先生甚好。""智的方面，为人沉密稳重，文笔练达，尤娴于公牍，办事努力，

————————

①　金毓黻：《静晤室日记》，第 7565 页。

行政能力亦不弱，虽思想略嫌不合时宜，仍不失为优良秘书人才，专长史学，对东北史特有研究，系本党党员，平常教中国史学史、宋辽金史及应用文等课。"①

就政治立场而言，金氏对中共颇有疑虑。其子长衡、长振、长铭均去台湾，1949 年初，长衡、长振均曾来函劝他赴台"避难"。金氏"以在平负责保管沈阳文物，如果离去，恐有损失。即个人所有研究工具亦悉在平存放，一旦舍而他适，则如鱼之失水，因此决不他往"。1949 年 2 月 9 日，翦伯赞经大连、石家庄来北平，偕金长佑（金毓黻之子）来访，告以"中共方面极注重研究历史，且应各守本位，惟少改变其重点耳。其意甚美，并嘱余代邀北平研史诸公及博、图两馆人士作一次会谈，余即允为联络"。②

金毓黻与范文澜为北大同学，因政治立场不同，此前联系不多。1945 年 4 月，金氏读到范文澜著《中国通史简编》，评曰："似此力反昔贤之成说，而为摧毁无余之论，毫无顾忌，又前此尚论诸家所未有也。范君本为北京大学同学，又同请业于蕲春（按：指黄侃）先生之门，往日持论尚能平实，今乃为此偏激之论，盖为党纲所范围而分毫不能自主者。"1947 年 12 月 22 日金氏又在日记中感慨："同门范君文澜曾撰《文心雕龙注》，余甚羡之。"而眼见中共胜利在即，时移势易，金氏亦主动与范联系，1949 年 2 月 12 日，金氏得知范文澜"患目疾甚剧，此在油灯下读书写稿所致，即作函讯之"。2 月 18 日"又致范文澜，寄正定华北大学"。③

北平解放后，1949 年 4 月 14 日，金毓黻负责之国史馆北平办事处并入北京大学文科研究所，改称民国史料研究室。5 月 11 日迁入北京大学

---

① 《军事委员会委员长侍从室人事登记片　金毓黻》，台北"国史馆"档案，档号：129000
　　000007A。
② 金毓黻：《静晤室日记》，第 6752、6767 页。
③ 金毓黻：《静晤室日记》，第 6486、6768、6771 页。

文科研究所。① 金氏在此前后，阅读曹伯韩著《中国近百年史讲话》、
黎澍著《辛亥革命与袁世凯》，及《中国近代简史》（按：应为东北军
政大学编、东北书店 1948 年 10 月出版之版本），分别给予"记叙极简
明有法"、"内容极佳"、"甚为条理"的好评。② 而此前对于侯外庐的
《中国近世思想学说史》，金氏曾予以苛评："此书命名已不可通，内籁
尤不足观"，"徒见引证连篇，喧宾夺主。间下己意，不过顺文敷衍，
初无精言奥意寓乎其中。以此而云著义，不过浪费笔墨而已"。③ 由其
对于马克思主义史学前后评判之差别，亦可管窥在新的时势下金氏思想之
变化。

金毓黻在 1949 年的时代变局中选择留在大陆，一度较受重视。1949
年 7 月 1 日成立中国新史学研究会筹备会，金毓黻虽未列入发起者 50 人
名单，1951 年 7 月 28 日中国史学会正式成立，金氏为 43 名理事之一，而
民国史学界的风云人物顾颉刚却未当选。

金毓黻亦因其对太平天国史料的熟稔而受到重视。1949 年他在王会
庵协助下编辑《太平天国》，由开明书店出版，1950 年曾与田余庆合编
《太平天国史料》，10 月由开明书店出版。该书利用向达从伦敦大不列颠
博物院图书馆东方部抄出的珍稀史料 35 件，及王重民从剑桥大学抄来的
《太平天国文书》多件，有相当高的史料价值。④ 1950 年 10 月 3 日，翦伯
赞、范文澜宴请金毓黻，邀其编辑《太平天国史料丛刊》，并答应出版他
所编纂的《民国碑传集》。金毓黻欣然领命，并于次日撰写《关于整理近
代史料的几个问题》，赴南开大学史学系作近代史料整理方面的演讲。⑤
是年 10 月 15 日上午，中国新史学研究会与《新建设》杂志社联合举行
座谈会，范文澜主持。金毓黻在会上发言表示："为了配合北京大学的五

---

① 金毓黻：《静晤室日记》，第 6802、6815 页。
② 金毓黻：《静晤室日记》，第 6803、6804、6815 页。
③ 金毓黻：《静晤室日记》，第 5942 ~ 5943 页。
④ 金毓黻：《静晤室日记》，第 7583 ~ 7584 页。
⑤ 金毓黻：《静晤室日记》，第 6941 页。

十二周年校庆，北大文科研究所举办一次太平天国史料展览会。同时计划
出版两本书，一本叫'太平天国史料'，一本叫'太平天国史参考书目'。
这几件事都是与北京图书馆合办的。今天为应新史学会及新建设杂志社的
要求，检出一部分比较重要的史料，作一次小型的展览，也为配合这次座
谈会供给诸位作些参考。"①

　　1951 年北京高校的思想改造运动、1952 年的"三反"运动，金毓黻
都是运动对象。1952 年的"忠诚老实"运动，将过去的"一切问题，都
作了交代，因此就得到组织上的信任，给我以免予处理的结论，从此我才
把历史弄清楚"。②

　　1952 年 9 月，金毓黻随同北大民国史料研究室一起入中科院近代史
所。进所之时所写"自传"中，金氏已表示："三反运动结束时，写思想
总结，曾坚决地说，我要做一个人民史料专家，这就明确了我在今后所要
努力的方向。经过这次高等院校调整，把我从北京大学文科研究所调配到
中国科学院近代史研究所工作，这很符合我的志愿，我更要把做人民史料
专家的志愿，作更进一步的体现。"③ 或因与范文澜之北大旧谊，近代史
所还是给金氏一定礼遇。虽未选入学术委员会，然学术委员会议亦邀其列
席。初入近代史所时，他只是四级研究员，1956 年 8 月即得升为二级研
究员。④ 在参与编纂"中国近代史资料丛刊"的同时，金毓黻进入范文澜
之通史组，协助《中国通史》之撰写。

　　与金毓黻一起入近代史所的还有王会庵（1915～1994）。王会庵为
学者王树枏之孙，家学渊源，文史知识根基颇深。他自 1939 年春起，在
傅增湘家帮助编辑《宋代蜀文辑存》100 卷，历时 7 载；又任傅增湘主
持的《雅言》月刊编辑主任。抗战胜利后，先任《华北日报》副刊助

①　《纪念太平天国起义一百周年——中国新史学研究会及本社联合举行座谈会记录》，《新建
　　设》第 2 卷第 2 期，1950 年，第 59 页。
②　金毓黻：《静晤室日记》，第 7566 页。
③　金毓黻：《静晤室日记》（1952 年 10 月 6 日），第 7567 页。
④　近代史所档案：《金毓黻人事档案·中国科学院工作人员升（定）职提级人员登记表》。

编，不久任国史馆北平办事处科员，协助金毓黻编辑《民国大事记》等。1952 年由北京大学院系调整委员会将其分配至近代史所，任助理编辑。

聂崇岐来近代史所，则因范文澜亲为罗致。自 1928 年于燕京大学历史系毕业后，聂崇岐在燕京大学哈佛燕京学社"引得编纂处"工作长达 22 年，编辑规模宏大的"引得丛刊"，赢得学界赞誉；同时在宋史研究方面也取得了令人瞩目的成就。1946 年在燕京大学历史系由讲师直升为教授。1945 年，聂崇岐曾出任哈佛燕京学社北平办公处的代理执行干事，兼任燕京大学图书馆长，并曾代理教务长。[①] 1948 年美国哈佛大学聘请聂氏赴美讲学，待遇优厚。去美不久，华北形势紧张，许多北平政学显要纷纷南逃，聂氏虑及家小，于是年 12 月毅然飞返被围的北平，成为当时电台的一大新闻。[②] 1952 年的"三反"运动中，聂崇岐在燕京大学受到粗暴批判，身处困境曾有轻生之念，且曾给家人朋友写下遗言。[③] 幸得此时范文澜亲赴他家，热情邀请他到近代史所工作。范之礼贤下士，令聂崇岐深为感动。[④]

聂崇岐对近代史研究其实并不生疏。1945 年抗战胜利后，聂崇岐赶编《九一八至双九日寇侵华大事纪》，至 1946 年 1 月编成。[⑤] 1949 年他曾在燕京大学开设"中国近代史"课程，讲过"北洋军阀史及抗日战争史，

---

① 据与聂氏常相过从的北师大历史系张艺汀忆及：正是这几个头衔"使他名声在外，人们都把他看成是燕京大学领导层的重要人物，这对他在解放初期政治运动中受到冲击自然不无影响"。转引自聂宝璋《学者风范长存——记著名学者聂崇岐教授》，丁日初主编《近代中国》第 8 辑，立信会计出版社，1998，第 267~268 页。

② 丁磐石：《严谨治史　澹宁做人——记聂崇岐先生》，《学问人生（续）：中国社会科学院名家谈》（上），中国社会科学出版社，2010，第 98~99 页。

③ 聂宝璋：《学者风范长存——记著名学者聂崇岐教授》，丁日初主编《近代中国》第 8 辑，第 268 页。

④ 所谓士为知己者用，后来近代史所一度传闻聂崇岐要去北大教书，聂氏表示："当我被整得见不得人时，是范老亲自到我家邀我充任近代史所的研究员。只要范老在所一天，而所方还需要我，我决不离开。"段昌同：《逝水飞尘二十年——忆聂崇岐先生》，《学林漫录》八集，中华书局，1983，第 75 页。

⑤ 闻黎明：《聂崇岐》，刘启林主编《当代中国社会科学名家》，社会科学文献出版社，1989，第 269 页。

而且脉络清晰，内容丰富，很受学生称赞"。① 据余英时回忆，聂崇岐在燕京大学讲中国近代史，"他大概已认清中国近代史一课将愈来愈重要，与其让史学修养不够的人把它变成一个政治课程，不如由他承担起这个任务，仍能保持学术标准"。②

　　与聂崇岐一起入近代史所的，还有原燕京大学同仁孙瑞芹、张雁深。孙瑞芹曾在英文《北平导报》、国际通讯社、路透社、英文《北平时事日报》等新闻机构任职。1932～1933 年和 1939～1940 年两度在燕京大学新闻系讲授英文新闻写作。抗战胜利后任《北平时事日报》主编；1949～1952 年任燕京大学新闻系教授。入近代史所后，评为翻译三级。③ 张雁深通英、日、法、意 4 门外文，其岳父为日本著名学者鸟居龙藏，夫人名鸟居绿子（又名"张绿子"）。他曾致力于中外关系史研究，著有《法文本中法外交关系史》（燕京大学法文朋友月刊社，1939）、《中法外交关系考》（长沙史哲研究社，1950）、《民国外交史料辑佚》（开通书社，1951）。

　　范文澜正通过中国史学会相号召，推动"中国近代史资料丛刊"的编纂，须倚重聂崇岐之史料功夫，以及孙瑞芹、张雁深的翻译才能。聂、孙、张三人均入近代史所史料编辑组。此编辑组驻在北大，以便于利用北大图书馆的藏书，搜集史料。本由林树惠担任秘书工作，1953 年后，由段昌同接任秘书。此编辑室虽由邵循正兼任主任，实则由聂崇岐负责。④

　　在近代史所，聂崇岐得以一展其史料编纂之所长。他率领的史料编辑组，人数虽少，却平均每年编出上百万字资料，"中国近代史资料丛刊"

---

① 聂宝璋：《学者风范长存——记著名学者聂崇岐教授》，丁日初主编《近代中国》第 8 辑，第 269 页。
② 余英时：《余英时回忆录（三）：中正大学和燕京大学》，《二十一世纪》（香港）2017 年 8 月号，第 118 页。
③ 近代史所档案：《关于孙瑞芹审查结论的报告》。
④ 段昌同：《逝水飞尘二十年——忆聂崇岐先生》，《学林漫录》八集，第 69 页。

之《中法战争》、《中日战争》、《洋务运动》、《捻军》等均由其编成。①
此外还编纂了《捻军史料别集》、《金钱会史料》。可见其勤谨高效。聂崇
岐也因此颇受范文澜的器重。1955 年评为三级研究员。② 1957 年 9 月成立
工具书组，聂崇岐兼任组长。1960 年 3 月，近代史所将原来的工具书组、
近代史资料组和翻译组合并，成立资料编译组，以聂为组长。③ 聂氏同时
担负着校点《资治通鉴》、《宋史》的任务。《近代史资料》1958 年停刊，
1961 年在聂氏主持下复刊。在在可见资料编纂方面对聂之倚重。

　　聂崇岐工作太过拼命，常伏案通宵。1962 年 4 月 17 日凌晨两点，心
肌梗死发作，未及抢救即与世长辞。据顾颉刚所记，聂崇岐"十六日尚
在北大上课，晚间又课其子，中夜有病，病两小时而死。又闻其春节入
城，曾经晕倒，顾不注意，未经医疗。又闻其每日作体育锻炼，现在煤肆
送煤，贪图快速，不入人家，堆在门口，渠不惮劳，将三千斤煤块自运入

---

① 《捻军》署名为范文澜、翦伯赞、聂崇岐等五人合编，但据陈晓维发现聂崇岐手稿，《捻
军》实为聂氏独立编成。兹抄录于下："一九五零年夏，齐致中约翦伯赞先生便饭，邀余
作陪。先生谓计划编纂中国近代史资料，承愚致中及余分任'鸦片战争'及'捻军'二
题。余于秋初开始搜录，至一九五二年初，大致完成。会三反运动起，工作停顿。至夏
初，又着手整理、标点、编排，每逢通宵从事，至十一月全部交由中国史学会转上海神州国
光社承印。一九五三年一月，开始校对印样，至三月底，全部竣事。故此书之成，自始至
终，皆出余一人之手。方稿之交出也，翦先生谓余在三反中成为重点，单独署名不甚宜，
且此种资料丛书亦无只用一人名义者（实则白寿彝编回军起义，即由其一人出名，余虽
知之，未当面点破翦先生所云之不合实情），因建议署名由范文澜先生领衔，翦居其次，
余列第三。又嘱推荐二人以凑成五人之数。余当时以许大龄、陈仲夫二名应命。孰知翦先
生未用许陈，改以其助手林树惠、王其榘二人充选。于是此书编者项下遂居然有五人矣。
一九五八年五月，历史三所开批判资产阶级名利思想大会。中间休息时，范先生语余，此
后《捻军》再版，可将未参加工作者名字剔去，只由余一人出名，以便名实相符。余以
此书已重印三次，若于以后重印时编者一项，由五人变为一人，无乃不着痕迹，因婉言向
范先生谢绝。故于一九五九年第四次重印时，编者项下，一仍旧贯，未予改动也。据段君
昌同言，当此书署名之补充二人也，翦先生向其助手五人说和，嗣乃决定用林王二人。段
君当时颇不以此种作法为然。呜呼！义利之不明久矣，彼寝馈儒经者尚难辨此，又何责于
今之人哉？筱珊　一九五八年六月五日。"另外，在近代史所档案室藏王其榘亲笔所填之
职称评定表上，亦有"列名聂崇岐独立编成之《捻军》"之语，亦可佐证。

② 近代史所档案：《聂崇岐小传》，油印稿，约 1960 年。

③ 《近代史研究所领导小组致分党组的函》（1960 年 3 月），近代史所档案：《研究计划与总
结》。

室，而不知病心脏者不宜作重劳动也"。①

近代史所第一任学术委员会中，有邵循正、罗尔纲、王崇武 3 位旧派学人，一定程度体现出兼容并包的色彩。其中邵循正、罗尔纲在民国时期即为近代史名家。邵循正曾师从蒋廷黻，硕士学位论文为《中法越南关系始末》，后长期承担清华大学中国近代史课程。② 1950 年，邵循正任清华大学历史系主任，1952 年院系调整后任北大历史系教授、中国近代史教研室主任。当时近代史所与北大、清华均有不少学术联系，邵氏亦列为中国新史学研究会 50 名发起者之一，"中国近代史资料丛刊" 10 名编委之一，还当选中国史学会第一届理事。1953 年邵氏兼任近代史所帝国主义侵华史组组长，1953 年荣孟源在 "反小圈子" 中被贬后，邵氏又兼政治史组组长，此后还兼史料编辑室主任。集 3 个组长之职于一身，足见颇受重视。邵氏亦努力学习 "革命" 话语，据说毛泽东在 1964 年读过邵循正的论文后称赞曰："一位资产阶级教授，能写出这样好的文章，真不容易。"③

罗尔纲曾为胡适高足，潜心于太平天国史研究，1936 年出版《太平天国史丛考》，1937 年撰成《太平天国史纲》，在学界享有盛誉。次年至中央研究院社会研究所，研究清代兵制史。1939 年出版《湘军新志》、《捻军的运动战》。1943 年整理《天地会文献录》。此后长期致力于太平天国、水浒之研究。1948 年兼任中央大学历史系教授，讲授太平天国考证方法。1949 年后，罗氏随同中研院社会学所转入中科院经济所。1950 年 12 月 1 日，南京市成立太平天国起义百周年纪念筹委会，罗氏被选为筹备委员。会后即进行筹备工作。1951 年 8 月后，组成以陈山、罗尔纲、胡小石、郑鹤声等参加的南京太平天国起义百年

---

① 《顾颉刚日记》第 9 卷，第 451～452 页。
② 邵氏亦长于蒙元史，1945 年曾与陈寅恪、洪谦、孙毓棠、沈有鼎诸先生联袂赴英，任牛津大学访问教授研究蒙古史。1946 年归国，回清华大学讲授元史、清史、中国近代史，并在北京大学历史系兼授中国近代史。
③ 蔡少卿：《我研究中国近代史和秘密社会的过程》，戴学稷、徐如编《邵循正先生百年诞辰纪念文集》，内部印行，2009，第 160 页。

纪念史料编纂委员会，罗尔纲主持编纂太平天国史料、史迹调查等工作。1953 年由中央文化部请其负责太平天国纪念馆筹建事宜。[①]　1954年春，范文澜托刘大年看望罗尔纲，并转达亲笔信云："您到我们这里来工作，是近代史研究所的光荣。"[②]　在近代史所与经济所之间选择，罗氏亦倾向于进入研究领域更为契合的近代史所。他于是年 3 月 29 日致函范文澜，表示：

> 喜悉我已奉调到近代史所来工作，我万分感谢党和政府把我这样的恰当的安排，使我从今以后，得亲受到先生的教诲，得参加到一个党性最强的历史研究机关来工作，这是我渴求已久的愿望！现在我首先向先生致以恳切的衷心的敬意，请求先生把我认为一个还可教育的学生，虽然已经是白发苍苍，但只要他还有工作的活力一天，就不断的对他训诲、提高，使得更好的为人民服务。接着我要向全所同志致敬，请求大家对我这一个正在向马列主义开始学习的人，多多指示，多多帮助，使我在同志们扶掖之下，也逐渐的跟得上队伍，以参加我所的工作……[③]

罗尔纲转入近代史研究所即被评为一级研究员。这在当时是相当难得的厚遇。

王崇武 1936 年毕业于北大历史系，得到傅斯年赏识，被推荐至北大文科研究所任助理员，从事清朝大库档案整理工作。次年被傅斯年提名调至中研院历史语言研究所。在明史研究方面颇有成就。1948 年 8 月留学英国牛津大学，攻读中英外交史、中西交通史。尤致力于中英近代外交史

---

① 《罗尔纲生平活动年表》，郭毅生：《罗尔纲——太平天国史学研究一代宗师》，金城出版社，2008，第 237~247 页。

② 刘大年：《太平天国史学一大家》，贾熟村、罗文起编《困学真知——历史学家罗尔纲》，南京大学出版社，2001，第 20 页。

③ 罗文起辑《罗尔纲书信选》，《近代史研究》1998 年第 3 期，第 2、3 页。

料之搜集，后又搜集太平天国起义有关史料。① 1950 年 8 月王崇武届满准备归国，接到台湾史语所萧纶徽以傅斯年名义的来函，还附有请他任教台湾大学的聘书。王崇武以措辞极强硬之回信表示拒绝。1951 年 3 月起程回国。5 月抵北京，被分配至考古所。应陶孟和之约，草拟编辑出版《近代外交史料译丛》计划。1954 年，王崇武编译《太平天国史料译丛》由上海神州国光社出版。是年王崇武调入近代史所通史组，为三级研究员。主要工作为协助范文澜修订《中国通史简编》，同时协助顾颉刚标点《资治通鉴》。② 1955 年又与苏联学者合作编纂"中国历史图解"。③ 1957 年 4月 21 日，王崇武因病辞世，年仅 47 岁。④

邵循正、罗尔纲新中国成立后能在中国近代史的研究中得到重用，固因二人早年已在近代史领域颇著声名，亦因其基本观点与马克思主义史家对于近代史的解释并无根本冲突。邵循正早年所著《中法越南关系始末》批驳法国侵略，其观点在新中国成立后亦属政治正确；罗尔纲主治太平天国史，1937 年出版《太平天国史纲》，认为"太平天国革命的性质，是贫农的革命"，这次革命"含有民主主义的要求，并且参入了社会主义的主张"。⑤ 被胡适批评曰"专表扬太平天国"，⑥ "此书的毛病在于不免时髦"。⑦ 总体来说，罗氏之基本立场观点与新中国成立后评价农民战争的倾向较为契合。而王崇武本不以近代史研究见长，他由考古所转入近代史所，并成为学术委员，可能一方面因其在中研院史语所时的史学成就，另一方面看重他近代外交史料编译之能力，此外恐怕也还考虑了他 1951 年拒绝台湾邀请、坚持返回大陆的因素。

---

① 张德信：《王崇武》，刘启林主编《当代中国社会科学名家》，第 475 ~ 478 页。
② 赵俪生认为，标点《资治通鉴》工作，主要压在王崇武肩头。赵俪生：《明史专家王崇武逝世四十周年祭》，《赵俪生文集》第 5 卷，兰州大学出版社，2002，第 479 页。
③ 《历史学家王崇武逝世》，《科学通报》1957 年第 10 期，第 312 页。
④ 王崇武逝世后，由陶孟和、范文澜等 26 人组成治丧委员会，《人民日报》予以报道。《科学院历史研究所研究员王崇武在北京逝世》，《人民日报》1957 年 4 月 22 日，第 2 版。
⑤ 罗尔纲：《太平天国史纲》，商务印书馆，1948，第 98、101 页。
⑥ 罗尔纲：《生涯六记》，贵州人民出版社，1991，第 61 页。
⑦ 胡适著、沈卫威编《胡适日记》，山西教育出版社，1997，第 240 页。

张国淦本为北洋政坛的风云人物。1926 年后息影于天津英租界，专事著述。对古方志有精深研究。1953 年 6 月，上海文史馆成立，张国淦为馆员。据张之夫人顾佶人所谈，1953 年，中央人民政府副主席董必武因公来沪，亲自拜访张国淦，"畅叙旧谊，力邀北上参加工作"。张国淦欣然接受，到京后受聘为中国科学院近代史研究所特约研究员。① 张氏入近代史所，因其熟悉北洋掌故，其口述或回忆录为近代史的珍贵史料。张氏 1955 年任全国政协委员，近代史所也予其一定礼遇。不过他的研究兴趣仍在方志。

张遵骝为张之洞曾孙，1940 年毕业于西南联大哲学系，是熊十力之得意门生，在佛学、哲学方面造诣精深。② 历任华西大学、金陵大学、复旦大学讲师、副教授。1953 年 12 月经范文澜同意，张遵骝由复旦大学调入近代史所，任副研究员。③ 且捐献了家藏张之洞全部文书档案共 450 函。

张遵骝入近代史所，主要作为范文澜之助手，协助范氏撰著中国通史。范著《中国通史》中关于唐朝佛教的两节，是要求张遵骝"穷年累月地看佛藏和有关佛教的群书，分类选辑资料百余万言"，然后由范氏剪裁而成。④ 唐朝佛教是范著《中国通史》中颇具特色的部分，据范氏遗愿，1979 年由人民出版社出单行本。⑤

朱士嘉 1924 年考入燕京大学历史系，参加禹贡学会。1932 年获硕士学位，留校任图书馆中文编目部主任。他受业于陈垣、洪业、顾颉刚等名师，以方志学为自己潜心研究的领域。1935 年出版《中国地方志综录》（商务印书馆），引起学界重视。1939 年朱氏应美国国会图书馆东方部主任恒慕义之邀赴美，担任东方部中文编目部主任。1939～1942

---

① 周家骏：《张国淦先生传略初稿》，《近代史资料》总 99 号，中国社会科学出版社，1999，第 264～265 页。
② 陈左高：《文苑人物丛谈》，上海远东出版社，2010，第 99 页。
③ 张遵骝人事档案：《干部简历表》。
④ 范文澜：《〈唐朝佛教〉引言》，《范文澜全集》第 10 卷，第 453 页。
⑤ 单行本《唐代佛教》将张遵骝所编《隋唐五代佛教大事年表》纳入。

年期间，朱士嘉在美国国家档案馆复制 1000 多页中美关系的档案胶卷；1942 年 9 月，入哥伦比亚大学攻读博士学位，其间仍注意中美关系档案资料的搜集。1946 年获得博士学位，博士论文为《章学诚对中国地方历史编撰的贡献》。同年 7 ~ 12 月，入美国档案馆学习档案管理法。1947 年，他受美国西雅图华盛顿大学之聘，任该校远东系副教授。在研究生帮助下，继续整理中美关系档案资料胶卷 300 余卷。1950 年春，朱士嘉结识路易·斯特朗，因斯特朗之鼓励与周鲠生、陈翰笙等人召唤，朱氏辞职回国。1950 年 9 月任教武汉大学历史系，兼任校图书馆长。因武大执行"左"的政策，政治运动不断，朱氏档案、方志之专长无从发挥。1953 年在中科院副院长陶孟和及武大校长李达支持下，朱士嘉调入近代史所，[1] 参与地震资料的调查整理工作。其所著《中国地方志综录》对于编辑《中国地震资料年表》颇具参考价值，正好能发挥其所长。[2]

刘起釪早年就读于重庆中央大学历史系、南京中央大学文科研究所历史学部。1947 年入国史馆任助修、协修。新中国成立后，国史馆由近代史所接收，成立南京史料整理处，刘氏亦入史整处任档案整理组长、资料汇编组长。

茹春浦原为复社成员，并与梁漱溟、吕振羽等人参与乡村自治运动，著有《中国乡村问题之分析与解决方案》（北平震东印书馆，1934）、《山西村治之实地调查》（《村治月刊》1929 年第 7 期）等。入近代史所史料编辑组，1961 年 7 月 10 日即办理退休。

此外，尚有邵循正之胞弟邵循恪（1911 ~ 1975）1954 年入近代史所帝国主义侵华史组。邵循恪 1926 年就读于清华大学政治学系，主攻国际法和国际关系。1930 年入清华研究院法科政治研究所，后因成绩优异被

---

① 《著名方志学家朱士嘉》，《锡山名人》（下），凤凰出版社，2009，第 328 页。近代史所档案：《人事文书 – 79 – 3》。

② 朱士嘉：《我与商务印书馆》，《1897 ~ 1987 商务印书馆九十年——我和商务印书馆》，商务印书馆，1987，第 379 页。

送留美，获得芝加哥大学博士学位。1939 年归国受聘于西南联大，任法商学院政治系教授。抗战结束后任清华大学政治学系兼法律学系教授，且曾在武汉大学任教。新中国成立后，邵循恪患精神分裂症，基本上无法工作。他之入近代史所，实为对邵循正的照顾。① 邵循恪 1961 年 12 月办理退休。②

　　旧派学人之入近代史所，其大背景为高校之院系调整，实际上又多与范文澜有关。或因与范氏旧谊，或因范氏延揽。除邵循正、罗尔纲、张雁深、金毓黻外，其他旧派学人并不长于近代史研究，他们入近代史所后，主要从事近代史资料编纂工作，很少从事近代史论著之撰写。金毓黻、聂崇岐、王崇武另一主要工作为协助范文澜修订《中国通史简编》，金毓黻负责唐代部分，聂崇岐、王崇武分别负责宋代、明代部分。③

　　这些旧派学人，多能积极应对时代变局。朱士嘉、聂崇岐、王崇武皆新中国成立前后自国外返大陆，本就有强烈的民族情感，不乏憧憬新中国、亟欲报效祖国的热忱，其积极拥抱新时代自不待言。以与国民党旧政权、旧学界联系较深的金毓黻来说，面对新社会呈现的新气象，也颇有感慨："农民欣欣有喜色，忙于播种。中共华北局号召抗旱运动，期以人定胜天。近来政府举措皆先人而为之，有蓬蓬勃勃之气，此旧政府所绝无者也，其能制胜一切绝非偶然。"1956 年 5 月 1 日游行大典，金毓黻日记中有："今日我躬逢盛典，见祖国隆盛至此，不觉感极而泣，亦不知其何以至此。"④

　　有此对中共及新政权的认同为思想基础，金毓黻在 1949 年 2、3 月间，一方面反复学习毛泽东的《新民主主义论》，又潜心阅读《大众哲

① 张振鹍：《我们的组长邵先生——邵先生在近代史所》，戴学稷、徐如编《邵循正先生百年诞辰纪念文集（续编）》，第 108 页。
② 近代史所档案：《中国科学院干部统计卡片检查表》（1961 年 12 月 6 日）。
③ 白兴华、许旭虹整理《范文澜的学术发展道路与学术风范》，《浙江学刊》1998 年第 1 期，第 89 页。
④ 金毓黻：《静晤室日记》，第 6817、7106 页。

学》、《政治经济学》，"近日所读书，以《大众哲学》及《政治经济学》为最佳，且极有用。依此两书之理论体系以治历史，则有顺如流水之势，所谓立场观点亦可由此获得"。至 1949 年 9、10 月，及次年 1 月间，更反复精读《联共党史简明教程》、《联共党史》，"期以往复十遍，庶几少有所获乎"。自 1950 年 1 月 6 日起，开始逐日阅读《联共党史》及《毛选》。①

旧派学人虽欲融入新时代，却既须面对新、旧时代中自身处境的落差，还须承受思想意识中"新"与"旧"的纠结缠斗，有时亦不免感到进退失据，无所适从。整体来说，他们均经历了一番并不轻松的心路历程。

以金毓黻为例。金氏新中国成立之初"常思多读新书以矫己病，但仍常与旧书为缘，置新书而不读"，自己亦颇不解。慨叹"胸中荒伧如不识字之农氓，闻人谈一二事皆茫然莫知置对"；"余在旧社会时，颇以能文自负……一旦进入新社会，骤觉自己为妙手空空一无所有之人。于是一易向之自尊感而为自卑感，等于一落千丈"，"生平喜读乙部之书，重点放在宋、辽、金三史一段，并注意东北故乡地方掌故，自谓薄有基础。但一旦改研近代史事，便觉茫然失据，新知未立，旧闻已捐，成为妙手空空家徒四壁之人"；且"常常作全部地否定自己"。②

对于马克思主义"新史学"，金毓黻虽欲全心认同，仍不免有所保留。金氏对中国史学史颇有研究，对于民国以来的新史学潮流亦有独到见解。他认为："……昔日旧史家只能注意考证史实，以阐明某一时代之真相，而不能阐明前后各时代之联系，其敝也拘。今日新史家只能从现在看过去，而不能阐明某一时代之真相，亦失却前后各时代之联系，其敝也妄。惟能冶求因、明时、应变三者为一炉，既能阐明各时代之真相又从而联系之，始则从现在以看过去，继则从现在以测将来，既不失于拘，亦不

---

① 金毓黻：《静晤室日记》，第 6762 ～ 6763、6764、6787、6793、6888、6890、6911、6917 页。

② 金毓黻：《静晤室日记》，第 6994、6935、7026 ～ 7027、7130、7052 页。

病于妄，而社会发展之法则得矣。"当他看到苏联《历史问题》杂志社论《苏联共产党第二十次代表大会和党研究的任务》一文后颇有感慨，其日记记载："我过去对苏联出版的许多小册子译本的怀疑，是有些道理的。我看到他们的论文，除了引证斯大林某些辞句，加以称赞，以为是天才的创造的见解之外，其余多半是空洞无物。""当时我曾对人表示对这些小册子和这一类讲述的不满，但有人说，这是本于斯大林的经典著作，我们只有信从，不应怀疑。"①

金氏经过六七年之久的矛盾纠结，始自我开悟，决定"丢下包袱，开动脑筋"，所谓"包袱"，"即往积累下来的废料"。"自谓六七年来耳濡目染，对新事物已能逐步接受。其在我脑中透气之积存废料，已无法再图维持原状，不得不自行退却。基本情况既有改变，故能生脑筋开动之新机，此为吾极一可喜之现象，谓之重获得新生命，亦无不可"。为学习新理论，金毓黻决定"每日至少要用半小时读报，并将其主要之点作成札记，以助记忆所不及。久而久之于此中寻出线索和系统，以配合我们的辩证唯物主义的理论学习，定能以事实证明理论，成为实事求是之学。此为我的新觉悟，从此要努力改变过去喜读旧书不肯多读新书之偏向，使我将来能大进一步，获得新成就"。②

语言文字亦成为金毓黻所欲克服的障碍。"以现代语言写文章，此为今日学人应遵守之定程，但我由于喜好古典文言，不肯以现代语写作，以至语文不能合一。而其影响则为不善于作口语，故每当发言盈庭之际，而我则呐呐不能出口。此非一朝一夕故，必须决心克服之。解放以来，亦常以现代语言写作，但因用语太少，技术不熟练之故，致诘屈不能成章。近始稍有开悟，此由未下决心，学习不努力之过。此后决用现代语言写作，但于古典书籍之部分研究，亦间参以文言。改变以渐，不求速效，或能终底于成。"③ 并以白话文体撰写《三好是我的努力方向》，投于近代史所黑

---

① 金毓黻：《静晤室日记》，第 6784、7214 页。

② 金毓黻：《静晤室日记》，第 7052、7038 页。

③ 金毓黻：《静晤室日记》，第 7044 页。

板报。

　　朱士嘉到近代史所后，过得并不如意。1954 年初即向 20 多年前的旧识吴晗提出对宿舍、待遇、薪金等的不满，并要求调动到档案工作部门。吴晗则与国家档案局负责人曾三联系，曾三回信，表示已向近代史所了解，"此人不宜作档案工作"。① 8 月，朱又找吴晗谈：其一，他的工作分配在辛亥革命史组，但是他自己过去比较注意美国侵华史实，希望能到美国侵华史组。其二，他多年研究地方志，搜集材料很多，也希望能有所安排，在所内能有地方志组之类的分工，带几个助手进行工作。另一面，他家住东城，离所过远，也希望能够帮助调换一下。吴晗致函范文澜、刘大年，将朱士嘉之意转达。范文澜在吴晗来信上写有："大年同志：朱对吴说的话不甚切实，你是否可写一信和吴解释一下？他根本没有到辛亥组，也没有不让他搞地方志。"② 字里行间可管窥，范对朱亦表不满，认为他不能安心工作，范所言"没有不让他搞地方志"，同朱的希望——"研究所能有地方志组之类的分工，带几个助手进行工作"——之间实有相当的距离。1955 年"肃反"，朱士嘉作为"肃反"对象，颇受压抑。1957 年"鸣放"期间，《光明日报》编辑部"转来一封匿名信，上面内容主要揭发近代史所空气沉闷，人们顾虑重重，希望报社派记者来采访，以推动运动向纵深深入"。近代史所怀疑匿名信为荣孟源所写，并经公安部法医鉴定为荣的笔迹。朱士嘉良心触动，主动承认是其夫人亲笔写成。③

　　邵循正曾师从蒋廷黻，罗尔纲为胡适高足。蒋、胡二人新中国成立后均成为批判的靶子，与蒋、胡的关系成为邵、罗所背负的历史包袱。1956 年 5 月 5 日在北京大学第二届科学讨论会历史分会上，邵循正报告《清除中国近代史研究中的帝国主义影响和买办资产阶级观点》，着重批判"马士所编写的'中华帝国国际关系'一书中对中国近代史的歪曲"。此外还

---

①　《吴晗致刘大年函》（1954 年 2 月 22 日），刘潞提供。

②　《吴晗致范文澜、刘大年函》（1954 年 8 月 30 日），刘潞提供。

③　张振鹤：《沉冤二十二年》。

"分别批判了在中国近代史研究中宣扬买办资产阶级观点的代表人物如：胡适、蒋廷黻、郭廷以、张忠绂等的反动观点"，特别批判陈恭禄旧著"为帝国主义侵略中国辩护，成了美帝国主义的文化俘虏。这一本书是集马士、蒋廷黻等反动观点之大成"。而与会的翦伯赞、严中平、石峻等则还认为邵循正"暴露较多，批判不够"。① 还有人批评他对资产阶级学者采取客观主义态度："表面上好像要来批判它一下，而且有时也确实摆开了架势，但是在实际上，却对之爱不释手……事实上为资产阶级学者起了传播和推荐的作用"。② 罗尔纲虽然在"批胡"运动中撰有《两个人生》，③ 检讨自己所受胡适的影响，以与胡适划清界限，却并不意味着他已然放弃了原有的治学路数，④ 更因李秀成《自述》之研究卷入政治漩涡。

范文澜深谙旧学，其本身亦为"新"、"旧"参合，因而近代史所对旧派学人相对较为宽厚。罗尔纲被评为一级研究员，固有树立样板之意；而金毓黻评为二级研究员，王崇武、聂崇岐评为三级研究员，还是可见一定的礼遇。评为三级研究员的刘大年，"曾对人流露不满情绪说：'谈古书就值钱，马列主义就那么不值钱吗？'"⑤ 在1958年整风补课中，沈自敏提出："我所自成立以来，吸收了一些学者专长的资产阶级知识分子，但是如何正确地对待，这不是没有问题的。总的说来，是照顾多而近于迁就，教育少而近于自流。"⑥

聂崇岐1952年在燕京大学被整肃，1958年全国上下掀起批判"资产阶级学者"的"史学革命"的狂潮，近代史所的旧派学人却未受冲击。

---

① 《北京大学历史系的科学讨论会》，《光明日报》1956年7月5日，第3版。
② 李桂海：《为了批判，还是为了推荐？》，《光明日报》1958年8月9日，第3版。
③ 罗尔纲：《两个人生》，《胡适思想批判》第2辑，三联书店，1955，第183~188页。
④ 1956年罗尔纲仍坚持："发现问题，建立假设，寻求证明，检验假设，乃是全部考据的过程。这也就是为马克思主义所武装了了的新考据所有的技术性方法。"见氏著《忠王自传原稿考证与论考据》，科学出版社，1958，第17页。
⑤ 近代史所档案：《刘大年同志主要错误事实的初步材料》（1960年1月7日）。
⑥ 近代史所档案：《整风补课资料》（1958年）。

据聂崇岐的知交段昌同回忆："当时聂先生心中惴惴不安，因为他自三反运动后心有余悸，常对我说：'士可杀不可辱，如果把我拉到台上去批斗，甚至罚跪，我宁愿去死。'在向党交心的小会上，他深以写不出又红又专的文章为歉疚。当我到所内汇报时，范老说：'你们的任务是编好书。我看过聂先生写的《中法战争》叙例，就很好嘛！告诉他放心工作，不要害怕'。这短短的几句话，不仅使聂先生解除了顾虑，也温暖了我们全室同志的心。老实说，如果扩大起来，我们全室都会成为白旗。"①

据汪敬虞从李文治处得知，王崇武"生前也经常对人感念近代史所学术空气的浓郁和范老与大年同志对他的关心和重视，使他有一个得以施展才华的学术环境"。②罗尔纲回忆，入近代史所前，一位刚从海外回来的学者向他哭诉由于以往的考证而受到了严厉的批判，从而让罗尔纲也为自己的研究志趣感到担心。1954年，他在南京见到刘大年时，问的第一句话是："今后还要不要考证？"刘大年回答："谁说不要考证！你写考证文章来，我给你发表。"③后来，刘大年在《历史研究》上发表了罗尔纲的考证文章。罗尔纲给刘大年写信时谓："我是范老和您亲手栽培、教育的。"④语气谦卑固因罗氏低调谨慎，亦反映出彼此相处还算和谐。

金毓黻在近代史所的工作生活亦比较顺意。新中国成立之初供职于北大文学研究所时，因其中国史学史研究遭冷落而心灰意冷；⑤1952年入近代史所后欲修订并重版《中国史学史》，得到刘大年等人的大力支持。⑥且范文澜对金氏亦不无关照，金氏入近代史所后，多有撰著，自己谓"近来我受到范文澜先生之鼓舞，颇努力于读书及撰文章，虽自知水平尚

---

① 段昌同：《逝水飞尘二十年——忆聂崇岐先生》，《学林漫录》八集，第73页。
② 汪敬虞：《记忆犹新的回忆》，《近代史研究》2000年第6期，第7页。
③ 罗尔纲：《我与〈历史研究〉》，《历史研究》1994年第1期，第7页。
④ 刘潞、崔永华编《刘大年存当代学人手札》，第140～141页。
⑤ 杨翼骧：《中国史学史讲义》，天津古籍出版社，2006，第206、226页。
⑥ 金毓黻：《静晤室日记》，第6948、6958页。

低，标准尚差，但在其鼓舞之下，即无形有很大力量，使我努力向前"。①
这并非虚文。在时人眼中，近代史研究具有较强的政治性，对从事研
究者自然也就提出了政治思想、阶级立场方面的要求。如陈恭禄即被
剥夺了研究近代史之资格。② 金毓黻却在此期间接连撰写近代史论文，
并经范文澜推荐至《历史研究》、《新建设》、《历史教学》等刊物发
表。章太炎逝世满二十周年，《人民日报》商请范文澜写一篇纪念论
文，但范因事忙，转请金毓黻来写。1957 年 2 月金毓黻染病，21 日
"午后刘大年同志偕胡金同志来视余疾"。③ 金患失眠症后，范文澜致函
刘大年："大年同志，刚才去看金老……他失眠严重，记起吴晗同志失眠
是一位老医生治好的，请你打电话问问吴晗同志，请他介绍那位老医生，
给金老治治看。"④

　　金毓黻与近代史所范文澜、刘大年等领导层相处较融洽，他对近
代史所的感情在其日记中时有流露。他认为，"本所学术空气及环境甚
佳"，使自己静心学术的夙愿得偿，因而"视所为家"。⑤ 1956 年 12 月
6 日，金毓黻收到东北佟柱臣来函，邀其赴东北人民大学及东北师范大
学讲东北史。金氏表示："现在我的工作环境，为有生以来所未有，又
近一年来健康恢复到前十年的程度，正思奋此秉烛余光，将往年未竟
之业，从事整理，以了生平之愿，安可为人所动，弃而他去。"⑥ 金毓
黻为近代史所的发展亦多有建议，为近代史所的人员、刊物、资料建
设竭诚进言，体现了旧派学人在新中国成立后促进学术发展的拳拳

---

① 金毓黻：《静晤室日记》，第 7200 页。
② 陈恭禄在无法从事近代史研究后，试图转入近代史料整理工作。1957 年上半年陈恭禄开
　设"中国近代史史料学"，选修者甚少，"不选他的课，正说明同学们思想上觉悟提高，
　不愿接受陈先生的反动史观。"1957 年下半年，陈恭禄替三年级开设"1840～1895 年中国
　近代史史料"选修课。全级 80 多名学生仅两人选修，其中一人是旁听，另一人是"听听
　再说"。最终无法开课。唐宇元：《批判陈恭禄先生的资产阶级史料学》，《史学战线》
　1958 年第 2 期，第 29 页。
③ 金毓黻：《静晤室日记》，第 7298、7410 页。
④ 刘大年藏书信原稿。
⑤ 金毓黻：《静晤室日记》，第 7534、7537 页。
⑥ 金毓黻：《静晤室日记》，第 7323 页。

之心。

　　旧派学人在20世纪50年代之谨小慎微，于所存文献的字里行间均可以明显体会出来。如张雁深提及同范文澜同桌吃饭："新年在所里和范老同桌吃了一次饭，对我是一个难忘的日子，是党给我极大的光荣。老人家光辉的典范，时常给我力量和信心，鼓舞着我前进。"① 罗尔纲在书信中之谨慎谦卑也令人印象深刻。

　　不过，在新时代的语境之下，旧派学人仍不免被区别对待，"资产阶级学者"的标签或隐或显而挥之难去。据张振鹍回忆，当时"所里的人不论研究人员，行政人员，研究辅助人员，也不论年龄性别，相互间都以'同志'相称，而对邵先生（按：指邵循正）这样的'老专家'则称'先生'，好像含有'统战对象'的意思"。②

　　中科院党委明确指出："对资产阶级知识分子政治立场的根本改造是一个长期的反复的过程"；"当我们还没有建立起强大的工人阶级的科学队伍的时候，资产阶级知识分子就仗恃自己的'专门知识'奇货可居，狂妄自大，厚古薄今，厚外薄中，厚洋薄土，这就是他们抗拒思想改造的挡箭牌。在具体业务问题上反映出他们与我们还有着根本的分歧。"中科院党委统战部1960年要求对这些资产阶级知识分子建立情报制度："建立人事卡片。为了了解资产阶级知识分子对待每一重大事件的政治态度和及时研究找出它在每时期的思想主流，必须及时收集并向上级党委反映他们在每个重大事件上的思想、情绪的反映。院、所、室、组都有专人负责，形成一条线，将收集反映的工作，作到及时并能经常化。同时，为了更好掌握每个人的政治思想的演变规律和积累材料，各单位要建立人事卡片，将每一时期每一段落的思想变化情况记入卡片"。"资产阶级思想在业务上还要翘尾巴，还纠缠在具体业务问题上与我们争论。因此，我们不仅要研究它在政治上的思想动态，还须及时研究它们在业务问题上反映出来的

---

① 《张雁深致刘桂五函》，近代史所档案：《历年计划总结》。
② 张振鹍：《我们的组长邵先生——邵先生在近代史所》，戴学稷、徐如编《邵循正先生百年诞辰纪念文集（续编）》，第104～105页。

思想动态。"①

　　总体说来，在当时的近代史所，不管旧派学人主观上如何努力融入"新社会"，如何谨小慎微低调处事，却仍难免被另眼相待。

　　金毓黻常表示："我不配说研究近代史，是因为新的条件不够，新的观点不够，只能在许多史学专家一致努力研究的气氛之下，作一点整理史料的工作"。② 然而，其所刻意经营的《民国长编》应者寥寥，积至千篇的《民国碑传集》"喻者亦极少"，其内心之苦闷无可言说，唯有宣之于日记："余以年逾六十之身，知忆退减，灵明渐涸，忝列学府，实为素餐。青年学子，多已异趣，授业同人，皆非素友，孑然一身，孤立其间，进既不能，自应求退，此理至明，何待筹商。然余终不肯舍而去之者正自有故：故乡田庐已非我有，垂老之年不任耕耘，一经求退，则无资生之路，此可虑者一也。平生志业集中于乙部，迩来以纂民国史为重心，又处于史料丰富之北京，必有学府之凭藉，乃得左右逢原，恣意探取，如能假我十年，志业必成，屈小全大又未可轻弃，此可虑者二也。生平以治学为第一事，治生为第二事，苟有学之可治，生事为不足言。"③ 然而，1957年荣孟源撰文提倡整理民国史资料，成为反右中的一大罪状，金毓黻欲治此"学"已再无可能。

　　聂崇岐1957年被委以工具书组长之责，在政治上仍被另眼看待，刘大年在委任时明确对他说："你只管业务不管政治。"④ 聂崇岐在史料编纂方面颇受倚重，然而其《小传》中对他如此定位：

---

① 近代史所档案：《关于1960年统战工作的安排意见》（中国科学院党委统战部，1960年3月15日）。

② 金毓黻：《关于整理近代史料的几个问题》，《新建设》1950年第2期，第18页。

③ 金毓黻：《静晤室日记》，第6928、6931页。

④ 聂崇岐在1958年整风补课时说："那时我正存在着严重的重业务轻政治的思想，听了这句话，觉得很合胃口，但现在深深与日俱增到大不对劲。对于这种错误思想，我自己当然要深深反省，但大年同志也应当想一想，作为一个领导来说，这'只管业务不管政治'一句话，里面存在着什么问题"。近代史所档案：《整风补课资料》（1958年）。

长期受到美国帝国主义的买办教育，早在 1925 年即参加美帝的文化侵略组织哈佛燕京学社。以后一直在美帝、法帝的文教机构服务，具有严重的崇美、亲美思想。政治上反动，曾写过一些政治性的反动文章。四八年解放前夕和一些反动教授签名呼吁美援。解放后，仍担任哈佛燕京学社领导职务，和党对立，并恶意的攻击靠拢党的进步人士。三反运动中在燕京大学被列为重点，进行斗争。此后长期对党抱有成见，存有距离，曾一度希望告老退休，情绪消极。平时自视甚高，重业务、轻政治，对参加各种会议、访问参观等都很冷淡。整风初期，表现一般，划为中右。双反运动中态度较好，批判了自己的错误思想。表示愿意努力改造。以后表现有一定的进步……理论学习不够自觉，分析研究能力差，没有写过企图用马克思主义观点进行研究的论文。[①]

邵循正是近代史所旧派学人中最受重视者，然则邵氏在近代史所实际发挥作用仍然有限。据张振鹍回忆，被委以重任的邵循正，也"是非常不张扬一人，不出头露面"。虽然在近代史所任侵华史组、资料组组长，然而"基本上作用不大。就当时来说，他每一两个月不定期来一次，来得不多，来了就半天，还看看范老，然后去我们组里去，跟大家见见面。大家围着他坐着，也可以说向他汇报，我们把工作情况跟他说说，他没有提过意见。也就是见见面，有时候跟大家介绍，有次从北大带一本书，都是外文书，然后介绍国外出了这么一本书，介绍外国研究的新成果。还有一两次，他在北大历史系介绍新书，也通知我们去听听"。[②] 1958 年整风中，孙瑞芹提出：邵循正领导三个组，照顾不过来，"九月里我向他提过意见，他很窘，说自己很忙，以后不准备来了，自九月至今未来组，又我翻译德文档案，其中义和团材料人民出版社九月里出版（我是看了广告

①　近代史所档案：《聂崇岐小传》，油印稿，约 1960 年。
②　张振鹍访谈记录，2012 年 2 月 24 日。

才知道的），其他部分译稿，一直压在邵先生处，九月催问过邵，至今无音信"。聂崇岐也提出："应解决兼职过多的现象，如邵循正先生兼职过多，管不过来，北大对他有意见，他自己也很为难，高研兼职过多，没有及时指导研究生和实习员，也不利于培干……需领导上考虑人力的安排问题。"①

邵循正作为近代史所侵华史组组长，然《帝国主义侵华史》非但未以他为主编，且未署其名。据张振鹍回忆："我们书稿完成后，所里给邵安排一个住的地方，为了看我们这个书稿，他要从头看一遍，让潘汝暄找了个地方，大概有三四天，很快看完。我不记得他提了意见，可能说了好话，可能在北大后，说写得不错。我不记得他提过一点意见。他绝不表现自己。这些老知识分子确实没地位。他算是有学问的人，政治上没问题。……余绳武跟我同岁，就这么几个人，组长邵循正名气这么大，竟然不是他主编。丁名楠写了个序。里面写得到刘大年、邵循正的很大帮助，我记忆中刘大年根本没接触这个书，我当时就有想法，觉得这不符合事实：怎么还把刘大年名字放前头，邵先生具体帮助不多，但毕竟过问这个事，看过稿子。"②

张雁深在新中国成立后更展现出非同寻常的干劲，除了兢兢于史料编译，亦不能忘怀"侵华史研究"，所著《美国侵略台湾史——一八四七年至一八九五年》（人民出版社，1956）、《日本利用所谓"合办事业"侵华的历史》（三联书店，1958）均合乎时趋，得以出版。他一直热衷于"法国侵华史"研究，更于1964年1月制订了一个"十年研究计划"，以服务于"反修"斗争。兹录于下：

（一）本研究计划的总目标是：在中外关系史的特定领域里进行反对帝国主义和反对为帝国主义效劳的现代修正主义的斗争。

---

① 近代史所档案：《高研组整风材料》（1958年）。
② 张振鹍访谈记录，2012年2月24日。

现代修正主义者天天在为帝国主义擦粉抹脂，企图取消国际范围内的阶级斗争，取消革命，宣传调和矛盾，融合矛盾，要和帝国主义和平共处。本研究计划则企图在马克思列宁主义和毛泽东学说的指导下，从辩证唯物论和历史唯物论的阶级矛盾和阶级斗争的观点出发，通过对中外关系史的一个特定领域——中法关系史——的科学的研究，揭露帝国主义侵略的本质及其一般与个别的规律，揭露帝国主义和中国人民不可调和的矛盾，揭露帝国主义的罪恶暴行，阴谋诡计和鄙丑面目，同时适当地突出中国人民反侵略反帝的英勇斗争，一直到最后在党的领导下取得了伟大的胜利为止。因此，这个计划是反对帝国主义的斗争，是对现代修正主义的荒谬论点的批判，和帝国主义、现代修正主义是针锋相对的。

自然，这种帝国主义侵略中国的历史和中国人民英勇反抗侵略的历史的研究，还一面可以作为中国人民及其后代忆苦思甜的材料，一面又可以发扬中国人民英勇斗争的传统，从而可使中国人民更热爱党和毛主席的领导，更热爱新的时代，增进其保卫革命果实，把革命在世界范围内进行到底的决心与信心。

我今年已经满54岁了，我愿意把我的余生完全投入反对现代修正主义这个伟大的斗争里去，因为党的教育使我认识到这个斗争关系到全世界共产主义革命的前途和全人类的命运的重大意义。这个研究计划是要在重新学习马克思列宁主义和毛泽东学说的前提下，把我三十余年来学术研究的知识基础和当前这个伟大的政治斗争结合起来，为这个斗争服务。三十余年来，我所发表的专著和论文，大多数和近代中国对外关系史有关，其中最多为中法关系史，中日关系史次之，中英、中美关系史又次之。我自1933年即开始中法关系史的研究，并曾以汉、英、法三种文字发表有关中法关系的专著及论文四十余目（参看我的《论著目录》）。因此，在我今后十余年间，再集中精力，扩大中法关系史研究的幅度和深度，把它向前推进。应当是对我最为适宜的工作。因此，这个研究计划以中法关系史的研究为基本范围。

（二）十年内打算完成的几部书

1. 《法国侵华史》（续写）1964 年交稿

这是一部概述中法关系史的书，约五十万字。计分五时期五编，是按照马克思列宁主义的原理，以法国由封建至帝国主义各时期在不同经济形态下对中国发动不同性质的侵略为依据而分期分编的。

这书过去曾一度列入我所的研究计划内，并曾写了八章，定稿缮清。1963 年，这书又列入我所计划，由于我不满意过去所写的部分，所以在 1963 年我又把已写成的八章从头另写。提高了质量，其后新写各章也较预定计划充实，以致原定的三十万字已无法写完全书。1963 年底，这书已写完三十万字（指已定稿缮清或已定稿发抄的部分）。1964 年再写二十万字就可全书完成，交稿。

2. 《中法黄埔缔约始末》（详史）（1965 年底完稿）

这是法国侵略中国的第一个重要事件，是中国近代史的一个重要环节。我曾用汉文和法文发表过两篇有关黄埔条约的论文（参看我的《论著目录》），并看到了外国史籍加以引用。但是这两篇是短篇著作，并不详尽，而且今天看来，观点立场是模糊的，所以我打算写一部详细的、资料性的《中法黄埔缔约始末》，使大量史料——主要是法文史料，和读者见面。

3. 《1858～1860 英法联军侵华的历史》（详史）（1967 年底完稿）

这是法国侵略中国的第二个重要事件，是中国近代史特别重要的一个环节。我计划主要综合汉、法、英三国文字的原始资料，详细地、全面地叙述这段历史。

4. 《1884～1885 中法战争史》（详史，1969 年底完稿）

这是法国侵略中国的第三个重要事件，也是中国近代史上一个极重要的环节。我计划以汉文和法文的原始材料为主要根据，同时以日文（例如日本海军的报告之类）、英文和有关国家的原始资料为参考，详细地叙述这段历史。

5.《法国利用宗教侵华的历史》1971 年底完稿

这是法国侵华史的一个特殊的方面。它的历史是很长的，是远在黄埔条约以前就开始了的。我计划以法文、拉丁文、意大利文、西班牙文等较古的原始资料以及后来的各国资料为根据，详细地证述法国各不同时期如何企图利用宗教，以达到在政治、外交、经济各方面侵略中国的目的，进而驳斥法国帝国主义学者们所吹嘘的法国在中国政治和商务的利益无多，而主要是致力于"人类的崇高的文化事业——宗教的宣传"这种骗人的鬼话。法帝国主义这种谎言在各国学术界曾产生了颇深的恶劣影响。

6.《法帝国主义对中国的经济侵略》（1973 年底完稿）

这是配合上一本书的。它将着重叙述法帝国主义侵华的经济活动，以揭穿法帝国主义所宣传的法国热爱人类文化（宗教），不嗜经济利益的种种谎言。如果这笔经济账不算的话，则无法暴露法帝国主义的罪恶面目。

总之，我希望在十年内完成中法关系史最主要的工作。如有余暇，我还希望从比较专门的观点——例如从国际公法及私法的观点，写一些有关中日、中法、中美、中英等关系的专门性论文。

（三）《法国外交文件》的选译工作将同时继续进行到适当段落

1962～1963 年，我曾做了一些《法国外交文件》的选译工作，并已译出了二十余万字（已全部定稿誊清），第一部（即甲午战后到义和团前夕）已大致完成（只剩下很小的一个尾巴）。这个工作自应继续进行到全部完成或到一个适当的阶段为止。我深深理会到我领导之所以选择、决定了这一工作，是因为它对我国近代史的研究的重要性。这一工作既已开始，自必须有始有终，绝不可半途而废，才会有成果。在上述研究计划执行期间，我仍将继续拨出一部分时间进行这一工作。一年约可译出十余万字，大约三五年内就可全部结束，或在适当地方告一段落。估计全部完成当在八十万到一百万字左右。①

此研究计划以"法国侵华史"为中心，涉及范围广泛，以今日眼光看来无疑过于庞大以致脱离实际，其学术意义不可高估，不过足见其雄心壮志。张雁深将自己的"法国侵华史"研究与当时如火如荼的"反修"斗争结合起来，以便获得支持。他还"仔细学习《人民日报》和《红旗》所发表反修的一切文件，并努力把马克思列宁主义毛泽东思想的原理以及反帝、反修的精神和道理贯彻到《法国侵华史》里面去"。②

近代史研究所在范文澜倡导下，历来重视"帝国主义侵华史"研究。张雁深相当勤奋，为写书及翻译文稿夜以继日埋头苦干。他在致所领导的信中汇报进度："《法国侵华史》到六月底已写完第十六章，合共约三十八万余字。其中在上半年写的是八万余字。进度比较慢。这是因为上半年所写的部分有不少困难问题，曾费了我极大力气去解决（上面介绍'写完'指的是已经完稿抄出或已定稿付抄的部分）"。③

张雁深在新中国成立后一直以满腔热情投身史学研究，但无须讳言，他在当时不易得到理解和认可。1955 年近代史所开会批判胡适资产阶级思想，张雁深积极表示要参加批判。他刚走出会议室，就有人说："你批什么呀，你先批判你自己。"④ 1958 年整风补课时，张雁深受到众人批评。如沈自敏提出：张雁深"自搞一套，从事他的'法国侵华史'的研究，而且自认为这是比参加其他工作更为重要的研究。领导上明知这种情况，但是听之任之，并不作积极处理，帮助张先生在研究工作上纳入正确的方向"。王其榘提出："张雁深先生写法国侵华史问题也不少，为什么我们

---

① 《张雁深研究规划》（1964 年 1 月），近代史所档案：《计划总结》。
② 《张雁深致刘桂五》（1963 年 12 月），近代史所档案：《翻译组工作计划总结》。
③ 《张雁深致近代史所办公室》（1964 年 7 月 20 日），近代史所档案：《计划总结》。
④ 张振鹍先生访谈记录，2010 年 12 月 3 日。

的领导可以不过问呢？我相信张先生还是要求进步的，这样'迁就'不是使他停滞不前吗"；"又要他写批判徐淑希，以五十步批百步，会搞出一个什么名堂来呢"。贾维诚提出，"张雁深先生本人就是一个资产阶级学者，今天还带着整套资产阶级学术思想从事历史研究工作，本身列为批判的对象。但是事实上张先生不但没有受到应有的批判，组织上并且安排他参加这项工作，这是不妥当的。通过这件事，希望领导检查政治挂帅究竟到什么地方去了"。① 还有人指出："翻译组内大部分都是年龄较大的资产阶级知识分子，党的领导在这个组内也很薄弱，许多资产阶级思想在那里公开传播。张雁深最近还公然说，学术研究的目的就是扩大知识领域。"②

由于张雁深、孙瑞芹等人精通外文，因而需翻译外文资料时不得不倚重之。但这些旧派学人，被认为政治思想落后、没有正确的理论观点，因而只能编辑资料，难以进行近代史研究著述。③ 在这种思想认识氛围中，张雁深一腔热情欲从事"法国侵华史"研究，受到嘲讽批评也在情理之中。1967 年张雁深在无人知晓的情况下悄然离世。④ 其研究计划仍躺在档案袋中，记载着"旧派学人"的抱负和梦想，也折射出时代的局囿。

三 集体研究与个人撰著的纠结

傅斯年在其《历史语言研究所工作之旨趣》中明确表示："历史学和语言学发展到现在，已经不容易由个人作孤立的研究了，他既靠图书馆或学会供给他材料，靠团体为他寻材料，并且须得在一个研究环境中，才能

---

① 近代史所档案：《整风补课资料》（1958 年）。
② 近代史所档案：《关于刘大年同志在学术路线方面的初步材料》。
③ 张振鹍先生访谈记录，2010 年 1 月 15 日。
④ 据张海鹏先生回忆，1967 年时处"文革"，张雁深邻人打电话至近代史所告知张已去世，乃赴其家，见室内已空无一物，张雁深之妻已携女返日本。后托人打听亦无确切消息。张海鹏先生访谈记录，2018 年 12 月 10 日。

大家互相补其所不能，互相引会，互相订正，于是乎孤立的制作渐渐的难，渐渐的无意谓，集众的工作渐渐的成一切工作的样式了。"① 但是，傅斯年所主张的集众研究，强调的主要还是学人之间的相互交流、砥砺，史语所学人的学术论著，大多为个人专题研究之成果，实则与 1949 年后盛行的集体研究模式迥然有别。

马克思主义史学本有浓厚的通史情结，集中研究力量撰写《中国近代史》成为近代史所孜孜以求的目标。起初设想协助范文澜续写《中国近代史》；1956 年决定将全所人员分成三组，另起炉灶编写 3 卷本《中国近代通史》（100 万字）；1957 年复将原来的三个组整合为近代史组，由刘大年主持其事。1959 年郭沫若主编的《中国史稿》第 4 册（1840 ~ 1919）分配由近代史所承担，刘氏组织近代史所的主要研究力量，历时近两年完成《中国史稿》第 4 册。至 1984 年出版《中国近代史稿》1 ~ 3 册，仅写到 1901 年。举全所之力历时数十年，中国近代通史著作仍未竟其功。这种集体撰著模式也因此受到质疑和指责。② 但应看到，新中国成立后集体撰著模式的强化，乃时代大环境使然。

在主流的意识形态中，集体主义被赋予崇高的道德价值。政治、经济领域皆"集体"优先，学术亦不例外，集体研究模式得到大力提倡。1951 年郭沫若在中国史学会成立大会所作报告中，就将"个人研究转变为集体研究"作为新史学的根本转向之一。③ 陈垣也表示，"集体合作的好处，比单干户好过多多了"。④

集体撰著模式是延安时期就已形成的传统，而且体现了单打独斗难以比拟的优势，但同时亦显露其局限。《中国通史简编》最初即为马列学院

---

① 傅斯年：《历史语言研究所工作之旨趣》，《史料论略及其他》，辽宁教育出版社，1997，第 49 页。
② 《回望一甲子》，第 89 ~ 90、102、134 ~ 135 页；李卫民：《晚岁忆师友——章开沅教授访谈录》，《晋阳学刊》2012 年第 5 期，第 5 页。
③ 郭沫若：《中国历史学上的新纪元》（原载《大公报》1951 年 9 月 28 日），中国史学会秘书处编《中国史学会五十年》，海燕出版社，2004，第 7 页。
④ 陈智超编注《陈垣来往书信集》，上海古籍出版社，1990，第 799 页。

历史研究室人员集体编写，参与者有谢华、佟冬、尹达、叶蠖生、金灿然、唐国庆。这次集体撰著显然不太成功，尹达且因此与范文澜结怨。范文澜在 1943 年撰写《中国近代史》时，"鉴于编写通史简编的经验，此书开始编写即由他独立承担"。①

近代史所建所之初，研究人员在资料搜集整理方面集体协作，同时多依自己兴趣从事个人专题研究。这段时间近代史所的专题研究相当兴盛，符合毛泽东所强调的由分析而综合之治史取径。陶孟和在 1951 年对此提出批评："近代史的工作，需要加强计划性，并且要坚持计划；也需要加强集体性，过去个人写专题论文的工作法，没有能够表现出集体的力量来。"② 直到 1953 年，近代史所还反思，"本所前几年所做研究工作，缺乏组织性、计划性，因而只能做些细碎的临时工作，殊无成绩可言"。③ "对于进行集体研究的方法，还是非常缺乏经验，研究人员'人自为战'的作风，虽有初步改变，但尚未完全克服；过去工作中的各种组织和制度也未臻完善，因之工作效率不高，劳逸也不平衡，今后必须力求改进。"④

"人自为战"受到批评，加强计划性、集体性则势成必然。此后，集体撰著模式不断强化。这诚然与崇尚集体主义的意识形态有关，苏联经验的直接影响亦不可忽视。据苏联经验，"如果不做集体工作，就不容易在理论上提高，要用集体工作来总结个人研究的成果"。"基本上是这样一种形式：即依据研究题目的大小，组织不同情形的编辑委员会。如果研究题目很大，编委会内可以包括科学院内外各方面的有关的专家，由大家分章，分节起草，经过反复的集体讨论然后定稿。除此以外，每个人的专题研究在写成初稿后，广泛的吸收批评意见，这也起一种集体工作的作用。"⑤

---

① 蔡美彪：《〈中国通史简编〉重版前言》，《学林旧事》，第 108 页。
② 《陶孟和副院长报告社会科学四所的工作情况》，中科院院档：51－2－7。
③ 近代史所档案：《中国科学院近代史研究所 1953～1957 年研究工作计划及 1954 年研究工作计划的说明》，油印稿。
④ 近代史所档案：《近代史研究所一九五三——一九五七年工作计划纲要（草案）》。
⑤ 刘大年：《历史专科报告》，内部印行。

"个人的研究一般要靠集体讨论。"①

在学习苏联的思想指导下，学术研究尤重视发挥集体撰著的整体优势。郭沫若指出：

> 历史研究也应该走群众路线，集体地从事有计划的分工协作。这样就可以做到"多快好省"。……以任务带动科学研究，是个好办法。自然科学的研究已经在这样作了，社会科学的研究也应该如此。在史学工作方面，我觉得可以组织力量，规定任务，来进行工作，譬如成立小组，编写抗美援朝史之类，这样做，既可以训练人才，也能发展史学。如果脱离任务，孤立地进行研究，是不容易搞出成绩来的。最近，科学院历史研究所和院外有关单位合作，集体地编写中国通史，这可以看作是一个良好的开端。当然，除集体编纂外，我们也应该欢迎个人撰述。史学工作中也尽可以百花齐放，只是集体编纂的工作，我们以前忽略了，这是值得注意的。②

郭沫若虽然也认为"应该欢迎个人撰述"，但其意旨显然在强调"以任务带动科学研究"，并以其本人主编"中国通史"为例。③ 但郭氏主编此书，基本置身事外，而由尹达实际主持。④ 翦伯赞对此种做法不无异辞，撰写《跋〈宋司马光通鉴稿〉》一文指出："不管参加集体的成员怎样强，如果主编置身事外，那么写出来的书，也不过是一床最好的百衲被，如果要使集体写作的书变成一个完整的连针线的痕迹都看不出来的锦绣文章，那主编就必须对全书的体例以及各段落之间的联结、贯通负起责

---

① 《中国科学院访苏代表团资料汇编》，内部资料，第 183 页。
② 郭沫若：《关于目前历史研究中的几个问题——答〈新建设〉编辑部问》，《人民日报》1959 年 4 月 8 日，第 7 版。
③ 1956 年初，中宣部请郭沫若给县团级干部编写一部《中国历史》。此书采用大兵团作战方式，编写人员多达 60 余人。最终成果以《中国史稿》名之。
④ 翟清福：《关于郭沫若主编〈中国史稿〉的一些情况》，《社会科学学报》（《北京农业工程大学学报》增刊）总第 7 期，1990 年。

任。"翦氏此文 1961 年 6 月 18 日在《人民日报》刊出后，引起轩然大波，尹达因此与翦伯赞结怨。① 《中国史稿》书稿后来付诸学界讨论时，亦受到周予同等人的尖锐批评。②

就近代史所的集体研究具体操作方式来说，1954 年的近代史 3 个组又各有特点。第一组采取 3 个步骤：（1）一般地广泛阅读材料，草拟提纲；（2）以提纲章节为中心，深入搜集材料，写成独立的文章；（3）以各篇文章为基础，统一改写成书。第二组采取 2 个步骤：（1）开始时即深入搜集材料，以问题为中心写成长编或文章；（2）在深入材料的基础上拟定提纲。第三组则有 5 个步骤：（1）普遍阅读材料，求得对研究范围有一般了解；（2）分工草拟提纲，提出讨论；（3）根据修订后的提纲分工写初稿；（4）初稿完成经讨论修改后，由一人总写；（5）最后共同讨论，反复修改。③ 各组做法均以一个研究题目为中心，商量讨论，分工合作。也有相异之处：一种自始即要求深入，一种只是先画轮廓；一种依照提纲为中心整理材料，另一种则依照材料提出问题。④

在时人认识中，集体写作与个人研究二者也并非绝对不兼容。刘大年认为："对于集体研究工作，必须在思想上加以重视，但决不能对每个人死板要求，因而限制了创造性。"⑤ "假如不发展个人研究，科学就不能发展，甚至等于取消研究所。"⑥ 他在 1957 年的全所会议报告中强调："科

---

① 详参张传玺《翦伯赞传》，北京大学出版社，1998，第 353 页。

② 1961 年 5 月 7 日，上海史学会组织上海学人讨论《中国史稿》初稿。周予同发言："初稿从头到尾看，有考古学家写的、有文学家写的、有史学家写的……显得杂乱。通史应当通，前后成一体。集体创造不是拼凑，而是整体。在中国史书中《资治通鉴》是集体写成的，而由司马光一手贯通"。近代史所档案：《"中国历史"（初稿）讨论会简报（六）》。

③ 刘大年：《历史研究所第三所的研究工作》，《科学通报》1954 年第 8 期，第 44 页。

④ 这实际上可能还牵涉到研究工作的两种取径：一为从材料中发现问题，一为悬问题以觅材料。前者为正道大途；后者较易操作，但取径不高容易走偏。桑兵对此有深入论述，详参氏著《傅斯年"史学只是史料学"再析》，《近代研究》2007 年第 5 期，第 26～41 页。

⑤ 刘大年：《历史研究所第三所的研究工作》，《科学通报》1954 年第 8 期，第 44、53 页。

⑥ 刘大年：《历史专科报告》，内部印行。

学研究要依靠个人深入钻研，我们对集体研究工作，一定要照顾个人的专长和爱好，要把个人专长与集体工作和国家利益结合起来。我们的集体工作，不排斥个人专长，要把一切力量组织到计划中来，不这样做，就要走回各干个人的老路。"① 1959 年 9 月 27 日，刘大年仍强调，"个人独立钻研、独立思考和集体的关系不能对立起来，要结合"。② 1958 年 1 月，近代史组开会讨论集体与个人的关系，并对个人研究计划（五年）及长远方向进行讨论。③

虽然当时近代史所学人对集体研究与个人撰述之关系不乏辩证认识，然而在二者之间难以平衡，容易陷于顾此失彼之境。在当时崇尚集体价值的整体氛围下，往往过于强调集体攻坚，个人研究不免受抑制或被忽视。如近代史所实际主持工作者刘大年在 1959 年整风中反复强调："我所一直是强调集体研究，专家与群众相结合……依靠集体我没有动摇过。"④ 刘氏主持编撰多卷本《中国近代史》时，明确要求所有人员在编写此书时不要另搞专题研究。⑤

在这种氛围之下，近代史所学人几乎全部投入集体研究项目之中，即便在完成集体研究任务的前提下从事自己有兴趣的专题研究，也难以得到鼓励，甚至可能被别有用心者攻击为"追求个人名利"。这无疑在一定程度上制约了整个学术研究水平的推进。改革开放之初，近代史所在检视学术成果时，不无遗憾地指出"各方面的著作太少了"，因而要求"参加集体写书的同志，在完成任务以后，应立即按研究方向制定新的计划。要大力提倡在认真研究的基础上，著书立说……"⑥

近代史所学人在改革开放以后，对此多有回顾与反思。张振鹍回

① 金毓黻：《静晤室日记》，第 7370 页。
② 《李瑚日记》。
③ 李瑚：《本所十年大事简记（1951～1960）》。
④ 近代史所档案：《大年同志作关于学术方针路线的检查报告》（1959 年 11 月 23 日）。
⑤ 李瑚先生访谈记录，2009 年 12 月 23 日。
⑥ 近代史所科研处档案：《关于总结 1979 年科研工作，落实 1980 年科研计划问题》（1979 年 11 月）。

顾："多年来一直参加集体研究项目，只在特殊情况下偶而做一点自选专题研究"。① "当时所里强调集体性，集体研究、集体写书，不提倡个人自由选题做研究，反对'单干'"。② 樊百川总结："自从 1951 年大学毕业参加工作以来，绝大部分时间全力参加集体研究和集体写书工作。"③ 徐曰彪回忆："二十多年来，我一直承担集体研究项目，乐于服从组织分配，很少考虑个人志趣、爱好。"④ 王其榘回忆："范老还针对我的毛病，告诫我要'认真搞清个人与集体的关系'。""自从职称评定后，确实激发了一些工作激情，但是也产生了'打杂'搞集体项目难出成绩的不正确思想，对有些同志这方面的言论我也随声附和，不加分辨，这是我的个人主义在抬头、不关心集体的反映。"⑤ 刘存宽回忆："在业务工作中，个人参加的全是集体项目，能够服从大局，不计较个人名利，为年轻同志改稿校稿，不参加署名，也拒分稿费。"⑥ 可见在集体研究模式笼罩之下，个人专题研究受到压抑。这些学人虽然表示不计较个人名利，甘为集体研究项目奉献，但其言辞之间亦隐约透出某种遗憾。

应该看到，集体协作与个人研究相辅相成。当时集体研究项目多为大型通史类著作之撰著，通史撰著须以专题研究为基础，这在近代以来渐成学界共识。"通史非急速可讲，须各家治断代史专门史稍有成绩，乃可会合成通史。"⑦ 个人专题研究的薄弱无疑不利于学术事业的繁荣，且使集体撰著通史类著作亦举步维艰。近代史所同人为之努力数十年的多卷本《中国近代通史》（后以《中国近代史稿》形式出之）终未竟全功，撰著效率如此之低，其症结可能更在于近代通史撰著同近代史专题研究水平息息相关。20 世纪 50 年代，近代史学科处于草创阶段，整体研究水平尚

①　近代史所科研处档案：《正研表格推荐意见·张振鹍工作汇报》。
②　张振鹍：《毕生的幸运》，《回望一甲子》，第 673 页。
③　近代史所科研处档案：《正研表格推荐意见·樊百川六年科研总结》。
④　近代史所科研处档案：《正研表格推荐意见·徐曰彪工作汇报》（1986 年 1 月 6 日）。
⑤　近代史所科研处档案：《正研表格推荐意见·王其榘工作汇报》（1986 年 1 月 5 日）。
⑥　近代史所科研处档案：《正研表格推荐意见·刘存宽工作汇报》（1986 年 1 月 5 日）。
⑦　钱穆：《八十忆双亲·师友杂忆》，台北：东大图书公司，1983，第 149 页。

低。而近代史所编撰《中国近代通史》悬以高的，因缺少既有的研究成果可资凭借，乃主要依赖其团队成员分头从原始资料入手进行专题研究，[①] 相较于主要整合既有研究成果的通史编撰，近代史所坚持的取径自然不易见功。专题研究不足，"对书稿的讨论、争论，大都是一些提法、用语问题，用所里老同志钱宏的话说，所讨论的大都是些'树在庙前'还是'庙在树后'的问题"。[②] 这些撰著过程中并无多少实际意义的争论，耗费了研究人员大量时间和精力。

实际上，"十七年"间近代史所学人对"集体写书"之模式已不乏批评与反思。在 1961 年的调查意见中，有人提出："在写书之前，首先对各种专题作深入的研究，使各关键性问题得到解决，才可以动手写书，否则化了很大力气，书的水平仍提不高。如一组写近代史，在写前一段关于鸦片战争问题时，因为关键问题都已解决，因而工作任务完成得较快较好。反之，对太平天国和第二次鸦片战争的研究不够，有些问题没解决。"[③] 中科院哲学社会科学部派刘志琴来近代史所调查，"发现所里很多人有怨言，认为集体写书拖了中青年的后腿，大家跟着一个人弄一本书，一拖就是多少年"。[④] 或许是迫于群众的呼声，近代史所在 1963～1972 年十年规划报告中提出：完成重点项目，"其方式可以是集体写作，但以意见一致、自愿结合为原则；也可以是个人写作"。[⑤]

集体撰著自然也非一无是处。李瑚认为：他所在的经济组，"当时一般都是分写，写出提纲，集体讨论"，讨论中互相提出批评意见，能够集

---

① 参与其事的张海鹏指出："那个时候写通史，分工以后，每个人都是从头做起……每个人要写的话都要从收集原始资料开始，一个问题一个问题地弄，非常慢。"张海鹏先生访谈记录，2007 年 3 月 25 日。

② 夏春涛：《王庆成先生访谈录》，《回望一甲子》，第 102 页。

③ 不过，也有人不同意这种看法，"认为不一定把所有的问题都解决了才动手写，写书的过程也就是对各种问题进行深入研究的过程，而且通过写书还会发现新的问题，在写书以后，深入研究解决"。《关于集体写书问题》（1961 年 5 月 8 日），近代史所档案：《近代史所调查意见》。

④ 左玉河访谈、李彬彬整理《刘志琴女士访谈录》，《回望一甲子》，第 135 页。

⑤ 近代史所档案：《关于近代研究所 1963～1972 年十年工作规划的报告》。

思广益。① 但总体说来，集体写书之实践其实相当不易。《帝国主义侵华史》的集体撰著相对成功，也有赖于在实践中摸索合作经验。在 1957 年底侵华史组的讨论中，最后决定："以后各卷分工，范围不宜过大：一方面彼此密切帮助，一方面有问题容易补救。2. 个人专业方向，待集体综合工作，完毕后再考虑。个人专业方向必须建立在全所整体规划的基础上。3. 关于本组工作计划：（1）第一编分工太细，第二编分工方法比较合适。（2）分工不宜太细（如以节为分工单位），亦不宜过大（如以较长期的类似阶段史的分工）。"②

应该看到，史学研究本质上属于一种个性思维的创造性活动，过于强调集体撰著确会抑制个人才能的发挥，一些学人的才华与心血就在集体项目的周旋中被消磨。1979 年 10 月，署名"汪士汉著"的《五四运动简史》（以下简称《简史》）由中国社会科学出版社出版。③《简史》实际上并非汪士汉个人所著，而为集体研究成果，且 20 世纪 50 年代即开始编写，不少近代史所前辈学人为之付出心血。其编写过程，颇有曲折，为我们提供了一个管窥"十七年"史学"集体著述模式"的典型个案。

在《简史》"后记"中，汪士汉对该书编写情况作了说明：

> 《五四运动简史》一书，作为前中国科学院哲学社会科学部近代史研究所（现中国社会科学院近代史研究所）的一项科研任务，是由该所现代史组的同志们集体承担的，董其昉、王晶尧、王来棣、刘明逵、杨思浩、罗超、王爱云、胡庆钧、尚明轩等同志都分别提供了有关资料。从一九五七年开始工作，中间经过许多变动，直到一九六

---

① 李仲明、吴敏超、赵庆云访谈整理《李瑚先生访谈录》，《回望一甲子》，第 203 页。
② 近代史所档案：《帝国主义侵华史组十二月廿七日漫谈摘要》（1957 年 12 月 27 日）。
③ 此前研究五四运动的专著主要有华岗著《五四运动史》（海燕书店，1951）、贾逸君著《五四运动简史》（新潮书店，1951）。这本《简史》在既有研究基础上又有所推进，被认为"较充分地运用了新的材料，吸取了建国以来的研究成果，对五四运动进行了全面的分析探讨，有不少好的见解，是值得一读的"。《怎样学习中国历史》，上海人民出版社，1984，第 167 页。

四年才由我执笔完成初稿。随后，我的工作也有了变动，这份初稿没有经过讨论，就压下来了。经过十一年的文化大革命，群众审查了这份初稿，没有发现什么问题，一直保存得很好。一九七八年五月间，组织上把这份初稿退给我。我重新审查，修改了全部内容，并把第二章全文送吉林省出版的《社会科学战线》第三期发表了。我本想分章作为专论先在《社会科学战线》上发表，广泛征求读者意见后使这份初稿得到补充、修正再汇集成书，但后来又考虑到作为专论发表份量太大，还不如以现在的形式出版更合适一些。……这本书付印以前，只请王晶尧同志看过一遍，社会科学出版社的同志审阅过并提了修改意见，没有来得及请原现代史组的同志们审阅，谨致歉意……

此一说明虽承认《简史》最初为近代史研究所集体科研项目，但仍强调是由汪士汉本人执笔完成初稿，这一说法与事实颇有出入。《简史》出版后不久，近代史研究所原参与此书集体写作的学人王来棣、杨诗浩、周天度、刘明逵、尚明轩对汪士汉单独署名且在"后记"中含糊其词深为不满，乃于 1980 年 2 月 25 日联名致函近代史研究所领导，要求澄清事实。强调指出：

最近由中国社会科学出版社出版，署名"汪士汉著"的《五四运动简史》一书，实际上是本所原现代史组同志集体劳动的成果。我们是该书编写组的成员，为了弄清事实、明辨是非，现把写书过程简要报告如下：

早在 1955 年，现代史组五位同志在董其昉同志领导下，开始收集、整理五四运动历史资料。1957 年汪士汉同志来所任现代史组副组长后，着手编写《五四运动简史》。该书原计划写 20～30 万字。1959 年出版，作为五四运动四十周年献礼，订为本所重点科研项目。全书分为三章九节（后来有改动），采用集体写书办法，先后参加者十余人，其中多数人为这本书工作四、五年甚至六、七年之久。各人完成章节初稿的情况大体如下：

汪士汉　全书《导言》、《结束语》、《毛泽东同志初期革命活动》、《中国出现第一批马克思主义者》等

周天度　《五四运动前夜的新文化运动》（当时经刘大年同志修改过）

王晶尧　《十月革命对中国的影响》

尚明轩　《巴黎和会的骗局》、《五四运动的爆发》

杨诗浩　《五四学生爱国运动》

刘明逵　《五四前夜的工人运动》、《六三工人罢工斗争》

胡庆钧　《五四时期的资产阶级民主派》

王来棣　《新文化运动的发展——"社会改造"问题的讨论》、《马克思主义与无政府主义的论战》、《马克思主义与基尔特社会主义的论战》、《共产主义小组》、《中国共产党第一次代表大会》等，约十万字。

此外，董其昉、王爱云、罗超、单斌、贾维诚、陈蕙芳、丁原英等同志都参加了工作。他们有的提供资料长编，有的写了章节初稿，由于我们记忆不准确，就不一一列举了。总之，全书基本资料和大部分初稿是同志们提供的。

《五四运动简史》1959 年没有完成出书任务，仅以第三章初稿供"五四"讨论会讨论。1960 年全书各章节经汪士汉修改后，打印成册，共二十多万字，曾集会征求刘大年、黎澍等同志的意见。随后，汪士汉指定周天度负责修改第一章，杨诗浩修改第二章，王来棣修改第三章，再由他本人进一步修订成第二稿。1963～1964 年，汪士汉又作第三次修改，王来棣参加了部分修改工作。1964 年汪士汉同志调离本所，带走全部初稿。现在出版的《五四运动简史》就是在上述稿子基础上压缩写成的。

事实证明：《五四运动简史》一书是集体劳动的成果。汪士汉同志是这本书的总负责人，但不是唯一的作者。汪士汉同志在书的

《后记》中说：同志们"提供了有关资料"，"直到1964年才由我执笔完成初稿"。这是完全不符合事实的。同志们用好几年时间，收集资料、制订写作提纲，写出初稿，经过多次集体讨论，反复修改，数易其稿，怎么能说仅仅提供了资料？执笔写初稿的又怎么是汪士汉一个人？另外，汪士汉同志在《后记》中列举同志们的名单，态度也是极为轻率不负责任的。他把参加这项工作多年的周天度同志的名字遗漏了，把杨诗浩同志的名字错写成杨思浩。

现代史组同志为编写《五四运动简史》一书，付出大量的精力和时间，现在此书终于出版，大家为此感到高兴。但汪士汉同志侵吞别人的劳动成果，把此书当作他个人著作，并且事前不和群众商量，将既成事实强加于人，这种恶劣作风又使大家感到十分愤慨。为了维护我们多年辛勤劳动的成果，维护集体写书制度，反对不正之风，我们要求：

（一）承认我们在《五四运动简史》一书中的劳动成果，列入个人学术档案。

（二）把我们的报告转给社会科学出版社，请做出相应的措施。

（三）把我们的意见转告历史博物馆党委，责成汪士汉同志作公开检讨。①

近代史所1980年3月13日召开所务会议讨论此事。据近代史所科研档案记载："同意在他们的个人学术档案中都分别写明：曾参加《五四运动简史》一书的编写工作。一九八〇年三月十三日"。至于（二）、（三）两点要求，则并无明确说法，也就不了了之。

为更好地了解此书编写背景，2010年9月30日，笔者在主要当事者王来棣先生的居所采访了他。据王先生回忆：

1954年近代史研究所增设现代史组，1955年开始收集五四运动

---

① 《王来棣等致近代史所领导》（1980年2月25日），近代史所科研档案。

材料，当时组长为董其昉，他是 1953 年 7 月调入近代史所的革命老干部，党龄长、资格老，但实际上他没有作过研究工作。我们这些年青人也没有写书的经验，不知怎么搞。让我们先学习两年，上午学马列，学毛著，下午学已经出版的现代史。然后就开始工作，具体分工，让我写"党的建立"这一部分，刘明逵研究"工人运动"，单斌写"学生运动"，王爱云写"资产阶级"。好像主要就分这么几块，大家分头去找材料，写出初稿，由组长董其昉负责总写。应该说，总写的人对于这本书主要想突出什么问题，应该有一个总的想法，但董其昉知识水平有限，没法综合起来。那时强调集体工作，反对个人单干，如果个人想一个题目去做，就被批为"开地下工厂"。当时年轻人工作挺积极，白天黑夜的干，但付出那么多努力却难以成书，初稿材料就散在那里。大家都一筹莫展。后来汪士汉来所，接替董其昉位置。汪也是老干部，没做过研究工作，也不知如何办。他有一个想法，就是要突出毛主席，本来也够突出的了。我们把这些材料都交给他，他也归拢不起来。我们每个人也不断充实自己这一块东西，也希望能够出一个成品。结果就是弄不起来。后来汪士汉调到革命博物馆，他就把这些材料综合起来，用了他的名字出来，书的最后一页说，我们这些人提供材料，实际上基本上是大家写的，有些地方是他重新改过的。这样我们大家有意见，最初集体写书时我是组里的干事，就推我出面。就让我写封信给他，表示意见。并且大家联名致信给近代所领导。说明：这是我们大家好几年的劳动成果，汪士汉出书时也没有征求我们的意见，也没有将稿子给我们看，有些观点我们也不同意。汪也承认，这是集体著作，结果稿费拿来大家分。我们也不是为了钱，因为是多年的劳动，好像我们什么事也没做了，这样心里不愉快。应该说，汪士汉平时对我们也不错，他也给我们回了信，道了歉。

实际上，"五四运动史"之撰写在 20 世纪 50 年代颇受近代史所重视，且得到社会瞩目。1958 年 8 月 11 日，《人民日报》刊登了题为《"五四运动简史"今年写成》的报道：

> 明年是"五四"运动四十周年，为纪念这一伟大的历史事件，中国科学院历史研究所第三所正在编写一部"五四运动简史"。
>
> "五四运动简史"全书的中心思想，阐明五四运动是中国新民主主义革命的开端，五四时期思想解放运动的经验教训和对当前的社会主义革命和社会主义建设的意义。全书将分四章：五四运动的前夕、五四运动、思想解放运动的进一步发展和马克思主义与中国革命运动的结合——中国共产党的成立。目前"简史"的中心思想和全书大纲已经确定，并将各章节的内容讨论完，正在拟定详细的章节要点，预计全书在年内写成。

书稿尚未写成，先由《人民日报》专文报道，此书之重要可见一斑。但此书并未能按照计划于 1959 年"五四"四十周年问世。笔者据近代史所科研档案，发现撰写"五四运动史"从 1958 年到 1964 年一直是近代史所的重要研究项目。兹简列如下：

（1）《五四运动简史》，12 月完成初稿，12 万字。——《1958 年研究工作计划纲要》

（2）编写《五四运动简史》；"在 1959 年 3 月以前，集中所内力量，分别完成《中华人民共和国史》、《建国十年来的近代现代史研究》、《五四运动简史》等三部书的初稿。"——《历史第三所 1958～59 年工作计划要点》

（3）为配合五四运动四十周年纪念，1958 年内编写一部大约十几万字的《五四运动史》初稿，准备在 1959 年 5 月以前出版。——《历史研究所第三所 1958～1962 年工作计划纲要草案》

（4）《五四运动史》，汪士汉撰写。近代史二组一部分同志参加工作。1962 年年底完成。——《近代史研究所 1962 年工作安排》

（5）《五四运动》，1961 年 5 月出版，作为庆祝党成立四十周年的献

礼项目。——《近代史研究所 1960 年工作规划草案》

（6）《五四运动简史》——约 15 万字，近代史第二组集体编写，由汪士汉负责；8 月印出初稿，12 月印出第一次修改稿。——《近代史研究所 1960 年写书计划》

（7）《五四运动》——三年内写出一本约 30 万字的专著。——《历史研究所第三所 1960～1962 年工作规划要点》

（8）近代史所 1962 年小型学术讨论会：6 月中讨论董其昉、王来棣、杨诗浩的有关"五四"运动的文章，近代史二组为主，吸收所内外同志参加。——《近代史研究所 1962 年工作安排》

（9）继续修改《五四运动史》一书。——《近代史二组 1964 年工作安排》

自以上计划可以看出，集体研究模式尤重视制订规划，认为非加强计划性不能发挥集体之优势。但因集体撰著计划往往难以如期实现，实际上又常常不断调整计划。近代史所"五四运动"的研究与撰著迁延如此之久，其症结何在？1961 年近代史所对此专门进行调查，将原因归结为以下几点。

首先，主持者必须有一定学术水平，对全书的框架结构成竹在胸，还须有明确的写作思路，但当时不少集体项目的主持者显然并不具备这种条件。如"五四运动史"的写作，其主体构想就历经数次变化："写'五四'运动史时，中心思想变动很大。最初是根据大年同志的意见写规律；58 年大跃进，改以思想解放为书的指导思想；59 年陆定一同志对纪念'五四'运动四十周年作了指示，于是又把书的指导思想改为贯彻陆定一同志的指示。最后确定写马克思主义与中国革命结合的开端，中共诞生与毛泽东思想如何产生的历史。大家认为，写一本书要有一个一贯之道，贯彻始终，可以不断修改、补充，使之更丰富、完善，但基本东西不能动摇"。①

其次，集体协作的具体组织形式亦存在问题。近代史所"五四运动史"由 13 人分工编写，且人员水平参差不齐，影响到总体进度。当时近

①　《关于集体写书问题》（1961 年 5 月 8 日，调查会意见记录），近代史所档案：《历年工作计划》。

代史所同仁对此亦有所反思：

> 关于集体写书的组织形式，不少同志认为集体工作人数不宜太多。写一本书，有一个同志负责，配上三、四个同志当助手就可以了，不必十多个人一齐动手。大家认为，如何组织力量是个细致复杂的工作，需要了解每个人的长处，分配适当的任务，同时也应当有分工。有人负责写，有人负责收集资料和研究专题。在组织力量的时候，过去一组写近代史和二组写"五四运动史"，都是用平均主义的办法分配任务，如"五四运动史"把各章节分开摊派给十三个人来写，有的同志看了很多材料也写不出东西。如王爱云写资产阶级，她的稿子一组的同志就帮她改了十遍，结果还写不出来。象这种情况，最好不分配写的任务，可以专门收集资料，对本人和集体工作都有利。另一个问题是分工过细，以致参加工作的同志对书的全局缺乏了解。如写"五四"运动史，全书分三章，第一章写背景（1914～1918），分六个专题，由六个人负责写。这六个专题是：1. 资本主义发展与资产阶级。2. 北洋军阀反动统治。3. 工人阶级。4. 农民。5. 知识分子。6. 新文化。由于工作范围只局限于自己的小专题，知识面很窄，搞了几年连中心也抓不住，在讨论时由于对彼此的专题不熟悉，也往往流于形式。同志们在工作中碰到一些问题，也不知请谁帮助解决。①

再次，20 世纪 50～60 年代提倡集体协作，一个重要理由是集体协作可以通过充分讨论，集思广益，提高研究水准，但在实际操作中，这种讨论也往往未能落到实处。据 1961 年的调查记录：

> 二组的同志反映，不少同志提出，对学术上的不同意见没有展开充分的讨论，领导同志对某些同志提出的论点，没有仔细考虑，如二

---

① 《关于集体写书问题》（1961 年 5 月 8 日，调查会意见记录），近代史所档案：《历年工作计划》。

组在讨论《五四运动史》一书中的毛主席少年时代的思想时，根据
李锐所著的一书中的提法，说毛主席当时已提到劳苦大众是社会中
坚，但是这句话在李书中没加引号和出处，也查不到。胡庆钧不同意
用这句话，认为没有根据不能用。汪士汉同志就说他从右的方面来理
解问题，于是胡庆钧就不敢说话了。又如汪士汉同志提出新民学会是
无产阶级政党的初期形式，大家不同意想提出来讨论，周天度告诉王
来棣，叫她不要提，怕扣帽子，并说，我们不提反正会有人提。①

　　总体说来，"十七年"间近代史所力图构建中国历史新的体系，其学
术研究提倡集体协作模式，并因而在撰写大部头著作上形成了单打独斗难
以比拟的优势。《中国通史》、《中国史稿》第 4 册、《帝国主义侵华史》
等具有开创性的大型著作因此而得以完成。同时无须讳言，集体撰著模式
一定程度压抑了个人积极性的发挥。集体编撰固然可以集众人之力完成大
的课题，但由《五四运动简史》的编写实践观之，这种模式也造成一些
无谓的消耗。

　　但大型研究课题的进行，集体撰著模式仍为不二之选。一个研究所如
果没有若干具有代表性的大型著作，终归为一件憾事。严中平 1955 年致
函刘大年请教近代史所集体编写的经验，可见近代史所这种模式当时具有
一定影响。② 而且，在研究成果出版时均视之为集体财富，多署有近代史
所的名称，彰显出对个人名利的淡泊、对集体主义的推崇。

　　改革开放以后，个体价值重新得到尊重，原有的集体撰著模式显然已
难以因应时代变化。20 世纪 80 年代以来，近代史所个人研究成果颇丰，
而集体项目却进行得相当艰难。1987 年还专门对此进行调查。调查报告

① 《关于在集体工作中如何贯彻百家争鸣问题》（1961 年 5 月 8 日），近代史所档案：《历年
　　工作计划》。
② 来函谓："我们正在考虑编写近代经济史纲要的问题，这是个必须集体进行的工作。这里
　　的集体工作还有些思想问题和方法问题，没有解决，因而计划就很难产。我们大家都希望
　　知道你所是怎样集体合作的。"《严中平来函》（1955 年 3 月 27 日），王玉璞、朱薇编
　　《刘大年来往书信选》（上），第 109 页。

指出："《帝国主义侵华史》第三、四卷不能按计划完成，一是参加编书的人员调动频繁，几年中有三分之二的人先后调离该室。离室的同志虽有人继续承担任务，但因有其他工作，不能同时兼顾；二是初稿质量不合格，有的初稿几经修改仍不符要求，最后只好由统稿的同志重新改写"。"《中国近代史稿》迟迟不能按计划完成的原因，一是主编社会活动多，投入编书的时间无法得到保障；二是参加编写的同志多不按时交稿，有些稿子也不合格，使花在加工、改写上的时间越来越多，从而形成一拖再拖，计划一易再易的局面；三是《中国近代史稿》是一个老项目，一系列的工作程序、模式和人事关系似已形成，牢不可破，改变颇非易事。在这种格局下，尽管从事统稿的同志辛辛苦苦，全力以赴，也感到无可奈何。"① 并就如何进行集体撰著提出意见：

> 主编关系极大，是该项目能否按计划进行的重要保证。一般说，集体项目的主编既是牵头人，也应是带头人，不仅对该项目要有总体设想，而且从编写体例、提纲到具体撰写都要参加。《北洋军阀资料》等项目所以按计划进行，原因之一就在于主编始终参加全过程，以身作则，并一抓到底。其次，主编要尽可能把主要精力投入编书工作。有的主编社会活动过多，势必冲撞了写书的时间，影响全书的进展。再次，主编要及时掌握情况，随时发现问题随时解决，真正负起主编的责任。平时过问很少，或仅作点原则的指导，统稿时才行使主编的职责，显然是不可取的。最后，确定主编人选既要看他的实际能力，也要考虑其身体状况，有条件的话，尽可选一些年富力强的同志充当主编。
>
> 组织班子应有所选择。有些同志认为，组织集体项目编写班子应取少而精的原则。这样可减少不必要的矛盾，在风格上也容易统一。也有的同志认为，集体项目是一个浩大工程，应尽量吸收更多的同志参加，但有一点是共同的，就是参加集体项目的人员必须有所选择，

---

① 　近代史所科研处档案：《集体项目进展情况调查》（1987 年 8 月 28 日）。

特别是所外的同志，要切实了解其研究课题的实际能力。……此外，对编写组人员，主编认为确实不能胜任，或不安心工作的，应当机立断加以撤换，不可一味迁就。

要尽可能激发参加集体项目同志的积极性，增强责任感。参加集体项目，同时又有个人研究，个人计划，这在我所是普遍现象，也是正常的。但既然参加集体项目，就有一个处理好二者关系的问题，一些同志所以不能按时完成集体项目的任务，并非不努力，也不全是水平低，而是热心于自己的研究计划。因此，要改变这一状况，单单加强主编的责任，强调摆正个人计划与集体项目的关系是不够的，还应当使集体项目真正和个人利益挂起钩来，因为较之个人研究计划，集体项目即使组织得当，也往往时间长、见效慢；况且集体项目一般要求高，费力大，数量又通常受到制约，这就需要在考核、评定职称等方面，给参加集体项目的同志以适当照顾。①

此次调查仍主要着眼于主编及选择集体项目成员的问题，但显然已经注意到集体研究与个人研究之矛盾，并提出"应当使集体项目真正和个人利益挂起钩来"；"在考核、评定职称等方面，给参加集体项目的同志以适当照顾"。

随着时代发展，集体研究与个人研究之张力始终存在，但已逐渐向"个人"倾斜。时至今日，一些规模浩大的项目非集众之力难以为功，但其组织模式与"文革"前已颇有不同：各人承担的部分有明确界定，个人文责自负，且其贡献大小均能在署名中得到彰显，约略类似于承包责任制。这种协作模式，其效率自有相当大的提高，却仍存在问题：各部分编写者自由度增加，体例风格难以统一，整体难以真正贯通，编写者未必能很好地贯彻主持者的意图，从而导致著作的系统性缺失。集体写作的模式如何更臻完善，目前似乎还在探索之中，考验着学人的智慧。

---

① 近代史所科研处档案：《集体项目进展情况调查》（1987 年 8 月 28 日）。

第三章　学术研究之理念和取径

一　以资料建设为中心

罗家伦被称为"倡导有计划的研究中国近代史之第一人"。[①] 他在
1930 年发表的《研究中国近代史的意义和方法》，正式揭橥研究近代中国
历史的原则和方法。此文堪比傅斯年的《历史语言研究所之工作旨趣》，
系统表述了罗氏对如何将中国近代史研究建基于"科学"之上的取径，
也宣示了研究中国近代史的学术纪律以及评判学术水准高下的标准。

在《研究中国近代史的意义和方法》中，罗家伦曾声称："要有科学
的中国近代史，——无论起于任何时代，——非先有中国近代史料丛书的
编订不可。"要能"放开眼光，扩大范围，随时随地，和猎狗似的去寻材
料"，先努力编订出"史料丛书几百种"，同时进行专题研究，写出"摩
洛拉格夫"（monograph），方可言及"动手写科学的中国近代史"。[②]

罗家伦的看法，影响颇广。中国近代史学科之兴起，即直接得益于清
内阁大库明清档案的发现。[③] 资料建设对于近代史学科发展至关重要，渐

---

① 王聿均：《罗志希先生对史学与文学的贡献》，《罗家伦先生文存》第 12 册，台北："国史
馆"、中国国民党中央委员会党史委员会，1989，第 905 页。

② 罗家伦：《研究中国近代史的意义和方法》，《武汉大学社会科学季刊》第 2 卷第 1 期，
1930 年 3 月，第 148、166 页。

③ 详参欧阳军喜《论"中国近代史"学科的形成》，《史学史研究》2003 年第 2 期，第 60~
62 页。

成学界共识。如赵丰田指出："近来国内治中国近世史者，风起云涌，颇极一时之盛。然而史料繁多，搜辑需时，范围广大，端赖分工。若仅凭一人之力，抄撮选辑，仓卒成书，如今日书肆流行之数种课本者，为争取一时之名利则可，殊不足以入著述之林也。大抵今后有志治中国近世史者，有两种工作为之先焉。第一须为专题之研究，第二须先从事各种书目之编作。二者中尤以先编作书目为最切要，以其为用，于人于己皆足供进一步研究之便利也。"① 其看法实为罗氏的翻版。而蒋廷黻、郭廷以等人正是将罗家伦所提倡的理念加以落实，成为中国近代史这一全新领域的拓荒者。②

深受罗家伦观念影响的郑鹤声，在 1951 年发表《怎样研究中国近代史》，几乎全盘照搬罗家伦的观点："要有科学的中国近代史，非先有中国近代史料丛书的编订不可。所以我们在中国近代史方面要作任何工作的话，当从编订中国近代史料丛书下手。材料得到以后，还有整理翻译考订的苦工，而分题的研究，所谓摩洛格拉夫（Monograph）的工作，尤其是科学的史学的阶梯。必须有这各部分的史料丛书百种以后，才可以动手写科学的中国近代史。"③

既有的学术史回顾，往往将罗家伦、蒋廷黻、郭廷以等人同马克思主义史家截然对立，分殊为两个泾渭分明的脉络，甚少顾及二者相通之处。新中国成立前马克思主义史家如范文澜、胡绳、华岗等人，在资料匮乏、专题研究薄弱的情况下，为适应政治形势的要求，多热衷于近代通史著述以为革命动员之助。这与罗家伦等人的理念无疑相左。但是，史学终究具有社会功能，范、胡等人因陋就简也无可厚非。因抗战需要，蒋廷黻亦在资料远未完备的情况下急就通史体例的《中国近代

---

① 赵丰田：《评教案史料编目》，《史学年报》第 3 卷第 2 期（总第 12 期），1940 年 12 月，第 174 页。

② 林志宏：《蒋廷黻、罗家伦、郭廷以：建立"科学的中国近代史"及其诠释》，台北《思与言》第 42 卷第 4 期，2004 年 12 月，第 41～81 页。

③ 郑鹤声：《怎样研究中国近代史》，《文史哲》1951 年第 2 期，第 44～45 页。

史》。1949 年新中国成立之后，近代史所学人的资料、人力等各方面条件大为优裕，心态也较为从容，罗家伦当年所揭示的理念、方法，不但在海峡对岸由其学术继承者郭廷以发扬光大，在与罗氏意识形态对立的中科院近代史所也得以延承发展。

有论者将 20 世纪百年中国史学史归结为史料考订派与史观派的对抗消长史，[①] 这种泾渭分明的派分难免有后来者的先入之见。究其实，史料史观为史家所应兼备，虽有侧重，并无偏废。由唯物史观派学者主导的近代史研究所即相当重视近代史档案资料的搜集、整理及传播。范文澜对于年青学者轻视史料的倾向多次予以尖锐批评：没有扎实的材料，靠杜撰的一些所谓公式或规律演成篇幅，只是 "放空炮"；[②] "我们必须特别重视资料工作，才能动员大批人力投入这个工作里去。有人认为做资料工作是为他人作嫁衣裳，也有人认为做资料工作，比做研究工作低一头。这样想法是不对的"，资料工作是 "一种功德无量的工作"。[③] 刘大年也认为："做好了资料等基础性工作，就可以便利于全国学术界进行研究。"[④]

在这种思想指导之下，近代史所投入巨大人力物力进行资料建设，为中国近代史学科发展奠定坚实的基础。罗家伦当年规划以 "集众之力" 编纂近百年史料丛刊，提议设立 "中国近代历史博物图书馆"，但他亦深知寄望于国民党政府则 "河清无日"。[⑤] 他的理念构想在 1949 年后由马克思主义史家积极践行。

1. 南京史料整理处与档案整理

近代以来，对档案史料的重视，体现了新一代学者的史料眼光已发生

---

① 王学典：《近五十年的中国历史学》，《历史研究》2004 年第 1 期。史观、史料的派分始于周予同，参见周予同《五十年来中国之新史学》（原刊《学林》第 4 辑，1941），李孝迁编校《中国现代史学评论》，上海古籍出版社，2018，第 37 页。这种划分影响深远。

② 范文澜：《反对放空炮》，《历史研究》1961 年第 3 期，第 4 页。

③ 范文澜：《历史研究中的几个问题》，《范文澜历史论文选集》，第 213 页。

④ 近代史所档案：《大会发言稿》（刘大年，1960 年）。

⑤ 罗家伦：《研究中国近代史的计划》，《国立第一中山大学语言历史学研究所周刊》第 14 期，1928 年，第 39 页。

改变。① 顾颉刚指出，20 世纪 30 年代清代档案已受到普遍重视，"各档案保管处，现在都忙于传抄出版和利用，凡是研究近代史各种问题的人，都想从档案下手"。② 研究近代史必须从直接史料入手已普遍内化为民国时期主流学术界的学科纪律。这实际上亦被马克思主义学者所认同。中科院近代史所学人也认为："档案是最好的史料，写历史必须注意利用档案。"③ 在此理念之下，近代史所投入了颇多人力物力，进行档案资料整理。

1949 年华大历史研究室抵京后，适此时由文管会交来大批档案，重约 15 吨。④ 其内容异常丰富，自雍正朝直至北京解放前一年，而以北洋政府时代史料为最多。如此浩繁的资料，势须加增人手进行整理。范文澜将所有人员分为两组。通史简编组：共 5 人，由范亲自领导，其工作任务为修改《中国通史简编》；近代史组：共 15 人，由王可风领导，全力以赴整理近代史档案资料，而尤以辛丑以后至五四运动以前为重点。并于1949 年 10 月中旬调集华北大学二部学习完毕的学生 37 人协助，借东城干面胡同房屋，开始档案整理工作。根据"宁滥毋缺"以不漏失材料为主的原则，采取以形式为主、内容为辅的分类方法，至 12 月底清理完竣，共理出档案 4460 包，挑出特件 1299 件。1950 年 1 月起，开始做第二步整理工作，依材料内容共分为外交组、军事组、政治组、经济组、文化教育组，缮写卡片、编号、登记。共理出信件、电报、公文、总统府、内务部等 47 类，1720 包，写出卡片 5165 张。至 1950 年 2 月，完成初步分类。此后，历史研究室 14 人，借东厂胡同考古研究所房屋，将此已分类的档案做进一步整理，录成索引卡片 9400 余张。此项工作，在中国科学院近

---

① 王汎森：《傅斯年：中国近代历史与政治中的个体生命》，生活·读书·新知三联书店，2012，第 102 页。
② 顾颉刚：《禹贡学会的清季档案》，《文献论丛·论述一》，国立北平故宫博物院，1936，第 72 页。
③ 近代史所档案：《关于出版中国近代史档案史料的意见》。
④ 荣孟源：《史料和历史科学》，人民出版社，1987，第 205 页。

代史研究所成立后仍继续进行，至 1950 年 8 月中旬始告结束。①

　　来新夏向范文澜请教研究中国近代史的入门途径，范氏指引说："你就从读三朝《筹办夷务始末》入手，要随读随写笔记。"来新夏连续读了一年多，受益匪浅。范文澜还告诫曰：从档案中搜求资料如披沙拣金，这是研究工作"从根做起"的重要一步。只有这样，才能基础广泛而扎实。②

　　此后，整理近代档案史料一直是近代史研究所的一项重要任务。南京国民政府所设国史馆保存有清末、北洋政府、国民党时代一些机关的部分档案。南京解放后，中共为了将国民党政府遗留的各机关档案集中保管整理，在政务院驻宁办事处下设档案工作组，短时间内集中有 60 万卷档案，并着手整理。③ 董必武向周恩来请示如何处理南京国史馆及国民党政府相关档案，周恩来提出交中科院近代史所管理。④

　　自当时的实际情形来看，中科院近代史所承担接收民国档案之任，可谓责无旁贷。范文澜派得力助手王可风主持接收工作，以唐彪任秘书，王可风夫人华明偕同。一行 3 人于 1951 年 1 月 12 日抵达南京赴任，23 日接收国史馆，26 日接收档案组，共接收两机关人员 53 人（原国史馆 37 人，档案组 16 人）；1 月 28 日，成立由 13 人组成的临时行政委员会。2 月 1日正式成立近代史研究所南京史料整理处（简称"史整处"），以原国史馆做办公处。⑤ 史整处的任务是：将民国时期北洋政府的档案和国民党政府遗留的档案集中加以整理，"除提供现在在人民政府各部门调用外，进

---

① 参见《近代史研究所 1950 年工作概况》，《科学通报》1951 年第 1 期，第 83 页；《中国科学院近代史研究所近况》，《科学通报》1950 年第 4 期，第 259 页。

② 来新夏：《我学中国近代史》，《近代史研究》2003 年第 3 期，第 265、268 页。而台湾学者李恩涵，1956 年进入中研院近代史所任职，即对《筹办夷务始末》"从头到尾，不限于任何专题的读下去"，他坦言：这种"广泛的做学问的方法"，实系受郭廷以的师教。参见李恩涵《近代中国史事研究论集·自序》，台湾商务印书馆，1982。

③ 王可风：《在近代史研究所学术委员会会议上的工作报告》（1957 年 8 月），《王可风档案史料工作文集》，档案出版社，1989，第 57 页。

④ 《中央领导人与近代史所的关系》，此为近代史所几位老人所作回忆，手稿。

⑤ 王可风：《成立南京史料整理处经过的报告》（1951 年 2 月），《王可风档案史料工作文集》，第 305 页。

一步将其中有用的历史资料整理出来，作为研究中国近代历史之用。所以承担着两重任务"。①

范文澜 1 月 30 日发去贺信，摘录于下："……因为您们参加史料整理处的工作，给近代史研究所增加了新的巨大力量……新中国的一切事业，都在飞跃前进中，史学工作也并非例外，把旧史学改成新史学，需要大家从各方面努力，摆脱陈旧的观点和方法，一步步向科学的历史底目标推动前进，这首先必需学习马列主义、毛泽东思想，也就是说必需学习辩证唯物主义历史唯物主义，其次是掌握丰富的史料……"

是年 6 月 4 日范文澜再度致信勉励史料整理处同人不畏艰难："……第一，要有勇气丢掉自己身上的包袱，丢得愈彻底，身体愈轻松，脚步自然快起来。其方法是学习政治理论，提高认识水平。只要真正看清了真理所在，谁不愿意接受真理呢？按照认识的浅深，可以决定丢掉包袱的多少，而认识的浅深，又取决于政治理论的学习。所以，诸同仁应加倍努力学习政治理论。第二，学习政治理论，不是为了空谈而是为了切实受用，其关键是在理论与实际结合，知识与实践一致，言语与行为符合。"②

范文澜两信均反复强调学习马列理论之重要，有鲜明的时代印痕；可能也因史整处多为国史馆旧人，通过政治理论学习，"丢掉包袱"以进行思想改造被视为重中之重。

作为中华民国陪都的重庆也保留有大量国民党政府的档案，1951 年文化教育部要求近代史研究所设立重庆史料整理处负责国民党国史馆及其中央各机关的档案处理。5 月 15 日郭沫若致函文化教育委员会："近代史研究所目前人力不够，尚不能立即派专人前去接收该项档案。"③ 5 月 24日文委复函郭沫若："……关于重庆所存伪国史馆及伪中央各机关的档案处理问题，本委前间指示，由你院近代史研究所派员接管统一整理在案。

---

① 王可风：《旧档案的接收与整理》，《王可风档案史料工作文集》，第 19 页。
② 两信均引自金绍庆编《范文澜同志贺南京史料整理处成立函两件》，《民国档案》1991 年第 1 期，第 3～4 页。
③ 《郭院长致文委函》，中国科学院院档：51－2－18。

其后，复征得范文澜同志之同意，由近代史研究所设立重庆史料整理处来负责这项工作。希即转告近代史研究所早日派定人员，着手进行。三、西南文教部所存伪教育部档案，仍暂存西南文教部，由近代史研究所统一处理，如中央教育部急需该项档案，可由该部征得该所同意后提取。"① 因人力所限，设重庆史料整理处之事最终未果。

1952 年 6 月 27 日，政务院向中国科学院发去公函，决定将存放于重庆之国民党政府档案全部运载南京史料处集中整理。接指示后，近代史所即派陈文起、李良才前往重庆了解档案保存情况。是年 8 月底 9 月初，王可风、华明、李佳、李鹤年 4 人也前往重庆，办理接收起运事宜。年底完成在重庆和成都的档案接收工作。② 随后，王可风遵照近代史所指示将昆明所存旧档案一并接收。昆明存旧档包括国民党政府外交特派员公署档案、部分清末民初档案、国民党政府公路总局档案、民国时期各省与云南来往电报及抗战前后蒋介石、宋子文、孔祥熙等和云南来往的电报。1953年 1 月 15 日，王可风一行历尽艰辛将档案运回南京。③

当时各省仍存有不少国民党政府中央系统档案，史整处主任王可风提出对这些档案也应加紧组织清理，属于国民党政府中央系统的档案，有关全国性重大事件的卷宗，以及重要革命历史文献，有关国家对外关系的卷宗，均应交由史整处统一保存。④

史整处以处务会议为决策机构，由正、副主任，党支部书记，办公室及各业务组负责人为主要组成人员，每月开会一次。史整处内部组织，在处主任之下，分设秘书室、档案整理组、档案保管组和史料编辑组。1956年增设办公室；原秘书室改为秘书组，并增设人事、事务两组，同由办公

① 中国科学院院档：51 - 2 - 18。
② 王可风：《关于赴重庆接收旧档案的报告》（1953 年 1 月 25 日），《王可风档案史料工作文集》，第 7～8 页。
③ 王可风：《关于赴昆明接收旧档案的报告》（1952 年 12 月 15 日）、《云贵山间护运档案记》，《王可风档案史料工作文集》，第 9～11、12～15 页。
④ 王可风：《关于整理各省所存旧档案的建议》（1953 年 1 月 25 日），《王可风档案史料工作文集》，第 18 页。

室领导。史料组扩充为中国现代政治史资料编辑组，其下分设资料汇编组、大事月表组和缮印组。并配合各组工作需要，设置图书委员会。①

作为中科院近代史所在南京的分支机构，史整处成立之初，其行政和业务工作均由近代史研究所直接领导，党务工作则委托江苏省委代管。1958 年 6 月，中科院江苏分院成立，人员编制、经费开支等改由中科院拨交、中科院江苏分院具体管理。② 但因中国科学院社会科学部各研究所于 1958 年后实质上划归中宣部直接领导，"经费亦由国家计委直接供给"，史整处作为社会科学单位，在中科院内反而显得有些独特。1961年 7 月中旬，中科院党组召开京外各分院党组负责人研究整编问题会议，中科院计划局贾局长向中科院江苏分院出席会议的领导提出，史整处"应同近代史所一并划归社会科学学部，其人员编制和经费开支亦应改归近代史研究所报归社会科学学部管理，但目前因各所经费已定，更改不便，故史料整理处的经费到今年年底前为止仍由江苏分院拨给，从明年起另由近代史所报请学部供给"。史整处负责人王可风表示同意，并向中科院提交报告。③ 1961 年 9 月 1 日，中科院计划局批复曰："院同意来函意见，自今年起将南京史料整理处的人员编制和经费领报关系划交学部归口，作近代史所的报销单位。院已将史料处 61 年经费，指标通过财政部划入学部预算。"④ 此后史整处与近代史所的隶属关系得以强化，相互联系更为密切。

再看史整处的人员变化。1951 年末史整处共有 57 人，1954 年仅 53

---

① 《中国科学院历史研究所第三所南京史料整理处概况》（1959 年，手稿），近代史所档案：《南京史料整理处》。
② 《刘大年致哲学社会科学部分党组函》（1963 年 7 月 30 日），近代史所档案：《南京史料整理处》。
③ 《请批示关于近代史研究所南京史料整理处划归院社会科学学部领导的报告》（1961 年 8 月 12 日），近代史所档案：《南京史料整理处》。
④ 《中国科学院计划局关于近代史研究所南京史料整理处划归哲学社会科学部领导的报告的批复》（1961 年 9 月 1 日），近代史所档案：《南京史料整理处》。

人，1955 年末 62 人，1956 年增至 111 人，1958 年末为 118 人。① 1960 年 6 月达到 131 人。此后因"大跃进"带来的弊端显现，中央提出精简人员，史整处人员精简亦纳入中科院哲学社会科学部和近代史所的精简规划之中。② 1961 年史整处第一次精简 14 人，其中有见习员 2 人，技术员 2 人，技佐 1 人，临时工 7 人。精简后总人数 117 人。③ 哲学社会科学部、近代史研究所将史整处编制定为 105 人，因其间调进 4 人，则还需进一步精简 16 人。至 1962 年 2 月又精简 12 人（调动工作 3 人，退休 6 人，退职 1 人，解雇临时 1 人，贪污分子离开机关 1 人），实际人数为 109 人。确定精简人员强调政治标准，也根据其业务能力表现。"对所须处理人员事先做到逐个过堂，摸清思想。"④ 至 1963 年，中科院哲学社会科学部确定史整处编制人数为 102 人，并要求史整处于 6 月 15 日前完成精减职工之任务。⑤

1960 年开始，史整处与南京大学共同举办档案专业，计划培养 50 名档案专业人员。由史整处人员教授中国档案史、中国近代文书学史、档案管理的理论与实践等专业课程，南京大学历史系协作上政治、语文等课程。⑥

史整处在业务工作上还需遵循国家档案局的统一部署。1963 年国家档案局要求史整处制定十年工作规划，史整处要求近代史所提供研究所的整体规划，并请所领导"对处里的规划如何与所里的要求结合起来。给

---

① 《南京史料整理处职工人数及工资统计资料》（1959 年 9 月），近代史所档案：《南京史料整理处》。
② 《唐彪致三所函》（1961 年 8 月 12 日），近代史所档案：《南京史料整理处》。
③ 《南京史料整理处精简情况》（1961 年 8 月 2 日），近代史所档案：《南京史料整理处》。
④ 《史料整理处致近代史所人事处函》（1962 年 2 月 15 日），近代史所档案：《南京史料整理处》。
⑤ 《关于 1963 年职工编制人数的通知》（1963 年 5 月 27 日），近代史所档案：《南京史料整理处》。
⑥ 《南京史料整理处 1960 年重要科学技术研究项目》（1960 年 2 月 10 日），近代史所档案：《南京史料整理处》。

我们以具体指示，使我们有所遵循"。①

　　早在 1957 年，史整处就有筹建国家第二历史档案馆之议，② 但一直未有实际举措。1963 年 7 月 30 日，近代史所致函中科院哲学社会科学部分党组，提出：南京史料整理处的最大量工作是档案收集整理工作。为了加强这项工作，充分发挥档案的作用，划归国家档案局领导更为合适。经与国家档案局负责同志讨论，他们很乐于接收。8 月 7 日，哲学社会科学分党组复函表示同意，"俟国务院批准后，即可与国家档案局协商办理移交"。③ 8 月 15 日，近代史所致函国家档案局，请派人共同协商办理移交事宜。④ 但因史整处此时正展开"五反"运动，又要评定工资，乃提出将移交时间延至年底。⑤ 1964 年 1 月，近代史所向国家档案局移交史整处的财产目录、干部名册及其他相关资料。⑥ 但这种财务关系的移交往往需要一个过程。至 1964 年 2 月 26 日，史整处还给近代史所及哲学社会科学部提出：史整处已确定改为中国第二历史档案馆，并对外开放，需布置一间接待室，换一套布面做两套布沙发套，共需人民币 300 元，请学部和近代史所拨付。⑦ 1964 年 3 月 27 日，南京史料整理处正式划归国家档案局，更名为中国第二历史档案馆。⑧

　　1964 年改名后，除党的关系在江苏省外，其他由国家档案局直接领导。但此后二史馆的隶属又生变数，并再次与近代史所发生紧密关联。

　　1967 年 5 月 27 日，中央决定对二史馆实行军事管制。1973 年 7 月江苏省"清档办公室"撤销，同时宣布撤销军管，恢复"中国第二历史档

①　《唐彪致近代史研究所办公室》（1963 年 5 月 18 日），近代史所档案：《南京史料整理处》。

②　《1957 年业务工作计划的说明》，近代史所档案：《南京史料整理处》。

③　相关报告信函，均据近代史所档案《南京史料整理处》。

④　《近代史所致国家档案局》（1963 年 8 月 15 日），近代史所档案：《南京史料整理处》。

⑤　《唐彪致近代史所》（1963 年 8 月 21 日），近代史所档案：《南京史料整理处》。

⑥　《近代史所致国家档案局》（1964 年 1 月 20 日），近代史所档案：《南京史料整理处》。

⑦　《史整处致近代史研究所并转中国科学院哲学社会科学部》（1964 年 2 月 26 日），近代史所档案：《南京史料整理处》。

⑧　《中国科学院哲学社会科学部致财政部》（1964 年 4 月 14 日），近代史所档案：《南京史料整理处》。

案馆"之名，改由江苏省公安局代管。这十年间该馆的一切行政业务经费仍由中央办公厅管理处供给。经"文革"折腾，二史馆人员变动相当大，元气大伤。1964年二史馆经国家计委批准，人员编制为105名，"文革"前实有94人，其中不少为高校历史系和档案系毕业的青年学生。"文革"中在江苏省清档办公室接管二史馆之后，其有关负责人以"下放"、"藏于民"为名，将66人排斥出机关。二史馆的科研队伍被取消，其档案整理和史料编纂工作也被迫中止。①

"文革"结束后，工作回复常轨。1977年10月5日，国家档案馆向汪东兴等人提交报告："考虑到该馆保管的档案是国民党中央机构的档案，它对全国都有使用价值。鉴于东北档案馆交给辽宁省管理以后，档案被分散的教训。我们考虑：是否将中国第二历史档案馆仍交回中国科学院历史研究所管理（经费供给亦移交他们），或者暂时维持现状，待国家档案管理体制确定以后再作处理。"对此报告，汪东兴批复为："请方毅同志阅批，我意移交中国科学院历史研究所为宜。汪东兴。十月八日"。方毅批复为："中国科学院前已一分为二，一为中国科学院（管自然科学的），一为社会科学院（管社会科学的），由林修德同志负责。建议此件批转社会科学院办。方毅。十月十二"。② 接到批示后，近代史所于12月1日派刘桂五、史洛明、韩信夫3人前往南京，了解该馆十年来的工作情况，商谈移交事宜。

1978年2月25日，中国社会科学院向中央提交《关于中国第二历史档案馆的工作情况和请示报告》，时任国家主席华国锋，副主席叶剑英、邓小平、汪东兴等人均作出圈阅批示，同意二史馆改隶中国社科院近代史所。1978年3月28日，近代史所派曲跻武、史洛明、朱信泉三人前往南

---

① 《徐松山、方庆秋等部份工作人员的一封信》（1975年1月12日）、《关于南京中国第二历史档案馆的工作情况和接收意见》（1977年12月28日），近代史所档案：《南京史料整理处》。

② 《关于中国第二历史档案馆今后管理问题的报告》（1977年10月5日），近代史所档案：《南京史料整理处》。

京办理交接事宜。3 月 31 日到江苏省委宣传部联系在二史馆传达和贯彻执行"中央批件"的问题。由江苏省委宣传部副部长白林传达省委在收到"中央批件"后贯彻执行的情况。4 月 4 日在二史馆全体人员大会上传达了"中央批件"，白林代表江苏省委宣布二史馆今后改由省委宣传部代管。按照"中央批件"，二史馆"科研业务规划、行政经费、干部编制调动，归近代史研究所管；党的关系，干部的经常政治思想教育、行政管理工作，归江苏省委宣传部代管"。当时由中央部门和省委双重领导的单位一般做法是：科处级以上干部调任归主管单位，科处级以下干部的调任归地方。近代史所方面提出：行政干部按上项办法分管，编辑工作人员凡属正式编辑以上人员的调任，仍归近代史所管。① 但这种双重管理在具体操作上并不容易。"中央批件"赋予近代史所对二史馆的人事权被虚化。

1978 年改隶中国社科院近代史所后，二史馆分批调回被下放的专业人员 28 人，恢复史料编辑部并开展史料编纂工作。根据近代史所的要求，拟订今后史料编辑专题，首先决定集中力量修订"五四运动"专题史料。②

南京史料整理处搜集整理 1912～1949 年中央政权的档案，数量极为丰富，零乱和损坏的情形也颇为惊人。史整处成立之初接收档案近 80 万卷，此后连年不断接收，至 1957 年达 150 万卷，1958 年"大跃进"中又大量接收。仅 1958 年"接收整理的档案就为 1954～1957 年的一倍，编制的各种分类卡片有 23 万多张……干部人数比原来增加了二倍。新建了四千平方米的一幢库房"。但空前的"跃进"导致"有些卷的整理质量不高"。1961 年着手调整、巩固、充实、提高，着力提高档案整理质量。③1962 年 12 月，南京史料整理处通过报请国家档案局批转各地有关部门，

---

① 《近代史所致院党组》（1978 年 6 月 14 日）、《近代史所报告》（1978 年 9 月 2 日），近代史所档案：《南京史料整理处》。
② 《一九七八年工作总结》，近代史所档案：《南京史料整理处》。
③ 《中国科学院近代史研究所南京史料整理处工作情况简介》（1963 年 3 月），近代史所档案：《南京史料整理处》。

收集国民党旧政权中央系统各机关档案，共接收档案 19 起，共 388 箱，923 卷，5 尺，16 麻袋，统一折合约 5 万卷。① 自 1951 年成立至 1963 年，12 年间史整处从南京、上海、北京、重庆、成都、昆明、广州等城市接收和初步整理完北洋政府、国民党政府和汪伪政权的档案约 220 余万卷，编制系统案卷 400 余册，专题卡片 25 万张。②

这些档案的使用更多服务于现实政治。1951 年成立至 1957 年，在档案使用上以政治运动使用数量最多，达 38507 人次。③ 王可风在 1959 年总结，史整处档案"在肃反审干、科学研究以及国家各项建设中，发挥了很大作用。从开始到现在，来南京史料整理处查找使用档案的有四万多单位，有五万八千多人次。以前大都是为巩固人民的政权查找使用的，据不完全的统计，共有一万二千九百一十五个单位查找到了他们所要了解的材料"。④ 具体说来，肃反运动中，各机关使用这些档案清理了不少反革命案件；反右斗争中，利用这些档案"有力地打击了右派分子"；在审干工作中，利用这些档案"弄清很多干部历史问题"；修浚淮河和根治黄河利用了其中的水文资料；西藏叛乱问题发生后，整理出 60 万字的相关资料"以打击西藏上层叛乱分子和印度扩张主义分子"；为解决中缅、中印等边界问题，这里也提供了不少有用的资料，以便解决国际争端。⑤ 1959 年史整处共接待全国各地 3493 个单位 8424 人次使用档案资料，其中属于政治斗争方面的 3332 个单位，调阅档案 10214 号，有 899 个单位查到了他们所需要的材料。属科学研究工作方面的 61 个单位，计 3754 人次，调阅

① 《南京史料整理处 1962 年工作总结》（1962 年 12 月，打印稿），近代史所档案：《南京史料整理处》。

② 《中国科学院近代史研究所南京史料整理处工作情况简介》（1963 年 3 月），近代史所档案：《南京史料整理处》。

③ 《中国科学院历史第三所南京史料整理处 1953～1957 年五年工作总结》，近代史所档案：《南京史料整理处》。

④ 王可风：《建国十年来南京史料整理处的工作概况》，《档案工作》1959 年第 8 期，第 17 页。

⑤ 《南京史料整理处 1963～1972 年十年工作规划》（1962 年 9 月），近代史所档案：《南京史料整理处》。

档案 2890 号。① 而 1959 年的科研查档所占比例在"十七年"中算是偏高的了。1978 年后，为"平反"而来查档者颇多。是年查档共 848 个单位，为复查政治经历、落实政策者 798 个单位。②

王可风在档案整理编纂上倚重原国史馆旧人刘起釪。刘早年就读于重庆中央大学历史系、南京中央大学文科研究所历史学部，为顾颉刚弟子。1947 年入国史馆任助修、协修。新中国成立后刘氏亦入史整处，先后任档案整理组长、资料汇编组长。他主持整理 300 多个单位的历史档案，编目 400 余册，选编史料汇篇 3000 多万字。以此每年年终总结均以第一名被表扬，1956 年获得中国科学院奖金。③ 1957 年 10 月史整处编著的《历史档案的整理方法》一书由人民出版社出版。此书曾组织一个工作小组，由王可风、何晋琮、刘起釪、李佳、刘济生、蒋养和、戴舜年 7 人参加，"其中李佳，刘济生，蒋养和负责酝酿讨论，组织座谈，刘起釪写了初稿的大部分，何晋琮，戴舜年制作图表，王可风写了初稿的一部份"。④ 此书编著者署名虽为"王可风　何晋琮　刘起釪　李佳　刘济生　蒋养和　戴舜年"，实则基本上由刘起釪撰写而成。1957 年史整处着手选辑中国现代政治史资料工作，由刘起釪、王涛带领 10 人进行。⑤ 刘起釪还负责《中国近代政府机关组织资料搜集》集体项目，个人承担《有关近代中国

---

① 《南京史料整理处 1959 年工作总结》（1960 年 2 月 11 日），近代史所档案：《南京史料整理处》。
② 《一九七八年工作总结》，近代史所档案：《南京史料整理处》。
③ 刘起釪：《我和〈尚书〉》，张世林编《为学术的一生》，第 534 页。刘起釪 1962 年由中宣部应顾颉刚之请，自史整处调京协助顾整理《尚书》。他在业务上虽受倚重，在职称评定上却受压抑，一直为 6 级编辑。在 1995 年 5 月 1 日致刘大年信函中颇表不平："我一直耿耿于怀的是，1956 年定为 6 级后，三四十年来不论我做出了些什么成果，始终还是 6 级。要说格于规定，一律不升，可是同一研究室比我低二级的都升了，而且很快高过了我。如果解释说 4 级以上也都没有升，究竟 4 级以上有应有的待遇，生活有一定的保障，而且条件可以购买一些书，有利于研究。可是长处于 6 级，不仅是低级待遇，也影响了研究。"据信函手稿，藏近代史所档案馆。
④ 《历史档案的整理方法·编写的说明》，人民出版社，1957，第 1～2 页。
⑤ 《一九五七年史料整理工作计划表》，近代史所档案：《南京史料整理处》。

少数民族史事的研究》。① 1962 年史整处着手编纂专题史料，其中《北洋军阀追随武装干涉苏联》《蒋美勾结》《北洋时期的华工问题》《国民党反动史及美蒋勾结史资料》，均由刘起釪负责。另组织编纂《北洋政府职官表》，由王可风、刘起釪、王涛负责；整理《民国史料长编》，由刘起釪、王涛负责；绘制红军地图集，由刘起釪、王涛、丁思泽负责。②

与撰写"民国史"相比，整理编纂民国政权的档案资料自然少一些敏感。这些档案虽然以国民党政府为主体，但"在国民党中央政府和行政院的档案中可以看出国民党反共反人民的一切措施，都从这里决策；在国民党财政部经济部的档案中，可以看出国民党政府千方百计的向人民搜刮，以及四大家族官僚资本的畸形发展；在图书杂志审查委员会的档案中，可以看出文化特务如何绞杀进步文化。其他如资源委员会和善后救济总署的档案，都有大量的经济资料和蒋美勾结的资料"，而且"由于反动政权的反共反人民，所以从旧政权的档案中也可以看人民的革命活动"。史整处在 1951～1956 年上半年，曾组织少数人力，从重要档案中进行史料选择工作。不过"当时如何配合历史三所和各方面科学研究工作方针任务不明确，所以仅是根据一个机关的部分的档案逐一的阅读选择，这样作五年多以来也选录了一些材料，根据资料的性质，分别归并成专题，如蒋美勾结史料，新军阀混战史料，官僚资本迫害民族资本主义的史料，蒋介石政府镇压工人运动、学生运动的史料，计有 20 个题目，约有 1200 万字。这些材料都曾整理抄写打印出来，送中国科学院历史研究所第三所供研究工作同志参考使用"。③

对史整处之档案编纂起关键推动作用者为田家英。田家英与近代史所颇有渊源。范文澜 1940 年在延安开始撰著《中国通史简编》，田家英即

帮助查书；① 田氏 1950 年被中科院聘为近代史学科专门委员，1955 年 11
月被推举为近代史所学术委员，与范文澜、刘大年等人关系较为密切。他
一直有志于研究中国现代史，因其作为毛泽东秘书的特殊地位，当时被视
为"现代史"研究的权威。

　　1955 年，田家英着手党史编写工作，毛泽东指示他，"在党史外，还
要编一本《资治通鉴》式的史料和公布我、友、敌三方面的文件资料"。
田家英致电范文澜，要求近代史所去两个人参加整编档案工作。范同意由
王可风参加此项工作，认为他"至少在敌的方面资料比较熟悉。参加这
个工作是一个难得的学习机会"，并向刘大年提议"是否由所写信去催王
可风同志从速交代给唐彪同志，早点来京"。②

　　据刘大年日记载，1956 年 5 月 18 日晚七点半，他与王可风往南海
"静谷"访田家英，商量整理搜集现代史资料事。田家英提出第一步先做
两件事：（1）大事月表，不厌其详；（2）编文件（资料）集。然后在这
个基础上编出《资治通鉴》式的材料书，逐年编写，每年选几件主要的
事作为中心来叙述，混编年纪事为一。③ 田家英的规划，无疑体现了毛泽
东的意思。

　　1956 年 7 月，王可风即根据中央政治研究室田家英及近代史所的指
示，在史整处成立"中国现代政治史资料组"。④ 1957 年 1 月底，王可风
自北京返南京，向史整处进一步传达田家英和近代史所关于搜集现代政治
史资料、编写大事月表的指示。史整处同人很受鼓舞，很快就进行讨论布
置，1957 年 2 月即着手从北洋政府档案中选择 1919～1927 年的资料 1700
余篇，按问题分别编排装订成册。3 月起开始就国民党各机关档案选择
1927～1937 年的史料，分专题进行搜集，题目分别为："国民党中央党政

① 白兴华、许旭虹：《范文澜的学术发展道路与学术风范》，《浙江学刊》1998 年第 1 期，第
　　88 页。
② 王玉璞、朱薇编《刘大年来往书信选》（上），第 130 页。
③ 《刘大年日记》，1956 年 5 月 18 日。
④ 《中国科学院历史研究所第三所南京史料整理处档案工作情况介绍》，近代史所档案：《南
　　京史料整理处》。

机关的反动政策法令；国民党的派系斗争和军阀混战；官僚资本的发展对民族资产阶级、工人、农民的迫害；蒋政权和帝国主义勾结关系；反动派镇压群众爱国运动；国民党对苏区的围攻。"每一专题资料 10 万 ~ 15 万字。同时分政治、经济、军事、文教、外交、国际、群众运动、其他共计8 个栏目，以日系事编写大事月表。①

此外另有一项编写"现代史"的任务也落在田家英身上。1955 年 7月，在第一次全国人民代表大会第二次会议期间，毛泽东向郭沫若提出，请他为县团级干部编写一部中国历史。1956 年 2 月 8 日拟出《编写中国历史教科书计划草案》，确定全书范围是从远古至 1949 年中华人民共和国成立，并提出由全国史学家 36 人组成中国历史教科书编辑委员会，以郭沫若为召集人，负责教科书的编写工作，并确定近代现代组由范文澜负责召集。② 1957 年初，中国科学院历史研究第一、二、三所进行分工，明确《中国史稿》共分五册，第四册近代部分由刘大年负责，第五册现代部分由田家英主持编写。③

田家英编写党史，并奉毛泽东之命整理"《资治通鉴》式的史料和公布我、友、敌三方面的文件资料"，以及编写《中国史稿》第五册，在资料方面均相当程度依赖于史整处的档案。在其推动下，史整处档案资料的编纂工作进展颇速。至 1958 年 9 月，《中国现代政治史资料汇编》第一辑 300 万字完成修订、编排工作，并编纂《中国现代政治史资料汇编》第二辑 600 万字，还编出五四运动史料 120 万字，中蒙边境史料 10 万字，十月革命前中国与帝俄关系史料 35 万字。1958 年"史学革命"兴起，"厚今薄古"蔚成风气，"中国现代史"的重要性无以复加。巧妇难为无米之炊，史整处编纂的这些资料"给正感资料恐慌的历史科学工作者和教学工作者以很大的支持和鼓舞。这些资料虽还有不少缺点但却不失是一

---

① 《南京史料整理处关于搜集现代政治史资料和写大事月表工作情况的报告》（1957 年 3 月14 日），近代史所档案：《南京史料整理处》。

② 叶桂生、谢保成：《郭沫若的史学生涯》，社会科学文献出版社，1992，第 311 ~ 312 页。

③ 叶桂生、谢保成：《郭沫若的史学生涯》，第 312 ~ 314 页。

部研究近代和现代史的珍贵史料"。不过由于"每一件选材都带有强烈的政治性，甚至一个标题，一个字，都有政治性"，编纂者不免有如履薄冰之感。①

此外，《中国现代史大事月表》从 1956 年开始编写，至 1959 年 9 月完成了报刊资料的编写计约 520 万字。编写组又花费半年时间，对已编写的大事月表补充档案资料 200 余万字。编纂大事月表的选材经验为："从报刊上选材应该注意从历史事实的重大矛盾处着眼，如帝国主义及反动政府与人民的矛盾，国民党反动派内部蒋介石系、胡汉民系、汪精卫系的矛盾等等，抓住矛盾，然后再根据历史发展线索选材。""要以历史事实的叙述通过体例将其本质反映出来。"②

1958 年"大跃进"热潮中，史整处的现代史资料编纂工作亦只争朝夕，其规划不断加码。《中国现代政治史资料汇编》第 1～4 辑（1500 万字）原计划 1962 年完成；此时提出"跃进"计划，由原 1500 万字跃进为 2000 万字。原计划 1962 年完成编写《中国现代史大事月表》，计划提前两年于 1960 年底全部完成，且增加 100 万字。大事月表组提出"在政治斗争和工作、生活实践中进行自我改造，保证一年内全组同志成为左派，三年内百分之八十至九十达到共产党员水平"。③"十七年"各项工作均强调计划性。史整处更"向来是按计划办事的。年有年的计划，季有季的计划，月有月的计划"。但"大跃进"中的计划往往不切实际，难以落实，如 1959 年"档案整理组的计划修改了三次，实际上是调低了三次"。④

这种"跃进"狂热到 1960 年底已然渐趋冷静。史整处在 1961 年的计

①　《南京史料整理处国庆献礼工作总结》（1958 年 9 月 26 日），近代史所档案：《南京史料整理处》。
②　《中国科学院第三所南京史料整理处 1953～1957 年五年工作总结》，近代史所档案：《南京史料整理处》。
③　《中国科学院历史研究所第三所南京史料整理处 1958～1962 年跃进规划》（1958 年 6 月 25 日），近代史所档案：《南京史料整理处》。
④　《南京史料整理处 1959 年工作总结》（1960 年 2 月 11 日），近代史所档案：《南京史料整理处》。

划中坦言，前两年的跃进"在有些工作中出现了浮夸和片面追求数量放松质量，特别是政治质量不高等的偏向"，但仍然提出：1961 年要"在厚今薄古的方针下，在史料编辑工作方面全年计划完成 5～10 个专题史料。编辑国民党时期、北洋军阀时期档案资料选集 110～140 万字"。尤其强调要"加强政治挂帅……彻底批判和纠正重业务轻政治的思想和倾向"，同时又提出要"保证科技人员每周至少 5/6 的时间用于业务工作"。①

强调"政治挂帅"，批判"重业务轻政治"，这是带有鲜明时代烙印的语言。但 1961 年政治层面重在纠正"大跃进"的偏颇，史整处提出要保证科研人员的业务工作时间，各项举措相对务实。是年 3 个业务组全年写出了 24 篇文章，举行三次学术报告会，并选出文章参与南京史学会在南京举办的纪念辛亥革命 50 周年的学术活动，以及全国史学会与湖北省史学会在武昌联合主办的纪念辛亥革命 50 周年的全国性学术报告会。史整处还承担为南京大学历史系讲授档案史、历史档案的整理与编目、史料介绍和史料学等专门化课程之任。②

史整处所编纂的档案史料卷帙浩繁，至 1962 年《中国现代政治史资料汇编》达 2100 余万字，专题档案史料 30 余种，500 余万字，《中国现代史大事月表》800 余万字，为"中国现代史"的教学、研究在某种程度上奠定了史料基础。这些资料仅油印若干份分送上级审查和有关方面参考使用，因为油印份数太少，不能适应客观需要。③ 1962 年 3 月，王可风致函近代史所领导黎澍、刘大年、张维汉，尤急切于档案史料之出版问题。④

---

① 《南京史料整理处 1961 年工作计划》（1961 年 1 月），近代史所档案：《南京史料整理处》。
② 《南京史料整理处 1961 年工作总结》，近代史所档案：《南京史料整理处》。
③ 1962 年吕振羽、陈垣均索要《中国现代政治史资料汇编》，当时第一、二辑早已送完，第三、四辑仅印 50 余份，也无剩余。《王可风致刘大年函》（1962 年 10 月 8 日），近代史所档案：《南京史料整理处》。
④ 《王可风致黎澍、刘大年、张维汉函》（1962 年 3 月 5 日），近代史所档案：《南京史料整理处》。

1962 年 9 月，史整处制定 1963～1972 年十年规划时特别强调：

> 　　解放以后其他方面虽然出版了一些历史资料，但辛亥革命以后的史料出版的却很少，可以说尚是一个空白点。党中央和毛主席早就号召要研究近现代史、党史、革命史，和政治史、经济史、军事史、文化史，用以教育广大人民，发扬革命传统，积极建设社会主义。现在研究的成果和写出的书还很少，重要的原因之一就是史料出版的少。我处所保存的档案资料，正是这方面需用的材料，而且是第一手材料，能早日出版，提供近现代史研究工作者参考使用，对历史研究会有很大的推动作用。虽然出版档案资料是需要慎重的，据悉现在台湾蒋匪帮还正在组织人进行清末和北洋政府档案资料的编辑出版。他们尚且如此，我们更应该早日编辑出版，以揭露反动统治的罪恶。①

出版的理由不可谓不充分，近代史所对此亦颇为重视，在《关于出版中国近代史档案史料的意见》中强调："旧政权的档案除了纪录反动统治者的一切阴谋和罪恶以外，也反映着全国人民过去的生产斗争和政治斗争。……档案是最好的史料，写历史必须注意利用档案。""中国近百年历史是革命与反革命斗争发展起来的，研究中国近代史既需注意革命史料说明革命斗争的经过，也须利用反革命的史料揭露反动统治的种种罪恶。这样才能全面的正确的反映社会历史事实，认清社会发展的规律。旧政权档案是揭露反动统治黑暗内幕最好的资料。"并确定修改出版这些档案史料的政治原则："1. 揭露反动统治祸国殃民的罪行；2. 揭露帝国主义对中国侵略的种种罪行；3. 反映革命人民不屈不挠的英勇斗争；4. 反映重大历史事件的正确情况；5. 反映近代中国社会政治斗争和生产斗争的发展变化。"出版的步骤和方法为："1. 北洋军阀政府统治时期的资料先出

---

① 《南京史料整理处 1963～1972 年十年工作规划》（1962 年 9 月），近代史所档案：《南京史料整理处》。

版，国民党政府统治时期的资料后出版。因为北洋军阀政府的档案，对当前社会政治问题牵涉的较少，国民党政府的档案，对现在统战人士有关的较多，所以宜分先后出版；2. 一般史料公开出版，政治上需要保密的资料内部发行。"近代史所将史整处油印的档案史料送中央政治研究室、中宣部科学处、国家档案局、中国科学院社会科学部、中国人民大学近代史研究室、中华书局编辑部等单位审阅。① 1963 年近代史所对史整处的档案资料的出版亦作了规划，史整处的人颇受鼓舞。② 但这些资料仍具有一定的政治敏感性，且随着政治形势趋于紧张，出版之事未能如愿。

近代史研究所独自承担浩繁的档案资料整理任务，各高校不无嫉妒之心。何遂在一届人大四次会议上发言：

> 我在中山大学、武汉大学及西安师范学院等处，听到这样一条意见：即科学院历史研究所第三所集中了数量可观的材料，但缺乏人去整理，而各地大学历史系有人也较有时间，就是缺乏材料，这个矛盾需要解决。希望能把材料按地区分下去，大家来整理。我觉得这是一个很好的意见。③

这一建议在当时并不现实，将档案整理的权责均归于近代史所是当政者的初衷，亦符合当时权力集中的大势；且平心而论，统一整理的方式自有其优势，避免了高校各自为政可能造成资料难以完整保管及充分利用。事实上，这些档案资料历经"文革"之劫难仍然完好，端有赖于这一集中保存、整理的模式。

2. 文献资料搜集、整理与传播

在投入大量的人力物力进行近代档案资料整理的同时，近代史研究所

---

① 近代史所档案：《关于出版中国近代史档案史料的意见》。
② 《唐彪致近代史所办公室函》（1963 年 5 月 18 日），近代史所档案：《南京史料整理处》。
③ 何遂：《对中国现代史研究的几点建议　何遂的发言》，《人民日报》1957 年 7 月 13 日，第 11 版。

自身的图书资料建设亦成当务之急。华大历史研究室入北京城之初，图书资料不过万册，极为简陋。建所前后通过整理文管会档案，奠定了一定的资料基础。1949 年即成立资料室，由刘桂五领导，人员有李达、骈炎龙。其职责为清理及借还一切图书资料。1950 年 4 月共清理并抄出书目 1700余种，并将大部书籍予以编目。① 此后"承各方移赠，院方拨款购订"，甚至"常到燕京造纸厂，从废纸中搜集有用材料"，至 1950 年 11 月底，"已点清的图书报刊杂志，计有平装书 5237 册，线装书 5397 种（计 55510 册），西文日文书籍约三千册，杂志 919 种（计 8708 册），报纸 39 种"。②

　　范文澜极重视图书资料搜集，亲自过问资料室工作，先后委派王可风、荣孟源、钱宏、丁名楠、蔡美彪等担任或兼任资料室正副主任，并要求研究人员除担任研究课题外，每周至少要抽出两天时间来协助处理图书室的工作。1952 年 1 月 9 日，近代史所成立资料委员会，丁名楠任主任，荣孟源、钱宏、沈自敏、樊百川、予拔、李瑚为委员。③ 范氏还派荣孟源等人"陆续接收了原国民党政府在北平设置的政府机关、学术机构、大学，以及一些著名学者、旧官僚遗留的不少珍贵图书资料和文献"。1952年院系调整，近代史所接收了原中法大学的部分旧期刊及一些西文图书。此后陆续接收海关总署的部分书刊资料、河北沧州教会的图书，以及大连满铁图书馆部分日文书及满铁剪报资料。至 1954 年改称历史研究所第三所时，所藏资料已颇丰，并赠送历史一、二所书籍 14870 册。胡适留存在北平故居东厂胡同 1 号的档案、笔记、信札等计 2300 多卷宗约 2 万余件，也由近代史所收藏。1958 年 5 月 9 日，近代史所还收到北京图书馆移交的旧档案 46 箱。至 1958 年底，藏书量已达 14 万册。④

　　1959 年后，资料室更名为图书资料室，建立了所一级的图书资料委

---

① 《中国科学院近代史研究所近况》，《科学通报》1950 年第 4 期，第 259 页。
② 《近代史研究所 1950 年工作概况》，《科学通报》1951 年第 1 期，第 83 页。
③ 李瑚：《本所十年大事简记（1951~1960）》。
④ 李学通访谈整理《周新民先生访谈录》，《回望一甲子》，第 293~294 页；《近代史研究所图书馆的建立与发展》，科研处档案：《所情况简介》，手写稿；北京图书馆史汇编编辑委员会编《北京图书馆馆史资料汇编 2（1949~1966）》下册，第 911 页。

员会，商讨图书资料建设的大政方针，以曲跻武为主任委员，对图书资料室行使业务指导、咨询和监督之责。

近代史研究所图书馆资料建设颇有成绩，领先于社会科学学部其他各所。具体情况如表 3－1、表 3－2 所示。

表 3－1　1950～1954 年近代史研究所入藏图书统计

单位：册

单位 \ 年份	1950	1951	1952	1953	1954
近代史所		6035	23441	79564	79998（送院图书馆及历史一、二所共 14870 册亦计在内）

资料来源：《中国科学院入藏图书统计表》，《中国科学院资料汇编（1949～1954）》。

表 3－2　近代史研究所 1955～1957 年图书资料增加情况
（不含南京史料整理处所藏资料）

单位：册

年份	图书		期刊		日报		总计	
	增加数	累积数	增加数	累积数	增加数	累积数	增加数	累积数
1955	20098	104902	2388	25842	319	8867	22805	139611
1956	13006	117909	6943	21743	656	9523	20605	149175
1957	5405	123314	4934	38930	415	9938	10754	172182

资料来源：《中国科学院年报》（1955、1956、1957），笔者综合整理。

在近代史所早期图书馆资料建设中，私家藏书之捐献不可忽视，以黄炎培为显例。黄藏书甚富，且有意将自己所有藏书全部捐献给近代史所图书馆。范文澜 1960 年即与刘大年商议："黄任老有一批史料，可能其中有些可用的东西。"[1] 1963 年 5 月 3 日黄炎培日记写道："讯历史图书馆范文澜、刘大年，愿捐献图书。乃复待暑假后进行。"[2] 并致函范、刘："几年前曾商将所有历史性藏书捐献你们图书馆。现书愈积愈多，有'充栋'之患，只有实行前议。"[3] 5 月

[1]　《范文澜来函》，王玉璞、朱薇编《刘大年来往书信选》（上），第 224 页。
[2]　《黄炎培日记》第 16 卷，华文出版社，2012，第 80 页。
[3]　《黄炎培来函》，王玉璞、朱薇编《刘大年来往书信选》（上），第 239 页。

7 日，范文澜致信刘大年，让他与张崇山一起去同黄炎培当面洽谈赠书事宜："上次他送我们辛亥以来报纸，本来说是全部，实际得到的却只是其中的一部分。因为当时坐待送来，没有去当面接洽，事情起变化完全不知道（当然我没有去同别的机关争多论少的意思）。此次赠书我意去见见面，比写封回信似较好。"① 其后往来多次联络交涉，始告功成，近代史所图书馆所藏丰富的近代报刊即多赖黄氏捐献。黄炎培还为搜集、整理近代史料之事出谋划策。1960年他致函范文澜谓："前天梁思成同志谈起梁任公先生存着没有完成的遗稿六七大箱，还没有处理，这事似值得注意。如过去还没有联系，似可由你老向思成商量一下。也许是研究所的一种宝贵资料。"② 他曾提议："若干图书馆联合起来，更和历史研究所紧密联合起来，在适当地点设立各个时期的纪念室，戊戌是一期，以前例如太平天国，以后如辛亥、五四等，把各个时期的书籍、图画、物品等，经常地陈列起来，……可否由历史研究所领导发动，重点在这些近世史料，到今相距不太遥远，我所知道私家收藏还不少，把这件事作为十周年国庆的献礼，将此号召私家收藏品一齐贡献出来。"③

此外，柳亚子捐赠了其江苏老家珍藏的近代报刊，④ 张之洞之孙张遵骝捐赠了大量张之洞档案资料，张国淦捐献了手稿，王崇武、聂崇岐、谢雉造等人去世后，捐献了其所有私人藏书。近代史所图书馆还接收了著名清史专家萧一山的部分藏书，包括四库丛刊和部分中文线装书。

没有雄厚的史料基础，撰写近代通史将成空中楼阁。在着力于自身图书馆建设之同时，近代史所将资料的整理编纂作为当务之急。1950 年计划"收集中国新民主主义革命时代的历史材料，准备撰述长编"；⑤ "近代

---

① 《范文澜来函》，王玉璞、朱薇编《刘大年来往书信选》（上），第 240 页。
② 《黄炎培致范文澜》，王玉璞、朱薇编《刘大年来往书信选》（上），第 226 页。
③ 此处"历史研究所"即指近代史所。见《黄炎培来函》，王玉璞、朱薇编《刘大年来往书信选》（上），第 195 页。
④ 主要有《天铎报》（1911～1912 年）、《太平洋报》（1912 年）、《帝国日报》（1910～1911 年），以及柳亚子在吴江老家主编的几种小报，都是国内孤本、珍本。《近代史研究所图书馆的建立与发展》，科研处档案：《所情况简介》。
⑤ 《近代史研究所 1950 年工作概况》，《科学通报》1951 年第 1 期，第 83 页。

史方面将全力整理近代史材料，尤以辛丑以后，五四以前为重点"。①
1951 年的主要成绩"是搜集一九零一年到一九一九年的史料，编写长
编"，"在近三十年史料的搜集与整理方面确也看了一些书，作了一些文
章"；② 1952 年亦计划"广泛搜集有关资料"；③ 1953 年的工作计划为
"编纂中国近代史长编。本年内完成中国共产党成立到第一次国内革命战
争的史料编纂"；④ 1954 年将"有计划地搜集和整理近代、现代史料"作
为最重要的任务。⑤ 显而易见，整理、编纂史料是其工作重心所在。

　　与此同时，近代史所意识到自身承担着促进中国近代史学科发展的使
命，因而尤致力于整理出版近代史资料，以嘉惠学林，推动中国近代史的
研究与教学。荣孟源 1949 年编辑《中国近代史参考资料选辑》，受到社会
欢迎。1949 年 7 月 1 日，史学界人士成立中国新史学研究会筹备会，范文
澜具体主持。他立即筹划编辑"中国近代史资料丛刊"，组成总编辑委员
会，以徐特立、范文澜、翦伯赞、陈垣、郑振铎、向达、胡绳、吕振羽、
华岗、邵循正、白寿彝 11 人为总编辑。1951～1958 年，史学会的主要工作
即是继续编辑出版"中国近代史资料丛刊"（以下简称"丛刊"）。范文澜
作为总负责人，为"丛刊"的编辑出版殚精竭虑。他与翦伯赞共同设宴邀
请金毓黻编纂"太平天国史料丛刊"，并亲至聂崇岐家邀请他主持近代史所
资料编辑室。资料编辑室"平均每年编辑并翻译出版上百万字的资料"，⑥
勤谨高效。"丛刊"原拟 12 个题目，分头编辑，陆续出版。⑦"丛刊"的
编纂以近代史研究所为中坚，依时人观之，"丛刊"的编纂以近代史所为

①　《中国科学院 1950 年工作计划纲要（草案）》，《中国科学院资料汇编（1949～1954）》，
　　第 134 页。
②　《陶孟和副院长报告社会科学四所的工作情况》，中国科学院院档：51－2－7，手写稿。
③　《中国科学院一九五二年工作计划要点（草案）》，薛攀皋、季楚卿编《中国科学院史料汇
　　编（1952 年）》。
④　《中国科学院一九五三年工作计划》，《中国科学院资料汇编（1949～1954）》，第 155 页。
⑤　刘大年：《历史研究所第三所的研究工作》，《科学通报》1954 年 8 月号，第 41 页。
⑥　夏自强《功不可没的聂崇岐教授》，张世林编《学林往事》（中），朝华出版社，2000，第 1004 页。
⑦　参见蔡美彪《范文澜与中国史学会》，《中国史学会五十年》，第 614～615 页。还有《第
　　二次鸦片战争》和《北洋军阀》的编辑工作一度中断，"文革"后由齐思和、林树惠继续
　　完成《第二次鸦片战争》，近代史研究所资料编辑室学者完成《北洋军阀》一书的出版。

主恐怕亦属名正言顺之事。1961 年前共出版 10 种，其中《太平天国》、《捻军》、《洋务运动》、《中法战争》、《中日战争》的编纂皆以近代史所人员为主体，《戊戌变法》、《义和团》、《辛亥革命》的编纂亦多有近代史所人员参与。如《辛亥革命》的署名为柴德赓、荣孟源、单士魁、张鸿翔、刘乃和、陈桂英、张次溪。荣孟源是仅次于柴德赓的核心人物，协助柴德赓对全书进行审定和校对，这在 1956 年他与柴德赓的多封通信中及柴德赓日记中有清晰的反映。柴德赓在《辛亥革命》编纂过程中，经常向范文澜汇报编纂经过，荣孟源一般都要陪同。柴德赓 1956 年 2 月 6 日日记记载："6 日上午诣荣孟源、范文澜同志，谈《辛亥革命》编纂经过。范老言中法战争编辑出了问题，中有'今上皇帝保大云云'，弄得很被动，已暂停发行，正谋改正中。辛亥稿宁可大家看，不要事后为难。"①

　　整合北大、清华、燕京、北师大及社会各方力量进行，在此过程中，非马克思主义史家贡献甚巨。虽然"丛刊"之编纂在唯物史观派近代史总体框架内展开，但对近代史料多方搜罗，披沙拣金，充分体现了传统考据之特点。论者指出，"丛刊"的编纂出版"与史语所工作旨趣不悖。而规模之大，考订之精审，则为他们所不敢想望"。②

　　向达在 1953 年 10 月 3 日《光明日报》发表《解放四年来新中国的历史科学发展概况》，指出："中国近代史资料丛刊的编辑和出版，是新中国历史科学工作者团结的一个有力的证明，也是新中国历史科学方面的一个鲜明的指标。"

　　搜集出版近代文献，近代史所亦有得天独厚的优势。1952 年 10 月，范文澜在报告中就提出要编辑《近代史资料》。③ 1953 年 12 月 15 日郭沫若致函刘大年："关于搜集近代文献，的确是值得做的。问题是要拟出一套办法出来。近代史所恐也须准备这一笔预算。由近代史所主持，通过各

---

① 丁波：《柴德赓日记及来往书信中所见之〈辛亥革命〉署名及稿酬风波》，未刊稿。
② 王学典：《翦伯赞学术思想评传》，北京图书馆出版社，2000，第 31 页。
③ 李瑚：《本所十年大事简记（1951～1960）》。

级文教机关，就地进行搜集或采访"①。次年《近代史资料》终于创刊，荣孟源任主编。这是当时唯一专门刊载近代史文献档案史料的学术刊物，由郭沫若题写刊名。创刊之初在各大报纸刊物发布《中国科学院历史研究所第三所征集中国近代史资料办法》。其资料征集范围相当广泛，档案、函电、日记、著述稿本、回忆录、调查记、罕见书报和地方志、史料长编、年表、统计图表、资料目录、资料考订、相片、拓片、遗物、遗迹等无所不包。② 此一征集得到广泛响应。至 1956 年，已有叶恭绰捐出《镜山野史》，岳旭山捐出全部锡良奏折、批牍、稿本共 6 箱，陈雨苍遗族捐出《五城公牍》，邓禹至捐出郑廷祯信札，潘汉典捐出太平天国印的《建天京于金陵论》，陶孟和捐出华学澜的《庚子日记》。此外还有许多关心历史研究者捐出如阎敬铭军务奏稿、李盛铎亲笔密电稿和信札、冯子材电稿等。③《近代史资料》主要依靠各方投稿，因而实质上成为全国近代史资料的一个权威收集整理中心。

据章伯锋回忆："《近代史资料》从创刊就一直为国内外学者极为重视，重视到什么程度呢？只要资料一出版，国外就有翻译（引者按：应为翻印）本，日本这么搞，欧美也这样搞，具体的情况我不大清楚，但我听当时中国图书进出口公司讲，如果不影印，别人就翻印，因为当时大陆出版的刊物很少，因此这套书成为研究中国近代史重要的资料来源，大家都非常注意和重视。"④

50 年代创办刊物并非易事，在相当窘迫的经济条件下，近代史所学人着眼于长远，优先创办《近代史资料》，足见卓识。为开辟稿源，编辑人员颇费苦心。他们直接赴全国各地访求史料，并作实地调查。如荣孟源、张振鹤二人赴长阳县调查，在 1957 年第 2 期发表《长阳人民革命资

① 《郭沫若来函》，王玉璞、朱薇编《刘大年来往书信选》（上），第 68 页。
② 《中国科学院历史研究所第三所征集中国近代史资料办法》，《历史教学》1954 年第 8 期，第 50 页。
③ 《中国科学院历史研究所第三所积极开展近代史资料的征集和编辑工作许多人士把收藏的珍贵历史文献和资料贡献出来》，《光明日报》1956 年 8 月 2 日，第 1 版。
④ 刘萍访谈整理《章伯锋先生访谈录》，《回望一甲子》，第 390 页。

料调查记》。同时通过信函征集史料，如江苏省文化局副局长朱偰就曾收到近代史研究所的征集民报及其增刊的信函。① 人们对于提供史料亦相当热心。② 1963 年提出计划，决定："1. 与全国各地收藏资料丰富的图书馆、档案馆、博物馆及高等院校历史系、有关研究机构等建立固定的合作关系，主要是利用这些单位的人力，在当地深入发掘和搜集史料，为本刊开辟稿源基地。2. 今后每年应有目的有准备地派人到外去组稿，与有关合作单位交流情况，加强联系。3. 与全国政协《文史资料》建立联系，通过政协系统发掘和征集史料。"③

　　编辑者具备严谨的史料考订功底，在编选史料时也颇费心思。其一，注意"杂"与"专"的统一。《近代史资料》每期大多偏重于某一历史问题，选辑几篇与此有关的史料，其他篇幅则杂编各种史料。如此一来，使用者可以各取所需。专刊如总 24 期《五四爱国运动资料》、总 25 期《辛亥革命资料》，《义和团资料》、《太平天国资料》则只是汇辑同一历史问题的资料。其二，去伪存真。《近代史资料》的编选遵循实事求是的原则，形成了一套行之有效的原则、方法。④ 其三，在新中国成立后的政治背景下，《近代史资料》的选材也难免受到影响。总 5 期《五四爱国运动北京资料选录》中有《每周评论》第 21 号的《一周中北京的公民活动》，被陈伯达指责为崇洋媚外，犯了原则性错误。此后《近代史资料》的发行、订阅增加了许多限制。⑤ 在编辑选择史料时，为政治因素的考虑而删去了不应删的资料。如在编辑《陕甘宁边区参议会文献汇辑》时，把高岗的讲话全部删除，自然难称实事求是。

　　《近代史资料》自 1954 年创刊至 1966 年停刊，共编辑出版了 35 辑，且发行量相当大，成为全国各大学和研究机构在近代史方面的必备参考资

---

① 朱偰：《学术研究不能关起门来进行》，《人民日报》1957 年 5 月 17 日，第 7 版。
② 金毓黻：《静晗室日记》，第 7130 页。
③ 近代史所档案：《〈近代史资料〉编辑方针和工作任务》（1963 年 9 月 1 日）。
④ 参见荣孟源《史料和历史科学》，第 225 ~ 233 页。
⑤ 荣孟源：《史料和历史科学》，第 222 页。

料，惠泽学林无数，广受学界好评。

近代史所对《近代史资料》之编纂，并未过多干预，而予主编荣孟源以较多自主权，以致在 1959 年的整风中，有人攻击："大年同志对所内的资料编辑工作实际上放弃了领导。对于在资料编辑工作中严重的为资料而资料的倾向视若无睹。《近代史资料》在整风补课后决定由定期出版改成不定期出版，本来是为了要更好地配合当前的政治斗争和研究工作。但由于这个工作的实际领导权竟落入右派分子荣孟源手中，事实上仍旧是过去的追求珍本秘笈和随意拼凑……大年同志对这些也完全不加过问，任其自流。"①

近代史所还曾与苏联学者合作编纂中俄关系史资料。苏联科学院自 1954 年以来，先后通过潘克拉多娃院士、谢尔裘琴科顾问，提出中苏合作编辑中俄关系史资料的意见。避免各种争执，合作只限于编辑资料，不涉及撰著。1957 年 3 月 18 日，经请示中国科学院党组，近代史所与苏联科学院中国学研究所订立、签署关于编集"十六、七世纪至 1917 年中俄关系档案材料集"这一大部头文献的计划协定。中方代表为刘大年，苏方代表为彼列凡尔台洛。② 此事后因政治形势变化，不了了之。

1956 年 9 月在巴黎召开的第 9 次青年汉学家会议上，北京大学张芝联报告"中国近代史研究的新发展"，主要所谈即为中国保存近代史档案情形、近代史资料的编辑和出版、现代史资料的保存和搜集以及专题研究等方面情形，③ 所列种种大多以近代史所为中心进行。近代史所在近代史料整理方面成就卓著，为中国近代史学科发展奠定了长远基础。

1958 年在"大跃进"风潮之下，近代史所提出整理资料的"跃进"计划《中国科学院历史研究所第三所整理印行中国近代史资料丛书计划草案》。此计划草案刊载于 1958 年 4 月 28 日的《光明日报》，主要整理出版近代以来的奏议、文集、笔记、日记、专门著述五类资料，并表示：

---

① 　近代史所档案：《关于刘大年同志在学术路线方面的初步材料》（1959 年）。
② 　近代史所档案：《人事文书－1957 未整卷》。
③ 　翦伯赞：《第九次青年汉学家会议纪要》，《历史研究》1956 年第 12 期，第 87～88 页。

"约略估计近代人奏议、文集等不下千种，字数将不少于二亿。任何一个单位或少数人都难于全部担任这个工作，所以势非发动全国研究中国近代史的人分工合作不可。历史三所愿意负责这方面的一些组织工作，具体的整理工作，由各大学近代史教研室和各方面的近代史研究者，依照共同的计划办法，'自报公议'承担那些书，分头去作，为便于领导推动，应当成立一个'中国近代史资料整理委员会'，作为一个统筹的组织。凡已经整理完的书，都交这个委员会审核，复查后统一分期付印。"并预计以十年为期，完成有关中国近代史公私著述的整理出版。第一个五年（1958～1962）整理出 1 亿字，近代史所承担 1000 万字。

近代史所此计划过于庞大，有鲜明的"跃进"色彩；然相对于"大跃进"中其他不着边际的规划，此计划仍相对务实。虽然后来未能如期完成，但近代史所整理出版近代史料的工作，仍然持续稳步进行。

二 由专题研究到通史撰著的研究取径

近代史所自 1950 年建所之初，即"拟订新计划，集中全力于中国近代史的研究。新计划的内容，分为三个部份：第一部份为配合中国近代史上编第二册（自辛丑和约至五四运动）的编写而进行的研究工作，第二部份为收集中国新民主主义革命时代的历史材料，准备撰述长编，第三部份为适合目前的需要而进行的专题研究"。① 另据 1950 年 6 月 26 日郭沫若的总结报告，近代史研究所的主要任务是"以马列主义的方法恢复人民历史的真面目。编著中国近代史，修改中国通史简编，准备作帝国主义侵华史的专题研究"。②

因机构初创，"研究人员各自为政，可以说完全是自由式的研究"，③个人专题研究热情颇高，兹简列如下。荣孟源：国民党史；刘桂五：清末

---

① 《近代史研究所 1950 年工作概况》，《科学通报》1951 年第 1 期，第 83 页。
② 《中国科学院资料汇编（1949～1954）》，第 181 页。
③ 张振鹍：《回忆范老与帝国主义侵华史研究》，《近代史研究》1994 年第 1 期。

立宪运动；王可风：中国新民主主义革命史；王禹夫：编辑俄语教程，中国共产党年表；牟安世：日俄战争；沈自敏：美帝侵华史；王忠：蒙古问题；唐彪：阅读并摘译"北京政闻"；刘明逵：中国大革命史；王佩琴：近代回教史；房鸿机：五四运动前 1901～1919 年之思想史；傅耕埜、王涛：1901～1911 年之中国经济；禹一宁、刘伟、高大为、李朝栋：日本侵华史；陈振藩：国会问题；贾岩：通俗本中国新民主主义革命史。[①] 不难看出，此时研究者选择专题研究虽多以自己的兴趣为转移，但总起来看又服务于研究、撰写完整的《中国近代史》之目标。

　　1951 年近代史所的研究课题主要有："（甲）编写组：1. 在中国境内的帝国主义战争——日俄战争　2. 同盟会　3. 第二次改良主义运动　4. 满清统治集团的分裂　5. 辛亥革命　6. 旧民主主义共和国　7. 军阀割据与混战　8. 五四运动（乙）长编组（丙）专题研究　1. 中国新民主主义革命运动史大事年表　2. 美帝侵华史　3. 日帝侵华史　4. 中国国民党史　5. 中国回族史　6. 西藏研究　7. 外蒙古独立问题　8. 摘译法文"北京政闻报"　9. 修改《中国通史简编》　10. 编写《中国新民主主义革命运动史》讲义　11. 编写《欧洲近代革命运动史》讲义"。[②]

　　在 1951 年召开的研究工作会议上，着重讨论编写"中国近三十年史"。10 月，决定分为两组，甲组为革命史组，乙组为反革命史组。"本年先搜集资料，两组分工，同时并进。一年完成初稿。甲组重点为：工、农、军、统一战线。乙组重点为：1. 经济（农业、工业）；2. 北洋军阀；3. 帝国主义；4. '4·12' 以后的国民党。"[③]

　　1952 年仍强调："近代史研究所的基本任务是以马克思列宁主义的立场、观点、方法来研究中国历史，以近代史的研究为重点。"[④] 是年 1 月

①　《中国科学院近代史研究所近况》，《科学通报》1950 年第 4 期，第 259～260 页。
②　《近代史研究所研究题目》，薛攀皋、季楚卿编《中国科学院史料汇编（1952 年）》，第 20～21 页。
③　《李琡日记》。
④　丁瓒：《关于制订科学工作计划的几点意见——在中国科学院北京各研究所所长联席会议上的发言》，薛攀皋、季楚卿编《中国科学院史料汇编（1952 年）》。

18 日，范文澜报告 1952 年工作计划，提出："更进一步组织起来，完成三十年史第一、二次国内战争史料的整理与编辑。作法：1. 凡与题目有关材料，尽可能搜集起来，按年月日分类。材料不可过分删去，多保存原文。2. 材料以现成的、手下有的，或容易找到的。某一方面确实无材料或手头材料较差亦用之，难得的暂时不管。一步一步进，做的是半制品（报上发表的是精制品）。大段分类，分析，有些观点，将来写文章方便。"①

9 月，范文澜报告五年计划（1953~1957）：以近三十年史为要点，提出"一定要完成长编"。10 月，范文澜报告工作计划，仍以"编写现代史长编"为中心任务，并确定编写体例为：

> 1. 以大事为中心，每一历史阶段分若干章，每一重大事件为一章，每章按事件内容分为若干节，每节按繁简订细目。2. 以保存史料原来文字为主，只加剪裁，不予改动。章节细目标题须表明材料间的关系及系统，并表明编者的立场观点。3. 选择材料须去粗取精，去伪存真，相异材料应仔细考核，取其真实者。4. 所选材料可择要节录，注明出处。编者加简要说明，附带问题另作注释。②

但中宣部 1953 年 1 月对近代史所此一计划明确表示否定意见，认为"不应以五年之力作出长编"，建议"进行近代史专题研究"。③ 中宣部的考虑或许在于，因 1919~1949 年（即当时所谓"中国现代史"）离当下太切近，进行严格意义上的学术研究尚有窒碍。

1953 年与全国开始实行第一个五年计划相适应，近代史所遵照中宣部指示，建立了有组织有计划的分组集体研究制度，将工作重心转移至 1840~1919 年间。全所分为近代史组、通史组、史料编辑组。主要

---

① 《李瑚日记》，1952 年 1 月 18 日。
② 《李瑚日记》。
③ 《李瑚日记》。

工作包括：

> 第一部分是中国通史研究，以修改《中国通史简编》为主，围绕通史还有一些小的专题研究；第二部分是中国近代史方面的专题研究，五年计划中选定《中国资产阶级》、《中国工人阶级》、《辛亥革命》、《北洋军阀》、《国民党的反动统治》、《帝国主义侵华史》等专题；……第三部分是近代史资料的编辑和整理工作。①

其中近代史组以 1840～1919 年为研究时限，人员最多，在全所居于主体地位。近代史组下设 3 个组：第一组为经济史组，组长为刘大年，干事为谢珑造，主要研究中国资产阶级；第二组为政治史组，最初研究辛亥革命，荣孟源任组长；第三组是帝国主义侵华史组，后改为中外关系史组，北大历史系的邵循正兼任组长。1954 年 1 月设立现代史组，以董其昉为组长，成员有王来棣、王爱云、单斌、刘明逵。研究力量比较单薄，"总的方向是为今后三年的研究工作准备条件"，"阅读现成史书和主要史料，熟悉现代史各个时期的轮廓，并就所阅读的史料做出索引卡片和对现有的年表进行初步补正"。②

各组研究工作具体进行情况，兹以经济组为例略叙如次。是年 8 月，经济组汇报个人工作情况，决定根据各自所看资料情况，"从资产阶级着眼，或横的展开，提出问题。具体问题根据材料提出，不要遗漏小的。要说明资产阶级的某一特点，占什么地位和作用，与其他阶级的联系"。在讨论的基础上，9 月，经济组进一步做具体分工：钱宏负责"中国资产阶级的发生"、"中国资产阶级与小资产阶级的关系"；董其昉负责"中国资产阶级的构成"；樊百川负责"中国资产阶级与农民阶级"；张玮瑛负责"中国资产阶级在工业方面的活动"；谢珑造负责"中国资产阶级与帝国

---

① 《中国科学院所长会议社会科学组会议总结》，《中国科学院资料汇编（1949～1954）》，第 230 页。
② 近代史所档案：《历史研究第三所一九五四年上半年研究工作概况》（1954 年）。

主义和垄断资本主义的关系"；李瑚负责"中国资产阶级在商业银行、运输方面的活动"。是年 11 月，经济组决定着力确定作为研究指导的提纲，具体做法为：（1）按问题收集材料，到一定时候动手整理；（2）挑出问题搞成长编，到一定时候整理长编；（3）选择有材料的题目，一面搜集材料，一面整理，写成文章。①

1954 年近代史所总的工作方向为："中国近代史方面的专题研究，五年计划中选定《中国资产阶级》、《中国工人阶级》、《辛亥革命》、《北洋军阀》、《国民党的反动统治》、《帝国主义侵华史》等专题……近代史资料的编辑和整理工作"，② 只有"少数人力继续编写中国通史的任务"。③

1955 年研究课题多达 21 个，但较为分散。④ 同政治领域的批胡运动紧相配合，共有 8 个关于胡适批判的课题，体现出意识形态对学术的引导与制约。

1950～1955 年的课题名目每年多有更易，1955 年之课题规划更是过于急促（多为几个月，见表 3－3）。因缺乏长期持续性，自然难以沉潜下来做深入研究。不过研究所的中心任务可谓一以贯之，即循由专至通的取径，通过分工专题研究为撰著完整的《中国近代通史》做准备。

表 3－3　1955 年近代史所研究课题

课题名称	主要研究内容	负责人及参加者	起止日期	完成、推广情况
帝国主义侵华史	帝国主义侵华史第二编，第一、二两章（1864～1885）	沈自敏　康右铭　张振鹍　李明仁	1955 年1～3 月	完成初稿

① 1954 年 1 月，经济组开始讨论提纲，2 月形成提纲草案。10 月讨论钱宏所作《鸦片战争前中国社会资本主义萌芽》，以及李瑚所作《略论中国银行资本的发生》、《中国银行资本的性质》、《中国资产阶级在银行资本的实力》。《李瑚日记》。

② 《中国科学院所长会议社会科学组会议总结》，《中国科学院资料汇编（1949～1954）》，第230 页。

③ 《中国科学院历史研究所第三所集刊》第一集，中国科学院，1954，"前言"，第 1 页。

④ 详见《中国科学院年报（1955）》，第 540～541 页。

续表

课题名称	主要研究内容	负责人及参加者	起止日期	完成、推广情况
台湾历史概述	根据历史文献证明，台湾自古以来便是中国领土的一部分	刘大年 丁名楠 余绳武	1955年 1~6月	已在历史研究所第三所集刊第二期发表，三联书店印成单行本发行
肃清资产阶级思想在中国近代史领域中的余毒	批判胡适、蒋廷黻、陈恭禄、郭廷以、张忠绂等人的资产阶级思想在近代史几方面的毒害	丁名楠　贾维诚 康右铭　张振鹍 李明仁	1955年 7~12月	完成初稿，尚待整理
中国通史简编	中国历史的综合著作	范文澜等 5人	1955年 1~12月	编写第二编，搜集以下各编材料
中国历史图解	中国历史图解	王崇武	1955年 4~12月	编写第一编，与文化部合作
中俄关系史料	搜集清代中俄关系史料	余元庵	1955年 3~12月	收集完沈阳图书馆的档案资料
批判唯心主义历史观	批判胡适派历史学	范文澜　王崇武 张遵骝　蔡美彪	1955年 3~6月	已有两篇在《历史研究》发表，一篇在《文艺报》发表，另一篇写成初稿
学习马列主义阶级斗争的理论批判胡适抹煞斗争的反动观点	批判胡适在阶级斗争问题上的唯心主义	罗超	1955年 5~10月	写成初稿
胡适的民族投降主义怎样的为反动阶级服务	批判胡适民族投降主义的观点	单斌	1955年 5~12月	写成初稿
批判胡适的历史观点	批判胡适对中国近代史的歪曲	荣孟源	1955年 1~6月	未发表
史学、史料和考据	批判胡适的史料学和考据学	荣孟源	1955年 1~6月	1956年6月在《新史学通讯》发表
太平天国土地问题	说明太平天国的土地制度	荣孟源	1955年 11~12月	写成发表
1911年的中国革命	辛亥革命的性质	刘桂五	1955年 1~4月	写成发表于《人民中国》
东北抗日联军	东北人民抗日的英勇斗争	何重仁	1955年 10~12月	收集材料已写出一部分
台湾"二二八"事变	台湾人民反美蒋暴政统治斗争	何重仁	1955年 1~4月	完成初稿

续表

课题名称	主要研究内容	负责人及参加者	起止日期	完成、推广情况
锦瑷铁路	帝国主义对锦瑷铁路的掠夺	郑焕宇	1955 年 10～12 月	写成草稿
粤汉铁路与四国银行团	揭露帝国主义对粤汉铁路的掠夺以及资产阶级为收回利权而斗争	王仲 张振鹤	1955 年 10～12 月	写成初稿
清政府 1901～1905 年的所谓"新政"	清政府新政的各项措施	丁原英	1955 年 1～2 月	写成初稿
批判胡适的民族投降主义		丁原英 王仲 张振鹤	1955 年 3～6 月	搜集材料，写成初稿
中国史学史	此系解放前印成的旧书，现在重新删改并写一篇序论	金毓黻	1955 年 1～12 月	修订完成，但书前序论尚未拟就
胡适这个人	批判胡适的反动政治观点	荣孟源	1955 年 1 月	1955 年 1 月《中国青年》发表

资料来源：据《中国科学院年报（1955）》统计。

　　1954 年的近代史分期讨论对于中国近代史学科化至为关键。范文澜亦热情投入其中，反复阐述对于近代史分期之主张，体现出其撰写中国近代史的通盘考虑和整体架构，并于 1956 年着手组织人力重写"中国近代通史"。此后为撰写中国近代史的通论性著作，近代史所几经反复，做出了诸多努力。[①]

表 3-4　1956 年研究课题一览

课题名称	主要研究内容	负责人及参加人数	起止日期	完成情况及推广情况
中国近代史	1840～1919 年包括政治经济文化等各方面的统合性的通史	范文澜、刘大年及近代史第一、二、三组全体工作人员	1957～1960 年	收集和整理材料及研究各段落的重点

---

①　第四章第五节对近代史所撰写"中国近代通史"之历程还有详述，此处从略。

续表

课题名称	主要研究内容	负责人及参加人数	起止日期	完成情况及推广情况
共产主义运动的兴起	论述 1916～1923 年中国共产主义运动的兴起和发展情况	现代史组全体工作人员	1955～1959 年	分工完成 1919 年前工人、农民、知识分子等的资料收集工作
帝国主义侵华史	1843～1910 年帝国主义侵华史	近代史第四组全体工作人员	1953～1958 年	计划完成第二编的总章和第三编前三章的初稿
中国通史简编	中国通史的综合著作	范文澜及通史组全体工作人员	1953～1958 年	计划完成第二编和第三编的一部分

资料来源：据《中国科学院年报（1956）》统计。

现代史学与传统史学的一个重要区别，即在于不从"全面"着手。在科学主义的支配之下，近代以来史学呈现由笼统论述向专题研究转化的趋势。通史撰著须以专题研究为基础渐成学界共识。齐思和认为："只有细密的分工，才能有可靠的收获……现代的史学是建设在专题研究之上的。"[1]梁启超曾说："专史没有做好，通史更做不好。若是各人各做专史的一部分，大家合起来，便是一部顶好的通史了。"[2] 范文澜亦曾明确表示：

> 通史的工作是这样艰难的，要认真做好通史，就必须全国史学工作者很好的组织起来，分工合作，或研究断代史，或研究专史，或研究少数民族史（没有少数民族史的研究，中国历史几乎无法避免地写成汉族史），或研究某一专题，局部性的研究愈益深入，综合性的通史也就愈有完好的可能。以局部性的深入来帮助综合性的提高，以综合性的提高来催促局部性的再深入，如此反复多次，庶几写出好的中国通史来。[3]

---

[1] 齐思和：《近百年来中国史学的发展》（原刊《燕京社会科学》1949 年第 2 卷），李孝迁编校《中国现代史学评论》，上海古籍出版社，2016，第 153 页。
[2] 梁启超：《中国历史研究法》，上海人民出版社，2014，第 127 页。
[3] 范文澜：《范文澜全集》第 10 卷，第 267～268 页。

范文澜所言，当为通史撰著之最理想情形，实际上却往往难以做到。专题研究达到何种程度方可进行通史撰著，可能也难一概而论。新中国成立后范氏可以凝聚研究力量，集众人之力而修订撰写通史。其基本做法是，由通史组的各位助手提供资料长编或初稿，范氏在此基础上分析概括，融会贯通，撰写成书。其助手阵营可谓强大，诸如金毓黻、聂崇岐、王崇武、张遵骝、蔡美彪、余元庵、王忠、卞孝萱等人，均为对某专题领域有精深研究的专家，在集体协作撰写通史中可以充分发挥其所长。范文澜曾对通史组同人说："我的短处是不专，我没有专长的学问；因为不专，所以做通史的工作也就很肤浅，补救的办法，是依靠你们的专。"①这自然不无谦虚之意，但亦为肺腑之言。

如上所述，近代史所早期课题规划丰富多样，且以专题研究为基础再求综合贯通形成通史的思路较为明晰。整合史料与史观，兼顾微观与宏观，就其基本理念及取径而论，这无疑是治史的正道，且与现代史学潮流相合。但问题在于，不少专题研究计划因悬的过高，且急于求成，反致半途而废。因而撰著通史时，由于专题研究之凭借不足而进展甚缓。范文澜数次欲组织人员续写《中国近代史》，未竟其功；刘大年后来主持撰写"大书"即多卷本《中国近代史》，也只写到1900年。反而是戴逸、林增平个人所著《中国近代史》能较快完成。窃以为，中国近代通史撰著同整个近代史的研究水平密切相关，在整体水平尚低时，撰写通史相当不易。依赖团队的少数人分头从事专题研究，当然不失为一条取径，然此种方法可能未必能获得立竿见影之效。而个人撰著，可以主要凭借学界既有研究成果加以整合，体现出个人特色，反具优势。二者难以放在一个平面进行比较。

再看范文澜，20世纪40年代，在两年时间内以个人之力完成《中国近代史》上编第一分册，且当时资料匮乏，虽然错漏处所在不少，毕竟如期成书，且为奠基之作，影响极为深广。新中国成立后却如范氏所言：

①　蔡美彪：《范文澜论学四则》，《学林旧事》，第193页。

"自从到北京后，情况就不同了，材料很多，反而不敢写了。"① 这或许可以部分解释近代史所在近代通史撰著中所遇困境。

三　史学研究与现实需要

郭沫若在中国史学会成立大会上的致词中，强调新史学已发生 6 个方面的转变，其中之一即"由名山事业转向群众事业"，② 也即"转变为承认研究历史必须为人民服务"。③ 推重致用本为毛泽东史学思想的一大要点，史学研究必须满足现实需要，也就成为新中国成立后马克思主义史学不容置疑的律条。刘大年在发言中强调，近代史研究所的定位"不是自由研究者的集合体，它是负担党和国家交给的任务的机构，是一个战斗队"。④

中科院建院之初，即通过思想改造和对"理论结合实际"等延安经验的反复强调，"确立了科学为人民服务、为工农业和国防建设服务的发展方针"。⑤ 但人文社会科学与自然科学有别，尤其史学，所关注者为已逝的人与事，与现实难免有一定距离，也难以产生即时的现实价值。史学研究如何服务于现实，各人的理解有异。就近代史所的早期发展来看，如何贯彻落实"服务于现实需要"成为其工作中的焦点问题，影响到其研究课题与科研方向。但在研究实践的过程中，现实需要因时而变，亦可分为不同的层次，其内涵并非完全一致。

其一，与学术研究无甚直接关联的临时性工作。"史学研究服务于现实需要"既已成为天经地义，则因应各种临时需要的工作牵扯了近代史所学人相当一部分精力。尤其在建所之初，诸如"为各机关团体作有关

---

① 《范文澜发言》，《克服理论宣传工作中教条主义习气问题座谈会记录摘要》，《学习》1956年第 7 期，第 13 页。
② 郭沫若：《中国历史学上的新纪元》，《进步日报》1951 年 9 月 29 日，第 5 版。
③ 刘大年：《中国历史科学现状》，《科学通报》1953 年第 7 期，第 8 页。
④ 近代史所档案：《大会发言稿》（刘大年，1960 年）。
⑤ 王扬宗：《科学会议的中国特色》，《科学文化评论》2008 年第 2 期，第 5 页。

中国革命史、中国历史上的民族战争、美国帝国主义侵华史等临时报告，又由出版总署编审局的委托审阅稿件，为文化部、外交部、学习杂志等机关提供材料，解答问题"① 等社会政治活动均需积极参与。陶孟和在 1951 年的总结中提到："在过去一年里，近代史研究所参加所外活动很多，譬如，西藏文化工作团，就去了三个人，文化部去山东调查武训的历史，也有近代史所的人参加的，此外在北京并参加史学会的活动。因为有这些所外的工作所以所内的工作就未能按计划进行。"②

其二，以历史知识服务于国家建设，这也是近代史所颇为重视的工作导向。典型例子如地震史资料的编纂。1953 年 11 月 28 日，中国科学院成立地震工作委员会，范文澜当选委员兼历史组组长。③ 1954 年，根据苏联专家要求，中科院副院长、中国科学院地震工作委员会主任委员李四光提议整理编辑中国地震历史资料，以确定拟设厂矿地址的地震烈度。④ 范文澜奉命着手编纂地震史资料，近代史所为此专门成立地震资料编辑组。金毓黻入近代史所后，范文澜即委派金氏主持其事。王其榘、王会庵、茹春浦、刘仁达、王寿彭、李育民等人，在地球物理研究所和有关单位支持下，搜集查阅包括正史、地方志、笔记、杂录和诗文集共约 16000 余种文献图书，1956 年编成出版《中国地震资料年表》，共 253.6 万字。此书汇集我国历史文献中有关地震的记载，以及若干地区的实地调查资料，颇获学界好评。⑤ 这些资料为中国科学院地震物理研究所编制我国历代地震烈度地图提供了最为权威的史料。

其三，从事史学教育等普及工作。新中国成立之初百端待举，人才匮

---

① 《近代史研究所 1950 年工作概况》，《科学通报》1951 年第 1 期，第 83 页。
② 《陶孟和副院长报告社会科学四所的工作情况》，中科院院档：51 - 2 - 7。
③ 《中国科学院资料汇编》（1949～1954），第 81 页。
④ 竺可桢：《〈中国地震资料年表〉序言》，《竺可桢全集》第 3 卷，第 323 页；黎澍：《〈中国地震史料汇编〉序言》，《人民日报》1983 年 3 月 4 日，第 5 版。
⑤ 黎澍：《〈中国地震史料汇编〉序言》，《人民日报》1983 年 3 月 4 日，第 5 版；刘萍访谈整理《章伯锋先生访谈录》，《回望一甲子》，第 385 页；《中国地震资料年表》（上下册），科学出版社，1956。

乏，近代史所不少研究人员还有其他兼职。新中国成立前，王可风、荣孟源、刘桂五即在华大教课，抵京后仍继续任教。王可风在正定华大分校及北京中国人民大学本科教中国新民主主义革命史；荣孟源、刘桂五又在北京工农速成中学教中学历史，并编写课本。① 至 1951 年，兼课人员更多。刘大年亦于 1961 年被聘为中共中央高级党校中国历史教授，讲授中国近代史课程。1954 年 5 月 21 日起，中国文联开始举办"中国近代史讲座"，分别由荣孟源、王崇武、邵循正、刘桂五、胡华等主讲。出席听讲的有老舍、洪深、曹禺、赵树理、谢冰心、陆柱国、马少波、贺敬之等文艺人士900 多人。② 中国科学院对研究人员兼职亦做出规定："为流通人才计，得在大学（院校）兼课，所授课程应与研究学科有关，兼课以一个科目为限（最多每周不得超过四小时）。"③

其四，服务于现实国际政治斗争的需要。这类任务具有无可置疑的正当性与优先性，因而能够迅速调集人力物力进行。例如，1964 年黎澍组织为中苏边界谈判提供资料的"中苏边界历史组"，能够迅速从全国调集史学精英，近代史所也投入了大量人力进行相关资料搜集与研究工作，其他工作均为此让路。再如 1957 年中缅进行边界问题谈判，范文澜组织安排近代史所人员撰写一批关于历史上滇缅边界问题的文章。④ 再如刘大年、丁名楠、余绳武合写的《台湾历史概述》，即"为支援解放台湾，配合宣传工作"。⑤

史学研究要服务于现实，在"十七年"无疑应是共识。但史学究竟应如何服务于现实需要，则难免存在分歧，近代史所学人亦有着不尽相同的解读。1958 年 8 月上旬开始整风补课，重点欲解决"方针任务"问题。在近代史所整风领导小组扩大会议上，副所长张维汉提出，近代史所的任

---

① 《中国科学院近代史研究所近况》，《科学通报》1950 年第 4 期，第 260 页。
② 《中国文联举办"中国近代史讲座"》，《人民日报》1954 年 5 月 27 日，第 3 版。
③ 中国科学院院档：办永 50 - 8。
④ 张振鹍：《回忆范老与帝国主义侵华史研究》，《近代史研究》1994 年第 1 期，第 30 页。
⑤ 近代史所档案：《一九五四年研究工作总结》。

务应该是"用中国近代、现代史上的史迹和经验，阐发和宣传党的政策和路线，为社会主义建设服务，教育和鼓舞广大人民"，刘大年认为"这样提法有些片面、狭窄"。①

以现实需要为导向，参与临时性的社会活动过多，心有旁骛，无疑影响到学术研究的成果，以致"一、不能按照计划完成任务；二、对于青年干部缺乏有计划的培养；三、临时工作太多，妨碍了正规工作；四、工作显不出成绩"。② 1953 年底只完成计划研究工作的四分之三，③ 1954 年中科院对各所进行工作检查，近代史所有较多课题未能按计划完成受到批评。④ 刘大年在 1957 年 1 月 5 日全所大会报告上亦指出：

> 由于过去几年来只是打架子，未建立进行计划，又搞过几次政治运动，接受外来任务太多，以致分散力量和交不出账来。自一九五三年开始定计划，去年把计划规定下来，情况有些改变，但以组织工作不够好，或以无人来管，缺乏检查，造成组织松懈，因而成绩不够显著。内部感到不满，外边也有批评。⑤

而且，过于强调以现实需要为导向，也造成研究人员无所适从。1961 年调查时指出：

> 没有订"行当"。有的干部工作范围不固定，变动很大，如王其榘，从 1953 年到现在工作变动了七次，1953～56 年搞地震资料。1956 年后到一组搞清朝嘉道年间的文献资料，1957 年整风运动后下放劳动锻炼，1958 年回所后分配到一组搞戊戌变法。1959

---

① 近代史所档案：《（哲学社会科学部）分党组第十八次会议（扩大）纪要》。
② 金毓黻：《静晤室日记》，第 7358 页。
③ 近代史所档案：《中国科学院所长会议社会科学组会议总结》。
④ 《1954 年检查各研究所研究工作的报告》，《中国科学院年报（1955）》，第 87 页。
⑤ 金毓黻：《静晤室日记》，第 7369 页。

年 4 月分配到通史组帮助范老收集唐代自然科学的资料，1960 年
9 月调搞边疆资料，1961 年 2、3 月又搞灾荒资料，现在已调回通
史组。这些工作都没有单线联系，结果什么都搞搞，在那（哪）
一方面都没有来得及认真钻进去，又分配另一种不同的工作任务，
知识缺乏系统性，不专。其他干部也有这种情况，何忠汉工作调
动频繁也是例子之一。因此，王其榘说：“要打仗，不知战场在哪
里”。①

　　在 1957 年的整风座谈中，有人提出：“计划要有保证。不要常拉去作
临时工。干部要固定专业化，长期钻研，才能有成绩。”② 1957 年工作计
划的“说明”中，强调“集中力量抓住研究工作，除非迫不得已，绝不
接受外来的临时任务，保证研究人员有六分之五的研究时间”。③ 当然，
随着反右运动骤起，这一“说明”又成具文难以落实。

　　在近代史所实际主持工作的刘大年，其实亦不无矛盾，他明确表示：
“我是认为研究所必须承担国家交给的临时性任务的，也认为应当为了满
足某些实际的需要做一些临时的较小的题目。但我经常注意的是几本大书
和一部分资料性工作。因为我的想法是，研究所要存在，必须做几件有分
量的工作。”④ 他强调要“集中力量抓紧研究工作”，“坚持计划，投入时
间实现目前任务”，“推动其他工作，包括培干在内，必须先抓紧研究工
作，如果对属于关键性的研究工作做的不好，就影响到其他工作都做
不好”。⑤

　　因为学术研究有时同临时的现实需要之间存在难以纾解的矛盾，近代
史所领导亦不免左右为难。1959 年刘大年被尖锐批评为“没有把我们所

　　① 近代史所档案：《调查研究意见》（1961 年 5 月 8 日）。
　　② 近代史所档案：《通史组座谈会的意见》（1957 年）。
　　③ 近代史所档案：《历史第三所 1957 年度工作计划说明》。
　　④ 近代史所档案：《大会发言稿》（刘大年，1960 年）。
　　⑤ 金毓黻：《静晤室日记》，第 7369 页。

看成是党在思想战线上的一个战斗组织，在他的心目中，实际上是把我们所看成是一个可以脱离斗争、至少是暂时可以少参加一些战斗的关门提高的学术研究机构"。① 刘大年在检讨中说：

> ……所里业务工作我又只是抓所谓"大拳头"（几本主要著作），抓系统地整理资料等带有基本建设性质的工作。我是认为研究所必须负担国家交给的临时性任务的，也认为应当为了满足某些实际需要做一些临时的较小的题目。但我经常注意的是几本大书和一部分资料性工作。因为我的想法是，研究所要存在，必须做几件有分量的工作，"报得出账来"。做好了资料等基础性工作，就可以便利于全国学术界进行研究，对党的事业作了一点贡献……非常明显的，从个人和党的关系来看，我只有一个模糊的作为自己工作领域里的一个战斗员的思想，很缺乏作为党全方面的助手和尖兵的思想。虽然认识到研究所是这条思想战线上的一个重要阵地，并希望把这个阵地的工作尽可能做好一些，但是由于缺少必须作为一个助手和尖兵的觉悟，我对研究工作的看法，对所里工作的要求，从各方面都表现出了一种脱离斗争、脱离实际的倾向。和党的科学研究工作方针是不符合的。决定做什么不做什么和怎么做，往往不是或不完全是密切联系当前实际斗争来做出选择，而是从概念、从抽象的"需要"做出选择的……过去我所的出版物和目前正在进行的工作，到底内容如何；是不是为政治服务了，服务的怎样？很值得去仔细研究仔细加以检查。过去我有一个错误想法，以为所有研究题目都是经过领导机关批准或是有关的负责同志提出的，例如不久以前提出的明年以后的工作项目就是向领导同志汇报以后确定的，因此方向大致不会错。其实从实际需要出发有些研究题目应随时调整，即使选题都正确，不一定内容就正确，更不一定都和当前斗争有联系。所里过去的出版物和现在的工作中最少有

---

①　近代史所档案：《关于刘大年同志在学术路线方面的初步材料》（1959年）。

这几种情形：（1）离开实际斗争较远的资料书、工具书是大量的；（2）选题正确，写出来的东西质量不够高、战斗性不够强的占大多数。（3）内容有各种性质不同的错误（如观点错误、泄密等），有反作用的。……必须明确全所是党在历史研究工作中的一个战斗队。要时时刻刻意识到我们是在这里战斗。①

刘大年面对批判所做的检讨，反映出他对研究所的定位、导向仍不免存在困惑，在现实需要与学术研究发生抵牾之时不免两难。

随着政治形势的变化，"史学研究为现实服务"的强调程度也有所调整。1958 年"史学革命"兴起，近代史所在讨论中，不少人纷纷批评研究所脱离了为现实服务的道路。陈在正、谢端造、黎世清等人对于 1958～1962 年的工作项目提出批评，认为其中如"渤海国志"、"清代兵制"、"清末兵制史"、"吐蕃传笺证"、"南诏史"、"中国官制史"、"中国考试制度史"等专题不能为当前政治服务，"是白旗，领导为什么允许白旗存在"。② 唐光前甚至提出：

> 从我所的五年工作纲要中开头即可看出总的方向是研究近代、现代史，并没提到通史和古代史的编写工作。但随着又提出五年内写出《通史简编》，而工作项目中又出现如清末兵制、近代外国人名汉译表、中国官制史、中国考试制度史、清代经济史、唐宋土地问题研究、辽金元社会性质研究、明代资本主义萌芽问题、朱舜水思想研究、渤海国志、新唐书吐蕃传笺证、新唐书南诏传笺证、拉施特哀丁史集译注，等等与近代、现代史无关的一大堆名目，显而易见反映了我所的工作计划的自相矛盾。③

---

① 近代史所档案：《关于研究工作方针路线问题的检查》（1959 年）。
② 近代史所档案：《整风补课资料》（1958 年）。
③ 近代史所档案：《整风补课资料》（1958 年）。

有人提出，"要经常了解当前最需要什么？我们就做什么，研究什么。否则我们的成品将是脱离实际的，或是不符合群众需要的东西"。[①]更有甚者，连范文澜写"中国通史"，也被人攻击为"关起门来写书"，不能为当前的政治服务，"当然在他写成了之后，一定是一种名著，可以垂之于后世，不过这样的书是不是能面向工农？恐怕只能给高中以上的学生及知识分子作教科书或参考之用，对于为当前政治服务是有些距离"。[②]

而到1962年，随着政治形势由激进趋于调整，近代史所的研究计划中，对原来的一些认识和做法又有所反思：

> 服务于社会主义事业，服务于无产阶级政治。然而有时我们对这个问题的理解却是狭隘的、片面的，以为对历史进行系统的研究，就是脱离了当前的斗争，就不能为无产阶级政治服务。按照这种理解，常常是要去生硬地、不恰当地联系实际、联系时事。研究历史的人知古不知今，是值得警惕的，但是这决不等于就应当放弃对历史的系统研究，或在历史事件的论述中对现状作非常勉强的联系。……做好直接配合当前斗争的临时性的研究工作和资料工作。忽视这方面的工作是错误的，但是，不应该狭隘地认为，我们的任务仅仅就是这些。……近几年来，我所的研究工作计划变动较多，有些研究项目常常半途而废。一部分研究人员的工作经常改变，长期得不到稳定，既影响工作质量，又不利于培养干部。一些必要的规章制度，有的长期未能确定，有的制订了以后，也没有认真执行。这些年来的事实证明，所内凡是有些成果的工作，都是变动较少，始终坚持下来的项目。一些成长较快的研究人员，多半也是工作比较固定、能够长期在一个方面进行钻研的人。研究工作是一种艰苦的、复杂的脑力劳动，需要长期地持续地进行，才有可能做出成绩来，因此必须从各方面来

---

① "赵金钰意见"，近代史所档案：《整风补课群众意见之三》（1958年）。
② "傅仲涛意见"，近代史所档案：《整风补课群众意见之三》（1958年）。

保持其相对稳定性。今后一定要切实做到：计划确定后，不再随意变动；把研究人员的分工稳定下来；制订一套必要的工作制度，建立正常的工作秩序。①

以现实需要作为学术研究的指针、导向，一方面固然使近代史所产生了如《中国地震资料年表》等成果，同时也使不少有学术价值的课题被忽视和搁置。兹以《静晤室日记》的曲折命运为例。《静晤室日记》为前辈学人金毓黻先生的长篇读书治学札记，亦为半个世纪学术史料之汇集。日记卷帙浩繁，达500余万字，荟萃了金氏毕生为学所得，具有相当高的学术价值。1949年顾颉刚见过此日记后，感叹"静庵日记三十余年，成百数十册，记事录文，又一《越缦堂》，近代史之重要资料也"。② 其价值可见一斑。

新中国成立后，金毓黻身体欠佳，但此志不已，对日记更加珍视。他积极为日记付梓做准备，常在覆阅过程中加以圈点。1957年11月5日，金毓黻因长期失眠服安眠药过量再度陷入重病之时，决计将极为珍视的《静晤室日记》全帙165册捐赠给近代史所，"一为便为保存，不致散失，二为可供所中同人利用，三则希望将其中之可存部分，由所中帮助辑出，印为札记，以便流传"。③ 1958年金毓黻已72岁高龄，拟整理书稿20项，其中以《静晤室日记》居首，并试编后两函各卷要目。但当时研究所领导认为，近代史所"以研究近代史之重点机构，应先其所急"，而"日记为私人自撰之稿，与近代史研究所工作少远，可以不列"。④ 1962年8月3日，金毓黻病逝，近代史所遵照其遗愿，安排荣孟源整理《静晤室日记》部分札记，并计划交由中华书局出版。荣孟源为此投入了极大的精

① 近代史所档案：《关于近代史研究所1963～1972年十年工作规划的报告》。
② 《顾颉刚日记》第6卷，台北：联经出版事业公司，2000，第513页。
③ 金毓黻：《静晤室日记》，第7533页。
④ 金毓黻：《静晤室日记》，第7636页。

力，整理工作进展甚速，虽于 1963 年据中华书局意见一度暂停，① 但至
1964 年 6 月仍已完成日记选编工作，并将整理的书稿于 1963 年冬陆续
交到所中打印。但迁延日久，直到 1964 年底仍未打印。② 荣孟源甚感
沮丧。

金毓黻病逝后，其大部分图书，包括著述、手稿和资料，均于 1964
年转卖给东北文史研究所（今吉林省社会科学院前身）。时任东北文史所
所长的佟冬，极为重视《静晤室日记》，向金家提出借阅。自 1964 年底
始，金家多次向荣孟源催还日记，而荣孟源此时已将日记及整理稿交给刘
桂五。1964 年 12 月 14 日，荣孟源给近代史所学术秘书刘桂五连去三函
索还书稿："选录金静庵日记，我的工作已经做完了。这份材料的移交手
续，早已确定，由金家交到所中，与我无关。我建议所中抄录一份，一者
是所内保存下一份材料，二者是我一年多的劳动不至浪费。可是我交到所
内之后，今已一年半，并未打字。现在金家向我来要此日记。请你向所内
领导同志请示，并转述我的要求。"③

荣孟源自 1964 年底至 1965 年 5 月，前后大约半年时间内，接连三次
致函刘桂五，而且语气渐趋强硬，并于 1965 年 6 月 29 日致信刘大年汇报
情况。1965 年 8 月，东北文史研究所派王玉哲赴京办理日记交接事宜，
并与刘桂五会面商谈。日记最后由佟冬提议，经刘大年及金毓黻家属同
意，以编辑一部金毓黻学术年谱为条件，由中科院近代史所转给东北文史
研究所。在近代史所档案中，有关此日记交涉办理材料还注明："询桂五
同志意见是金先生日记我所不一定要它，可以让给东北文史所，并要请大
年同志决定。请示大年同志意见是，日记我们不要，不过手续一定要办理
清楚。"④

至此，《静晤室日记》不再属于近代史所。纵观此交涉经过，佟冬对

①　近代史所档案：《资料编辑组 1963 年工作总结》。
②　近代史所档案：《荣孟源（一九六四年）工作报告》。
③　近代史所档案：《静晤室日记相关资料》。
④　《静晤室日记处理》（1965 年 7 月 30 日），近代史所档案：《静晤室日记相关资料》。

金毓黻先生极为推重，亦充分认识到日记的学术价值，这是其不遗余力收藏、整理此日记的根本原因。而近代史所强调为政治服务的学术导向，并未认识到《静晤室日记》的学术价值，以致荣孟源整理出版日记受阻。《静晤室日记》能够在东北文史研究所妥善保存下来，并在几十年后由吉林省社会科学院整理出版，也算是比较完满的结局了。

张国淦毕生心血汇成的《中国古方志考》，经一波三折终成断简，是为另一显例。1962 年，中华书局出版了方志名家张国淦（1876～1959）先生的遗作《中国古方志考》。这本书是"中国方志考"之上编（自秦汉至元），共 70 余万字，收录方志 2200 多种，甫一出版即受到学术界高度重视。而作为下编的明、清、民国部分书稿，则未能一并整理出版。

张国淦早在 1916 年即开始撰著"中国方志考"，至 1930 年初具规模，此后屡有修订。1937 年全面抗战爆发以前，初稿数百万字已经完成，并应顾颉刚之请，在《禹贡》发表约十万字。顾氏评介曰："蒲圻张石公先生研治地理之学，发愤忘食，盖数十年如一朝，收集方舆图籍之富，甲于旧都（指北平）诸藏书家。遍求各省府县古今志书而读之，并辑其佚著之散见于群籍者，以及序跋评论之属，一字之涉，咸所不遗。作《中国方志考》数百卷，与宜都杨惺吾先生之《历代舆地图》，可谓泰、华并峙者矣。"[1] 此书严守家法，用力工深，可谓集大成之作。

1953 年，张国淦受聘为中国科学院近代史研究所特约研究员。金毓黻深知其方志著述的学术价值，72 岁高龄时，还将整理张国淦之"中国方志考"书稿作为自己拟进行的 20 项工作之一。[2] 近代史所领导考虑到金毓黻年老体弱，另外安排王寿彭、李育民协助整理，但主要采用金毓黻建议的方法。

早在 1957 年 7 月 24 日，张国淦与科学出版社签订合同，出版《中国方志考》卷一。后情况变化，此书改由商务印书馆出版。1959 年 1 月 25

---

[1] 顾颉刚所做按语，参见《张国淦文集》，北京燕山出版社，2000，第 473 页。
[2] 金毓黻：《静晤室日记》，第 7635 页。

日张国淦病逝，商务印书馆次日即致信王寿彭商量出版事宜。但因当时纸张紧张，《中国古方志考》上半部早已定稿排版，出版一再延期，直至1962年9月终改由中华书局出版。

据王寿彭致顾颉人函："方志考是部很有用的书，社会上早就知道有这部稿子，希望出版。若只出一半，真是可惜。过去金老（引者按：指金毓黻）支持，所以作了这一半。现在金老有病不去上班，三所里没人注意到这部书了……"在信中王还主动提出愿意承担整理下半部分之责。① 对此顾颉人却另有想法，表示"希望能与三所联系，征求领导的意见。我认为最好的办法是由三所负责与出版社联系，签订了继续出版《方志考》第二编的合同后，再根据要求动手整理，这样比较妥当些"。② 其意即希望近代史所组织人员来加以整理，而非与王寿彭之私人相托。

张国淦曾为全国政协委员，顾颉人于1962年遂致信全国政协委员谢家荣询问有无其他单位能承担下半部之整理工作，全国政协又将信转到近代史所。近代史所于是年9月30日致函政协秘书处，详述整理出版此书之经过，以及整理下半部分书稿之困难情形。12月12日，顾颉人再次致函近代史所实际主持工作的副所长刘大年，着重提出"中国方志考"下半部整理事宜。近代史所1963年1月7日回信，告以整理下半部书之实际困难，无法立即整理。

《中国方志考》上半部分——《中国古方志考》的出版已颇历曲折，在各方推动下终于面世；而顾颉人虽多方奔走联系"中国方志考"下半部分之整理，中华书局亦有意继续出版下部以成完璧，但因此书稿卷帙浩繁，整理自非一日之功，须通旧学的专业人士付出大量时间与精力。尤为重要的是，在当时学人看来，历史研究为政治服务乃天经地义，而"中国方志考"一类著述是纯粹的书斋学术，与现实需要相距较远，因而不免相对轻视。参与协助整理"中国方志考"的李育民在1958年的整风运动中提出：

---

① 《王寿彭致顾颉人函》，近代史所档案：《张国淦中国方志考相关信函》。
② 《顾颉人致王寿彭函》，近代史所档案：《张国淦中国方志考相关信函》。

　　张先生是北洋时代的重要人物，对于当时的政治内幕知道很多，应当写出他的回忆，以便充实我所编辑近代史工作，这意见双反期间同志们已提过了，现在还未见到领导上重视起来这件事，我以为应该动员张先生自动写出通俗小册子，或去专人访问随时记录，这样做是符合目前形势需要的也是对社会主义革命有利的，据我所知现在张先生每天仍埋头乱抄一些无聊的东西，又整理与我所无关的方志考，空空浪费人力物力。①。

在强调"学术为政治服务"的氛围中，"中国方志考"自然难以获得真正重视，近代史所亦难以安排精干研究人员全力从事整理工作。种种原因交织，书稿下部之整理出版只得搁置。

1963 年 10 月 16 日，经顾颉人同意，"中国方志考"下编书稿转交曾供职于近代史所、后调往武汉中科院中南分院的朱士嘉。顾颉人、中华书局及朱士嘉三方订立协议，由朱负责整理完毕，即行付印。"文革"中朱士嘉受到审查，稿件辗转毁损，终作废纸处理。②"文革"结束后，出版社与张国淦家人抱万一之想多方搜寻，均无音讯，乃成永远的遗憾。

因张国淦由董必武推荐入近代史所，且因其北洋重臣的特殊身份，近代史所对张氏已特予照顾。然而其"中国方志考"之整理出版，历经一波三折仍然未成完璧，其间或有偶然因素，但究其深层原因，还是在于片面强调"学术为政治服务"的时代氛围，使不能直接服务于革命斗争需要的学术著作相对受到忽视。

---

①　《建议对张国淦先生的工作要作适当措施》，近代史所档案：《整风补课资料》（1958 年）。实则此前张国淦已写出《北洋军阀的起源》、《孙中山与袁世凯的斗争》、《洪宪遗闻》等数十万字的文稿，以其亲身经历与见闻，揭示北洋军阀时期之内幕。

②　《张传玲函》、《黄德亮、刘伟函》、《上海人民出版社革委会古籍编辑室函》，见近代史所档案甲 350～461：合卷函《张国淦之女张传玲问刘大年方志稿事》。史念海先生为《张国淦文集》所作序言中，指责朱士嘉乘机将张国淦之遗稿据为己有。此一公案目前尚难论定，只能存疑。

第四章　近代史所与中国近代史学科发展

中国科学院 1950 年成立后，被赋予领导全国科学的地位。率先成立的近代史研究所，自有集中力量、加强"中国近代史"这一薄弱学科之用意。20 世纪 50 年代，中国近代史学科建设仍处于初创阶段。刘大年"常常谈到近代史所办所方针，应该是立足本所，面向全国，在推动近代史研究方面，应该起火车头作用"。[①] 实际上，近代史研究所为推进中国近代史学科发展做出了不少努力，并取得一定成效。但总体来说，与外界期望尚有距离。1962 年近代史所在进行学术规划时，对此有所总结和反思：

> 科学院的研究所应当如何在全国成为本门学科的研究中心。我们过去没有树立需要作中心的思想，没有在这方面起应有的作用。有一个时期我们对全国近代史研究工作的状况了解很差、缺少有计划的去组织学术活动，有关门研究的倾向。经过历次整风，已经比较注意国内外情况、注意与所外有关单位的协作，积极参与了一些学术活动。现在看来，要真正成为学术研究的中心，单从这些活动上打主意，还是无济于事的。研究所要能够在学术上，不是在组织上发挥中心的作用，既非靠法律约束所能奏功，更非靠自封所可办到。那需要一、有

---

① 刘萍访谈整理《章伯锋先生访谈录》，《回望一甲子》，第 381 页。

比较完备的资料；二、有一批马克思主义多一些、专业知识丰富一些的研究人员；三、写出一定数量的有较高水平的科学著作。……我们在这些方面做得越多，对于推动全国近代史研究的作用就将越发显著。所以如何成为全国研究中心，最根本的一条还在于切实办好研究所。①

从领导层的反思来看，其对于近代史所的定位及如何引导中国近代史学科发展还是有较为清醒的认识，具体举措也较为务实，不至于一味好高骛远。

一　中国近代史学科地位之跃升

就全国范围而论，中国近代史的学科地位以 1949 年为界，有了显著变化。新中国成立之前，有识史家对学界详古略今之学风不无批评。1923 年梁启超感叹："史事总是时代越近越重要，考证古史，虽不失为学问之一种，但以史学自任的人，对于和自己时代最接近的史事，资料较多，询访质证亦较便，不以其时做成几部宏博翔实的书以贻后人，致使后人对于这个时代的史迹永远在迷离徜恍中，又不知要费多少无谓之考证才能得其真相，那么，真算史学家对不起人了。我想将来一部'清史'——尤其关于晚清部分，真不知作如何交代？直到现在，我所知道的，像还没有人认这问题为重要，把这件事引为己任。"他还认为，学者藐视近代史研究，"此则乾嘉学派之罪也"。② 当时史学界加强中国近代史研究的呼声也不时响起。罗家伦、蒋廷黻等人身体力行以倡导近代史研究，为学界所熟知。

中国近代史学科在民国时期已有了一定发展。20 世纪 20 年代中期以前，各大学设有中国近代史者，仅有北京大学、东南大学、厦门大学。

---

① 近代史所档案：《关于近代史研究所 1965～1972 年十年工作规划的报告》。
② 梁启超：《中国近三百年学术史》，湖南人民出版社，2010，第 82、289 页。

1928～1937 年，中央大学、暨南大学、中山大学、辅仁大学、大夏大学、复旦大学、金陵女子文理学院、武汉大学、上海大学、光华大学、厦门大学、圣约翰大学、省立河南大学、齐鲁大学、光华大学、四川大学等，皆设有近代史课程。① 然而，从当时整个历史研究实况看，直至 40 年代，中国近代史依然是一个较为荒凉、亟待开发的研究领域。近代史作为一门新兴学科，先天不足，仍难以受到主流学界的重视。如向达所言："解放前，中国历史学工作，在研究方面以及在大学的历史教学方面一般都表现出一种畸形的发展：研究工作偏重于上古的商周，近代史只谈外交不及其他。大学历史教学的教和学都从兴趣出发，不顾科学体系和客观要求；有的大学历史系竟从不开中国近代史课程。"② 中研院史语所成立时并无近代史组的规划，亦可窥一斑。③

伴随着 1949 年的政权鼎革，中国近代史受到空前重视，在新中国的学术园地中占据了相当显赫的地位。北京大学 1950 年 1 月成立了中国近代史教学小组，④ 由郑天挺负责，目的为"搜集史料充实内容，培养能运用马列主义观点分析具体史料的中国近代史教员"。其工作范围为："1. 拟定教学提纲；2. 分工合作搜罗史料；3. 在教学前就教材内容展开讲座，教学时集体听讲，教学后再就教学实际情况展开批评；4. 领导本系以中国近代史为学习重心之同学进行研究工作。"⑤ 1952 年华岗在总结新中国成立两年多来的中国史学发展时指出："过去的史学工作者，由于

① 刘龙心：《中国近代史——一门次学科领域的兴起》，中研院近代史研究所主办，"史学、时代、世变：郭廷以与中国近代史研究"学术研讨会，2004 年 1 月 11～12 日。

② 方回：《解放四年来新中国的历史科学发展概况》，《光明日报》1953 年 10 月 3 日，第 6 版。

③ 朱家骅于抗战时期多次希望史语所加设近代史组，傅斯年以"人才延揽不易"，以及史语所过去重心未放在近代史料的搜集上为由加以拒绝。刘龙心认为，这并不表示傅斯年轻视近代史（参见刘龙心《中国近代史——一门次学科领域的兴起》，"史学、时代、世变：郭廷以与中国近代史研究"学术研讨会）。傅氏之真实态度姑且不论，然由去台后中研院设立近代史所所遇阻力与波折来看，主流学界对近代史的轻视诚为不争之事实。

④ 《教授访问记》，《北大周刊》1950 年 8 月 8 日，第 2 版。

⑤ 《北京大学一九五〇年各系教学研究指导组一览表》，《北大周刊》1950 年 12 月 29 日，第 1 版。

受了统治阶级的蒙蔽，'复古'的倾向也很严重，现在已由'整理国故'到重视近代史的研究。两年来对近代史研究空气的提高，确是一大进步。"① 1953 年刘大年向苏联学者所作的报告亦强调：多数学人已转变为注重近代史研究。② 在诸多史家的总结中，均将重视近代史研究作为新、旧史学至为关键的变化而特别强调。而据费维恺的观察，"中国共产党人把主要力量放在使中国的近代史适合马、列、毛主义的外衣这个工作上"。③

　　新政权初创时重视历史自在情理之中。而新中国成立后中国近代史学科地位的跃升，固然有学科发展的内在要求，更不可忽视现实政治需要之驱动。④ 无须讳言，中共对史学的重视超过既往的执政者，通过追溯近代以来的革命系谱论证新生政权的合法性，彰显出关于中国近代史的认知、研究对新政权意识形态之构建极为重要。中国近代史学科因而获得了坚实的政治支撑。无独有偶，海峡对岸台湾的国民党也高度重视近代史，且亦直接介入学科发展，其教育主管部门在 1952 年及 1973 年先后将"中国近代史"、"帝俄侵华史"、"中国现代史"列为各大专院校学生必修学科，并设有高额"现代史研究生奖助学金"，使相当多学者及研究生投入该领域。⑤

　　具体说来，1950 年中科院近代史研究所率先成立，即为中国近代史

----

① 华岗：《两年来中国历史科学的转变和趋势》，《光明日报》1952 年 3 月 15 日，第 6 版。

② 刘大年：《中国历史科学现状》，《科学通报》1953 年第 7 期，第 8 页。

③ 福尔维克：《披着马克思主义外衣的中国史学》，《史学资料》1961 年 7 月 1 日，第 2 页。

④ 值得注意的是，1949 年后，在美国的带动下，研究中国近代史逐渐形成一股热潮，汹涌发展，浸假成为横扫全球学术界的一大运动，"不只深刻影响着整个史学界固有的视野和方向，对于现实的国际政治，也发生了不可轻视的力量"。李恩涵：《研究中国近代史的趋势与必要参考书目》，张玉法主编《中国现代史论集》第二辑，台北：联经出版事业股份有限公司，1970，第 3 页。可以想见，海外中国学聚焦于中国近代史，亦有分析中共何以取胜，以及如何因应中共政权的现实政治需要之驱动。罗志田认为，因整体的中国史研究在西方处于相对边缘的地位，积累不厚，约束就少，所以他们的近现代史研究很快就成为中国史领域的主流。罗志田：《文革前"十七年"中国史学的片断反思》，《四川大学学报》2009 年第 5 期，第 11 页。

⑤ 林正珍：《台湾五十年来"史学理论"的变迁与发展：1950～2000》，台北《汉学研究通讯》第 20 卷第 4 期（总 80 期），2001 年 11 月，第 8 页。

学科"显学"地位之重要表征，而且其示范作用影响深远。山东大学历史系 1951 年明确规定："以中国近代史及亚洲各民族解放运动史作为自己教学研究的重心。"① 1957 年筹建的武汉哲学社会科学研究所即确定以"中国近代史和现代史"为研究重点；② 同年上海历史研究所的筹建方案亦侧重近现代史研究。③ 至 1960 年，上海、湖南、河北、山东、内蒙古等地历史研究所，广东、湖北、河南等地哲学社会科学研究所都设有专门研究近代史的机构。黑龙江、陕西设有党史研究所。④ 新中国成立初期，各大学纷纷开设中国近代史课程，设置中国近代史教研室，很多大学还派出青年教师到近代史研究所进修。这些研究力量的培养和配置，无疑有助于中国近代史学科建设。

研究中国近代史的学人地位之升降，亦可窥测近代史学科地位之沉浮。1948 年 3 月，中研院评选出第一届 81 位院士，其中与史学相关者计有胡适、柳诒徵、陈垣、陈寅恪、傅斯年、顾颉刚、郭沫若、余嘉锡 8 人，无从事近代史研究者。1949 年成立与原中研院地位相当的中国科学院，1955 年 6 月正式成立中国科学院学部，从事近代史研究的吴玉章、陈伯达、范文澜、胡绳、胡乔木、刘大年皆被推为相当于院士的学部委员。⑤

从高校课程设置及师资配备，亦可见对近代史学科之重视。各综合大学和师范院校的历史系均开设有中国近代史课程，历史系教学计划的课时分配，中国近代史作为基础课程，与古代史大体平分秋色，这在新中国成立前的高校历史教学中简直难以想象。至 1960 年，全国各地高等院校有 66 个近代史教研组（室），其中属于综合性大学的 25 个，师范大学 8 个，

---

① 《华岗在本校开学典礼暨合校成功庆祝大会上的讲话》，《新山大旬刊》1951 年第 2 期。

② 《武汉哲学社会科学研究所筹建方案》，《中国科学院年报（1957）》，第 315 页。

③ 《上海历史研究所筹建方案》，《中国科学院年报（1957）》，第 318 页。

④ 近代史所档案：《关于近代史研究机构、人员、出版和学术活动的材料》。此材料为 1960 年近代史所组织人员调查统计而成。

⑤ 《中国科学院学部委员名单》，《人民日报》1955 年 6 月 4 日，第 1 版。其中陈伯达、胡乔木、胡绳皆一身二任，既是近代史研究者，又是意识形态领域的官员。

师范学院 32 个，民族学院 1 个；共有教师 563 人，其中教授、副教授 56人，讲师 120 人，教员 27 人，助教 360 人。①

自上而下的大力倡导，学科建制的制度推动，使中国近代史学科声势甚大，其"显学"地位似已毋庸置疑。但从 20 世纪 50 年代史学界实际情形来看，所谓"显学"却多少有些名不副实。1958 年史学界兴起一场"厚今薄古"大讨论，是为"史学革命"之先声，对其后中国史学的发展走向产生了相当大的负面影响。"厚今薄古"口号之偏颇、片面自不待言，但若转换角度观之，倡议"厚今薄古"并非无的放矢。从当时史学界的整体趋向来看，尽管中国近代史学科得到不遗余力的提倡，但毕竟根基尚浅；而古代史异常丰厚的学术积累所形成的学术惯性仍然强有力地影响着史学研究的整体格局。在整个史学领域，古代史大幅占优、近代史受到或隐或显的轻视，仍为不争的事实。

首先，从研究者的数量来看，近代史学科学术积累太过薄弱，人才匮乏一直是制约近代史学科发展的重要因素。虽然自上而下地整合力量，为推进近代史学科做了诸多努力，但学术研究人才之培养并非短期之功。教育部在 1952 年院系调整后要求各大学历史系都开"中国近代史"课程，然而师资力量不敷需求，因此金冲及在大学毕业两年后就能在复旦大学独立开课。② 至 1958 年，"华东师范大学历史系，近代史教授副教授共有二人，现代史仅有讲师一人，而古代史教授就有十人"。③ 北京师范大学历史系中国古代史教授 5 人，讲师 5 人；近现代史教授 1 人，讲师 1 人。④ 山东大学历史系教授、副教授共 13 人，其中教古代史者 9人，近现代史共 4 人。⑤ 西北大学历史系在中国近现代史方面长期仅配备

---

① 近代史所档案：《关于近代史研究机构、人员、出版和学术活动的材料》。
② 金冲及：《六十年的回顾》，《光明日报》2009 年 10 月 1 日，第 6 版。
③ 《中国史学会上海分会座谈"厚今薄古"方针》，《学术月刊》1958 年第 5 期。
④ 人民出版社编辑部编《历史科学中两条道路的斗争》，人民出版社，1958，第 141 页。
⑤ 陆景琪、许敬民、王新野：《从厚古薄今到厚今薄古是史学界的革命》，《文史哲》1958 年第 7 期，第 48 页。

一两位教师。① 北京师范大学"中国近代史教研组力量最差，两个挂名教授不开课，一个半讲师和一个助教便是全部力量"。② 就师资而论，古代史与近现代史之反差颇为明显。因师资匮乏，培养近代史研究的后继人才亦深受影响。

其次，从当时史学界所关注的论题来看，最为学界瞩目的"五朵金花"③ 多开在古代史领域，近现代史领域仅有"中国近代史分期问题"。另据1958年王家瑶统计，高校中国史研究题目共629个，其中古代史384个，占61%；近代史140个，占22%；现代史105个，占17%。④

再次，就发表著述来看，近代史方面的科研成果难如人意。北京大学历史系60周年校庆，征集的6篇历史论文无一篇属于近现代史领域。⑤ 从学术期刊来看，《历史研究》作为最权威的史学刊物，其宗旨"可以说是古今无偏"，⑥ 但其从创刊至1958年第6期，共发表中国史文章199篇，除兼论古今的2篇外，其中古代史144篇，近代史42篇，现代史11篇，"对抗日战争以来的历史可以说几乎没有发表过什么专文"。⑦

毋庸置疑，与中国古代史相较，无论是研究者的众寡、学界论题的选择，还是研究成果的数量及水准，近代史学科均居于明显的劣势。相当部分的史学工作者不愿投身近现代史领域。刘大年坦言："今天有些历史学家未必真正承认近百年史，特别是五四运动以来，中华人民共和国是科学研究的对象。"⑧ 当时负责北京大学历史系现代史科研教学的荣天琳说，

---

① 文暖根：《挖掉厚古薄今的老根》，《西北大学学报》1958年第1期，第17页。
② 《中国近代史教学中存在的问题》，《历史科学中两条道路的斗争》，第196页。
③ 所谓"五朵金花"，主要指"文革"前"十七年"间，中国史学界围绕中国历史分期问题、中国封建土地所有制形式问题、中国封建社会农民战争问题、中国资本主义萌芽问题、汉民族形成问题等五个基本理论问题展开大规模讨论。这五个问题作为"学界宠儿"，其关注度之高、参与者之众、相关成果之多，均属空前，亦被视为"十七年"史学最为重要的成就。
④ 《关于"厚古薄今"和"厚今薄古"的意见》，《北京师范大学学报》1958年第2期，第1页。
⑤ 《历史科学中两条道路的斗争》，第19页。
⑥ 《中国科学院积极准备进一步加强历史研究工作》，《科学通报》1954年第8期，第52页。
⑦ 沈亦清：《〈历史研究〉的厚古薄今倾向》，《读书》1958年第11期，第34页。
⑧ 刘大年：《提倡艰苦劳动的学风》，《人民日报》1958年3月18日，第7版。

北京史学会讨论时，"古代史热烈，近代史次之，现代史最差，重要人物水平高的都不参加现代史组"。① 原因有二：一方面，对近代史的学术价值不无轻视，认为古代史研究是"一个史学家必须通过的炼狱，至于近代现代史则不值一顾"。② 时任复旦大学历史系主任谭其骧坦言："在思想上看不起近代现代史的情况也是存在的"，"我们过去着重搞古代史，就把所谓较差的人去搞近代现代史"。③ 有人明确表示："古代史内容丰富，包括有政治、经济、军事、思想、文化艺术各个方面，学术性就强。而近代现代史则政治性强，因为除了叙述阶级斗争外，其他就没有什么了。"④"古代史是浓茶，近代史是淡水"的说法在当时史学界一度十分流行。另一方面，对研究近现代史心存顾虑。新中国成立后，思想文化领域的批判运动此起彼伏，学术探讨极易演化为政治批判。经历多次政治运动之后，不少学人对与现实密切相关的近现代史取敬而远之的态度。金毓黻感慨：

> 　　写近代史或现代史文章，必须先将阶级观点弄清，即应站在无产阶级立场，即人民大众观点，以衡量社会，否则必犯错误。近年右派分子所犯错误之总因，即由于阶级立场未能站稳。如果于此一点未能弄清，则属于近代史或现代史范围之作品，不应轻易发表，以免引人指责。此言良是，且思之可畏。吾人写作历史，本为有裨于社会人群，倘因此生相反作用，可谓劳而无功，得不偿失。与其如此，何如专研古代史之为得耶。研究古代史，亦有立场观点，但比较言之。不若研究近代史之严重。⑤

---

① 《荣天琳发言》，近代史所档案：《1964 年近代史规划会议记录》。
② 翦伯赞：《目前历史教学中的几个问题》，《北京大学学报》（人文社会科学版）1959 年第 2 期，第 43 页。
③ 复旦大学历史系编《厚今薄古辩论集》，上海人民出版社，1958，第 32 页。
④ 《三年级学术辩论历史科学如何"厚今薄古"》，《厚今薄古辩论集》，第 56 页。
⑤ 金毓黻：《静晤室日记》，第 7623 页。

　　梁方仲亦认为："研究古代史，即使犯了错误，也可以不至联系到政治立场；研究近代、现代史最易犯政治、政策上原则性的错误。"①

　　"厚今薄古"口号一经提出，即引发学界震动，尤其是史学界。郭沫若、范文澜、陈垣、侯外庐、吕振羽、刘大年等著名史家纷纷或谈话或著文表示拥护。因"厚今薄古"意涵模糊，似是而非，陈伯达本人也未能做出具体、明确的界定和阐释，② 这自然使史学界在解读时不无分歧。但是，在随后贯彻"厚今薄古"的具体举措中，各方又相当一致地将加强近代史研究的力量配置作为关键环节而特别强调。范文澜作为近代史研究所所长，明确表示"史学界绝大部分的力量应该集中到现代近代史的研究上"，不过还认为"在扩大和加强今史的研究以外，马克思主义史学工作者还必须分出一部分力量去占领古史的阵地"。③ 郭沫若、翦伯赞、吴晗等史家均强调"薄古"并不等于"废古"，力图对运动进行理性引导。但由于"大跃进"中"左"的思潮泛滥，政治压力之下，不少人或出于迎合或力图自保，对"古史"与"今史"采取了矫枉过正的极端态度。古史研究者人人自危，甚而出现所谓"倒退的改行"。④ 历史教学中为体现"薄古"，过多削减古代史在通史中的比重，个别学校削减到30%，古代史在通史中的最大比例为45%。⑤ 如厦门大学，"古代与近、现代部分的时数比例，从原来的一比一改为大约二比五。上古史、中古史方面的选修课大部分不开或暂时停开"，近现代史选修课"则大开特开"。⑥ 为了体现"厚今"，大幅增加近代史、现代史的课时，甚至为了凑足比例而将一

---

① 梁方仲：《对于"厚今薄古"的几点体会》，《理论与实践》1958 年第 Z1 期，第 35 页。
② 陈伯达于 1959 年 5 月在《红旗》第 13 期发表《批判的继承和新的探索》，承认自己此前"没有把问题说得很清楚"，因而出现了"把这个口号加以简单化和庸俗化的偏向"。
③ 范文澜：《历史研究必须厚今薄古》，《人民日报》1958 年 4 月 28 日，第 7 版。
④ 指有人主张原来搞上古史的改行搞中古史，原来搞中古史的改行搞近代史，原来搞近代史的改行搞现代史。见《厚今薄古辩论集》，第 21 页。
⑤ 翦伯赞：《目前历史教学中的几个问题》，《北京大学学报》（人文社会科学版）1959 年第 2 期，第 43 页。
⑥ 李祖弼：《厦门大学历史系在跃进中》，《历史研究》1958 年第 10 期，第 71 页。

些不必要的东西硬塞进去。① 尤为荒唐的是，不少高校颠倒教学顺序，采取先教近现代史再教古代史的所谓"从今到古法"。诸如此类形式主义的做法一时大行其道，史学界因而乱象滋生。②

平心而论，在人力、物力上对中国近代史学科的投入有所偏重无可厚非，但当时为贯彻"厚今薄古"原则而采取种种措施，无视学术发展循序渐进的客观规律，以揠苗助长的方式来推进近代史学科发展，其结果只能适得其反。实际上，当时自上而下推进中国近代史学科的方式在一定程度上陷入了悖论式的怪圈：近代史学科之所以受到重视，因其能更好地服务于现实政治；但近代史发展遭遇困境，其症结并不在于学科建制方面投入不足，恰在于过分强调它对现实政治的服务功能，导致论题单一、论域偏狭，近现代史研究者可以自由驰骋的空间也逼仄得多，这才是抑制学人研究热情、束缚中国近代史学科发展的关键因素。

20 世纪 80 年代以来，近代史已很难再获得如"十七年"间那般强有力的政治支持，似已风光不再；但是中国近代史学科反而发展得异常迅猛，且有凌驾于"古史"之上的趋势。与其将此视为 50 年代提倡的"厚今薄古"所见成效，不如说是在学术环境较为宽松，去除重重束缚之后学术发展的自然趋势与内在要求。

二　近代史所与中国近代史分期论争

中国近代史学科领域最为重要的一次论争，当属胡绳 1954 年在《历史研究》创刊号上发表《中国近代历史的分期问题》引发的中国近代史

---

① 翦伯赞：《目前历史教学中的几个问题》，《北京大学学报》（人文社会科学版）1959 年第 2 期，第 44 页。

② "厚今薄古"口号最终指向的是"薄统治阶级历史厚人民群众历史"，必然导致"打破王朝体系"、"写没有帝王将相的中国通史"。帝王将相的历史以及政治制度和政治沿革可"都予以删减，王朝的名称只是作为纪年的符号，其始末概不加以叙述"。北京五十六中历史教研组：《打破王朝体系讲述劳动人民的历史》，《历史教学》1958 年第 12 期，第 51 页。

分期问题之讨论。这次讨论，得到近代史学界的热烈应和，不少学者纷纷撰文讨论，高校历史系专门就此召开学术讨论会。至 1957 年新华社刊出《中国近代史分期讨论告一段落》，讨论前后持续近 4 年。三联书店于 1957 年专门出版《中国近代史分期问题讨论集》。

胡绳首倡近代史分期问题，也是当时近代史学科发展的形势使然。此前编纂的"单元式"或"专题式"的著作已无法满足教学科研之需要，建立和完善近代史学科体系成为史学界燃眉的急需。晚清民国以降，史学"科学化"是史家挥之不去的情结，[①] 胡绳从近代史分期的角度切入，进行理论体系的建构，增强其科学性，无疑体现了现代历史哲学的影响。

中国传统史学仅对历史做自然时间段落或政治纪年的分期，王朝更替常被作为分期的标志。[②] 严格而论，中国理论性的历史分期观念是近代受西方历史哲学的影响而来。新中国成立前中国马克思主义史家对中国古代史分期问题倾注了相当大的热情，苏联史学界对于分期问题亦进行过长久讨论，至 1951 年 3 月才告一段落。[③]

中国近代史分期问题讨论，当时备受国内学界瞩目，也引起海外关注。1955 年 8 月 28 日至 9 月 3 日，翦伯赞、周一良在荷兰参加青年汉学家第八次年会。会议上所作专题报告有《中国学者关于近代史分期的看法》（苏联科学院东方研究所副所长郭瓦烈夫），并规定把中国近代史分期问题作为讨论的中心问题之一。[④] 1956 年，翦伯赞、周一良、夏鼐、张芝联赴巴黎参加第九次青年汉学家会议。不少学者就中国历史分期，尤其

---

①　参见许冠三《新史学九十年》，第 2 页；朱发建：《中国近代史学"科学化"进程研究》，湖南师范大学出版社，2005，第 4~6 页。

②　以朝代更替作为历史分期界标，至今仍有学者坚持。李良玉教授在《关于中国近代史的分期问题》（《福建论坛》2002 年第 1 期）一文中即强调，1912 年民国初创应成为分期界标。房德邻在《中国近代史的含义究竟是什么？》（"中国近代史研究三十年"学术讨论会，北京，2009）一文中对此表示赞同。但在"中国近代史研究三十年"学术讨论会上，有学者提出，以 1912 年为界标，实质是放弃理论性分期而恢复改朝换代分期法。

③　参见石父辑译《苏联历史分期问题讨论》，中华书局，1952。

④　周一良：《我国历史学家参加在荷兰莱登举行的青年"汉学"家年会》，《历史研究》1956 年第 2 期，第 49 页。

是近代史分期问题作报告。虽然旨趣同中国学者颇有不同，如剑桥郑德坤认为，中国学者讨论分期问题有政治目的，法国巴拉士"谓中国史学家把近代史分期过细，近乎幼稚"，① 然而，中国近代史分期问题引起海外学界关注，则属确切无疑。

在中国学者眼中，讨论中国近代史分期问题当然并非仅为"研究方便"那么简单，而认为"正确地解决了分期问题，就是从中国近代历史的复杂的事实中找到了一条线索，循此线索即可按照发展各方面的历史现象根据其本身的逻辑而串连起来，因此分期问题可以看作是解决结构问题的关键"。② 学界对于中国近代史的研究时限、分期标准、具体分段等问题进行了广泛讨论，最终胡绳提出的"三次革命高潮论"获得较多认同，并对中国近代史学科发展产生了深远影响。

范文澜、刘大年、黎澍均对此问题倾注了相当的热情。范文澜连续发表 3 篇文章予以论述，刘大年、黎澍甚至与尚钺发生了颇带火药味的论战。此外，荣孟源、李新也就分期问题发表了自己的看法。如果将视点延伸至 20 世纪 80 年代，则改革开放之初对胡绳的"三次革命高潮论"的反思与质疑，又以范文澜一篇文稿的再发表为引子。③

由于近代史所之地位，他们的意见在学界颇有影响。如姚薇元在致曾业英的信中提及："刘大年同志在《历史研究》第三期上的论文《中国近代史诸问题》，应很好学习一下。我现在把这篇论文规定在教研室里全体

---

① 9 月 3 日上午为英国剑桥大学浦来兰克报告《上古、中古和近古》，其次为慕尼黑大学赫·傅兰克报告《历史分期的意义和无意义》。二人均认为历史分期仅是为了研究方便，不是史实本身有什么特异的内容。下午由荷兰莱顿大学何四维报告《略谈中国史的分期》，认为马克思主义者按照社会性质划分历史时期是公式化。9 月 4 日由苏联科学院东方研究所郭瓦烈夫报告《中国现代史的分期》，谓苏联史学家都认为中国现代史的开端应以苏联十月革命为界限。9 月 5 日汉堡大学傅吾康报告《中国近代史和现代史的分期》，强调 1911 年辛亥革命的重要性。罗香林报告《中国社会的演进和中国历史分期的关系》，随后为美国哈佛大学史华慈报告《中国史分期的公式化》。翦伯赞：《第九次青年汉学家会议纪要》，《历史研究》1956 年第 12 期，第 87~93 页。
② 胡绳：《中国近代历史的分期问题》，《中国近代史分期问题讨论集》，三联书店，1957，第 3~4 页。
③ 范文澜：《中国近代史的分期问题》，《社会科学战线》1978 年创刊号。

人员学习讨论，结合毛主席有关论文，学习一个月到两个月。他们是马克思主义史学家，他们的论文，我个人是每篇都仔细学习，并以之为科研、教学的指南。"①

　　对于此次论争，已有诸多学者加以总结。② 若将视点转移，以近代史所学人为中心，③ 从学科时限及段落划分两个方面着眼来寻绎当年学人关注之所在，并分析参与论争学人的种种考量，探讨学术与政治纠结之下学人的思考轨迹，则此论题尚有进一步研究的空间。

（一）关于学科时限之界定

　　据虞和平的看法，"所谓学科时限，是指获得学界基本共识，并形成制度性确认，在全国相关研究和教育机构统一规定采用的时限"。④ 学科时限的界定在历史学科中显得尤为重要，大体等同于其研究对象的确立，构成学科体系的基本内容。

　　在今人的反思中，20 世纪 50 年代构建的中国近代史学科体系颇为人诟病的一点，即在于将研究对象以 1840 年与 1919 年作为上下限"斩头去尾"，学科时限被固定在 1840～1919 年不到 80 年的范围内，一定程度上限制了研究的视野。如章开沅指出："这样极其有限的历史时空，作为课程教学已属不妥，遑论必须上下千百年探索才能把握的史学宏观。"⑤

　　中国近代史分期，实则隐含着界定学科时限这一前提。胡绳在《中国近代历史的分期问题》一文中开宗明义："中国近代历史的分期问题

---

① "姚薇元致曾业英"（1963 年 9 月 15 日）。曾业英先生提供复印件。

② 参见张海鹏《中国近代史的分期及"沉沦"与"上升"诸问题》，《近代史研究》1997 年第 4 期；张亦工《中国近代史研究的规范问题》，《历史研究》1988 年第 3 期；林华国《中国近代史研究中两种历史观的论争》，氏著《近代历史纵横谈》，北京大学出版社，2005；梁景和《中国近代史分期与基本线索论战述评》，《史学理论研究》2007 年第 2 期。

③ 胡绳兼任近代史所学术委员。因关于胡绳的相关讨论已多，此处从略。

④ 虞和平：《改革开放以来中国近代史学科的创新》，《晋阳学刊》2010 年第 6 期，第 13 页。

⑤ 章开沅：《辛亥百年遐思》，《近代史研究》2011 年第 4 期，第 5 页。

是指，从鸦片战争到五四运动约 80 年间的历史应如何细分为若干阶段、若干时期的问题。"① 将中国近代史的上、下限明确界定为 1840～1919 年。

关于近代史之上限问题，新中国成立前主要存在两种意见，均不乏其支持者。郑鹤声、吕思勉等人均认为中国近代史开端应置于明末，以比肩欧洲近代史。② 但更多学者倾向于以鸦片战争作为中国近代史的上限，如罗家伦、蒋廷黻均持此议。③ 尤其至 20 世纪 30～40 年代，因救亡需要，学者普遍从反思百年国耻的角度来看近代，鸦片战争作为近代史开端的关键意义不断被强化。李鼎声、陈恭禄、范文澜、胡绳等人的认识概莫例外。因而，中国近代史领域在新中国成立前即已呈相互对立态势的所谓"革命史观"与"现代化史观"。④ 在学科上限问题上却似乎无分歧，各大学历史系明清史的讲授者，不约而同地将清史下限断在鸦片战争之前。⑤ 以鸦片战争为近代史开端的观点，渐成时趋，郭廷以后来亦表示认同。⑥

"明清之际上限说"的代表人物郑鹤声在新中国成立之初即迅速改变了自己的观点，明确表示"自鸦片战争直到今日为近代史"。⑦ 他后来回忆："解放以前，我虽担任过中国近世史课程，实际上讲的是清史。解放后担任中国近代史课程。毛主席关于中国近代史的论述，指示我们以第一

---

① 胡绳：《中国近代历史的分期问题》，《胡绳全书》第 2 卷，人民出版社，1998，第 153 页。

② 参见郑鹤声《中国近世史》，南方印书馆，1944，编纂凡例；吕思勉《吕著中国近代史》，华东师范大学出版社，1997，第 4 页。

③ 罗家伦：《研究中国近代史的意义和方法》，《武汉大学社会科学季刊》第 2 卷第 1 期，1931 年，第 137 页；蒋廷黻：《中国近代史》，长沙艺文研究会，1938。

④ 欧阳军喜：《20 世纪 30 年代两种中国近代史话语之比较》，《近代史研究》2002 年第 2 期。

⑤ 如北大讲授明清史的孟森，其授课计划明确表示："明清史据本校课程计划，以明史及清代乾隆末年以上为一段落；以后则与国外接触渐繁，作为近百年史范围。"《国立北京大学史学系课程指导书》，1932 年 8 月至 1933 年 7 月适用，第 6～15 页。

⑥ 张玉法认为，郭廷以"只是随俗；十六世纪才是他心目中近代史的真正起点"。张玉法：《郭廷以著：近代中国的变局》，《近代中国史研究通讯》1987 年第 4 期。

⑦ 郑鹤声：《怎样研究中国近代史》，《文史哲》第 1 卷第 2 期，1951 年，第 38 页。

次鸦片战争为中国近代史的开端，与以前讲授的中国近世史，迥然不同。"① 郑鹤声特别强调毛泽东的"论述"，刘大年在 1953 年也总结道："根据毛泽东同志的指示，中国近代史从鸦片战争开始。"②

正因为有此相当一致的认识趋向，1954 年胡绳首倡分期问题讨论时，将 1840 年为近代史之上限作为不言自明的前提，所有参与讨论者也均在他所界定的时限内加以讨论。直至 1957 年，才有尚钺对"鸦片战争上限"明确提出异议，并受到学界激烈批评。

1957 年 3 月，中国人民大学中国历史教研室编写的《明清社会经济形态的研究》由上海人民出版社出版。尚钺为此书作序，其中明确提出："……不拘从社会经济的发展上，或从中国社会内部的主要矛盾和主要矛盾方面的继续和发展上，以一八四〇年外国资本主义侵入的时间划一个分界线，都是不很妥当的，而且有着斩断历史发展线索的毛病。"③

1958 年，刘大年应翦伯赞之邀，在北大"史学论坛"上作针对尚钺观点的报告。④ 刘大年此文批评尚钺以明末清初为中国近代史的起点，认为尚钺的这些错误，都源于"大大提前和'创造'了中国资本主义的历史"。刘大年在 1959 年发表《中国近代史研究中的几个问题》，系统论述其对中国近代史分期的看法，其中第一部分仍针对尚钺的"明清之际上限说"提出批评，对以 1840 年为开端作了系统论证。进而指出，不能刻意以中国的近代比附欧洲的近代，因为我们讨论的是国别史，各国历史并非按照整齐划一的步伐进行。⑤ 刘文之后，黎澍亦以大体类似论述思路指

---

① 《郑鹤声自述》，高增德、丁东编《世纪学人自述》，北京十月文艺出版社，2000，第 18 页。

② 刘大年：《中国历史科学现状》，《科学通报》1953 年第 7 期，第 7 页。

③ 尚钺：《明清社会经济形态的研究·序言》，上海人民出版社，1957，第 3 页。

④ 报告在《历史研究》与《北京大学学报》的 1958 年第 1 期同时以《关于尚钺同志为〈明清社会经济形态的研究〉一书所写的序言》为题发表。《人民日报》于是年 1 月 28 日在"学术动态"栏目上以《批评尚钺的历史观点》为题对刘文予以摘要转载。刘氏此文在范文澜的直接支持下，当年 8 月由北京高等教育出版社出版了单行本。后又收入《中国资本主义萌芽问题讨论集续编》（三联书店，1960）。

⑤ 刘大年：《中国近代史研究中的几个问题》，《历史研究》1959 年第 10 期，第 23 ~ 26 页。

出，尚钺将中国近代史的起点提前 300 年，"这不只是一个简单的学术问题，而是涉及到中国共产党过去对于中国社会性质和革命性质的认识是否正确的原则问题"。①

尚钺此前已受到范文澜的尖锐批评。② 但刘大年、黎澍对尚钺的批驳的焦点还在于尚氏对 "1840 年开端说" 的质疑。尚钺虽然对刘、黎的批判方式等方面有所反驳，但在中国近代史起点问题上表示：自己对近代史起点的怀疑 "显然是没有考虑到由 1840 年鸦片战争爆发起来的中国人民反帝反封建的资产阶级旧民主主义革命第一步开始的重大政治形势的变革，因此，引起刘大年同志和黎澍同志先后对我提出批评。在这一点上，刘、黎两同志的意见都是对的"。③

刘大年、黎澍批尚钺，应该说并非出于私人恩怨。在刘、黎等人看来，中国近代史的开端问题无疑至关重要，因而对于尚钺的质疑不能回避，必须起而批驳。1960 年井上清访华，9 月 28 日在新侨饭店举行学术座谈会，刘大年主持，尹达、侯外庐、翦伯赞、周一良、刘桂五等 9 人参加。井上清提出：资本主义萌芽是否可以作为近代史的开始？刘大年从理论和历史事实两方面论证了以资本主义萌芽为划分近代史标准的不当，并着重指出争论这个问题的现实意义：中共用马克思主义分析中国历史得出

① 黎澍：《中国的近代始于何时?》，《历史研究》1959 年第 3 期，第 2 页。

② 1957 年 3 月，范文澜在北大历史系 "百家争鸣" 讲座上对尚钺提出尖锐批评，认为尚钺是以西欧的历史 "作蓝本" 来教条主义地对待中国历史。（《历史研究》编辑部：《尚钺批判》第一辑，内部发行，1960，第 9～10 页）。随之《文汇报》予以报道。尚钺在 5 月苏州江苏师范学院历史系座谈会上发表《关于研究历史中的几个问题》予以反驳。据向达所言，"范文澜因为尚钺关于历史分期的意见和他的意见不同，便写信给人大吴玉章，请吴老处分尚钺"。《向达在中国科学院哲学社会科学部召开的高级研究人员小型座谈会上的发言》，《中国科学院右派分子言论材料汇集（一）》，第 47 页。

③ 尚钺：《有关中国资本主义萌芽问题的二三事》，《历史研究》1959 年第 7 期，第 25 页。尚钺在近代史开端问题上认错之后，又有殷民撰写《批判尚钺同志 "中国近代史应始于明清之际" 的谬论》（《人民杂志》1960 年第 4 期）、邵循正撰写《中国近代史开端问题不容歪曲》（《光明日报》1960 年 6 月 9 日）、方诗铭和汤志钧撰《不能容许对中国近代史的起点加以歪曲——评尚钺同志对中国近代史分期问题的论点》（《学术月刊》1960 年第 5 期）、袁定中撰《批判尚钺关于中国近代史开端问题的谬论》（《光明日报》1960 年 6 月 23 日）继续予以批驳。

从鸦片战争开始走上半殖民地半封建社会的正确结论，并据此制定自己的战略策略。从民主主义革命到社会主义革命的一系列政策，都和上述这种了解是分不开的。几十年来的革命实践完全证明了这种了解是正确的。将这一问题讨论清楚，对宣传马克思列宁主义、了解毛泽东思想有重大的意义。① 刘大年对井上清所作解释，明确揭示了中国近代史开端问题论争的意旨所在。

对于中国近代史学科来说，其起始的时间点本身也是极为重要的问题，并非如某些西方学者所认为的"分期仅是为了研究方便。历史家应多多致力于史料的搜集与史实的分析，而不必徒耗精力于空谈历史分期问题"。② 但无须讳言，中国近代史的开端问题，在当时的学人看来，并非一个纯粹的学术问题，甚至主要不是学术问题，而与中共领导的新民主主义革命理论息息相关。换言之，对中国近代史的基本认识与中共民主革命理论在一定程度上具有同构性，二者均有相当严密的逻辑体系。中国近代史之开端、近代社会性质及社会矛盾紧密联系，缺一不可。以鸦片战争为中国近代史开端，正可凸显"帝国主义"在近代中国产生的重要影响。若将开端上延至明清之际，将对中共民主革命理论的相关论述带来冲击。

尚钺对"鸦片战争开端论"提出挑战，这在当时被视为异端。然而，尚钺的"异端"观点归根结底亦源于毛泽东的"指示"。③ 毛泽东对于"资本主义萌芽"的论断，所欲强调的实为中国近代历史发展的自主性，其背后隐含着一种民族主义感情，即必须尽量避免给人这样的认识：中国近代出现的资产阶级因素源于帝国主义的侵略。正是帝国主义的入侵，使中国偏离了正常的发展轨道，沉沦到半殖民地半封建的深渊。而近代以来

---

① 近代史所档案：《日本历史学家井上清的情况反映（第五期）》。
② 翦伯赞：《第九次青年汉学家会议纪要》，《历史研究》1956年第12期，第87~88页。
③ 毛泽东提出："中国封建社会内的商品经济的发展，已经孕育着资本主义的萌芽，如果没有外国资本主义的影响，中国也将缓慢地发展到资本主义社会。"《毛泽东选集》第2卷，人民出版社，1991，第626页。

出现的资本主义因素（这自然应视为历史的进步），则只能主要归功于中国历史自身发展的结果。换言之，在这一解释体系中，"帝国主义"必然是一个负面的东西。① 但对于"资本主义萌芽"程度的判断，则是不无困扰的问题。尚钺努力论证明清之际的资本主义萌芽，进而认为明清之际社会形态已然发生变化，这无疑越过了雷池，可能导致减轻"帝国主义"在中国近代史上的负面作用，其受批判也就在情理之中了。

以 1840 年鸦片战争为近代史的开端，其理论基础还是马克思的社会形态理论。但这一论断，与"资本主义萌芽"的论断之间，其实存在一种紧张关系。"资本主义萌芽"强调的是中国历史发展的自主性，即中国近代发展的动力源于内在；"鸦片战争开端论"则以英国的侵略作为近代史开端，实则强调了"帝国主义"在中国近代史上的重大作用。黎澍对这二者之间的紧张关系有所察觉，并试图加以协调："也许有人要问，用外国侵略中国的战争作为划分历史时期的标志，我们不成了外因论者了么？我们的答复是否定的。毛泽东同志指出，辩证唯物主义并不否认外因的作用，但是外因的作用只有通过内因才能表现出来…"② 黎澍强调"外因的作用只有通过内因才能表现出来"，"中国社会内部有发生变化的条件"，使整个中国近代史的诠释体系得以在理论上自洽。

如果单纯作为学术问题，中国近代史的上限理应允许多元观点并存。或许正因其理论体系的逻辑严密性及其与革命理论的密切关联，马克思主义史学家在中国近代史开端问题上不能有所松动。

而就海外学界来说，美国的费正清学派以"冲击－反应"模式研究中国近代史，亦将 1840 年作为中国近代史之开端。但对此也不乏持异议者。如费维恺反对"鸦片战争开端论"："如果'帝国主义'是近代中国

---

① 李时岳后来发表观点："半殖民地"是"沉沦"，"半封建"则等同于"半资本主义"，是"向上发展的趋势"。由此出发，提出"四个阶梯论"，对以"三次革命高潮论"为标志的诠释体系构成巨大挑战。李时岳：《中国近代史主要线索及其标志之我见》，《历史研究》1984 年第 2 期。

② 黎澍：《中国的近代始于何时?》，《历史研究》1959 年第 3 期，第 10 页。

史的关键，那末历史就有完全丧失其自主性，从而失去其意义的危险。"①
孔飞力也表示，"我们怀疑中国历史的'近代'时期能够用主要的外部事
件来划界"，对"鸦片战争开端论"提出质疑。② 另据柯文所言，在 20 世
纪 80 年代初，"美国史家除最老式和最激进的以外"，都放弃了把 1840
年作为总的分期标界。③ 苏联的齐赫文斯基则以 1644 年清兵入关为中国
近代史之开端。④ 张玉法回忆，台湾中研院近代史所在任用新进人员的过
程中，"根据郭先生创所的理念，认为近代史是以明清之际为背景，向下
延伸"，"我为了让史语所知道近代史所研究范围不是那么后期，而且明
清之际是我们的研究范围，于是努力将这一段开拓出来"。⑤

　　中国近代史之开端，从通史类著述及教科书而论，国内学界认识较为
一致。然而在实际的专题研究中，可能也会因着眼点不同而有不同的认
识。若从思想史或社会史而论，以明清之际为中国近代史开端也并无不
可。刘大年后来对此问题也有较为开放的认识。如他指导姜涛从事中国近
代人口史研究，即支持其将研究上限溯至 17 世纪中叶的清代前期。

　　对于中国近代史的下限，民国时期绝大部分作者都将之与自身生活的
时代联系起来。范文澜 1947 年明确将 1840～1919 年划为中国近代史的旧
民主主义革命时期，1919 年以后为中国近代史的新民主主义革命时期。⑥
中国历史研究会编著《中国近代史研究纲要》则将中国近代史以 1917 年

---

① 福尔维克：《一篇污蔑中国史学界的文章——〈披着马克思主义外衣的中国史学〉》［原文
　载《美国历史评论》（*American Historical Review*）第 66 卷第 2 期，1961 年 1 月］，孙瑞芹
　译，何兆武、黄巨兴校，《史学资料》1961 年 7 月 1 日，内部发行。
② 〔美〕孔飞力：《中华帝国晚期的叛乱及其敌人》，谢亮生等译，中国社会科学出版社，
　1990，第 5 页。
③ 〔美〕柯文：《在中国发现历史——中国中心观在美国的兴起》，林同奇译，中华书局，
　2005，第 209、53 页。
④ 齐赫文斯基主编《中国近代史》，北京师范大学历史系等译，生活·读书·新知三联书
　店，1974。
⑤ 《张玉法先生访问纪录》，《郭廷以先生门生故旧忆往录》，台北：中研院近代史所，2004，
　第 68 页。
⑥ 范文澜：《中国近代史》上编第一分册，华北新华书店，1947。

俄国十月革命为界分为两个阶段，将下限确定至"当前"。① 此外，根据范文澜设计，华北大学历史研究室在 1948 年编写初中历史课本《中国近代史》上编，其编辑说明强调："本书为初级中学中国近代史课本。全书分二编：上编叙述旧民主主义革命时代（1840～1919）；下编叙述新民主主义革命时代（1919～1945）。"② 范文澜在新中国成立前对中国近代史编纂体例的构想与实践奠定了中国近代史的学科框架，影响极为深远。

以 1919 年作为新、旧民主主义革命的界限，有毛泽东的《中国革命和中国共产党》及《新民主主义论》为明确的理论根据。刘大年在 1953 年撰文总结史学成就："根据毛泽东同志的指示，中国近代史……又以在 1917 年俄国十月革命影响之下发生的一九一九年五四运动为分界线，把在此以前由资产阶级领导的旧民主主义革命和在此以后由无产阶级领导的新民主主义革命，分为两个不同的历史时期。"③ 这也代表了当时学界的主流看法。

胡绳 1954 年提出分期问题，明确将近代史学科时限界定在 1840～1919 年。④ 这一界定在当时史学界有一定的思想基础，契合了新中国成立初强调中共诞生之划时代意义，突出新民主主义革命之历史地位的社会思想氛围，且有实际操作层面的考量。⑤ 同时还须看到苏联史学的影响。20 世纪 50 年代，苏联史学家"都认为中国现代史的开端应以苏联十月革命为界线"。⑥ 因而学者们均在胡绳设定的 1840～1919 年的框架内就具体分期各陈己见，而基本上未对以 1919 年为界划分"近代史"与"现代史"提出异议。以 1919 年为中国近代史的下限成为时趋，范文澜亦表示赞同。

---

① 中国历史研究会编《中国近代史研究纲要》，光华书店，1948，第 2～4 页。

② 华北大学历史研究室编《中国近代史·编辑说明》上编，新华书店，1949。

③ 刘大年：《中国历史科学现状》，《科学通报》1953 年第 7 期，第 7 页。

④ 胡绳：《中国近代历史的分期问题》，《历史研究》1954 年第 1 期。

⑤ 张海鹏认为，新中国成立初学者的主要研究兴趣尚在晚清时期，1919 年后主要是中共党史的研究对象；1919～1949 的历史过去未久，加之当时海峡两岸处于敌对状态，难以做自由的学术研究。见氏著《20 世纪中国近代史学科体系问题的探索》，《近代史研究》2005 年第 1 期，第 10 页。

⑥ 翦伯赞：《第九次青年汉学家会议纪要》，《历史研究》1956 年第 12 期，第 88 页。

他在 1954 年 8 月所写《中国近代史·九版说明》中，表示"现在因为近代史与现代史已有明确的分期，故将此书改称为《中国近代史》上册"。①范文澜 1954 年 5 月在中国文联举办的中国近代史讲座的讲演《略谈中国近代史的分期问题》②、1955 年 1 月发表《中国近代史的分期问题》，均以 1840～1919 年为框架。

　　直至 1956 年学术界提倡"百家争鸣"，始有人提出应打破 1919 年之界限。1956 年 5 月 26 日至 6 月 4 日中国人民大学第六次科学讨论会上，林敦奎从社会性质的角度提出将中国近代史下限延至 1949 年，马鸿谟、杨遵道表示支持。③ 近代史所荣孟源撰文表示赞同，且详加论述。④ 荣可能还代表着中国社会科学院近代史所的意见，他是近代史所办公会议的成员，据其后来回忆，50 年代初参加近代史所办公会议的学者都同意他的这一观点。⑤

　　值得注意的是，马克思主义史学进行历史分期，其根本理论基础还是社会形态理论。中国近代史的断限，势必与社会形态的变化紧密关联。中国近代史以 1840 年为开端，主要依据即在于鸦片战争使中国由封建社会转入半殖民地半封建社会；而作为中国近代史下限的 1919 年，其社会形态并未发生改变。按照革命理论，1949 年才标示着半殖民地半封建社会的终结。因此，基于社会形态理论，1949 年作为中国近代史下限无疑更有说服力。李新在为《中国通史半殖民地半封建社会时代（下）教学大纲（初稿）》所作前言中也同意将 1840～1949 年作为一部完整的包括整个半殖民地半封建社会时代的通史。李新、彭明、蔡尚思等主编的《中国新民主主义革命时期通史》之所以未称"中国现代史"，即因李新认为

① 《范文澜全集》第 9 卷，河北教育出版社，2002。
② 中国文联当时曾将讲稿刊印单册供内部学习之用，1956 年 10 月 11 日《光明日报》副刊《史学》刊载此文。
③ 杨遵道：《中国人民大学第六次科学讨论会上关于"中国近代史分期问题"的讨论》，《历史研究》1956 年第 7 期。
④ 荣孟源：《关于中国近代史分期问题的讨论》，《科学通报》1956 年第 8 期。
⑤ 张海鹏：《追求集》，社会科学文献出版社，1998，第 32 页。

应将 1919～1949 年纳入"中国近代史"的范围。① 在 1957 年《历史研究》编辑部组织的讨论中，李荣华、赵德馨亦持此主张。② 陈旭麓对此更是撰专文予以阐述。③ 近代史所的旧派学人金毓黻明确指出："一言及近代史，亦无不包括现代史在内。"意即应该延至 1949 年。他在 1957 年就学术讨论会论文组织工作向近代史所提出的建议中，拟订的第一个讨论题目就是"近代史、现代史二者如何划分及可否改称为半封建半殖民地中国史的问题"。④ 显而易见，他是倾向将 1840～1949 年视为一个整体。范文澜的看法也有变化，在 1956 年 7 月为政协全国委员会举办的中国近代史讲座所作的报告中，他着重强调 1840～1949 年半殖民地半封建社会性质及民族民主革命性质并未改变。⑤

1956 年综合大学文史教学大纲审订会上虽然明确指出，打通"近代史"与"现代史"的壁垒有利于中国近代史的教学与科研，并建议将 1840～1949 年这段历史称为"中国史——半殖民地半封建社会时代"。但考虑到"近代史"、"现代史"两个名称沿用已久，已经代表一定含义，突然改变难合于习惯。实际上还是将争议搁置。⑥ 1919 年下限说通过历史教科书及高校的学科建制进一步定型，形成体制化影响而根深蒂固。

概而言之，单纯从科学的角度而言，将 1840～1949 年作为前后贯通、不可分割的整体，无疑更切合历史的实际。但是就实际操作层面而论，将 1919～1949 年这段离 20 世纪五六十年代太过切近的历史作为科学研究的对象尚有一定碍难之处。以 1919 年为下限，本就具有权宜之意。

---

① 李新：《关于近代史分期的建议》，《教学与研究》1956 年第 8、9 期合刊。值得注意的是，李新编写《中国近代史（下）提纲》在科学规划会讨论时，其打通 1919～1949 年观点却比较孤立，"尤其是科学院系统的如近代史研究所的与会者，几乎没有人同意我们的提纲。只有荣孟源对我们的意见表示同情"，但高校系统有王真、孙思白、金应熙表示坚定支持。参见李新《编书记》，《回望流年》，北京图书馆出版社，1998，第 87 页。李新这一回忆，似与荣孟源的回忆有所出入。

② 《中国近代史分期问题的讨论》，《历史研究》1957 年第 3 期。

③ 陈旭麓：《关于中国近代史的年限问题》，《学术月刊》1959 年第 11 期

④ 金毓黻：《静晤室日记》，第 7695、7366 页。

⑤ 《中国近代史的分期问题》，《范文澜全集》第 10 卷，第 376～378 页。

⑥ 祚新：《综合大学文史教学大纲审订会简况》，《历史研究》1956 年第 9 期。

这里还值得注意的是刘大年的意见，他在 1954～1957 年的争鸣热潮中并未就此发表看法，直至 1959 年才明确指出：“自鸦片战争起到中华人民共和国成立以前的 110 年，都是半殖民地半封建社会、都是中国的近代。”① 1961 年再次撰文提出：“这里说的近代，是指从鸦片战争到 1949 年中华人民共和国成立的我国民主革命时期。”② 1964 年在向外国历史学家介绍中国历史科学时进一步强调：“五四前后既然社会制度相同，革命任务、革命性质相同，我们就只能把它们看做是同一个历史时代。”“中华人民共和国成立以后，历史前进到了一个崭新的时代。十几年前的‘现代’。已经很快为今天的‘现代’所代替。时至今日，我们再用‘近代’去概括鸦片战争至五四运动的历史，用‘现代’概括五四直至中华人民共和国以后的历史，显然是非常不合理了。”③

刘大年对“中国近代史”概念实际上抱持开放态度，认识到“近代”、“现代”这些沿用已久的历史学术语本系相对而言，并非严格的科学术语，“我们需要根据社会经济形态、社会制度、革命性质、革命任务、阶级斗争形势的重大发展变化等称呼历史时代，来代替那些相对而含混的术语”，因此“中国自鸦片战争至中华人民共和国成立以前的历史时代，应当称为半殖民地半封建时代或民主革命时代”，“历史学上的近代、现代等称谓，我们不改变自然也可以，但我们的后人也一定要改变，因为我们的近代、现代正在日积月累变成他们的古代和中世纪哩！”④ 刘大年等人的看法影响颇深，如武汉大学姚薇元表示：“我们要知道现代近代在中国都是民主革命史，应该打通，刘大年、黎澍等同志论文早已说清楚这个道理。”⑤

据近代史所档案记载，在《1963～1972 年研究工作主要项目表》的

---

① 刘大年：《中国近代史研究中的几个问题》，《刘大年史学论文选集》，人民出版社，1987，第 247 页。
② 刘大年：《我们要熟悉中国近代史》，《人民日报》1961 年 2 月 21 日，第 7 版。
③ 刘大年：《回答日本历史学者的问题》，《刘大年史学论文选集》，第 494～495 页。
④ 刘大年：《回答日本历史学者的问题》，《刘大年史学论文选集》，第 496 页。
⑤ “姚薇元致曾业英函”，1963 年 9 月 15 日。

计划中，李新主持撰写《中国近代史（1840～1949）》，钱宏、张玮瑛欲撰写《中国近代政治史（1840～1949）》。① 可见近代史所学人，早在 20 世纪 60 年代就已试图打破 1919 年这一界限，而贯通叙述"中国近代史"。

作为中国近代史学科研究对象，其时限当然应相对固定，这也正是现代分科治学的题中之义。然而，必须注意这种时限界定的相对性，随着时间的推移，近代史的时限必定会不断后延。近年来，不少学者提出应打破 1949 年的界限。王也扬指出，以 1949 年为下限"往往使国内近代史学者不能越雷池一步。于是，思想难免局限，眼光必致狭窄，研究水平总要受到影响"。② 姜涛指出，近代史活的灵魂就是"近"，因此其本质上是相对史，它必须随着时间的推移不断与特定的绝对历史年代重合或分离。③ 事实上，继近代史研究重心从晚清下移至民国后，一些从事近代史研究的学者，近年来已开始逾越 1949 年这一时限，而将目光投向 20 世纪五六十年代，并取得了引人注目的实绩。

（二）关于近代史分期

范文澜对于中国近代史的分期问题极为重视，先后有 3 篇文章阐述其分期主张：1954 年 5 月在中国文联举办的中国近代史讲座作题为《略谈中国近代史的分期问题》的讲演；④ 1954 年 11 月在历史研究所第三所举行的学术报告会上作关于分期问题的报告，报告稿在 1955 年 1 月以《中国近代史的分期问题》为题刊载于《中国科学院历史研究所第三所集刊》第二集，⑤ 是年 10 月《新华月报》全文转载；1956 年 7 月为政协全国委员会举办的中国近代史讲座作题为《中国近代史的分期问题》的报告，

---

① 近代史所档案：《1963～1972 年研究工作主要项目表》（1962 年 8 月）。
② 王也扬：《从中国近代史研究的下限问题说开去》，《天津社会科学》2000 年第 5 期，第 78 页。
③ 姜涛：《近代史就是要近》，《近代史研究》2010 年第 2 期，第 25 页。
④ 讲演稿发于 1956 年 10 月 11 日《光明日报》副刊《史学》。
⑤ 1955 年 6 月 8 日，范文澜又在中国科学院学部成立大会上作《近代史分期问题》报告。《夏鼐日记》第 5 卷，华东师范大学出版社，2011，第 162 页。

是年 10 月 25 日《光明日报》副刊《史学》发表。

范文澜主张以近代社会主要矛盾变化作为近代史的分期标准，其最直接的理论资源来自毛泽东对近代中国社会矛盾的论述："帝国主义和中华民族的矛盾，封建主义和人民大众的矛盾，这些就是近代中国社会的主要矛盾……帝国主义和中华民族的矛盾，乃是各种矛盾中的最主要的矛盾。"① 帝国主义和封建主义"二者互相勾结以压迫中国人民，而以帝国主义的民族压迫为最大的压迫，因而帝国主义是中国人民的第一个和最凶恶的敌人"。②

范文澜认为，正是中外民族矛盾和国内阶级矛盾这两种基本矛盾的消长变化、交替主导，构成近代史分期之依据。他同时强调：

> 在根本矛盾之外，反动势力方面也存在着不少的矛盾，在国外，有帝国主义间的矛盾，这对中国的侵略是有影响的。在国内，有（1）中国封建势力与帝国主义间的矛盾；（2）汉族封建势力的各个集团与清朝廷间的矛盾；（3）封建势力的各个集团依其外国背景与其他外国间的矛盾；（4）封建势力的各个集团间的矛盾；（5）资产阶级立宪派与封建主义的矛盾。③

范文澜主张将中国近代史（1840～1919）划分为四个时期：第一时期，1840～1864 年；第二时期，1864～1895 年；第三时期，1895～1905年；第四时期，1905～1919 年。

1954～1957 年的中国近代史分期问题讨论，虽然众说纷纭，细绎诸家所论，其实最具代表性且有实质差异的观点只有两种：一是胡绳的"三次革命高潮论"；二是范文澜以近代社会主要矛盾转化为标志的分期体系。

范文澜明确表示，"帝国主义拥有极大的优势，在民族战争成为主要

---

① 《毛泽东选集》第 2 卷，第 631 页。
② 《毛泽东选集》第 2 卷，第 633 页。
③ 范文澜：《中国近代史的分期问题》，《范文澜全集》第 10 卷，第 322 页。

矛盾时，它总是处于矛盾的主要面"，而"在国内战争成为主要矛盾时，封建主义也总是处于矛盾的主要面"。① 在 1956 年 7 月为政协全国委员会所作报告中，他也明确提出："前乎辛亥革命，有封建统治阶级领导的农民阶级自身发动的民族战争；也有农民阶级自身发动的国内战争，这两个阶级曾经担当过主要矛盾的一面（当然只能是次要面）的主角，因之在划分近代史的各个阶段上，必须给它们应得的地位。"② 他认为，甲午中日战争标志着列强侵略方式的根本转变，因而将甲午战争和《马关条约》作为中国近代史分期最重要的界标。

　　理论上胡绳所定义的"阶级斗争"固然是广义的概念，包括反帝的民族斗争，但在具体的分期实践中则难以真正体现出国内阶级斗争与中外民族斗争的分际，而斗争锋芒向外还是向内的区别"牵涉到社会阶级关系配备的不同和革命阵营战略策略的变化"，"牵涉到上层建筑在各个发展阶段上的不同色彩"。③ "三次革命高潮论"斗争锋芒的主要趋向并不明朗，由清政府主导的如第二次鸦片战争、中法战争、甲午战争所体现的中外民族斗争的意义在胡绳的理论体系中难以得到体现。而且在胡绳看来，第二次革命高潮的戊戌维新其实是难以与义和团运动相提并论的，对于维新运动保国保种、救亡图存的积极意义似也估计不足，而片面强调了"其实质则是用从上到下的改良办法来抵制农民革命"，④ 并对当时统治层的改良自救措施从中国内部社会革命的角度给予否定评价。1955 年 2 月 11 日在全国政协的中国近代史讲座的报告中，胡绳可能出于对批评者的回应，对于维新运动救亡图存的进步意义有所肯定，但仍然重在强调其"用政治上的改良来作为抵制农民革命运动的手段"的致命弱点。⑤

① 范文澜：《中国近代史的分期问题》，《中国近代史分期问题讨论集》，第 102 页。
② 范文澜：《中国近代史的分期问题》，《光明日报》1956 年 10 月 25 日，第 3 版。
③ 戴逸：《中国近代史的分期问题》，《中国近代史分期问题讨论集》，第 116～117 页。
④ 胡绳：《中国近代历史的分期问题》，《胡绳全书》第 2 卷，人民出版社，1998，第160～161 页。
⑤ 胡绳：《中国近代史绪论》，《胡绳全书》第 2 卷，第 228～229 页。

　　众所周知，胡绳与范文澜均为中国近代史研究领域的拓荒者，学界有所谓"范胡学派"之说，① 实则胡绳与范文澜在"阶级"与"民族"的处理上存在显著差异。胡著《帝国主义与中国政治》与范著《中国近代史》，是中国近代史学科具有典范意义之作。二者均以"革命"为核心话语，以毛泽东"两个过程论"为指针，相似之处颇多，但二者之区别也不可忽视。范文澜史著中带有较为浓厚的民族主义色彩，甚而有汉族中心主义的意味。他所著《中国近代史》对于社会各阶级相互关系的演变过程着墨不多，而将批判、揭露满族统治者置于重要地位；同时，范著《中国近代史》有着鲜明的民族立场，将"帝国主义与中华民族的矛盾"作为超越于"封建主义和人民大众的矛盾"之上的"最主要的矛盾"，② 以相当大的篇幅细述资本主义、帝国主义自鸦片战争以来对中国的侵略史实，并予以深刻的揭露和抨击，"不但大书特书英法美日等国对中国的疯狂侵略，也振笔直书俄国对中国的疯狂侵略"。③ 列强对中国发动的历次中外民族战争成为其论述的中心，并被赋予了比中国内部的社会运动更重的叙述分量；他对历史人物的评价始终以民族大义为标准，因而对于统治阶级内部英勇反抗列强侵略的人物予以充分肯定。例如，他称裕谦为"满洲贵族中坚决主战的唯一人物"，④ 对中法战争期间曾纪泽为维护国家权益所做的外交努力亦充分肯定。⑤ 认为杜文秀与英国侵略者勾结，是民族分裂主义者，从而加以谴责。⑥ 而且，在范文澜的评价体系中，戊戌维新运动无疑有着较高的位置，他强调康、梁的维新运动是上承林则徐、龚

---

① 林华国：《中国近代史研究中两种历史观的论争》，《近代历史纵横谈》，北京大学出版社，2005，第 17 页。

② 范文澜：《中国近代史的分期问题》，《范文澜全集》第 10 卷，第 377 页。

③ 刘大年：《序》，《范文澜历史论文选集》，第 7～8 页。

④ 范文澜：《中国近代史》上编第一分册，第 41 页。按：裕谦本为蒙古镶黄旗人，范文澜后来予以修订。参见《范文澜全集》第 9 卷，第 36 页。

⑤ 范文澜：《中国近代史》上编第一分册，第 196 页。

⑥ 对杜文秀的评价是当时近代史学界争论的焦点问题之一。吴乾主张杜文秀是回族英雄、农民起义领袖。马汝珩认为，杜文秀领导回民反清，应予以肯定，后期依靠英国应予以否定。见近代史所编《关于近代研究机构、人员、出版和学术活动的材料》［油印本，近代史所档案《历年工作计划（学术方面）》]。

自珍、魏源之余祧，"康有为等维新派借用今文经学的词句来介绍资本主义思想，在当时是一种必要的方法"，"是有进步意义的"。戊戌变法中光绪帝的措施"符合于中国资本主义发展的趋向，在当时的条件下，维新运动无疑是进步的运动"。① 肯定了维新运动反对列强侵略的实质，"维新运动和封建顽固势力的矛盾，是当时次要的矛盾。主要矛盾仍是帝国主义的侵略"。② 换言之，在他看来，康、梁等改良主义者也受到帝国主义的压迫，维新运动虽有其弱点，但亦具有反帝的意味。

　　而胡绳的《帝国主义与中国政治》在这一点上同范文澜存在显而易见的差异。胡绳的论述更加强调帝国主义与封建主义相互勾结以压迫中国人民，并着重揭示这种勾结的演进过程；而对他们之间矛盾的一面予以相对淡化处理。他对于统治阶级内部如曾纪泽、左宗棠全盘否定，认为康、梁等改良主义者的爱国思想"反而成了为侵略者辩护，自动向帝国主义者缴械"，③ 维新变法的积极意义也从其消弭人民群众反抗斗争的角度受到冲淡。不难看出，胡绳更为强调中外民族矛盾与国内阶级矛盾二位一体的性质，进而将阶级矛盾置于民族矛盾之上。胡绳认为，以往史家出于民族主义思想而常有意无意地造成一种错觉，"他们把帝国主义侵略中国的政策描写得这样单纯，以至把清政权写成是不断地受着帝国主义国家所欺凌侮弄的可怜的存在，这种描写是不合历史事实的错误观念"。④ 因而着力强调列强与清政府之相互勾结，并将其一概置于人民群众的对立面。在以阶级分敌我的简单对立的思维定式之下，统治者阵营内所有人无不在贬斥之列。新中国成立后的一篇书评即认为此书有助于"肃清残余的资产阶级民族主义的思想"。⑤

　　治史的阶级动机优先于民族动机，将阶级斗争置于民族斗争之上，此

---

①　范文澜：《中国近代史的分期问题》，《范文澜全集》第 10 卷，第 334 页。

②　范文澜：《中国近代史的分期问题》，《中国近代史分期问题讨论集》，第 105 页。

③　《胡绳全书》第 5 卷，第 234 页。

④　胡绳：《帝国主义与中国政治》，香港生活书店，1948，第 57 页。

⑤　齐谷：《书评〈帝国主义与中国政治〉》，《大公报》1950 年 11 月 16 日，第 6 版。

为胡绳近代史研究的一个基本特点。其"三次革命高潮论"将近代以来由清朝统治者主导的几次中外民族战争置于相对次要地位，即与他的这一认识倾向密切相关。而范文澜的主张在斗争锋芒之趋向的问题上正可以补胡绳理论体系之不足。

1954～1957 年分期讨论中，不少学者批评孙守任过于强调外力影响。金冲及认为孙守任"以外来因素的演变发展代替了内在历史规律的分析，而会得出错误的结论来"；[①] 戴逸认为孙守任抛弃了毛泽东《矛盾论》中"关于外因内因相互关系的论点"，而"我们不能把外部矛盾和内部矛盾不加区别地等同看待"；[②] 毛健予认为孙的观点"令人感到有强调外因论的浓厚的色彩"。[③] 实际上对于孙守任的这些批评，都可以加之于范文澜。可能因范氏在史学界的崇高地位，未曾受到批评。然而，以范氏之地位，连续发表三篇关于分期问题的文章，却应者寥寥，仅有李新赞同其意见。[④] 近代史所荣孟源、刘大年均倾向于认同"三次革命高潮论"，近代史所集体编撰的《中国史稿》第四册亦采用"三次革命高潮"体系，则可见当时学界之趋向。

之所以形成如此趋向，笔者以为，随着 1949 年真正意义的现代民族国家的建立，国人心底激荡着扬眉吐气的民族自豪感，凸显"中国"在近代中国历史发展中的主体地位成为学人的潜在预设。谴责帝国主义侵略的罪恶退居次要，追溯近代以来人民革命斗争历程、构建革命谱系、论证新政权的历史合法性，成为意识形态层面对中国近代史研究的首要要求，这一要求进而被有着浓厚"以史经世"情结的学人在某种程度上内化为不言自明的共识。1949 年着手编纂的"中国近代史资料丛刊"，着力挖掘人民反抗斗争的史料，对近代中外交涉甚至列强划分势力范围等相关史料

---

①　金冲及：《对于中国近代历史分期问题的意见》，《历史研究》1955 年第 2 期。

②　戴逸：《中国近代史的分期问题》，《历史研究》1956 年第 6 期。

③　毛健予：《中国近代史分期问题的讨论》，《历史研究》1957 年第 3 期。

④　李新在为《中国通史半殖民地半封建社会时代（下）教学大纲（初稿）》所写前言中明确表示，范文澜的分期意见"较为妥善"。详参李新《关于近代史分期的建议》，《中国近代史分期问题讨论集》，第 155 页。

基本未予纳入。① 1958 年 5 月，近代史所学人撰著《帝国主义侵华史》第一卷由科学出版社出版。一些人对此书进行了猛烈的抨击并予以全面否定，批判这是一本中华民族"挨打受气史"，解放了的中国人民需要的是"扬眉吐气史"，此书有严重的方向性错误云云。②

　　然而，范文澜的近代史诠释体系自有其合理性与生命力。随着时代变化，人们痛切反思过分强调"阶级斗争"之弊，且欲突破胡绳的"三次革命高潮"体系，又将范文澜 1956 年在政协讲座上关于近代史分期的报告以"范老遗著"之名再发表。③ 这篇报告由卞孝萱提供，佟冬加引言，作为未刊文稿发表于 1978 年《社会科学战线》创刊号上，实则此文 1956年即在《光明日报》发表，且为《中国近代史分期问题讨论集》（1957年三联书店版）收录。

　　"三次革命高潮论"特别突出"反帝反封建"这条红线，突出人民群众，尤其是农民这个所谓的近代史的"主体"，着重呼应了毛泽东所论"两个过程"中之一方面——"中国人民反抗帝国主义及其走狗的过程"，而对"帝国主义和中国封建主义相结合，把中国变为半殖民地和殖民地的过程"相对淡化。其偏颇显而易见。④ 而范文澜所构建的诠释体系，着眼于近代社会矛盾之转化，对阶级矛盾与民族矛盾予以区分，对毛泽东所论"两个过程"做了更全面的阐释。

　　值得注意的是，范文澜的近代史诠释体系还有更丰富的内容。他明确表示"中国资本主义的发生和发展，在中国近代史上当然有头等重要的进步意义，必须予以详尽的叙述"，⑤ 并对毛泽东的"两个过程论"做了进一步阐释："帝国主义封建主义主要是帝国主义反对中国资本主义的发展，弱小的中国资本主义在重重压迫下用革命的和改良的方法要求发展，

① 戴逸对此提出批评，详见氏著《评〈中国近代史资料丛刊〉》，《人民日报》1959 年 4 月 11 日，第 7 版。
② 张振鹍：《回忆范老与帝国主义侵华史研究》，《近代史研究》1994 年第 1 期。
③ 范文澜：《中国近代史的分期问题》，《光明日报》1956 年 10 月 25 日，第 3 版。
④ 当然，即便是"两个过程"也不足以涵括中国近代史的全部内容。
⑤ 范文澜：《中国近代史的分期问题》，《光明日报》1956 年 10 月 25 日，第 3 版。

这两个过程综合起来，就是中国近代史。"但他同时强调，中国近代史不能如西方资本主义国家那样将近代史等同于资本主义社会的历史，不能仅仅以中国资本主义的发生和发展为标准来分期。因为中国无产阶级领导的新民主主义革命与资本主义的发展趋势并无重大关系。当然，如果单纯叙述中国资本主义发展史自然可以按照其本身的发展过程来分期。①

与胡绳的"三次革命高潮论"相比较，范文澜着眼于主要矛盾转化的诠释体系更具内在张力。同时还须看到，"中国资本主义的发生和发展"亦构成范氏诠释体系中的一条伏线。② 这一思想在改革开放以后人们寻求对"三次革命高潮"体系的突破时重新被提起，并加以发挥。

在1954～1957年中国近代史分期问题的讨论热潮中，刘大年并未公开发表意见，但他对此问题亦有所思考，并于1956年1月在近代史所内部提出。③ 1956年2月4日晚，他与钱宏谈近代史分期问题，他认为：近代史分期可分为两部分，前一部分讲分期的两个问题：其一，革命高涨与帝国主义的侵略，社会经济发展，生产力与生产关系的统一；其二，不是断限，要表示出过程。后一部分讲三个时期特点及其内容。2月5日，"看有关近代史分期的材料"。④ 是年4月29日晚，他与范文澜讨论分期问题，进而作了较深入的思考，得到一些基本认识：

一、外国资本主义侵入和封建制度的破坏，近代第一次（1840～1864）。二、半殖民地半封建制度的形成，资产阶级的改良运动和近代第二次农民革命运动（1864～1901）。三、资产阶级领导的革命及其失败。资本主义发展（1901～1919）。四、大革命和土地革命，官僚资本主义的出现（1919～1937）。五、彻底殖民地化的趋势

---

① 范文澜：《中国近代史的分期问题》，《光明日报》1956年10月25日，第3版。
② 陈其泰：《关于中国近代历史进程基本线索的理论》，《江海学刊》2008年第5期，第187～188页。
③ 《刘大年日记》，1956年1月24日。
④ 《刘大年日记》，1956年2月4日、1956年2月5日。

严重增长，全国人民在中国工人阶级政党的领导下胜利进行反对帝国主义的斗争，中国社会重新走上独立发展的道路（1937～1949）。这样分期可以满足三个基本要求：（一）1840～1949 社会性质并无变化，分期要从头贯到底。（二）1840～1949 的历史，是半殖民地半封建的历史，一切阶级斗争是这个社会的指标。同时又影响这个社会的发展变化。研究要说明这个社会的阶级斗争，更要说明这个社会的发展过程。范只从矛盾上讲，是放弃了说明社会发展这个主要的基本的研究任务，不妥。（三）统一分期标准——革命高潮。在 1919 以前有太平天国、义和团、辛亥革命三个高潮。1919 以后是大革命、解放战争两个高潮。抗日战争是解放战争这个高潮的条件和准备。（四）拿主要矛盾作依据，只能说明革命发展的历史，不能说明社会发展的历史。况且矛盾必须是以社会的生产力发展为基础的。而矛盾则只是生产关系的表现。（五）从抗日战争开始，高潮是持续性的。1937～1949，持续了十三年。（太平天国有十四年），最高潮是解放战争。（六）仍以革命斗争高潮作为划期标准，才能表明人民是历史的主体。①

　　直至 1959 年发表《中国近代史研究中的几个问题》一文，刘大年才公开表明了自己的观点。他认为，考察中国近代史分期的标志不外乎三个方面：从阶级斗争来划分；从近代社会的主要矛盾变化来划分；从外国侵入后社会经济的发展变化来划分。而这三者应当是统一的，不是互相排斥或彼此平列的关系。"一定的社会经济产生相应的社会力量。阶级斗争、阶级关系的演变，归根结底是由社会经济变革所引起的。从来也没有与社会经济相隔绝的政治运动、阶级斗争。"而中国近代史上主要矛盾的阶段性，"当然就是阶级斗争、革命运动的高潮低落、外国侵略和国内斗争为主为次的转换、革命动力从农民战争到资产阶级革命的发展、在反侵略斗

---

① 《刘大年日记》，1956 年 4 月 30 日。

争中地主阶级的不同态度等等变化的阶段性"。①

　　总体说来，刘大年力图以"阶级斗争"为近代史演进脉络的主线，并整合社会矛盾变化与经济发展变化。耐人寻味的是他对范文澜主张的批评。他在范文澜《中国近代史的分期问题》的文章打印稿上批注：

　　　　全文中看不出社会生活的变化。总起来是没有社会经济。一、不能说明生产力的发展。二、不能说明人民是历史的主体。三、不能解释中华人民共和国成立后国家主要矛盾仍是帝国主义矛盾。以矛盾的阶段作为分期阶段，不能说明生产力发展的阶段。帝国主义的侵略是自始至终，是否武装侵略不能表示生产关系的变化。实际上成了以外国武装侵略划阶段。中华人民共和国以后，外国的武装侵略仍存在。社会性质不变。②

　　如前所论，范文澜对近代以来资本主义的发生、发展亦未忽视，刘大年对范的批评可能未必中肯。不过还须看到，刘大年对资本主义、资产阶级研究的重视由来已久。1953 年 1 月，近代史研究所设立经济史组，刘大年任组长，并将近代资产阶级作为研究的中心内容，③ 这在当时无疑具有开创意义。1955 年他起草的《社会科学学部报告》着重提出："关于中国资本主义的发生与发展的历史、中国资产阶级领导中国革命的思想、策略及其历史作用"，"应作为专题深入地研究"。④ 20 世纪五六十年代，他与严中平、巫宝三、汪敬虞、孙冶方等经济史或经济学的研究者书信往

① 刘大年：《中国近代史研究中的几个问题》，《历史研究》1959 年第 10 期，第 33 页。

② 刘大年手稿，刘潞先生提供。

③ 按照当时的分工，钱宏负责"中国资产阶级的发生"、"中国资产阶级与小资产阶级的关系"，董其昉负责"中国资产阶级的构成"，樊百川负责"中国资产阶级与农民阶级"，张玮瑛负责"中国资产阶级在工业方面的活动"，谢璈造负责"中国资产阶级与帝国主义和垄断资本主义的关系"，李瑚负责"中国资产阶级在商业银行、运输方面的活动"。李瑚：《本所十年大事简记（1951～1960）》，第 7～8 页。

④ 《社会科学学部报告》，刘大年起草（1955 年 5 月 21 日改写稿），刘潞提供。

还，曾提议"写资本家千人传"。① 1954 年 3、4 月间，刘大年在办理顾颉刚调动之事时，曾在武汉逗留一周，专门听当时武汉军区副政委、原新四军政治部副主任郑位三讲武汉的资本家、近代工业情况。郑位三对武汉地区工商业情况很熟悉，他希望近代史所有人去研究武汉的工商业，于是致信范文澜。由于只是口述，武汉工商业的情况后来没有整理，但刘大年对此事一直念念不忘。② 1964 年 4 月 3 日成立"近代中国社会历史调查工作委员会"，杨东莼为主任，刘大年、黎澍为副主任，主要根据刘大年的建议，进行"民族资产阶级调查"、"买办阶级调查"、"江浙财阀调查"、"商会调查"。③ 1981 年刘大年率先提出中国近代史研究应从经济史突破，拉开了近代史研究内容拓展的序幕，④ 在他而言这并非一时心血来潮。

三　推进中国近代史学科建设之努力

中国近代史学科先天不足，虽有自上而下的整体性推动，然而学术发展自有其规律，学科建设非一蹴而就。总体说来，近代史研究所在中国近代史学科建设中，并未急功近利，还是注重夯实基础。前文所论近代史所大力投入整理、出版档案资料工作，已可见一斑。本节主要探讨近代史所为推进"民国史"和"现代史"等分支研究领域所做的努力，及其所遭遇的困境和纠结。

近代史研究所最早对"民国史"的关注源于金毓黻。1940 年，金毓黻受聘为国民政府国史馆筹备委员会顾问，即热衷于民国史料尤其是抗战史料的搜集整理。3 月 6 日拟出《国史馆筹备处采访史料之方案（附采访纲要)》，又拟《抗战史料之征集及初步整理办法》；4 月 17 日撰《国史

① 《米暂沉来函》，王玉璞、朱薇编《刘大年来往书信选》（上），第 251 页。
② 转引自黄仁国《非则言非，是则言是的实事求是精神》，《史学史研究》2007 年第 2 期，第 114 页。
③ 近代史所档案：《关于开展近代社会调查的资料》、《1964 年全国近代现代史工作会议资料》。
④ 刘大年：《中国近代史研究从何处突破?》，《光明日报》1981 年 2 月 17 日，第 4 版。

馆采访战史史料之方案》，并向国史馆筹备处频频建议。1947 年 1 月，国史馆正式成立，金毓黻任纂修。9 月 30 日，他向国史馆提议编辑《民国碑传集》，获得众人赞同，10 月再拟《国史馆为编刊〈民国碑传集〉征稿启事》。① 12 月筹划"修民元至十七年史料长编，命曰《民国通纪》"。② 1947 年 12 月 31 日，他入北平图书馆，检视所藏北洋政府公报，以之作为编辑《民国通纪》的基本资料。1949 年 1 月北平解放，金毓黻入北京大学文科研究所，主持民国史料室，继续不遗余力地推动其民国史料的整理计划。为了得到学者的支持，他于 1949 年 6 月 4 日邀请著名史家向达、王重民、罗常培、邓广铭、韩寿萱、唐兰等人参与民国史料座谈会，并将其搜集的民国史料做了一个小型展览，以证明他的构想绝非徒托空言。③ 金毓黻一度从政，颇具实际办事才能，他托赵荫棠请中共党内元老徐特立商谈民国史料整理办法，力图进一步扩大其倡议的影响。④ 同时，他全力进行《民国史稿长编》的编纂，到 1950 年 6 月已完成 70 余万字，《民国碑传集》也积至千篇。

新中国成立后，金毓黻以与时俱进之精神，决心"做一个人民史料专家"，⑤ 热衷于《民国史稿长编》及《民国碑传集》的整理。他还有一个更宏大的抱负，那就是在充分的资料基础上编写《中华民国史记》。⑥ 1948 年 9 月，郑天挺、邓广铭邀请金毓黻到北大讲授民国史，金氏甚感兴趣，欣然应允；并于是年 11 月 17 日开始撰写《中华民国史稿》（或称《史纲》），"至于废寝忘食"。⑦

但毕竟政权更替，为新中国意识形态建设添砖加瓦成为史学界的当务之急，金毓黻的倡议应者寥寥；加之助手相继离开，整理民国史料、编纂

---

① 《金毓黻学术年谱》（初稿），《学术研究丛刊》（增刊）1987 年 5 月，第 108～109、151 页。
② 金毓黻：《静晤室日记》，第 6482 页。
③ 金毓黻：《静晤室日记》，第 6822～6823 页。
④ 金毓黻：《静晤室日记》，第 6872～6874 页。
⑤ 金毓黻：《静晤室日记》，第 7567 页。
⑥ 金毓黻：《静晤室日记》，第 6535 页。
⑦ 金毓黻：《静晤室日记》，第 6729 页。

民国史之工作一度中断。1952 年，由于高校院系调整，北大文科研究所
并入中国科学院；9 月 19 日，金毓黻及其所主持的民国史料室并入近代
史研究所，① 才遇到近代史所同人荣孟源这位"气谊相孚"的知音。金毓
黻日记载："荣君孟源颇能留心此事，一再促余为之。近一二日内又复提
及此事，以为能有人协助完成。此真意及不到之事，垂老之年，一旦闻
此，不觉精神为之一奋也。"② 荣孟源联系马列学院马鸿谟等人，1956 年
再度提议编纂《辛亥革命以来史料长编》。金毓黻与荣、马等人开会交换
意见，在讨论基础上起草编辑凡例 21 条。金氏特别提出"不取旧史正统
说，但有内外主客之分"，"以人民革命建立之政府为内、为主，反人民
之统治为外、为客"。③

　　为了赢得史学界的重视，荣孟源在 1957 年撰文呼吁整理辛亥革命以
来的史料，他所提建议内容基本上未超越金毓黻的设想。④ 始料未及的
是，这篇文章竟成为 1957 年反右运动中荣孟源的一大罪状，他因之被定
为"右派"，被攻击为"想当个'民国史馆'的馆长"。⑤ 刘大年在 1957
年 10 月 11 日《人民日报》发表《驳一个荒谬的建议》，对荣文加以批
判。⑥ "文革"后刘在为荣著《史料与历史科学》一书所作序言中公开道
歉。刘大年此文，可能事前与范文澜有过商议。笔者获得范文澜手稿，摘
录于下：

① 近代史所档案：《金毓黻人事档案·金毓黻小传》。
② 金毓黻：《静晤室日记》，第 7296 页。
③ 金毓黻：《静晤室日记》，第 7574 页。
④ 在刘大年、蔡美彪分别撰写的批判文章中，均将荣孟源文与国民党国史馆的"国史体例"
　　主张联系起来。平心而论，这并非无的放矢，恰表明刘、蔡对荣的"建议"与金毓黻之
　　关联了然于胸。
⑤ 翦伯赞：《右派在历史学方面的反社会主义活动》，《人民日报》1957 年 10 月 4 日，第 7
　　版。
⑥ 除刘文外，尚有蔡美彪：《荣孟源的反动的历史学"建议"的剖析》（《新建设》1957 年
　　第 10 期）；樊百川、贾维诚、李瑚：《批判荣孟源在对待史料上的恶劣作风》（《历史研
　　究》1957 年第 11 期）；尚明轩：《揭穿荣孟源抄袭剽窃的丑恶面目》（《历史研究》1957
　　年第 12 期）。

目前辛亥革命以来的历史多是论文——夹叙夹议的论文。我看，是指何干之、胡华等同志所写的现代史。荣认为这是用论文体裁写的。何、胡等著述，固然不能令人完全满意，但至少是企图用马克思主义的立场观点来写的……这里并无"代替一切"的问题，因为我们从来欢迎资料集，而且正在编资料集，有的是高低的问题，用马克思主义观点的是高，仅仅排编资料的是低。荣所说形式上似乎无的放矢，实际是要提倡用客观主义的史学来争夺马克思主义观点的史学地位。所谓"有人说""我认为"，狂妄之极，应严加驳斥。①

金毓黻也在所内讨论会上被指责为"学术思想上属于右派"，② 因当时政治对他这样的旧派学人相对宽容，他并未受到冲击。但整理出版民国史料的宏图不得不中辍。

金毓黻倡议进行民国史料整理，推进民国史研究，在当时不但和者盖寡，且窒碍难行。对于批判者的观点，他内心难以信服，在日记中表白："大凡一个革命阶级，有正革命，亦必有反革命。如北洋军阀时代之政府以及国民党反动派以及蒋介石为代表之初期政府，即反新民主主义革命之对待政府也。"则"以中华民国史一题，包括民主主义革命与反革命，及新民主主义革命与反革命而并谈之，则又有何不可？"③ 因此，"过去之统治者及士大夫阶级，为某一时期之重心，亦应作殚见洽闻之记载，不宜略而不数也。惟于纪录之顷，应尽量揭发其有害于人民，实为人民之公敌，乃合乎史家之正则"。④

中华民国史是否应该被纳入中国近代史学科范围，这在今天当然已不成问题，民国史骎骎然已成为中国近代史研究最为引人瞩目的分支领域。但新中国成立之初，学者们关注的焦点集中于人民革命斗争史，统治阶级

---

① 范文澜手稿，存刘大年之女刘潞处。从署名及笔迹可认定为范所写。
② 金毓黻：《静晤室日记》，第 7693 页。
③ 金毓黻：《静晤室日记》，第 7693～7695 页。
④ 金毓黻：《静晤室日记》，第 6818 页。

的历史只能作为革命史的陪衬，民国史研究无疑被视为禁区。1957 年 3 月，何遂视察武昌东湖历史博物馆，发现作为辛亥革命发源地的武昌，对这一段史实竟付阙如。"在相当长的一个时期中，谁要多讲了些国民党方面的史实，便被认为思想上有问题。"①

实际上，1956 年制定的十二年国家哲学社会科学规划将民国史列为史学著作中的重点项目，却由于并不具备对其进行学术研究的政治环境而未得实效。据张寄谦回忆，就在 1956 年，"一次中国近代史教研室会上，邵循正先生说，范老提出可以写'民国史'。每一个王朝结束后，都由下一个王朝来写它的历史"。而北大历史系一位教员，撰文提出可以写"民国史"，立即遭到批判，"仅逃掉右派，但受到党内处分"。② 直到 1958 年，翦伯赞还提出："为了实现总规划中规定要写的民国史，建议国家档案局提前整理民国时代的档案。"③

1961 年纪念辛亥革命 50 周年时，董必武又提出编写民国史和重修清史。④ 近代史研究所对此有所规划。1959 年，中国人民大学何干之受到冲击，被定为"右倾机会主义分子"，停止讲课；1960 年又被加扣一顶"修正主义"的帽子，并被撤销系主任职务。1961 年，他被借调到近代史所写书。⑤ 1962 年夏，何干之"利用会议间隙和暑假草拟了一个研究计划"，准备组织编写组，从 1963 年起，开始"中华民国史"一书的编写工作。⑥ 1963 年，中国科学院哲学社会科学部订立"1963～1972 年规划"，其中亦将"中华民国史"作为重点项目，由何干之主编，"1965 年写出第一卷，1967 年写出第二卷"。⑦ 与此相关的是，1962 年 4 月，文科

---

① 《在第一届全国人民代表大会第四次会议上的发言——对中国现代史研究的几点建议　何遂的发言》，《人民日报》1957 年 7 月 13 日，第 11 版。

② 张寄谦：《范文澜和北大历史系》，《近代史研究》1994 年第 1 期，第 24～25 页。

③ 翦伯赞：《兴无灭资，发展历史科学》，《人民日报》1958 年 3 月 18 日，第 7 版。

④ 李新：《在马克思主义指导下研究民国史》，《江海学刊》1984 年第 4 期，第 32 页。

⑤ 刘炼编《何干之纪念文集（1906～2006）》，北京出版社，2006，第 551 页。

⑥ 近代史所档案：《"中国民主革命中的资产阶级"和"中华民国史"二书工作计划》（1962 年 10 月至 1963 年 7 月）。

⑦ 近代史所档案：《中国科学院哲学社会科学部 1963～1972 年规划表》。

教材历史组曾确定撰写中国断代史纲要九种，包括"民国史纲要"，由邵循正负责。① 但近代史所与文科教材历史组撰写"民国史"的规划，最后都无疾而终。

以"中国现代史"来指谓 1919～1949 年这 30 年的历史，在 50 年代学界作为一种权宜之计而被学界接受。这种时限划分对于教科书的编纂及历史研究深有影响。但当时学界对此人为划分还是抱较为开放的态度，并未将之视为不可逾越的樊篱。近代史研究所自建所之初即未畛域自囿，而将 1919～1949 年所谓"中国现代史"作为重要研究内容。

重视 1919～1949 年的现代史，可能本于"厚今薄古"之史学理念。值得注意的是，"中国现代史"虽与"民国史"时间范围多有重合，然其旨趣自然有异。当时学界通行的"现代史"，大多情况下实质约略等同于"新民主主义革命史"。不过，在近代史所同人对"现代史"的定位以及史学界的瞩望来看，"现代史"又不仅限于"革命史"的范围，而试图包含更为广泛的内容。

中国科学院近代史所自成立之初，所长范文澜就有加强"现代史"研究的考量和具体布置。1950 年，近代史所以"收集中国新民主主义革命时代的历史材料，准备撰述长编"为重要任务，并着重编写"新民主主义革命运动大事年表"、"新民主主义革命史提纲"。② 1951 年 9 月，近代史所召开研究工作会议，范文澜提出编写"中国近三十年史"，③ 并决定"组织大部分人力学习近三十年史，以《中国共产党的三十年》为纲，广泛搜集有关三十年史的材料，初步完成的稿件"。④ 范文澜将近代史所人员分为编写组和长编组：编写组的任务即续写《中国近代史》的上编

---

① 傅同钦、克晟：《记 1961 年文科教材会议——兼忆翦老与郑老》，《翦伯赞纪念文集》，人民教育出版社，1997，第 103 页。

② 近代史研究所通讯组：《近代史研究所 1950 年工作概况》，《科学通报》1951 年第 1 期，第 83 页。

③ 李瑚：《本所十年大事简记（1951～1960）》。

④ 近代史所档案：《近代史研究所一九五二年工作计划简表》（1951 年）。

第二分册；长编组则主要致力于编纂《近30年史料长编》。① 10月3日召开研究工作会，分"革命史组"、"反革命史组"以研究"近三十年史"，计划"本年内先搜集资料，先学习《中国共产党的三十年》，参考《四大家族》、《人民公敌蒋介石》。学习时提问题，即准备为将来的题目找资料。两组分工，同时并进，搞一阶段（共四阶段）每一组再分工，个人找材料，在小组提出讨论，写成文章，在小组读后修改。在大组再读，再提意见，即成初稿"。10月5日，"反革命史组"开会讨论如何编写"近三十年史"，提出还可以参看李剑农之《中国近三十年政治史》、漆树芬之《经济侵略下之中国》。10月8日，在讨论中决定还可参看张忠绂之《中国近三十年外交史》。11月10日，"反革命史组"至资料室，将"人民、光明、进步、天津（引者按：指《人民日报》、《光明日报》、《进步日报》、天津《进步日报》）四种报纸刊载有关近三十年史者作成卡片。自7月至10月"。12月31日开会讨论，"革命史组"以"工、农、军、统一战争"为研究之重点。"反革命史组"有四个重点："1. 经济（农业、工业）；2. 北洋军阀（北洋军阀及各次内战）；3. 帝国主义；4. 4·12以后的国民党（尤注意大屠杀事件）。"②

　　1952年9月，范文澜报告五年计划（1953～1957），提出以"近30年史"为重点。10月，范氏报告工作计划，仍以编写《近30年史料长编》为中心任务，并确定编写体例为："1. 以大事为中心，每一历史阶段分若干章，每一重大事件为一章，每章按事件内容分为若干节，每节按繁简订细目。2. 以保存史料原来文字为主，只加剪裁，不予改动。章节细目标题须表明材料间的关系及系统，并表明编者的立场观点。3. 选择材料须去粗取精，去伪存真，相异材料应仔细考核，取其真实者。4. 所选材料可择要节录，注明出处。编者加简要说明，附带问题另作注释。"③

①　《近代史研究所研究题目》，薛攀皋、季楚卿编《中国科学院史料汇编（1952年）》，第20～21页。

②　《李瑚日记》。

③　《李瑚日记》。

1953 年刘大年在苏联所作报告还特别强调，今后要"着重进行中国近代史的研究，特别是要研究近三十年的历史"。①

1953 年 1 月，因中宣部不同意近代史所以五年之力做现代史长编，近代史所遵照指示转向近代史（1840～1919）专题研究。但对"现代史"研究仍有所布局。是年 11 月，中科院院长、所长会议决定，近代史所增设现代史资料组，以革命老干部董其昉为组长，成员有王来棣、王爱云、单斌、刘明逵等人。现代史组"总的方向是为今后三年的研究工作准备条件"，具体包括：学习列宁、斯大林，尤其是毛泽东关于现代史的论点，并做卡片索引；"阅读现成史书和主要史料，熟悉现代史各个时期的轮廓，并就所阅读的史料作出索引卡片和对现有的年表进行初步补正"。②自 1955 年始，现代史组以"共产主义运动的兴起"为主要研究课题。1956 年继续此一课题，计划完成"五四前夜的工人运动"、"五四前夜的农民运动"、"五四前夜的知识分子和新文化运动"、"共产主义小组"等四个部分的初稿，并组织某些参加过现代革命斗争的人作报告。③无须讳言，与分设三个组、人才称盛的近代史组相较，现代史组居于边缘地位。

不过，近代史所的南京史料整理处整理"现代史"资料还是颇有成绩。史整处连年接收档案资料，至 1959 年共达到 260 万卷。这些档案主要是国民党政府档案，是研究"现代史"最可宝贵的史料。

近代史所建所之初，将研究工作重心放在 1919～1949 年即所谓"现代史"（或曰"近三十年史"）之上，这在当时近代史所同人看来，当为自然而然之事。新中国成立之前，范文澜撰著的《中国近代史》截至 1901 年。而范氏设计的"中国近代史"，以 1919 年分为上、下两编，已撰成者涵括 1840～1901 年，仅为"上编第一分册"，则 1901～1919 年当为"上编第二分册"，1919～1949 年为"中国近代史下编"。

---

① 刘大年：《中国历史科学现状》，《科学通报》1953 年第 7 期，第 9 页。
② 近代史所档案：《历史研究所第三所一九五四年上半年研究工作概况》（1954 年）。
③ 近代史所档案：《历史研究所第三所一九五六年研究工作计划纲要》（1955 年）。

概而言之，新中国成立之初，近代史所着重搜集"现代史"的资料，编纂"现代史长编"，乃是对此前工作的自然承续与延伸。1953 年虽因中宣部干预而将重心转向"1840～1919 年"的近代史专题研究，然而其既定的撰写"1840～1949 年"通贯的"中国近代史"的目标并未因之改变。

中国科学院近代史所对于"中国现代史"的研究不能说未予以重视，但成效欠佳亦为不争事实。由于中共自身为"现代"这一历史时段中的主角，"中国现代史"与中共党史、革命史之间的关系甚为微妙，不易把握。

1956 年颁布的《中国现代史教学大纲》按通史框架拟定，同时发布的《师范学院暂行教学计划的说明》则坦率表示，"中国现代史因目前史料尚待整理，尚不容易超出政治史范围，但必须逐步地增加经济和文化部分，逐渐增加关于少数民族的材料"，"目前此一科目的讲授容易和共同必修科中的中国革命史重复，因此各院对中国革命史和中国现代史的分别开设当视各院的条件决定，条件不具备的学校可暂开设一门"。[1]"中国现代史"同革命史、党史的缠结于此可见一斑。

在 1958 年近代史所与教育部联合召开的现代史讨论会上，对于"中国现代史"与"中国革命史"的关系问题仍存在严重分歧。有人主要从阶级斗争角度来考虑，认为现代史与革命史并无区别，"无论是革命史或现代史，毫无疑问都必须把党领导中国人民进行的阶级斗争作为历史的主体，而阶级斗争的历史也不仅是限于政治上的斗争，势必会涉及经济与文化思想领域"。反对者则认为："革命史以政治斗争为主，而所涉及到的经济、文化、思想等方面是不全面的。现代史则不同，它不仅反映出政治斗争的规律性，同时还反映出基础与上层建筑各个方面的发展线索及其相互有关系的规律性。革命史属于专史范畴，而现代史属于通史范畴。"在

---

① 《师范学院暂行教学计划的说明》，《当代中国》丛书教育卷编辑室编《当代中国高等师范教育资料选》（上），华东师范大学出版社，1986，第 465 页。

参考研究中国科学院编写"中国历史"所定七条指导思想后，意见才渐趋一致。①

就革命史、党史而论，中国人民大学的何干之、胡华、彭明当时已著声名，中国人民大学亦成为革命史、党史研究的重镇。但是，这些革命史、党史著作，思想政治宣传的意味比较浓郁，且将中共作为唯一历史主体，必然导致内容偏狭，自难满足作为断代通史的"现代史"之需要。

面对"中国现代史"寥落局面，学界寄望于近代史研究所能有所作为。如洪焕椿提出：近代史所应该掌握全国有关中国现代史资料的情况，陆续编印资料目录，注明收藏机关，并对重要资料加上提要，以供史学工作者利用。此外，有些罕见而有价值的资料，还应及时在"近代史资料"刊物上发表。② 1956 年制定的《历史科学研究工作十二年远景规划》，将"中国现代史（1919～1949）"作为"需要加强的空白和薄弱学科"，并提出措施为"自 1956 年至 1958 年内陆续调集曾经长期参加革命斗争并有一定研究能力的干部 20 人，充实科学院历史第三所的现代史组"。③ 认为实际参加过革命斗争的人更适合研究"现代史"，这多少有些想当然的意味。从近代史所的实际来看，所引进的诸如董其昉、汪士汉等革命干部因缺乏史学研究素养，在学术方面毫无作为。

1958 年"厚今薄古"讨论后，"中国现代史"的重要性被提到无以复加的地步。范文澜认为，厚今薄古要开展的工作，"第一必须扩大和加

---

① 这七条指导思想为：应通过具体生动的历史实际（1）描绘生产斗争与阶级斗争；（2）描绘生产力与生产关系的矛盾发展的规律性；（3）描绘各族劳动人民在历史发展中的作用；（4）描绘国家、政权、法律的发展过程；（5）描绘哲学、科学、宗教、文艺等思想斗争的发展趋势；（6）应和世界历史联系起来；（7）应和一切资产阶级观点、修正主义观点做斗争。孙思白：《〈中国现代史〉讲义编写工作和现代历史资料整理工作讨论会情况介绍》，《新建设》1959 年第 1 期，第 64 页。

② 洪焕椿：《关于搜集中国现代史资料的两点建议》，《人民日报》1956 年 12 月 15 日，第 7 版。

③ 哲学社会科学长远规划办公室：《历史科学研究工作十二年远景规划》（内部资料），1956 年 4 月，第 23 页。

强研究今史的力量，主要是研究无产阶级领导革命的中国史"，① 近代史研究所 1958 年订立的著作和专题研究计划中，属于现代史者占很大比重。② 并决定《近代史资料》自 1959 年起改为月刊，增加刊登现代史资料的篇幅。③ 近代史所 1958 年人员配置为：通史组 10 人，近代史组 14 人，现代史组 11 人，国际关系史组 8 人，情报翻译组 7 人，工具书组 8 人，近代史资料编辑组 7 人，中华人民共和国史组 1 人。④ 时为近代史所研究人员的陈在正，在是年整风补课中提出，"应保证全所有三分之二的力量投入五四运动以后历史的研究，领导上除力争外援外，可考虑所内调动一批人充实该组，并组织全所人员参加这项研究工作"。⑤ 这种提议并不切实际。

1958 年 11 月 20 日至 12 月 2 日，近代史所与高教部在北京联合召开《中国现代史》教材编写与现代历史资料搜集讨论会，来自高校从事中国革命史和中国现代史教学的教师及学生 60 多人出席。⑥ 近代史所提出一项"关于收集整理现代史资料的计划草案"，包括报纸杂志的整理重印、文集的汇编、调查访问三大项，并要求有关方面联合组成一个"编辑出版委员会"进行全面规划，统一安排，以推进现代史的资料工作。会议经过激烈讨论，终于达成共识：现代史也应叙述"反动统治面"，"但总的说来，应该使历史的主体方面——革命的人民方面更加突出，占更大的比重，不要让反动面淹没了主体方面"。⑦

刘大年号召学界加强"'五四'运动以后的历史"之研究。但耐人寻

---

① 范文澜：《历史研究必须厚今薄古》，《人民日报》1958 年 4 月 28 日，第 7 版。

② 《厚今薄古　粉碎资产阶级的伪科学　把无产阶级红旗插满社会科学领域　中国科学院哲学社会科学部召开插红旗大会》，《人民日报》1958 年 6 月 4 日，第 7 版。

③ 近代史所档案：《历史三所工作纲要》。

④ 王其榘：《要高举马列主义的红旗前进》，近代史所档案：《整风补课资料》（1958 年）。

⑤ 陈在正：《大力加强中华人民共和国史组——贯彻厚今薄古意见之四》，近代史所档案：《整风补课资料》（1958 年）。不过这一提议事实上未能落实。

⑥ 孙思白：《教育部和历史三所联名召开的中国现代史工作讨论会概况》，《孙思白史论集》，山东大学出版社，2001，第 51 页。

⑦ 孙思白：《〈中国现代史〉讲义编写工作和现代历史资料整理工作讨论会情况介绍》，《新建设》1959 年第 1 期，第 65 页。

味的是，他本人却绝少涉足"现代史"的范围，足见倡议与落实之间还有相当的距离。当时不少学人视研究"现代史"为畏途，"有点新见解，怕被批评为修正主义；没有新见解，则被批评为教条主义。吃力而又容易碰钉子，厚今变成了'怕今'"。① 复旦大学就"厚今薄古"进行辩论时，一些学生明确表示"现代史"最好由亲身参加过革命斗争的老干部来搞，学生中则应由党团员搞较合适，总之避之唯恐不及。②

中国现代史研究虽因现实需要而一度成为"显学"，但又不可避免受到现实政治诸多有形无形的制约，研究者如履薄冰仍动辄得咎，"显学"与"险学"竟成一体之两面，"厚今薄古"真正身体力行并非易事。据近代史所前辈学人王来棣回忆：

> 当年我写了一篇无政府主义的文章，我的观点同陈伯达的观点不一致，结果就变成好像犯了错误，我当时把文章给吴玉章、李达看了。他们都称赞我写得对。刘大年让我把论文再寄给陈伯达看。我给寄去了，他没回信，也没说我写得不对。所里还是不让我发表。后来把我开除党籍，这篇文章也成了我的罪名。他们说无政府主义是反动思潮，我这篇文章肯定其有积极的一面，与主流思想不符。我很生气，把这篇文章烧掉了。当时就是不能发表不同的意见。陈伯达是做官的，老百姓怎么敢与他有不同意见。后来我就不写了。我写半天，还挨了一顿批。③

---

① 刘大年：《要着重研究"五四"运动以后的历史》，《人民日报》1958 年 7 月 5 日，第 7 版。
② 《厚今薄古辩论集》，第 16～17 页。
③ 2010 年 9 月 30 日采访王来棣先生记录。关于王来棣先生此文，1958 年整风中有人提意见："王来棣的'无政府主义'一文，严重的脱离实际，当时汪士汉同志认为这篇文章应该结合知识分子思想改造来写，但大年同志认为这篇文章可以有两种写法，即一种是王的写法，一种是汪的写法，他这种说法，实际上是支持王的写法，不同意汪的意见。"据《请大年同志拔掉思想中的白旗》（1958 年），近代史所档案：《整风补课群众意见之三》。

在 1964 年的全国近代史讨论会上，学者纷纷表示，对于现代史，"中央也没人写这类文章，我们谁敢写"；即使有些研究，"一是不敢拿出来，一是有争论只敢在家里争"。① 孙思白坦言："大家主观上都要求厚今，可是厚不起来。"左建提出，搞现代史"主要怕犯错误，党外同志如此，党内也有类似情况"。他们单位中，"不仅党外同志害怕研究现代史，怕出错误而受批，党员同志也说，出错误，个人受批是小事，对党的影响是大事。因此，很多同志，在现代史方面是在五四中绕圈子，在近代史方面是在鸦片战争中绕圈子。象汽球一样，都向上跑。即便有些同志写出了文章，也不愿拿出来公开发表。只是在本单位中讨论一下就放在抽屉里。长此以往当然要影响现代史学术空气"。②

此后近代史所努力加强现代史研究队伍。范文澜努力争取，1960 年 3 月从中国人民大学借调李新，并任命他为近代史第二组（新民主主义革命时期）组长，③ 最终在 1962 年调入近代史所。1963 年，范文澜又委托李新经过吴玉章向四川省委交涉，将时任四川省高教局教学处长赵世利调入近代史所，④ 1964 年又从中共中央党校调入 59 班毕业的祁式潜。这些举措皆有加强现代史研究之用意。⑤ 中国科学院一度计划成立历史研究第四所以专门研究现代史，因条件不成熟而搁置。⑥

1964 年 5 月 20 日至 6 月 3 日的全国近代史讨论会，实以推进现代史研究为主旨，会议上宣讲的论文，多数也属于现代史范围。5 月 26 日晚，田家英作长篇讲话，着重讲如何加强中国现代史研究。次日，全体与会人员讨论田家英讲话。姚薇元发言："现代史研究主要问题，还不是资料问

---

① 近代史所档案：《1964 年近代史讨论会记录》。
② 近代史所档案：《1964 年近代史讨论会记录》。
③ 《近代史研究所领导小组致分党组的函》（1960 年 3 月），近代史所档案：《研究计划与总结》。
④ 李新：《流逝的岁月：李新回忆录》，山西人民出版社，2008，第 390 页。
⑤ 曾业英先生访谈记录，2010 年 12 月 15 日。
⑥ "刘大年发言"（1964 年 6 月 3 日），近代史所档案：《1964 年近代史规划会议记录》。

题，还是学习毛泽东著作问题，总结理论，为世界革命服务，这是目的。"① 戴逸则认为，"发展近现代史，关键在于与反修斗争密切结合，以反修斗争来推动。学术上的高峰，总是在斗争中出现的"。②

在当时"以研究现代史来反对修正主义"的总体指导思想下，与会学者的发言与表态也往往片面强调现代史的战斗性。但现代史既为史学，若缺少史料终成无米之炊。李奎元就提出："我们不能只学毛泽东思想，资料也要注意"，"我们应有气概，从新的资料中得出新的结论，这才是科学……主席虽是最伟大的历史家，不能要求他替我们把材料都看了，把结论做出来。所谓史论结合，不是史，史是一回事，理论是一回事，论是从史实抽出来，再研究史，得出新的结论。要学习主席革命气概，敢于做出结论"。也有学者提出具体建议。如孙思白提出："现代史资料北京好些，地方太少了。我们设想过，科学院设个现代史资料出版局，各地可来人参加，也是培养了。"陈善学提出，欲推进现代史研究，"北京要发挥大本营与指挥部的作用，制定规划，调动人力，编资料，搞情报，办刊物，交流经验，写出高水平的著作"。不少学者表示希望近代史所能承担推进现代史研究之重任。③

1964 年 6 月 1 日召开的全国近代史规划会议上，刘大年指出："要加强现代史研究，过去一再宣传，可是只靠宣传不行，一定要有措施。"④ 此前在 1964 年 3 月近代史所"召开了两次座谈会，会上曾就加强现代史研究的措施提出下面一些设想：（一）成立一个现代史研究谘询委员会，定期提出研究题目，就有关情况、问题交换意见；（二）办一个专供发表现代史党史研究论文的内部刊物，推动研究工作；（三）每年举行一次现代史讨论会，由近代史研究所、中国人民大学、上海社会科学院、广州哲学社会科学研究所轮流主办；（四）由北京大学、北京师范大学、中国人

① "姚薇元发言"，近代史所档案：《1964 年近代史讨论会记录》。
② "戴逸发言"，近代史所档案：《1964 年近代史讨论会记录》。
③ 近代史所档案：《1964 年近代史讨论会记录》。
④ "刘大年发言"，近代史所档案：《1964 年近代史规划会议记录》。

民大学等全国十几个综合大学各抽调又红又专的青年教师一人到中央档案馆整理档案材料，为党史研究创造条件"。① 6 月 3 日的全国近代史规划会议上，刘大年提出这 4 条措施，得到与会者积极响应。并特别强调："大家都提出党史、现代史缺乏资料，这里主要是革命方面的资料，反面的，在报刊上有很多，不过是没整理，所以缺少的是党史资料。现在是这方面资料在档案馆，都未整理。需要调人整理资料。搞个三五年，我们抽人看，大家肯否，国民党的反动档案，可以组织人，这方面的资料，需要又红又专。"②

刘大年所提措施得到与会者的积极响应，李光灿、李克仁、张其光、史筠等人都承诺本单位愿意抽调人员。李新提出：

内部刊物，马上办，有困难，谁来办，切实可办的，就现有的历史刊物，办内部刊物，如《历史研究》，出个内部发行，印内部刊物，数量可按内容控制不定期，稿子不外两类，一是不适于公开发表的，二是认为水平较低的，因为这是反映了现代史队伍目前是处在年青阶段，需要鼓励。凡是青年机关干部，都可写，这样来源不是问题。一年一次会，没问题，搞现代史的都是有钱有权的人，也有兴趣。资料，在图书馆一般厚古薄今，编现代史资料，我们编，可以，愿参加的人不少，问题是出版问题，现在中央人民出版社力量不够，周扬同志说搞现代史不要怕犯错误，可是出版社也不要怕，青年出版社出点错误，如《红旗飘飘》，就不出了，出版社不出，我们不能不受影响，所以出版机关得厚今薄古。③

这几项措施实施起来并非易事，刘大年自己亦无把握，因而颇为谨慎

---

① 近代史所档案：《近代史研究所致分党组》（1964 年 5 月 3 日）。
② "刘大年发言"（1964 年 6 月 3 日），近代史所档案：《1964 年近代史规划会议记录》。
③ 近代史所档案：《1964 年近代史规划会议记录》（1964 年 6 月 3 日）。

低调，表示这些措施"能实现一条、两条都有好处"。①但随着阶级斗争之弦日益绷紧，学术环境日趋恶化，已经确定 1965 年由上海承办的现代史讨论会也无疾而终，其他举措亦难有落实的可能。

虽然以"中国近、现代史"指称 1840～1949 年这近 110 年历史在当时学界已成主流，并通过高校学科设置而趋于定型；但在近代史所学人看来，应打通 1919 年的近、现代分割，将 110 年历史名为"中国近代史"。其历年工作计划、报告中，多将 1919～1949 年的历史，名为"中国近代史（新民主主义革命时期）"。其研究力量分组则为：近代史一组（1840～1919）；近代史二组（1919～1949）。1963 年已提出，由李新主编前后贯通的《中国近代史（1840～1949）》这一通俗读物，"全书约三、四十万字，1963 年开始编写，1967 年完成"，"准备根据刘大年主编的中国近代史（旧民主主义时期）和李新等主编的新民主主义革命时期通史改编而成"。1963 年计划编写《帝国主义侵略中国史（1840～1949）》，丁名楠主编，张玮瑛、张振鹍、杨诗浩等人参加编写。全书分 4 卷，约 120 万字。因第 1 卷已出版，预计 1966 年完成第 2 卷，1969 年完成第 3 卷，1972 年完成全书。②这两部书虽未如期完成，但由此亦可见近代史所学人打通"近、现代史"的努力。

纵观近代史研究所"十七年"间对"民国史"、"中国现代史"的探索，及其所遇困惑、所历挫折，不由慨叹学术发展受制于时代环境。中国现代史、中华民国史与中共党史、革命史之间的纠结缠绕，一度令研究者颇感困惑。其症结在于，在阶级观点的主导之下，历史叙述是否应包括统治阶级所作所为的历史，如包括，应给予其何种地位和叙述比例。刘大年与田家英讨论后认为："一部完整的近现代史，必须是一部打破朝代，按照社会阶级关系演变发展去叙述的历史。同时，中国近代的革命运动与反动统治表现了历史运动两个方向的对立，并非表现历史分成了对立的两

---

① 近代史所档案：《1964 年近代史规划会议记录》（1964 年 6 月 3 日）。
② 近代史所档案：《1963～1972 年编写的主要著作说明》。

块，彼此无关。两个对立方向是同一历史过程的两面。没有反对革命的一面，就没有革命的一面。我们不能只讲革命的一面，不讲反革命的一面，我们不能跟旧的历史那样，把反动统治阶级看作历史的主宰和灵魂，但这不等于只需简单地把一切都翻一个个，就算正确说明历史了。历史的两面和分作两块是不一样的。前者是而后者非。"① 刘大年、田家英强调的是，在撰著中国现代史通论性著作时，应将人民与统治者、"革命"与"反革命"这一体之两面紧密结合，不可顾此失彼。然而这在"十七年"的语境下乃是不易纾解的难题。

如今将以 1919 年作为分隔的"近代史"与"现代史"打通，已成学界共识。经过近 30 年来的发展，民国史也已骎骎然成为"显学"。"十七年"期间困扰学人的难题似乎已不成问题。但此一问题并未完全解决，只是换了一种形式出现。"民国史"之学科基本框架仍是 20 世纪 70 年代由近代史所李新等人确立。受限于时代，当时民国史将中国革命史的内容排除在外，割裂了民国史的完整性。换言之，如今的中华民国史框架将中国革命史的内容排除在外，仍未能将"革命史"与"反革命史"这一体之两面真正结合。这一框架所确立的民国史学科性质定义，已对民国史的进一步发展形成制约。因而有学者呼吁以"民国史观"建构新的民国史学科体系。其核心内涵为：中华民国史应该定位为"断代史"，而非"专门史"，其研究对象是中华民国诞生至中华人民共和国建立之间发生在中国的全部历史存在。②

近代史所还曾致力于撰写"中华人民共和国史"。1956 年制定的《历史科学研究工作十二年远景规划》中提出，需要加强"中华人民共和国史"这一空白学科，其基本措施为："科学院历史研究所第三所在1957 年设立中华人民共和国史研究组，与有关单位合作，开展研究工

---

① 刘大年：《田家英与学术界》，董边等编《毛泽东和他的秘书田家英》，中央文献出版社，1989，第 159 页。
② 陈红民：《"民国史观"与中华民国史新学科体系的构建》，《历史档案》2011 年第 1 期。

作。"① 事实上这一机构并未如期成立。1958 年 3 月 18 日，翦伯赞提出："为了实现总规划中规定要写的中华人民共和国史，建议成立一个机构，专做此事。并且使这个机构成为常设机构，专管现代史的纪录，先按年编出长编，再写成各种专著。"② 1958 年 6 月 2 日，中国科学院哲学社会科学部召开"跃进"大会，近代史研究所"为加强对中华人民共和国史的研究，他们已成立了一个专门机构，并准备在五年内写出一部中华人民共和国史"。③

据亲历其事的李文海回忆，这是中宣部为迎接新中国成立十年大庆而直接布置的任务。由刘大年负责，并组织了一个十余人的班子，包括近代史所的余绳武、蔡美彪、曲跻武、从翰香，所外有王宗一、管大同、李普，以及中国人民大学王汝丰、李文海等人。这个班子工作了两年，"写了讨论，讨论了又写，几易其稿，却总也通不过。史料、观点、结构、文字，没有一处不要经过极严格的审议和批判"。最终书稿也未能出版。④此写作班子中，王宗一时任中宣部宣传处长；管大同时任中央工商行政管理局副局长；李普曾任中宣部宣传处副处长，1957 年调往北京大学；王汝丰、李文海皆为中国人民大学历史系青年学者。据张振鹍回忆，当时在近代史所西厢房从事共和国史写作的，主要是余绳武、蔡美彪、李文海 3人。⑤

近代史所档案记载："中华人民共和国史组在 1959 年 3 月以前完成我所担任编写的两章，约十万字的初稿，在此基础上进行讨论、修改。"⑥余绳武、蔡美彪等人均是当时近代史所出类拔萃的研究人员，近代史所对

---

① 《历史科学研究工作十二年远景规划》，第 9 页。
② 翦伯赞：《兴无灭资，发展历史科学》，《人民日报》1958 年 3 月 18 日，第 7 版。
③ 《厚今薄古　粉碎资产阶级的伪科学　把无产阶级红旗插满社会科学领域　中国科学院哲学社会科学部召开插红旗大会》，《人民日报》1958 年 6 月 4 日，第 7 版。
④ 李文海：《战士与学者——大年同志的学术品格》，《近代史研究》2000 年第 6 期；近代史所档案：《刘大年材料》。
⑤ 张振鹍先生访谈记录，2010 年 12 月 3 日。
⑥ 近代史所档案：《历史第三所 1958～59 年工作计划要点》。

此项工作之重视可见一斑。此书本为1959年新中国成立10年献礼之作，但1959年未能完成。1960年近代史所计划中仍记载："参加王宗一同志主持的'中华人民共和国史'的编写工作，1962年完成。"① 此写作班子实则已于1960年宣告解散。

实际上，近代史所实际主持者刘大年虽然重视中宣部此次布置的任务，且调集精干力量黾勉从事，但亦深知撰写"中华人民共和国史"窒碍难行。这一写作班子中，近代史所4人仅为完成编写任务的临时配置。而在常设研究组设置中，虽于1958年成立"中华人民共和国史组，但只有张维汉同志和一研究实习员两个人，工作长期没有开展"。"在今年（按：指1959年）讨论1960～1962年的规划时，开始竟决定将关于中华人民共和国史的研究并入现代史组，不另成立组。当时大年同志主要强调没有人来具体领导。后来有的同志提出这样安排不符合厚今薄古精神，同时又得知法制局齐一飞同志可能来所工作，才决定把中华人民共和国史的研究列入重点项目，并单独成立组。"② 1960年1月3日制定《1960至1967年各类人员规划表》，正式设立"中华人民共和国史组"。③ 1960年3月，近代史所向学部分党组报告，成立"现代史组（中华人民共和国史），副组长王晶尧（组长暂缺）"。④ 并计划编写20万字的"中华人民共和国史"，由王晶尧负责，"在原由王宗一主编的'中华人民共和国十年史'草稿的基础上继续工作，11月间印出初稿"。⑤ 从已有资料看来，此规划也未能实现。1960年12月9日制订计划，目标调整为：编纂"中华人民共和国大事记，1961年12月完成初稿，王晶尧负责。中华人民共和国史组编写"。⑥

① 近代史所档案：《历史研究所第三年1960～1962年工作规划要点》。

② 近代史所档案：《关于刘大年同志在学术路线方面的初步材料》。

③ 近代史所档案：《人事文书-011》。

④ 近代史所档案：《近代史研究所领导小组致分党组的函》（1960年3月）。

⑤ 近代史所档案：《近代史研究所1960年写书计划》（1960年5月4日）。

⑥ 近代史所档案：《中国科学院近代史研究所1961年至1962年重点工作规划》（1960年12月9日）。

1958 年开始的组织所内外力量撰写"中华人民共和国史"，经两年奋战，书稿仍未能通过审查。对于写当代史之不易，近代史所算是深有体会。在 1962 年工作安排中，已然不提编写"中华人民共和国史"。①《1963～1972 年十年工作规划的报告》则仅相当低调务实地表示："中华人民共和国史的研究，迫切需要加强。目前所内这方面的力量很薄弱，没有可能完成较大的工作。十年内，我们打算积极聚集人材，整理资料，争取写出若干专题论文，为开展这方面的研究作必要的准备。"② 具体规划则以编纂《中华人民共和国大事记》为目标，由林海、朱信泉负责，预计 1972 年完成。③

近代史所也注意到应拓展中国近代史的研究内容。"中国近代思想史"是华北大学历史研究室时期即已着手的课题，④ 但近代史所在早期对近代思想史未多措意。在时人眼中，近代思想史研究无非批判唯心主义与宣传唯物论，应由哲学研究所来承担；⑤ 1960 年在黎澍主导下成立"思想史组"，是年 12 月 9 日制定的《1961 年至 1962 年重点工作规划》安排黎澍主持"近代中国思想研究"项目，并设想成果"约 30 万字，1962 年 12 月付印"。⑥ 此外，因黎澍具有相当强的马克思主义理论素养，近代史所亦注意到史学理论研究。1961 年主编的《马克思主义经典作家论历史科学》，教育部用为大学史学概论教材，颇著声誉。1962 年，中宣部和高教部联合成立高校文科教材办公室，黎澍被任命为《史学概论》主编，他借调宁可、胡绳武、李时岳、谢本书组成《史学概论》编写小组。⑦《史学概论》编写工作同时列入近代史所的重点科研项目。1962 年 9

---

① 近代史所档案：《近代史研究所 1962 年工作安排》。

② 近代史所档案：《关于近代史研究所 1963～1972 年十年工作规划的报告》。

③ 近代史所档案：《近代史研究所规划主要项目（1963～1972）》。

④ 赵俪生：《篱槿堂自叙》，第 130 页。

⑤ 《中国科学院 1953～1957 年计划纲要》，《中国科学院年报（1955）》，第 277 页。

⑥ 近代史所档案：《1961 年至 1962 年重点工作规划》。

⑦ 黎澍：《〈龙云传〉序言》，徐宗勉、黄春生编《黎澍集外集》，第 234 页；谢本书：《再忆黎澍》，《黎澍十年祭》，第 278 页；宁可：《关于对黎澍和史学理论研究的点滴记录》，《博览群书》2005 年第 3 期。

月，近代史研究所编制《1963～1972 年十年工作规划》明确提出，由黎澍主编《中国近代思想史》和《史学概论》两书，且要求《中国近代思想史》于 1969 年完成，《史学概论》于 1964 年完成。① 黎澍对这两部书投入了较多精力。他为《史学概论》手订了一个提纲，计分四个部分，并准备亲自动手写第四部分。但因政治运动过于频繁，且据耿云志观察：黎澍主持集体研究热情虽高，却缺乏组织调度能力，② 集体撰著进展缓慢。后来因为无法推却领导"反修"历史小组的任务，《史学概论》编写工作不得不中辍。③ 而编写《中国近代思想史》的工作亦未能完竣。

总体说来，因过于强调学术为政治服务，近代史所学者的关注点主要聚集于政治史，虽曾努力拓宽视野、开拓研究领域，但因种种因素，未能建立较为完善的学科体系。刘大年等人虽曾热衷于近代资产阶级研究，但在当时的政治氛围中难以为继；帝国主义侵华史研究应该说在较高程度上契合了现实政治的要求，但在"左"的氛围下亦被视为编写中华民族"挨打受气史"而成为批判的靶标。④ 毛泽东当初的指示是将近代史分为经济、政治、军事、文化四大分支，由分析而至综合，而在"以阶级斗争为纲"的语境中，这一"最高指示"竟也难以落实。蔡尚思在 20 世纪 80 年代反思道："解放前一些专家还懂得比较全面地研究和写出近代史，解放以后就多以近代政治活动史代替近代通史，以致以近代史为专业的人，多不大注重近代的政治制度史和经济史、文化史了。这种近代史已经名实不相符了。"⑤

---

① 近代史所档案：《1963～1972 年十年工作规划》。
② 邹小站访谈整理《耿云志先生访谈录》，《回望一甲子》，第 345 页。
③ 后来胡绳武、李时岳等分别承担写作的部分在"文革"后分别出版。参见宁可《关于对黎澍和史学理论研究的点滴记录》，《博览群书》2005 年第 3 期，第 84～87 页。
④ 详参张振鹍《回忆范老与帝国主义侵华史研究》，《近代史研究》1994 年第 1 期，第 30 页；丁守和《科学是为真理而斗争的事业》，《黎澍十年祭》，第 102～103 页。
⑤ 蔡尚思：《历史科学研究应有大的突破——在上海市历史学会一九八〇年年会上的发言》，《蔡尚思全集》第 6 册，上海古籍出版社，2005，第 35～36 页。

四　近代史学术刊物建设

在现代意义的学术制度化过程中，学术期刊无疑至为重要，甚至成为学术职业化、专门化的一个重要表征。洪式闾考察近代欧洲学术研究机构后云："各种研究所，均各有其专门之杂志，以发表其成绩，成绩愈多，则其在学术上之地位愈高。而所谓学术中心之所在，即以发表成绩之多寡定之。此学术中心，非由威劫势夺而来，实无数学者之心血造成之也。"① 新中国成立前，史学期刊相当兴盛，"廿年代与卅年代之学术期刊中，以史学刊物为最多"。② 诸多史学流派都有自己的专门期刊作为阵地与喉舌，甚至学派以刊物而名，刊物的兴衰亦与学派息息相关。③

新中国成立伊始，史学领域面临剧烈变革。在民国主流学术界影响甚巨的《历史语言研究所集刊》于 1948 年底随史语所迁往台湾，《燕京学报》、《国学季刊》等学术期刊相继停办。顾颉刚一度想复刊《禹贡》，屡屡受挫，只得作罢。④ 在不破不立的时代潮流之下，旧时代的绝大多数学术期刊不可避免地走向衰落，直至消亡。⑤

新中国成立前，由于偏处一隅，且一度处于动荡流离之中，延安一脉的史学机构未能创办自己的学术期刊，重庆的马克思主义史家也

---

① 洪式闾：《东方学术之将来》，北京《晨报五周年纪念增刊》1923 年 12 月 1 日，第 19 页。

② 汪荣祖：《五四与民国史学之发展》，杜维运、陈锦忠编《中国史学史论文选编》第 3 册，台北：华世出版社，1980，第 509 页。

③ 如 1929 年发行的《史学杂志》由南京中国史学会创办，《史学年报》由燕京大学史学会创办，《成大史学杂志》由成都大学史学研究会创办。《禹贡》、《食货》等期刊，集聚了历史地理学、中国社会经济史等学科次领域的研究群体。齐思和回顾民国史学发展时，特别强调史学期刊之重要，"我们史学的拓荒工作，多半首先在这里发表，这里面实蕴藏着近三十年中国史学研究的大部成绩"。齐思和：《近百年来中国史学的发展》，李孝迁编校《中国现代史学评论》，第 179 页。

④ 顾潮：《历劫终教志不灰——我的父亲顾颉刚》，华东师范大学出版社，1997，第 240 页。

⑤ 也有刊物经过改造后继续存在。如考古所于 1950 年将原中研院史语所的《中国考古学报》复刊，1953 年改名为《考古学报》。

并未形成标志性的史学期刊。马克思主义史家的论著往往只能发表在一些报纸的副刊，难以进入主流史学期刊。这也是当时马克思主义史家受到轻视，未能进入主流学术界的一个表征。在具备条件之后，马克思主义史家自然也相当重视创办学术刊物，以之作为自己的学术平台与阵地。1950 年下半年，近代史所甫一成立，即与清华大学历史系创办《抗美援朝史学专刊》，同时刊登在上海《大公报》与天津《进步日报》（原《大公报》）上。这一专刊直接服务于"抗美援朝"之宣传动员，实属匆匆草创，难以用严格意义的学术刊物标准予以衡量。

1950 年冬，近代史研究所开始计划在《抗美援朝史学专刊》的基础上，形成相对比较完善的史学刊物。经过一段时间筹备，1951 年 1 月 12 日，近代史所与北京大学历史系、清华大学历史系共同编辑《史学周刊》，采取 2、2、1 期轮流编辑制：北大历史系编 2 期，清华历史系编 2 期，近代史研究所编 1 期。每期约 15000 字，仍以天津《进步日报》和上海《大公报》为刊载的平台。① 《发刊词》谓："为了配合当前的抗美援朝保家卫国运动，本刊目前的任务将以中国近代史为重点，但决不是忽略其他方面"；"我们并且希望通过这个园地来交换史学工作者在研究和教学工作中的一些意见和情况，讨论并解决一些历史研究和教学中所发生的问题"。②

近代史所对此相当重视，1951 年 1 月 16 日、17 日、18 日连续开会讨论，决定成立由荣孟源、钱宏、漆侠、何重仁组成的编委会，荣孟源任主编。并计划于 1952 年将《史学周刊》发展成近代史所独办的"月刊"。李瑚在日记中记载："去年中宣部交给我们任务，但不能担起来，明年再发展为月刊。按规定要每月十万字，自己没有五六万字，很难写出。"编委会"用民主集中投稿，联系群众，组织文章"。③ 就此编委会成员来看，

① 季羡林：《史学周刊发刊》，《历史教学》1951 年第 2 期，第 36 页。
② 《发刊词》，天津《进步日报·史学周刊》1951 年 1 月 12 日。
③ 《李瑚日记》，1952 年 1 月 16～18 日。

荣孟源当时为近代史所的学术秘书；漆侠为范氏之学术助手，亦深受其赏识和倚重。① 可见近代史所对此刊物之重视。北大方面则由向达出任主编，邓广铭也参与编辑。②

天津《进步日报·史学周刊》为新中国成立之初相当重要的学术平台。其作者群体主要为近代史所、北大、清华、辅仁（北师大）的学人。此刊发表论文特别强调现实针对性，编辑者为组织稿件亦颇费心思。如蔡美彪回忆：向达"知道我在大学时选修过西藏史课，要我写篇文章，扼要揭露外国侵略的历史。我阅读有关史料，勉强成篇……题为'西藏问题的过去与现在'，在1951年2月出版的《史学周刊》上刊出"。"当时大家最关心的大事，还有台湾问题。向先生又介绍给我几本参考书，要我写一篇十九世纪时台湾人民反抗美国侵略的文章。这篇文稿写成后在1951年3月的'史学周刊'发表，题为'一八六七年台湾高山族的抗美卫国战争'。"③

据笔者统计，近代史研究所同人共计发表文章74篇，占总体所发论文的约1/3，为此刊极重要的作者群体。其中荣孟源18篇，沈自敏12篇，丁名楠7篇，余绳武7篇，金毓黻6篇，何重仁5篇，刘桂五3篇，王忠2篇，樊百川2篇，张玮瑛2篇，钱宏2篇，王崇武2篇，漆侠2篇，丁原英1篇，王仲1篇，李瑚1篇，谢琏造1篇。荣孟源发表数量居此刊物作者群之首位，荣氏本以研究近代史见长，新中国成立之初的几年间著述颇丰，同时在《新建设》、《历史教学》等诸多刊物上发表论文。沈自敏发表文章集中于"美帝侵华"论题，数量亦颇可观。何重仁为近代史所"述而不作"之典型，一生留下公开发表的论文仅7篇，在《进步日报·史学周刊》发表者竟占5篇。漆侠主要研究古代史，自不以此

---

① 漆侠于1946年入北京大学历史系，追随邓广铭研习宋史。1948年考上北大文科研究所史学部研究生。1951年3月，范文澜在看过其发表的论文之后，邀他入近代史所。参见李华瑞《漆侠先生访谈录》，《史学史研究》2001年第3期。
② 《邓广铭学术年表》，《邓广铭治史丛稿》，北京大学出版社，2010，第568页。
③ 蔡美彪：《缅怀向达先生》，沙知编《向达学记》，生活·读书·新知三联书店，2010，第182～183页。

为主要阵地。总体来说，近代史所人员发文较多，亦不无近水楼台之便。翦伯赞曾发表《写在〈史学周刊〉一百期以后》，[①] 评价此刊确实对近代史 "非常重视"。笔者试做统计，《史学周刊》至 100 期共发表文章约 230 篇，约 90% 皆属中国近代史。

在现代学术体制中，与专业史学期刊相伴而生的论文发表行为日益受到重视，学术期刊亦占据着相当的学术资源与话语权势。近代史所 1953 年发生 "反小圈子" 运动，将荣、漆、沈、何这 4 名《进步日报·史学周刊》编委打为 "反党小圈子" 而兴师讨伐。荣孟源受贬抑，漆侠因此于 1953 年 12 月被迫离开近代史所，转入天津师范学院（后改名为河北大学）任教。[②] 近代史所进而提出 "反对粗制滥造" 的口号，即可能主要针对在《进步日报·史学周刊》发表较多论文的近代史所同人。

1950～1953 年，天津《进步日报·史学周刊》实为具有导向性的刊物，对于推进中国近代史研究发挥了一定作用。此刊将中国近代史置于极突出的地位，并引起学界对近代史的重视。共发行 111 期，论文 200 余篇，其中 90% 属于中国近代史范围。如原来主要研究领域为宋辽金史的金毓黻，在《进步日报·史学周刊》发表 6 篇近、现代史内容的论文。此外如郑天挺、阴法鲁、丁则良、齐思和、蔡美彪、胡厚宣、雷海宗、向达、王崇武等人，本来研究领域均不在中国近代史，却均在此刊发表了关于中国近代史的论文。

1953 年 4 月 4 日，《光明日报》副刊《史学》创刊，这是由原《进步日报》和《大公报》的《史学周刊》与《光明日报》的《历史教学》改组而成。其《发刊词》明确表示："……《史学》应该加强中国近代

---

① 《进步日报·史学周刊》第 101 期，1953 年 1 月 8 日。
② 漆侠本人对此一直耿耿于怀："1953 年底我背着'反党集团'的政治结论离开原工作单位，到新的工作岗位。对这件事，我一直念兹在兹，心意难平，总是想不通到底为什么落下这个结论。"《漆侠自述》，国务院学位委员会办公室编《中国社会科学家自述》，上海教育出版社，1997，第 823 页。

史，尤其是近三十年中国革命史的研究，并且应该从经济、政治、文化各方面去研究。""学习近百年斗争史，以便更深入地学习毛泽东思想，这是中国人民的普遍要求，也是史学工作者迫切而又光荣的任务。因此，《史学》有理由以中国近百年史作为一个重点。"① 此刊确实以中国近代史论文为主体，但与高校学者相较，近代史所同人在此刊发文数量不占优势。编辑单位增加了北京师范大学历史系。由三家轮流主编，最后改为由北大历史系单独主编。自此以后，《史学》由翦伯赞主编。有编辑委员会，范文澜、翦伯赞先后任编委会主委。编委会成员先后有陈垣、荣孟源、邓广铭、向达、邵循正、杨人楩、白寿彝、谢珽造、田余庆、汪篯、陈振飞等。编委会的工作，常得到郭沫若、吴晗的关注。《史学》专刊初时由三家单位各出一个编委为执行编辑：近代史所为荣孟源、北大为邓广铭、北师大为白寿彝。1964 年前后，谢珽造接替荣孟源，陈振飞接替白寿彝。三家执行编辑，每家负责一个月的主要审稿和版面工作。报社收到的史学稿件，集中后送交当月执行编辑，他们三位每周集体研究一次。

由于无办公室供开会、审稿之用，经范文澜与翦伯赞商洽，《史学》编辑工作改由北大历史系专负其责。编辑小组有邓广铭、陈庆华、田余庆和张寄谦（汪篯最初曾参加），由邓广铭领导负责。② 在《历史研究》创刊之前，《光明日报·史学》为最重要的全国性史学刊物，受到学界关注，③ 直至 1966 年 8、9 月间才由戚本禹以"改组"名义搞垮。

①　《发刊词》，《光明日报·史学》1953 年 4 月 4 日。

②　穆欣：《忆邓广铭教授》，张义德、彭程编《名人与光明日报》，光明日报出版社，1999，第 121 页；张寄谦：《翦伯赞与〈光明日报·史学〉专刊》，张义德、彭程编《名人与光明日报》，第 114 页。

③　如陈垣就《光明日报·史学》创刊号《介绍几部有关中国近代史的新书》（署名方回，为向达之笔名）一文对《中国近代史》的批评，致信白寿彝提出意见。第二期又发表方回的更正。陈智超编著《陈垣往来书信选》，上海古籍出版社，1990，第 794 页。

表 4-1　1953~1955 年《光明日报·史学》发表文章统计（笔者统计）

单位：篇

年份	论文总数	近代史	古代史	世界史	其他
1953	58	23	17	8	10
1954	75	35	20	11	9
1955	50	24	20	3	3

　　1953 年秋，正值新中国初期的革故鼎新、百端待举之际，中共中央决定成立历史问题研究委员会，创办《历史研究》杂志。1954 年 2 月《历史研究》创刊，这是新中国成立后最具权威的历史学综合性学术研究刊物。《历史研究》主编尹达，副主编刘大年。[①] 编辑部设在近代史所"东厢房的一间小屋"。[②] 编辑委员会最初由 18 人组成，[③] 郭沫若为召集人；同时还设特约编委，如何兹全、罗志甫、刘启戈等均为特约编委。[④] 郭沫若亲笔题写刊名，并在创刊号上发表发刊词《开展历史研究，迎接文化建设高潮》。第一次编委会上，"确定了刊物总的方向是运用马克思列宁主义的观点和方法来研究历史"，"但在作法上大家认为不能求之太急"。[⑤]《历史研究》的创刊，力图"改变今天历史科学研究工作贫弱的状况"，成为"动员和组织历史学界的研究力量以进一步开展历史科学研

---

①　据刘大年回忆，郭沫若本意让刘大年为主编，尹达为副主编，刘坚辞不就。其理由是古代史时间长，稿子多，近代史时间短，稿子少，尹达是搞古代史的，做主编适合。范文澜表示赞成。他的实际考虑是"郭、范对古代史分期意见不同，刊物要百家争鸣，不同的意见进行讨论，难免涉及郭、范关系。尹达和郭老在一个所工作，他担任主编，处理这方面的问题，可以避免引起别的议论"。参见刘大年《郭沫若关于〈历史研究〉的六封信》，《历史研究》1994 年第 1 期，第 6 页。

②　蔡美彪：《〈历史研究〉三十五周年致辞》，《学林旧事》，第 185 页。

③　即陈寅恪、陈垣、向达、白寿彝、汤用彤、季羡林、夏鼐、翦伯赞、胡绳、侯外庐、杜国庠、吕振羽、嵇文甫、郭沫若、吴晗、范文澜、刘大年、尹达。编委名单由刘大年与尹达一起参考当时中国史学会主编的"中国近代史资料丛刊"总编辑委员名单和其他因素而确定。刘大年：《郭沫若关于〈历史研究〉的六封信》，《历史研究》1994 年第 1 期，第 5 页。

④　何兹全：《历史知识的提高和普及》，《历史研究》1994 年第 1 期，第 13 页。

⑤　《中国科学院积极准备进一步加强历史研究工作》，《科学通报》1954 年第 1 期，第 52 页。

究工作的有力的武器"。①

1955 年 11 月 7 日，《历史研究》编辑部开会，并向编委会写报告，内容包括："1. 今年的进步：（一）展开了批评。（二）发表了青年的文章。（三）讨论了历史方面的重要问题。缺点：（一）稿件无组织，理论性战斗性不够。（二）稿件未经编委会讨论。（三）没有反映出刊物的全国性、群众性不广。2. 今后办法。改月刊：（一）组织稿件的原则：（甲）着重组织理论稿子。（乙）组织争论问题的稿子。（丙）组织五年计划中重点问题，如中国近代、现代史思想史等。"②

自 1957 年反右运动后，尹达对于主编《历史研究》心灰意冷，勉强维持。③此后政治运动不断，1958 年兴起的"史学革命"，不少史家下放劳动，《历史研究》稿源不继，本为月刊，在未经宣布的情况下改为双月刊，且内容日益单薄。1960 年 12 月 9 日，黎澍调任《历史研究》主编、近代史所副所长。④刘大年回忆："尹达和我几年中各自忙于历史所、近代史所的行政事务，无法把精力投到刊物上去。1960 年秋天，我们几次议论，觉得刊物内容越来越单薄，不像样子，难以向读者交代。要办好，必须有专人负责。黎澍是最理想的人选。恰恰这时黎澍找我征求意见，说他想走动走动……事情很快由中宣部决定。"黎澍任《历史研究》主编后，因他做事认真，思路开阔，有非凡的学术眼光，善于出题目组稿，刊物大有起色，令人耳目一新。⑤

1966 年 5 月，《历史研究》被迫停刊。《历史研究》在创刊之初，对于中国近代史并未予以特别重视。"过去那种贵古贱今的偏向应该矫正，但古代史上也有许多问题需要深入的研究。根据目前广大人民对于

---

① 徐宗勉：《介绍新创刊的历史科学期刊——〈历史研究〉》，《科学通报》1954 年第 6 期，第 67 页。

② 《刘大年日记》，1955 年 11 月 7 日。

③ 《尹达来函》，王玉璞、朱薇编《刘大年来往书信选》（上），第 182 页。

④ 黎澍 1950 年即任中宣部秘书室主任，后任报刊处长、出版处长、党史资料室主任，1955 年任中央政治研究室历史组长。

⑤ 刘大年：《怀念黎澍同志》，《近代史研究》1989 年第 2 期，第 1 页。

历史研究的需要来看，可以说是古今无偏。"① 1958 年 "史学革命" 时有大字报指出：《历史研究》自 1954 年创刊至 1958 年 8 月已出版 44 期，共载 421 篇文章，其中关于古代史的 148 篇，直接联系当前实际的只有 14 篇。由此认定《历史研究》存在厚古薄今之倾向。② "厚今薄古" 的口号提出之后，这种比例分配也未曾产生根本变化。笔者对此有初步统计，如表 4－2。

表 4－2　1954～1965 年《历史研究》文章分布情况

年份	文章总数（篇）	中国近、现代史文章（篇）	所占比例（％）	中国古代史文章（篇）	所占比例（％）
1954	53	13	24.5	29	55
1955	40	13（含批判胡适的 7 篇）	32.5	22	55
1956	104	16	15	44	42
1957	124	25	20	41	33
1958	120	22	18	31	25
1959	109	19	17.5	33	30
1960	36	9	25	8	22
1961	50	14	28	15	30
1962	59	12	20	27	45.7
1963	61	20	33	27	44
1964	45	15	33	17	37
1965	46	12	26	19	41

自表 4－2 可以看出，《历史研究》对于 "厚今薄古" 口号并未做教条化理解，中国近代史论文所占比重未曾畸重抑或畸轻，而大体保持着各学科之间的基本平衡。从中亦可以看出，《历史研究》仍然努力保持着自己一定的学术空间。同时，中国近代史论文缺乏足够的发表平台恐怕是当时学人的真实感受。

1954 年，出版集刊在中国科学院各所相继受到重视。《中国科学院历史研究所第三所集刊》（以下简称《集刊》）第一集 1954 年 7 月由中国科

① 《中国科学院积极准备进一步加强历史研究工作》，《科学通报》1954 年第 8 期，第 52 页。
② 《〈历史研究〉存在的问题》，《历史研究》1958 年第 9 期，第 90 页。

学院出版，受到广大读者欢迎。出版不到一周，北京的许多书店便销售一空。① 《集刊》前言表示："近代史和现代史的研究近几年来已开始被重视。……只要全国的史学工作者互相配合、经过长期的共同努力，就一定可以做出更多的成绩来。"② 有人批评这一期《集刊》发表的论文"一般地说水平是不高的，不成熟的文章"。③ 也有人撰文表示："历史研究所第三所企图运用马克思列宁主义的立场、观点和方法结合中国具体情况而写出来的研究论文，无疑地代表中国历史正在滋长和发展着的一个新方向。这个方向也是中国历史科学工作者努力的唯一正确的方向。"④ 批评抑或肯定，均表明《集刊》在当时的学界及社会之反响。所载丁名楠等人的《第一次鸦片战争》、何重仁的《辛亥革命时期四川从保路到独立的经过》、张振鹤等人的《辛亥革命前的几处群众反压迫斗争》均为他们所承担专题研究之成果。1955 年 7 月，《集刊》出版第二集。发表了范文澜的《中国近代史的分期问题》、刘大年等人的《台湾历史概述》、钱宏的《鸦片战争以前中国若干手工业部门中的资本主义萌芽》、樊百川的《试论中国资产阶级的各个组成部分》，共 4 篇文章。《集刊》为近代史研究所的研究成果提供了一个发表平台，第一集的作者群中大多数为年轻人，青年作者由此而受鼓舞。但《集刊》编辑并无专门建制，且此后未能继续出版。⑤

近代史研究所未能创办自己长期持续的论文发表期刊，固然受制于当时的经济条件，亦因中国近代史学科尚处于打基础阶段，高水平的研

---

① 林元一：《关于〈中国科学院历史研究所第三所集刊〉第一集》，《光明日报》1954 年 8 月 19 日，第 3 版。

② 《中国科学院历史研究所第三所集刊》第一集，"前言"，第 1 页。

③ 唐锡芝：《介绍〈中国科学院历史研究所第三所集刊〉第一集》，《光明日报》1954 年 8 月 5 日，第 3 版。

④ 林元一：《关于〈中国科学院历史研究所第三所集刊〉第一集》，《光明日报》1954 年 8 月 19 日，第 3 版。

⑤ 《集刊》在 1956 年尚有再出的计划。范文澜在 1956 年 10 月 15 日来信中提及："出《集刊》问题也请提一提，以便将来出《集刊》有根据。"参见《范文澜来函》，王玉璞、朱薇编《刘大年来往书信选》（上），第 156 页。

究成果尚待时日；可能还与政治运动过于频繁不无关系。金毓黻在1956 年"百家争鸣"的热潮中建议："为了历史论文有充分发表的园地，我又提出一个问题，即是现在属于历史科学和包括历史科学在内的社会科学刊物至多不过十种，而且都是地位不大，此后如何增加历史科学刊物数量的问题，是现在必须提出考虑的项目之一。"① 金氏所提实为当时学者的共同心声。刘大年还曾经设想，在近代史所出版《历史学习》，"以刊载不甚成熟的论著，以鼓励青年同志的写作"。② 但由于随后的反右运动，这些设想俱成空文。近代史所办一个专门的中国近代史学术刊物的愿望直到 1979 年才得以实现。反观《近代史资料》在五六十年代受到优先扶持得以一枝独秀，亦可见近代史所前辈学人重在夯实史料基础的苦心孤诣。

五　中国近代史通论性著述之编纂

中国近代史为中共最重视之学科，在新中国成立后的高校学科设置中亦被特别强调。但中国近代史学科处于草创时期，尚缺乏成熟完善的通论性著作。据金冲及回忆，当时大学所用教材只有范文澜的《中国近代史》和胡绳的《帝国主义与中国政治》。③ 另据周清澍回忆，北京大学历史系由邵循正讲"中国近代史"，学生能参考的新书只有三部：范文澜的《中国近代史》、华岗的《中国民族解放运动史》、胡绳的《帝国主义与中国政治》。④ 民国时期颇有影响的所谓"资产阶级"近代史著作，新中国成立后则因观点不合时宜而不被关注。如陈恭禄所著《中国近代史》曾被列为大学丛书之一，影响甚广，自 1934 年 3 月发行，

---

① 金毓黻：《静晗室日记》，第 7187 页。
② 金毓黻：《静晗室日记》，第 7370 页。
③ 金冲及：《六十年的回顾》，《光明日报》2009 年 10 月 1 日，第 6 版。
④ 周清澍：《追忆邵循正师》，《文史知识》2007 年第 11 期，第 104 页。

"数月内售至四版"。① 来新夏进入华北大学历史研究室，由古代史转攻近代史，即从阅读陈恭禄之书入手。② 但因其观点同中共对近代史之解释颇多扞格，新中国成立后已不合时宜。陈氏"初不愿讲授中国近代史的课程，在思想改造时期，曾保证不再用我所写的书籍"，③ 实则被剥夺研究中国近代史的资格。

范著《中国近代史》仅写至 1900 年义和团运动，且只是政治史，甚少顾及经济、文化等其他面相。王栻在授课时说：范文澜的《中国近代史》如"端出一盆菜"，但所遗憾的是少了从马褂到近代的西装史，从火石到电灯史。④ 缺少成熟的中国近代史通论性著述，影响到高校的近代史教学及中国近代史学科建设。

新中国成立初率先成立近代史研究所，其主要目标就在于编纂一部完整的中国近代史。⑤ 范文澜著《中国近代史》上编第一分册自 1946 年初版后，1947 年由北方大学历史研究室做了校订；并安排人力搜集资料，为续写做准备。但在新中国成立初期，其工作重心显然还在修改而不在续写。范氏此前迫于现实需要，一鼓作气写成《中国近代史》上编第一分册；此时对于续写出手谨慎，或因研究条件趋好，撰著之标准势必提高，自然多有顾虑，不愿率尔操觚。

1949 年 3 月，范文澜与华北大学历史研究室的部分成员抵京，燃眉

---

① 陈恭禄：《中国近代史·自序》，商务印书馆，1936，第 6 版，第 3 页。
② 来新夏：《我学中国近代史》，《近代史研究》2003 年第 3 期，第 264～265 页。
③ 陈恭禄：《对旧著"中国近代史"的自我批评》，《教学与研究汇刊》创刊号，1956 年 12 月，第 3 页。
④ 唐宇元：《王栻先生教学中的资产阶级立场》，《史学战线》创刊号（1958 年 10 月），第 17 页。
⑤ 专题研究究竟应达到何种程度，才宜着手撰写通史，学界亦见仁见智。日本学者野泽丰在 1957 年提出，对于中国近代史研究，"直到目前为止大致还处于搞'通史'的阶段，也就是说目前还处于如何搞出一部来龙去脉比较清楚的中国近代通史的阶段。……在这种情况下为了普及这方面的知识，就我们身边可能搜寻到的资料加以搜集、整理，然后对中国近代史的发展过程加以概观性的掌握，这种工作还不是没有意义的"。近代史所档案：《日本历史学界关于中国近代史研究问题的座谈会记录》（邹念兹译），原文载《历史评论》1957 年 10 月号。

之急就是抓紧《中国近代史》上编第一分册的修订工作。范文澜在其居室（东厂胡同一号胡适办公的地方）直接领导召开了多次讨论会（当时又称"读书会"）。在对范著《中国近代史》进行增删校订的过程中，不少青年研究者受到学术训练，并在新中国成立后成为中国近代史学界的骨干力量。① 此次修订幅度颇大："第一，是查找可靠的版本来校勘书中的引文。第二，是根据新见到的资料来补充、订正并且重写书中的字句、段落和章节。第三，根据读者来信、同志们建议，以及当时学术界讨论的意见，认真地修订。""义和团运动"一章增加了新材料，并重写了"太平天国"一章对于李秀成的评价。② 1949 年修改后，此书由华北大学与北京新华书店同时出版。

　　新中国成立后，范著《中国近代史》成为最具权威的中国近代史著作，读者范围极广，可谓万众关注。《中国近代史》的修改很多方面得益于普通读者指出错误，充分体现了著者与读者的交互作用。如高维岳指出范著《中国近代史》史实错误 9 处，并批评"原书引录他书原文很多，有的照录原语言，有的因原文太长，著者曾加以节略，但并未加注省略符号，未免有失原文面目，使读者不易探寻"。③ 燕丹撰文指出史实错误若干，并对范著观点提出商榷意见。（1）该书于鸦片问题的三派，对抵抗派林则徐等认为在当时是进步分子，是对的；但在义和团运动中，对统治阶级阵营内所有赞成、反对各派，一概认为要不得，不能给他们一个应有的历史评价，采取否定一切的态度，似有违历史唯物主义的观点。（2）统治阶级阵营中必有派别，但统治阶级的首领（皇帝）是随着本身利益为转移，并不会固定属于哪一派。该书叙述道光皇帝时采取派系观点，便不免时有矛盾不能自圆其说。④ 对于这些批评意见，范文澜与助手

① 彭明：《范文澜治史的我见我闻》，《文史知识》2000 年第 12 期。
② 荣孟源：《学习范文澜同志》，《光明日报·史学》1981 年 6 月 28 日。
③ 高维岳：《关于范著〈中国近代史〉若干史料的补正意见》，《光明日报》1954 年 1 月 28 日，第 3 版。
④ 燕丹：《中国近代史（上编）中的几点史料问题》，《人民日报》1950 年 7 月 26 日，第 5 版。

均认真对待，吸收其合理意见，并由荣孟源撰文做出公开答复。① 此外还有读者指出对洪仁玕的评价欠公允，"东干"实为对回族的蔑称；更有台湾读者指出范著《中国近代史》中甲午战争时台湾抗日战争的一些史实错误。荣孟源亦撰文公开表示必须加以改正。②

范著《中国近代史》在1951年又做了一次修改，1952年由人民出版社出版第7版。此次修订幅度较大，"鸦片战争、太平天国革命、甲午中日战争各章添加当时世界上重要情况的说明。义和团运动等章删去可疑的材料，改用已有证明的史实。散见各章中的隐晦的词句，此次概予删去。……荣孟源、丁名楠两同志很仔细地提供了许多意见和材料"。③ 这里值得注意的是，所谓"隐晦的词句"，即为借古讽今、影射类比的词句。新中国成立前，马克思主义史家普遍运用影射和类比的方法，"从革命的愿望出发，斥责国民党、蒋介石，以激发人民的爱国、革命义愤"，无疑发挥了巨大的政治功效。但这种方法从根本上来说是与历史唯物主义不相容的，如刘大年所言："用类比来表示革命性，必然让人觉得历史科学是一种太廉价的商品。"④ 不仅范文澜，其他著名马克思主义史家如翦伯赞等人，在新中国成立后均对历史影射、类比的做法加以批评。这实际上反映了1949年后马克思主义史家角色意识的转变，在新的社会历史条件下，史学"求真"一面得以凸显。

就高校教学的现实需要来说，范著《中国近代史》的续写比修订更为迫切。1953年方回（按：向达）撰文评介范著《中国近代史》，肯定此书的成就，并表示"盼望上编第二分册和下编能赶快出版"。⑤

1954年中国近代史分期问题讨论开始后，胡绳等学者对范著《中国近代史》以"纪事本末体"结构叙述提出批评，范文澜颇有触动。如前

---

① 荣的答复亦见《人民日报》1950年7月26日，第5版。

② 荣孟源：《范著〈中国近代史〉订正本中几个必须改正的地方》，《人民日报》1951年1月28日，第6版。

③ 范文澜：《中国近代史》上编第一分册，人民出版社，1952，"七版说明"。

④ 刘大年：《序》，《范文澜历史论文选集》，第6页。

⑤ 方回：《介绍几部有关中国近代史的新书》，《光明日报》1953年4月4日，第3版。

文所论，他积极参与讨论，先后有 3 篇文章阐述其分期主张。他以中外民族矛盾和国内阶级矛盾这两种基本矛盾的消长变化、交替主导作为近代史分期之依据，并将甲午战争作为中国近代史最重要的分期界标。① 在众说纷纭的分期讨论中，以范文澜和胡绳的两种观点影响最大。② 最终因阶级话语在当时处于强势地位，中国近代史教学大纲采用胡绳以阶级斗争为分期标准的观点。

　　范文澜反复阐述对于近代史分期之主张，体现出其撰写中国近代史的通盘考虑和整体架构，此时他已考虑重写《中国近代史》。1956 年 1 月30 日，近代史所召开工作会议，"讨论编写近代史的八点计划"。③ 范文澜决定将原通史组成员纳入，集中几乎全所研究力量以编写《中国近代史》。研究人员分成三组。第一组：1840～1864 年，由范文澜负责。第二组：1864～1901 年，由刘大年负责。第三组：1901～1919 年，由荣孟源负责。④ 此书"由范文澜负总责，刘大年协助"，设计全书分为 3 卷，第一卷 25 万字，第二、三卷各 35 万字左右，共计 100 万字左右，为 1840～1919 年包括政治、经济、文化等各方面的通史。依时段分为 3 组，体现了"三次革命高潮"的历史分期；体裁上避免"纪事本末"的叙述方法，采取按年代次序来叙述历史事件，仿《苏联通史》的写法。⑤ 随后于 4 月开始准备拟订《中国近代史》提纲。6 月底拟出提纲，7 月传阅并讨论。⑥据《刘大年日记》，1956 年 7 月 2 日二组召开提纲讨论会，7 月 3 日一组召开提纲讨论会，7 月 4 日修改一组提纲。7 月 11 日再讨论一组提纲。7

---

① 详参本书第四章第二节。

② 1956 年高师文史教学大纲讨论会上，即主要是范文澜（孙守任）、胡绳两种观点之争论。陈继民：《高师文史教学大纲讨论会关于历史科目教学大纲讨论情况简介》，《历史研究》1956 年第 10 期。

③ 《刘大年日记》，1956 年 1 月 30 日。

④ 如此安排，"可以与过去的工作基本上衔接起来"。近代史所档案：《历史研究所第三所一九五六年研究工作计划·附件》；《李瑚日记》。

⑤ 近代史所档案：《历史研究所第三所一九五六年研究工作计划·附件》。

⑥ 《李瑚日记》。

月 19 日讨论二组提纲。①

此书悬的颇高，"要求在阅读大量材料和吸收前人研究成果的基础上，对某些重要问题，作进一步的研究，提供若干新的研究成果"。② 1956 年 2 月底，金毓黻在会议上建议停辍其他任务，全力编写《中国近代史》。③ 刘大年在 1957 年 1 月 5 日全所大会报告中说："今天开始写的近代史，为了期望把它写好，就是经过十年的时间也无不可。"④

由范氏主持重写《中国近代史》，采用的却是胡绳 "三次革命高潮" 的分期架构。据《刘大年日记》，1956 年 4 月 29 日晚，范氏对刘大年表示：不同意将近代史分为三个部分，而认为应按照主要矛盾来分期，并认为中国是半殖民地，不能与俄国历史相比（指资本主义发展）。⑤ 可见两人对于如何分期仍存在分歧。或谓胡绳的观点在当时获得学界广泛认同，范文澜亦只好顺应大流。以 "三次革命高潮" 分期，在范氏而言多少有些无奈。这也预示着此次大张旗鼓的重写难免多有波折。因 1956 年有不少研究人员参加制定哲学社会科学远景规划工作，"因此主要只是做了某些准备工作和拟定了一个搜集材料的提纲草稿。1957 年计划搜集和整理某些重要问题的材料和拟定全书的编写提纲，并在 10 月后开始分头编写初稿"。⑥ 是年整风报告则指出："通过一段时期的实践以后，同志们意见很多，认为研究计划与个人专长有些脱节。不能发挥个人的积极性。"⑦ 此次范文澜主持重写《中国近代史》遂不了了之。

近代史所很快改弦更张，1957 年 9 月决定将原来的近代史三个组合并为 "近代史组"，由刘大年任组长主持编纂《中国近代史》。"由刘大年

---

① 《刘大年日记》，1956 年 7 月 2~4 日、7 月 11 日、7 月 19 日。
② 近代史所档案：《历史研究所第三所的工作情况和研究计划》（1957 年 1 月）。
③ 金毓黻：《静晤室日记》，第 7041 页。
④ 金毓黻：《静晤室日记》，第 7370 页。
⑤ 《刘大年日记》，1956 年 4 月 30 日。
⑥ 近代史所档案《历史研究所第三所的工作情况和研究计划》。
⑦ 所谓 "研究计划与个人专长有些脱节"，当指王崇武等原通史组成员对于近代史并不熟悉，难以发挥其专长。近代史所档案：《历史三所边整边改情况的报告》（1957 年）。

同志执笔，其他人作助手，提供资料并完成专题"，在 1957～1960 年完成多卷本《中国近代通史》的撰著。① 这一调整实际上由此前集中全所之力续写、重写范著《中国近代史》，转变为另起炉灶编写《中国近代通史》，与范著《中国近代史》已无渊源关系，而打上了"刘大年"的烙印。

近代史所学人认识到，学术研究自有其规律，不可急于求成。但在 1958 年只急朝夕的"大跃进"形势下，《中国近代通史》的撰著不得不调整规划。1958 年 5 月讨论"跃进"规划，尚预计两年半完成近代通史 100 万字；7 月再讨论时，就提出 1959 年 10 月完成近代通史作为国庆献礼。②

1959 年郭沫若主编的《中国史稿》第 4 册（1840～1919）由近代史所承担，多卷本《中国近代通史》的撰著计划不得不暂时搁置。当时近代史所人员将多卷本近代通史称为"大书"，而将《中国史稿》第 4 册称为"小书"，以示区分。③ 1959 年 1 月，近代史组讨论编写提纲。3 月，各人依所分配章节开始写作。刘桂五、丁名楠、钱宏、何重仁、樊百川、张振鹍、刘仁达、金宗英等人参加编写，张玮瑛、王其榘、李瑚、王仲、王明伦、吕一燃等人提供资料、查对史实并撰写部分初稿。④ 3 个月后，因"反右倾"整风运动，工作中止。至 1960 年 5 月恢复工作，6 月完成第一次草稿，并交组内讨论，至 7 月底修改一次，9 月底开始第二次修改，10 月修改完毕。自 11 月初起，集中少数人将全部草稿从头至尾再做修改。⑤ 刘大年将此作为压倒一切的工作，"强调这是国家交给我们的任务，过去我们所没有拿出什么成绩来，如果这个任务再不能完成，我们所的牌子也要挂不住了"。⑥ 1961 年在完成书稿后，近代史所学术秘书室致

---

① 《李瑚日记》。

② 李瑚：《本所十年大事简记（1951～1960）》，第 22～23 页。

③ 张振鹍先生访谈记录，2008 年 1 月 15 日。

④ 《中国史稿》第 4 册，人民出版社，1962，编辑工作说明。

⑤ 《近代史所致尹达》（1960 年 11 月 24 日），近代史所档案：《关于"中国历史"的近代史部分的编写情况》。

⑥ 近代史所档案：《关于刘大年同志在学术路线方面的初步材料》。

函人民出版社编辑部历史组，就形式问题提出："半殖民地半封建社会旧民主主义革命部分可印成一册，不必分成三册。封面为'半殖民地半封建社会（上）'。"①

刘大年在致郭沫若信函中表示：《中国史稿》第 4 册对于有分歧的历史人物"多作具体的史实叙述，少作抽象性的论断"；对存在争论的问题，"尽量采取较有稳定性的意见"。② 但近代史领域仍有不少较敏感的问题不易处理。在致尹达信函中坦言，对于以下问题"因缺乏研究，尚未很好解决"：

> 1. 太平天国地区有没有建立新的社会秩序，这个地区的社会状况究竟如何？太平天国革命对中国社会发展的推动作用，具体表现在哪些方面？2. 第二次鸦片战争时期，义和团运动时期，国内的阶级矛盾和国外的民族矛盾之间的关系。3. 洋务运动的性质问题。4. 买办阶级的形成问题，它与地主阶级的关系。5. 中法战争、中日战争中地主阶级内部对战争态度上存在着分歧的实质是什么？6. 对辛亥革命中资产阶级领导作用的估计问题。7. 北洋军阀统治时期，资产阶级革命派的分化与重新组合问题。③

不难看出，这些问题，大多并非史实实证问题而是理论阐释问题。

《中国史稿》的编写、修改颇为慎重。考古、历史、近代史 3 个研究所于 2 月 27 日联名向中科院哲学社会科学学部提出建议：

> 一、向国内各有关单位征求意见。1. 除送请中央各有关部门领

---

① 《近代史所学术秘书室致人民出版社编辑部历史组》（1961 年 3 月 16 日），近代史所档案：《〈中国史稿〉相关资料》。
② 《致郭沫若及复函》，王玉璞、朱薇编《刘大年来往书信选》（上），第 230 页。
③ 《近代史所致尹达》（1960 年 11 月 24 日），近代史所档案：《关于"中国历史"的近代史部分的编写情况》。

导同志审查外，各大专院校及有关历史研究机构、重点博物馆等共约一百个单位，委托人民出版社于三月初将二印稿直接寄发。同时由考古所、历史所、近代史所联名致函有关机构党委或总支建议组织讨论。2. 在普遍征求意见的同时，根据历史研究所和近代史所的力量，争取参加个别大学的讨论。拟请分党组函请这些学校的党委给予支持。

……

三、建议组织全国性讨论会。在全国各地讨论的基础上，拟请学部分党组主持，于五月份在北京召开全国性学术讨论会，时间一星期左右，人数控制在四十人左右，主要讨论一些中国历史中重大学术问题。[①]

获得中宣部同意后，考古、历史、近代史 3 个研究所派了 3 人分别前往六个大区联系。东北、中南两个大区同意组织地区讨论会，华北、华东、西北、西南均决定不召开大区讨论会。河北省委天津史学会组织河北省讨论会。华东局宣传部交上海市委宣传部研究，确定由上海史学会组织上海地区讨论会。西北、西南由于地区分散、往返不便，西北局、西南局宣传部决定只组织西安、成都两市讨论。西安由中国科学院陕西分院哲学社会科学组负责组织，成都由四川省委宣传部直接掌握。[②]

虽然最终未能召开全国性的讨论会，但各地讨论相继展开。1961 年 5 月 7 日，上海史学会组织近代史组讨论《中国史稿》第 4 册的初稿。到会 60 余人，讨论热烈。与会者一致肯定初稿的优点，同时也提出不少商榷意见。发言者有徐嗣山、胡绳武、钱昌明、吴乾兑、李茂高、陈匡时、沈渭滨、熊大康、王明枫、李振荣、施振南、陈旭麓、骆荣基、魏建猷、彭明、赵清、黄仁章等。在讨论结束前，近代史所与会人员丁名楠表示感

---

① 《关于组织〈中国历史〉讨论会的建议》（1961 年 2 月 27 日），近代史所档案：《〈中国史稿〉相关资料》。

② 《考古、历史、近代史所致分党组函》（1961 年 4 月 6 日），近代史所档案：《〈中国史稿〉相关资料》。

谢，徐仑作总结发言。

　　讨论会上意见颇多，难以一一列举。兹择其要者简述如下。（1）魏建猷提出，不同意初稿对于自立军名为"勤王"、实为举义的论断。"自立军既以反对义和团为目的，就决不能称为'举义'；唐才常也决不是什么'革命'分子或'半革命'分子。"（2）彭明提出，毛泽东将"和农民有着天然联系"作为中国工人阶级的优点来讲，初稿却将之作为缺点来讲。（3）钱昌明不同意初稿将杜文秀"写成背叛祖国、背叛回族人民"。"杜文秀自称总统兵番大元帅，不是称撒里曼苏丹，苏丹的称号，是欧洲人别有用心的称呼。改革年号建立政权，这是任何起义在打垮旧的统治机构（时）必然采取的措施。杜文秀在1871年派他的儿子出国，向英、法国表示愿'永为二大国不侵不叛之臣'，这说明他对侵略者抱有幻想，丧失了立场，但他的死是值得同情的。"（4）李振荣提出，初稿对拜上帝教在太平天国革命运动中所起的消极作用很少涉及，对太平天国在1853~1860年的反侵略斗争也未有论述。（5）陈旭麓提出，初稿述曾国藩办湘军的方针是实行封建团结，以便借军功求取功名富贵，这个提法欠妥当，"湘军的将领固然想借军功求取富贵，但主要的是为保卫'圣道'、'伦常'"。（6）吴乾兑、陈匡时提出，初稿关于反洋教斗争规律的论述不妥。第二次鸦片战争以前，沿海城市已经发生不少反洋教斗争，这个斗争并非从内地首先开始，而是从沿海开始向内地发展，逐渐扩展至全国。（7）沈渭滨认为，"二次革命"与辛亥革命不能相提并论，建议改称"癸丑之役——资产阶级革命的绝望挣扎"。（8）关于买办商人，王明枫认为，初稿只提到19世纪40年代的买办商人获利致富，实则他们此时已利用钱庄庄票作为进出口贸易的信用凭证与支付手段，"已成为帝国主义对华经济侵略的重要助手"。对于50~70年代末买办商人的发展缺乏论述。（9）胡绳武提出，初稿对文化思想领域中的阶级斗争在线索上不够清楚。将文化思想分时期集中编写，"有割裂之弊，难以体现哲学、文学、史学等是阶级斗争的反映及其反作用"。初稿对帝国主义的文化侵略缺乏全面阐述。"帝国主义对华文化侵略的目的，在于训练买办，奴化中国人民。

但另一方面，文化侵略又产生了对立物，为中国造成了许多新式的大小知识分子。这一面应加叙述"。（10）陈旭麓提出，中国近代思想的斗争是从具体问题的斗争开始的，经历了一个从具体到逐步抽象的过程。（11）徐嗣山提出，初稿对国际关系的阐述很少，使中法战争、甲午中日战争等许多问题很难理解。①

1961 年 6 月 7 日，通过北京史学会组织，在人民大会堂一楼河北厅举行会议，对《中国史稿》第 4 册初稿进行讨论。应邀前来者有胡绳、林涧青、吴晗、邵循正、陈庆华、李新、戴逸、白寿彝、金灿然、王冶秋、叶蠖生、张寄谦　袁定中、李竹然、严中平、翦伯赞、吕振羽、侯外庐、尹达、刘导生、齐燕铭、廖沫沙、刘英章等人，近代史所范文澜、刘大年、黎澍、蔡美彪及参与编写的近代史组成员亦与会。②

四川省的讨论会，不少学者提供了书面意见。如四川师范学院助教李刚兴认为，此书"是一本以人民群众为主体的反帝反封建的斗争史，也是一本科学性较强的中国近代史。不象过去所出的那些中国近代史教本，使人读完后感到中国近代史只是一部遭受奴役和压迫的悲惨历史。真正地体现了人民群众推动近百年历史发展的伟大作用。历史在朝着一切反动派的主观愿望相反的方向发展。此书能大大加强读者的革命斗志"。"作为一部通史，在力求填补空白，充实了许多必要的而不是繁琐的知识和内容，如对科学文化有专节讲述，且较全面，其他方面也增添了不少非常需要的新内容。"同时指出对第一次鸦片战争历史背景的论述过于简单，对资产阶级革命家的种族革命思想没有指出消极、反动的一面。③

经反复讨论修改，《中国史稿》第 4 册于 1962 年 10 月由人民出版社出版。此书力图将阶级斗争与社会经济变革加以融合，对社会、经济、文化、边疆少数民族等均给予一定论述，甚至与胡绳 1981 年出版的《从鸦片战争到

---

① 《"中国历史"（初稿）讨论会简报（七）》，近代史所档案：《〈中国史稿〉相关资料》。

② 《近代史初稿讨论会邀请名单》，近代史所档案：《〈中国史稿〉相关资料》。

③ 《四川省"中国历史初稿"讨论会书面意见之十三》（1961 年 4 月 28 日），近代史所档案：《〈中国史稿〉相关资料》。

五四运动》相较，反映历史更为丰富全面。这主要得益于集合众人此前的专题研究成果而形成的优势。① 此书容纳历史内容的全面与均衡，在五六十年代实为难能可贵，对中国近代通史编纂体系做出了有意义的探索。

值得注意的是，此书力图避免以阶级阵营分敌我、论是非的简单化趋向。刘大年认为，"统治阶级、地主阶级里面有很多派别和集团，有区别，不尽相同。……说清楚这些问题才深刻，不要回避它"。"对清政府要给以恰如其分的估价，不要重复辛亥革命时期革命派的论调，因为他们要推翻它，把它说得很坏。……清朝在中国历史上曾经起过积极作用。"② 因而此书并未忽视统治阶级的活动，对于"反革命"一方的历史亦给予了一定的叙述比重；对统治者维护国家民族利益的举措给予了较为中允的评价。徐仑认为，此书对历史问题的分析，"确实可以帮助我们解纷排难。例如，对清代统治阶级的满族人物，及各族历史人物如何估价确有疑难。稿本对裕谦抗英作了肯定的论断，我认为是对的，总要从全国六亿五千万的整体出发，才有利于全国各民族的团结"；"又如沙皇俄国侵略中国的历史事实，列宁曾多次批斗这沙皇政府，但今天如何写法，确实不无顾虑，看了第七册，就增强了判断的原则性"。③

与此同时，此书力求避免人物的标签化、脸谱化，而强调揭示其发展变化过程。刘大年强调："就是同一个人，前后也可能有变化，也要具体分析"；"不得志的中小官吏一般倾向于反侵略，但是一旦有了职权以后又发生变化；翁同龢在中日战争中主战，但他比李鸿章更亲俄"；"人物不要讲得很死，如恭亲王前后就有不同"。④

《中国史稿》第 4 册力求反映近代史的全貌。整体上看，书中政治、经济、思想文化、边疆少数民族四部分所占分量，可列表如下（见表 4 - 3）：

---

① 如对边疆及少数民族的研究均在此前课题规划之列。"资产阶级研究"的初步成果在《中国史稿》中亦有所体现。

② 近代史所档案：《内部简讯》第 2 期，1961 年 3 月 1 日，中国社会科学院近代史研究所藏。

③ 《徐仑致近代史所函》（1961 年 4 月 22 日），近代史所档案：《〈中国史稿〉相关资料》。

④ 近代史所档案：《内部简讯》第 2 期，1961 年 3 月 1 日。

表 4 - 3　《中国史稿》第 4 册各部分比例

	共计	政治、军事	经济	思想文化	边疆少数民族
数量(页)	240	165	35	24	16
比例(%)	100	68.7	14.6	10	6.7

可以看出，政治史、革命史为主干，同时将经济、思想文化、边疆少数民族纽结其中，均有比较充分的反映。对于统治层的活动如洋务运动、清末新政、预备立宪等均给予了一定论述。对于两次鸦片战争、中日甲午战争、中法战争这些由清政府主导的涉外民族战争，刘大年有较为公允的评价。他明确指出：写这几次中外民族战争时，"不要使阶级矛盾超过民族矛盾。现在讲分期问题的，常把这两次战争放在很不重要的地位，这是不对的。在我们的书中，要把这几次战争突出来摆在适当的地位上"。①

《中国史稿》第 4 册 1962 年出版后，发生了一个插曲。60 年代，中、朝关系趋近，《历史研究》1963 年第 5 期刊登朝鲜学者金锡亨等撰写的《关于〈世界通史〉（苏联科学院编）有关朝鲜的叙述的严重错误》，向此前一直具有神圣地位的苏联史学公开挑战。金锡亨之文，将"甲申政变"时的清王朝与日本等量齐观，甚至视中国为更反动的敌人；认为开化派利用日本完成了这一爱国反侵略性质的政治活动。而《中国史稿》第 4 册虽以阶级分析对清政府多有恶评，但在叙述中日甲午之战时，民族国家立场占了上风，将这场战争作为清军和朝鲜人民一道，同凶狠蛮横的日本侵略者展开的正义之战："中国为了阻止日本侵略朝鲜，为了自卫而战，是反侵略的正义的战争。"且特别强调："朝鲜人民热情欢迎和支持中国军队在朝鲜的抗日斗争。中国援军开到平壤时，当地人民夹道欢迎，争献茶浆慰劳。由成欢驿败退到平壤的军队，沿途人民自动让出房屋，供应食物，热情接待。平壤战败后，朝鲜人民意图掩护受伤的中国士兵和军官从朝鲜安全归国。流落在朝鲜的中国士兵，积极参加朝鲜人民在全罗一

---

① 近代史所档案：《内部简讯》第 2 期，1961 年 3 月 1 日。

带的抗日斗争。"并对清军将领左宝贵、邓世昌称颂有加。① 二者显而易见存在矛盾。

人民出版社认为此书涉及朝鲜的内容与朝鲜学者金锡亨等人观点相抵触，乃致函尹达、刘大年，要求修改。② 近代史所开会讨论，且将回复意见寄尹达转中宣部吴寄寒。表示：

> 金锡亨等同志的文章是批判修正主义对朝鲜历史的歪曲的。我们要坚持原则性，坚决支持他们的反修斗争。……但是，我们认为，在这个原则下，根据历史事实，力求说得平稳可靠些，并不需要逐字逐句照抄别人的说法。朝鲜同志强调要有主体思想，这种精神很值得我们共同学习。中国史稿郑重叙述了中朝人民共同反对日本的侵略，宣传了两国人民之间的友谊。第一，这是合乎历史事实的。第二，我们认为这不但没有害处，相反，它对中朝人民团结、共同反对帝国主义的斗争会有好处。③

对于"开化党"，《中国史稿》第 4 册实际上已部分吸收朝鲜史家的观点而并未完全否定。此前范文澜著《中国近代史》（人民出版社，1955 年 9 月第 9 版）表述为："日本扶植朝鲜失意官僚组织所谓开化党""开化党乘机作乱，勾结日兵夺取政权，清军得朝鲜人民援助，击败日兵，乱党逃往日本。"王辑五所著《亚洲各国史纲要》（高教出版社，1957 年 8 月版）受范著影响，称"开化党"是日本"侵略朝鲜的爪牙"。这在朝鲜

---

① 《中国史稿》第 4 册，第 112 页。此书实际主持编写者刘大年在编写会议上强调，写中法、中日战争时，"不要使阶级矛盾超过民族矛盾。现在讲分期问题的，常把这两次战争放在很不重要的地位，这是不对的。在我们的书中，要把这几次战争突出来摆在适当的地位上"。近代史所档案：《内部简讯》第 2 期，1961 年 3 月 1 日。

② 《人民出版社来函》，近代史所档案：《关于〈中国史稿〉的资料》。

③ 《刘大年致尹达、吴寄寒》（1963 年 11 月 20 日），近代史所档案：《关于〈中国史稿〉的资料》。

史家看来实属反动。① 刘大年此处实际回避了中朝两国史家观点的实质分歧，而委婉地表示我们也应有"主体思想"。事实上如果完全按照朝鲜学界的观点来叙述甲申政变、甲午战争的历史，中国民众的民族情感又该如何处理？

此事最后经中宣部请示康生、周扬，决定："可以照这次的修订稿付印。但在送给朝鲜时，须由送书的单位出面写一信，说明此系初稿，是供高等学校教学参考用的，写得不成熟，还要作大的修改，书中有些论述可能有错误，请朝鲜同志提意见，以便订正。"② 因金锡亨之文主要论及"甲申政变"，《中国史稿》第 4 册于 1965 年正式出版时，还是将有关"甲申政变"的叙述全部删除。

60 年代《中国史稿》作为指定的高校教材，印数很多，影响亦相当大。丁守和回忆，"田家英要我参加第 5 册（按：《中国史稿》第 5 册）的写作，就曾提到要参考此书"。③《中国史稿》第 4 册出版后，近代史所又组织人力继续"大书"的编著，第 1 卷的稿子已经有了，第 2 卷也有了相当部分，可惜这些书稿在"文革"中被毁。④

1956 年重写《中国近代史》的计划受挫，范文澜对此始终不曾释怀。1958 年 10 月，66 岁的范氏因病休息，此后身体稍好，即带病工作，至1964 年完成修订本《中国通史简编》第三编一、二两册，乃重新将工作重心转到近代史。但毕竟年老体衰，他已然放弃重写，转而着手布置续写《中国近代史》（1900～1919）。

范氏续写《中国近代史》，所倚重者主要为李新、张侠、杨诗浩、丁贤俊等人。张侠曾用名张元泰，1964 年出版《昆阳之战》（中华书

---

① 朝鲜《历史科学》1955 年 11 期、12 期，1956 年第 1 期连续发表李擎英《一八八四年甲申政变的研究》，强调开化党的进步意义，对中国史家的看法提出批评。他的观点得到朝鲜史学界普遍赞同。李启烈：《朝鲜科学院历史科学研究动态》，《历史研究》1957 年第12 期。

② 《人民出版社复函》（1963 年 12 月 17 日），近代史所档案：《关于〈中国史稿〉的资料》。

③ 丁守和：《怀念刘大年同志》，《近代史研究》2000 年第 6 期，第 26 页。

④ 张振鹍先生访谈记录，2008 年 1 月 15 日。

局），1964 年 11 月从水电部调入近代史所，以"专心研究旧民主主义革命的一段军事史"。① 丁贤俊 1965 年初入所即明确其工作为协助范氏续写近代史。范氏颇具雄心，1965 年 5 月致函助手蔡美彪："我纯主观主义地以为还可活十年。这十年里如果做得紧凑，古、近史都有可能完成。"②

据丁贤俊回忆："范老在 1952 年手拟的八章题目，只是简单的提示。后来经过几次谈话，逐渐形成了详细的'节'及每节的要旨。他所定的下册第一章：'在中国领土上进行的帝国主义战争——日俄战争'。随后便拟定为五节。"范氏还让丁贤俊联系东北文史研究所（在长春）所长佟冬请予协助。佟冬表示大力支持资料征集工作，但后来赴长春搜集资料因故未能成行。③ 1965 年 7 月，中国科学院社会科学部安排赴江西进行第二批"四清"，1965 年 7 月 1 日近代史所给哲学社会科学部党委关于第二批"四清"安排的报告中提到："因办刊物、反修和重点研究项目（范老中国近代史著作）等工作需要留下 19 人。"④《中国近代史》下册写书组的李新、张侠、丁贤俊等人皆在其中。然而，1965 年底传来"四清"告急，必须最大限度保证"四清"，丁贤俊于 1966 年初赴江西参加"四清"，写书工作被迫暂停。随后"文革"爆发，一切脱离常轨，再也无心顾及《中国近代史》下册之撰写。⑤

1968 年 7 月 20 日，毛泽东派其女李讷给范文澜传话：中国需要一部通史，在没有新的写法以前，还是按照你那种旧法写下去，通史不光是古代近代，还要包括现代。⑥ 得此"尚方宝剑"，续写《中国近代史》重新被提上日程。因毛泽东提出应将"现代"纳入，范文澜还想找何干之、

---

① 《范文澜致张侠函》，近代史所档案：《零散文件》；近代史所档案：《干部履历表》。
② 蔡美彪：《回忆范老论学四则》，《历史教学》1980 年第 1 期，第 4 页。
③ 丁贤俊：《我与近代史所》，《回望一甲子》，第 526 页；丁贤俊先生访谈记录，2016 年 1 月 17 日。
④ 《近代史所致学部党委函》（1965 年 7 月 1 日），近代史所档案：《四清资料》。
⑤ 丁贤俊：《我与近代史所》，《回望一甲子》，第 526～528 页。
⑥ 《范文澜同志生平年表》，《范文澜历史论文选集》，第 376 页。

胡华等革命史、党史学者参加续写工作。① 近代史所军工宣队也颇为重视，出面安排张崇山副所长的一大间房，又安排余绳武等几位研究能力强的"高手"加入。

范文澜同时安排人力，对《中国近代史》上册进行一次大修改，但因为政治动荡，修改工作进度缓慢。1969 年范氏病逝，未及见到新的修改本。由于未经范氏本人审定，这个修改本完成后只得束之高阁，未能正式出版。②

范氏生前对续写 8 章的章节做了大致安排，但谁来统写未及议论。此后续写工作又有波折。1970 年，研究人员普遍下放"五七干校"，写书组由军宣队的排长领导得以维持，但多数人员下放到河南息县，续写工作事实上停顿下来。1971 年"九一三"事件后，军宣队通知，续写工作还得继续。丁贤俊、张振鹍、赵金钰等人于 1972 年前返京，与留在北京的余绳武、吴剑杰、丁名楠等人重整旗鼓开始续写《中国近代史》。张振鹍负责研究清末新政，很快投入工作。③

但因范文澜已病逝，无人可以承担下册书稿的统写之责，以与上册完美接轨。李新提出用吴玉章的《辛亥革命》予以扩充，作为下册"辛亥革命"单章先出，遭到丁名楠等人强烈反对："那就不是续范书，而是写吴书了。"也有人提出请刘大年挂帅，但刘表示：他无法达到范的风格和文采，续范书出力不见功，不愿承担。如此一来，续写工作遂告搁置，无疾而终。④

刘大年后来决定将《中国史稿》第 4 册扩充，撰为独立的《中国近代史》，约 100 万字。全书预计分为三卷，但撰写进展缓慢。最终第一卷以《中国近代史稿》第 1 册之名，1978 年 8 月由人民出版社出版；第二

①　刘涓迅：《革命史家胡华》，当代中国出版社，2011，第 186 页。
②　余绳武：《追忆范文澜同志》，《近代史研究》1994 年第 1 期，第 17 页。
③　丁贤俊访谈记录，2016 年 1 月 17 日；张振鹍先生访谈记录，2016 年 1 月 29 日。
④　丁贤俊：《我与近代史所》，《回望一甲子》，第 528～529 页；丁贤俊先生访谈记录，2016 年 1 月 17 日。

卷以《中国近代史稿》第 2、3 册之名，于 1984 年 6 月由人民出版社出版。计划中的第三卷终未竟其功。

近代史所撰写通论性的"中国近代史"，一度在修订、续写范文澜著《中国近代史》与撰写刘大年主编的"中国近代史"之闰摇摆；且范文澜与刘大年对于中国近代史的分期等问题持不同意见，两人合作共撰一书难免有所窒碍。后来实则两人的近代史撰著分头进行。然而，范著《中国近代史》的续写、重写几经周折未竟其功；刘大年主编之《中国近代史稿》亦止于 1900 年。范著《中国近代史》的水准自不待言；《中国史稿》第 4 册、《中国近代史稿》的定位为"应是山珍海味，而不是炒土豆"，亦悬的颇高。然而在整个中国近代史的研究水准未能大幅提升时，通史性著述欲有大幅突破也是难乎其难。两著的"断简"命运，令人感慨。

第五章　近代史所与全国史学界

一　全国性近代史会议之酝酿组织

据金冲及先生回忆，他在"文革"前参加过的全国性学术讨论会仅两次：一次是 1961 年在武汉举行的辛亥革命学术讨论会，一次是 1964 年在北京举行的中国近代史学术讨论会。这两次讨论会均由近代史所组织。① 尤其是 1964 年全国近代史讨论会，其筹备过程颇为曲折。

近代史所居于全国史坛中心，"要在全国近代现代史研究工作中进行组织工作，要和所外协作进行某些工作，……把全国的力量尽可能组织起来参加斗争"。② 而欲引领全国的近代史研究，组织学术讨论会当为一个重要方式。1955 年 6 月 28 日，中国科学院第 28 次院务常务会议通过《中国科学院学部暂行组织规程》明确规定：学部不仅对中国科学院所属各研究机构进行学术指导，还协助推动全国有关学科的发展。在面向全国的各项职责中，特别强调举办学术会议之重要。③ 刘大年在 1954 年的总结中提出：

---

① 金冲及：《六十年的回顾》，《光明日报》2009 年 10 月 1 日，第 6 版。
② 近代史所档案：《大会发言稿》（刘大年，1960 年）。
③ 《中国科学院学部暂行组织规程》（1955 年 6 月 28 日第 28 次院务常务会议通过），王忠俊编《中国科学院史事汇编（1955 年）》，内部资料，中国科学院院史文物资料征集委员会办公室，1995，第 180 页。

　　只有创造性的讨论，自由的批评，科学才能够发展；反之，如果放弃了争论，取消了批评，任何科学都是不可能发展，不可能进步的。……如果我们要学习马克思主义而又不要批评的精神，这就抛弃了马克思主义的灵魂。有了批评与自我批评，就可以使我们学习马克思主义的速度加快，也就有了真正的学术空气。本来进行批评与自我批评有各种各样的方式，而学术讨论会则应当是我们一种重要的方式，一提起学术讨论会，有的同志总是容易想到开大会，宣读论文。其实那只是讨论会的一种，而且单纯依靠开大会，往往流于形式。讨论的目的，是要真正就不同的意见展开争论，去发现矛盾，深入的弄清楚问题的性质。因之讨论会的规模不妨有大有小，方式不妨灵活一些。可以有各组召开的会，也可以有所内召开的会，还可以有和所外联合起来召开的会。形式不拘，以能深入讨论问题为目的。当然不能设想，所有的问题一经讨论，便能迎刃而解；相反的，可能有许多问题虽然讨论过了，仍然得不到解决。但这并不减少讨论会的作用。只要经过一番争论，就有可能为解决这些问题开辟新的途径。讨论会的内容也可以是多样的。……对于这些讨论会，要求做到有准备，有中心，有不同意见的争论。要下定决心，把学术讨论会开好。①

　　虽然强调学术讨论会不拘形式、不重规模，但召开全国性的近代史学术讨论会，被视为学科建设的重要途径，且成为近代史所的一项重要规划。

　　然而，"建国初期，政治运动频繁，领导上并未提倡跨地区的学术交流，遑论举办全国性史学会议"。② 近代史所自 1955 年即开始筹划组织

---

① 刘大年：《历史研究所第三所的研究工作》，《科学通报》1954 年第 8 期，第 42～43 页。
② 章开沅：《"筚路蓝缕，以启山林"——纪念辛亥革命 50 周年学术讨论会追忆》，《新世纪的学术盛会：纪念辛亥革命 90 周年国际学术讨论会专辑》，中国财政经济出版社，2003，第 182 页。

全国近代史讨论会，却不断遭遇挫折，直至 1964 年终于在"反修正主义"的旗帜之下如愿召开。为此次会议，近代史所酝酿、筹备了近十年。

1955 年 11 月 4 日，中科院哲学社会科学部第四次常务委员会做出决定：中国近代史和近代思想史的研究，已被列入第一个五年计划内的重点工作，为了推进这方面的研究，计划由近代史所组织，在 1956 年举行一次全国性的近代史、近代现代思想史学术会议。① 1955 年 12 月，近代史所召开第一次筹备会议。会上着重讨论：

（一）组织大家立即着手研究写文章，除组织在京现有的力量外，并用正式公文与外埠进行组织联系。（二）组织有领导性的文章，即牵涉比较基本的问题的、带有综合性的、或对问题有深入研究的文章，由会议秘书处拟出题目，经第二次筹委会讨论后，分发各有关方面进行择写。（三）会议的作用，除推动研究工作外，应讨论大家关心的问题，例如近代史、现代史分期问题，争论很多，希望各有关专家提出应在会上争论的问题，参加会议的方面应加广。②

1955 年 12 月 21 日，哲学社会科学部召开第五次常务委员会，再次着重讨论近代、现代史学术会议事，潘梓年、金岳霖、胡绳、于光远、向达、范文澜、何其芳、罗常培、狄超白、刘大年出席。为发掘潜在力量，会议决定：（1）在《历史研究》、《光明日报》、《新建设》等报刊上发表召开此会的启事；（2）从各地报刊上调查发表文章的人的名单，以备征求文章。③

在近代史所 1956 年研究工作计划中，明确载有"与有关单位合作，

---

① 近代史所档案：《哲学社会科学部第四次常务委员会会议记录》（1955 年 11 月 4 日）。
② 近代史所档案：《哲学社会科学部第五次常务委员会会议记录》（1955 年 12 月 21 日）。
③ 近代史所档案：《哲学社会科学部第五次常务委员会会议记录》（1955 年 12 月 21 日）。

筹备举行全国性的近代、现代史学术会议，推动近代、现代史的研究工作。预定在一九五六年九月举行"，并准备于 1956 年 7 月先在所内举行学术讨论会，"讨论本所准备在近代、现代史学术会议上报告的论文"。① 可见近代史所不仅有 1956 年召开近代史会议的明确计划，并且已实际着手筹备。然而，筹划中的"近代史、近代现代思想史学术会议"终未能举行，据范文澜所言，是因为 1956 年集中力量制定发展科学事业的十二年远景规划。②

1956 年社会主义改造宣告胜利完成，政治氛围较好，中科院近代史所也呈现颇具生机的态势。是年 5 月 5 日下午，陆定一召集近代史问题会议，范文澜、刘大年同去，何干之、廖盖隆、田家英、黎澍先后赶到。"陆反复说明要打破两个盖子：（一）组织的盖子。（二）教条之盖。只有这样才能活跃近代、现代史的研究"，并决定要近代史所做计划扩大近代史的研究。③ 此后，召开全国性的近代史讨论会被作为重中之重提上日程。为征得领导层同意，范文澜致函中科院党组并中宣部：

> 现在看起来召开这样一次学术会议仍是必要的。目的是：（一）组织国内研究力量，研究近代史上的重要问题；（二）就近代史上若干关键性的问题进行讨论。会议的规模要包括全国近代史、近代思想史教学和研究人员的代表，约计共有一百八十人。至于是否邀请外国学者参加，可以有请或不请两个方案，如果请外宾估计要有十一、二个国家共三十人左右。会期五天至七天，暂定一九五七年九月底举行。因为邀请外宾和组织论文，提出经费预算等工作，都需要早作准备，请早予审查批示。

---

① 近代史所档案：《历史研究所第三所一九五六年研究工作计划纲要》。
② 近代史所档案：《范文澜致中科院党组函》（1956 年）。
③ 《刘大年日记》，1956 年 5 月 5 日。

并确定会议时间为 1957 年 10 月 3 日，会期一周。

在去函附件中，范文澜对此次会议制定了相当详尽的规划方案：

一、目前学术界对于中国近代、现代史的研究，已逐渐重视。但这方面的工作还存着许多缺点。近来出版中国近代、现代史方面的专门著作很少，散在各地的研究力量没有动员起来，有许多重要问题没有人去研究。为了贯彻百家争鸣的方针，实现哲学社会科学远景规划中所提出的近代史方面的工作，有必要召开一次全国性的学术会议来组织力量，推动近代、现代史的研究工作。

二、会议目的：（一）组织国内研究力量研究近代、现代史的重要问题。（二）讨论近代、现代史上若干关键性的问题。

三、会议的方式：宣讲论文，进行讨论。

四、会议的规模：全国各地的近代、现代史的研究人员、高等学校的教学人员和其他有关人员都要有代表参加，约计一百八十人。其中：（1）科学院哲学社会科学部的有关学部委员，哲学所、经济所、历史所的有关学术委员，哲学所的哲学史组、经济所的经济史组和历史三所的研究员，约计六十人。（2）全国各综合大学，师范大学，各出代表二人，全国设有历史系或史地系的师范学院出代表一人，约有六十人。（3）高级党校、军委会总政治部领导的高等学校、民族学院和其他高级专科学校的有关近代、现代史教学人员的代表共约十五人。（4）其他方面的近代、现代史研究者，包括出版社、人民团体、中学教员（主要是提出论文的）等共约计二十五人。（5）论文作者约二十人。

五、广泛向各高等学校、党校，研究机构和个人征集论文（有些题目事先组织一批研究者撰写）。

六、关于是否邀请外国学者参加，这里提出两个方案。一个方案是不请外宾。因为接待工作有困难，我们的人力、准备都不足，不请外宾会议容易开得起来。另一个方案是请外宾。因为我们的会议是讨论中国历史的问题，外国学者均对此感兴趣，请他们参加有很大的好处。但人数要有限制。从目前同中国的关系较多、又有研究中国历史的专家这两点来考虑，估计应邀请的有：苏联、蒙古、朝鲜、越南、日本、印度、印度尼西亚、埃及、波兰、德意志民主共和国等十国，每国有一人到三人参加，共三十人左右。

七、会期和会址：暂定一九五七年十月三日开会，进行一星期，地点在北京。

八、关于会议的具体工作：

由哲学社会科学部邀请院内外有关专家组成筹备委员会负责领导会议的一切筹备工作。筹委名单为：

潘梓年（主任委员）　刘导生　尹达　向达　侯外庐　范文澜　刘大年　冯友兰　严中平　李新　艾思奇　翦伯赞　胡绳　陈振汉　高教部代表一人　教育部代表一人　北师大一人　南开一人　复旦一人　中山大学　梁方仲　武汉大学一人　南京大学一人　东北人民大学代表一人　四川大学一人　西北大学一人

在筹备委员会下设办公室，处理日常工作，办公室由有关各单位分担下列各组事项：

1. 外宾招待组，科学院联络局负责。

2. 秘书组，哲学社会科学部与历史三所负责。

3. 论文征集组，筹备委员会组织院内外专家分成小组负责论文征集审查工作，具体工作暂由历史三所负责。

4. 论文翻译组，历史三所负责。

5. 总务组（包括交通、文书、财务等），科学院管理局负责。

九、进行步骤：

1. 十二月中旬召开筹备委员会，安排论文征集等工作。

2. 自十二月至明年五月作完论文集稿工作。

3. 自十二月至明年六月作完论文审查和翻译工作。

4. 自一九五七年八月前，作完筹备开会的具体工作。①

1956 年 10 月 20 日，近代史所学术委员会召开第三次会议。出席者有何干之、黎澍、田家英、胡绳、范文澜、刘大年、邵循正、荣孟源等学术委员会委员，以及学部领导刘导生、学术委员会秘书刘桂五。会议由范文澜主持，主要讨论 1957 年全国近代史学术讨论会事宜，最后议决：（1）会议名称改为"中国近代、现代史学术会议"；（2）筹办委员中应增加一些外地高等学校的代表；（3）计划草案中关于论文的范围部分应作适当的修改。② 在学术委员会议记录上，中宣部科学处林涧青写有："关于召开近代、现代史学术会议事，科学处没有什么意见。请你们直接向科学院党组请示决定。"③

此次全国性会议的筹备工作，也颇受中科院领导重视。1956 年 10 月 22 日，范文澜致函刘大年："刚才院部来电话，说劲夫、丽生两同志意见，明年学术会议，最好不请或少请外宾，要我和潘老（引者按：指中科院哲学社会科学部副主任潘梓年）商量，向郭老作解释。你意如何？前天本所学术委员会上，中宣部同志问的意见，我也说困难确实是存在的，希望中宣部批报告时注意一下。"④

为召开 1957 年的全国近代史讨论会，近代史所做了相当的准备与动员。金毓黻表示："我们要以组织者自居认为责无旁贷，我们要看作是一次具有考验性学术竞赛，我们要发挥富有朝气的力量以表现青年的一代。"⑤ 他还向所领导提出建议：应在一九五七年度开始之日就着手准备

① 《一九五七年举行中国近代、现代史学术会议计划草案》，近代史所档案：《所内历年工作规划》。
② 近代史所档案：《历史研究所第三所学术委员会第三次会议记录摘要》（1956 年 10 月 20 日）。
③ 此回复直接写于《历史研究所第三所学术委员会第三次会议记录摘要》之中，时间为 11 月 10 日。
④ 《范文澜致刘大年》，刘潞、崔永华编《刘大年存当代学人手札》，第 77 页。
⑤ 金毓黻：《静晤室日记》，第 7345 页。

各项工作，尤其是论文组织工作，必须尽早准备。"论文的来源，有内外之分"，并强调：

> 我先把所内论文组织工作提出来谈，具有以下的理由：一、本所是此次学术讨论会的组织者，居于主人翁的地位，就需要多提几篇论文，以奠定讨论会的基础，即使外边来的论文少些，也可以有备无患。二、本所每一个工作者，尤其是助理研究员以上的干部，对于论文必须要写，而且要达到一定的水平，因而这次讨论会就是对大家的一次考验，也就是说，我们有提出论文的义务，以获得到会同志的批评。三、本所多数同志要以这次讨论会为近代史或现代史研究的主要课题，要把平日所要写的题目选择一个，聚精会神地写出来，作为正常业务的一部分。①

至 1957 年 4 月，已收到全国各地史学工作者的论文逾 40 篇。4 月 18 日，近代史所学术委员与中国近代、现代史学术会议筹备委员举行联席会议，讨论预定于 1957 年 8 月召开的中国近代、现代史学术会议的准备工作。与会者有潘梓年、范文澜、侯外庐、胡绳、严中平等 30 多人。学者们认为："我国近年来对近代、现代史的研究还很薄弱，无论经济史、政治史、文化史等领域都缺少系统的研究，全面的综合研究则更少。在研究方法上还有着浓厚的因袭观点，有些研究者缺少深入钻研和实事求是的精神。资料工作迄今没有引起所有研究者的重视。"而此次学术讨论会，就是要针对已有研究之不足，讨论今后近代、现代史的研究方向。② 此次会议由《人民日报》报道，其重要性可见一斑。

20 世纪 50 年代由近代史所举办一次全国性的学术讨论会，无疑是一件相当振奋人心的事情，很多人对此次盛会倾注了高度热情。其中

---

① 金毓黻：《静晤室日记》，第 7365 页。
② 《史学界积极准备开展争鸣，将召开中国近代、现代史学术会议》，《人民日报》1957 年 4 月 23 日，第 7 版。

如四川大学王介平撰写论文《论严复——严复思想研究与批判》，附寄一信："近代史会议筹备会：请给边远地区的史学工作者以特别照顾，尽可能多提意见，尖锐地，毫无保留地。"踊跃参与者既有蒋孟引等已颇有名气的学者，亦有非专业研究者如安徽怀宁第一初级中学的教师。①

然而，随着1957年反右运动忽起，近代史所全力准备且颇具声势的全国近代史学术讨论会无疾而终。此次受挫之后，近代史所显然并未灰心，在1958年的工作规划中仍提出要"组织全国性的近代现代史学术会议，每二年召开一次。会议要贯彻百家争鸣的精神，讨论重要的学术问题。按年编辑出版《中国近代现代史论文选集》。通过这些工作，以求有助于推动全国近代现代史研究"。②此后，近代史所还提出计划，在1959年8月举行中国近代现代史学术会议，讨论如下问题："1.建国十年来中国近代现代史研究。2.资产阶级学术思想批判。3.组织全国力量开展近代现代史资料工作的计划。"会议暂定100人左右，包括科学院分院、综合大学、师范大学和地方历史研究机构的代表。③但1958年"史学革命"席卷史学界，此计划仍不了了之。

近代史所制定的1958~1962年工作计划，提出"组织全国性的近代现代史学术会议，每三年召开一次。会议要贯彻百家争鸣的精神，讨论重要的学术问题，以求有助于推动全国的近代现代史研究，提高学术水平和繁荣创作"。④1960年近代史所仍筹划"与历史研究所联合举办一次全国性的历史工作会议和一次全国性的学术会议。前一次会议讨论历史研究的方向、全国范围内的分工协作和组织历史科学的队伍等问题。后一次会议

---

① 近代史所档案室存档：《论文史料稿件》，档号：乙X107。
② 近代史所档案：《历史第三所1958~1962年工作纲要》（定稿）。
③ 近代史所档案：《历史第三所1958~59年工作计划要点》。
④ 近代史所档案：《历史第三所1958~1962年工作纲要》（定稿）。

主要讨论历史研究中的某些倾向性的问题和若干理论问题"。① 此次会议亦仅停留在计划之中。

直到 1963 年 10 月 21 日，近代史所实际负责人刘大年致函中科院哲学社会科学部负责人潘梓年、刘导生，提出召开近代史学术委员会扩大会议以讨论全国近代史学术会议之事。

> 近代史研究所准备在这次学部委员扩大会议期间，召开一次近代史研究所学术委员会扩大会，外地研究机构、高等学校近代史研究与有关的同志参加。会议主要讨论和安排三件事情：一、筹备明年举行一次近代史学术讨论会。二、组织学术界展开关于中国近代史的调查工作。三、组织开展近代史资料的搜集整理工作。
>
> 关于近代史的学术讨论会，去年和前年都曾酝酿过，但都没开成。为了加强和推动中国近代史的研究工作，为了强调和引导近代史研究工作者研究与现实斗争密切有关的问题，并为明年八月间世界科协北京中心学术会议作些准备，有必要在明年召开一次学术讨论会。关于这次学术讨论会，我们的设想是：（一）会议的主题，是讨论中国民主革命时期的历史经验问题，这是近代史研究中与当前斗争有密切联系的问题，通过学术讨论会，引导近代史研究工作者多注意这方面的问题，把近代史的研究与现实斗争紧密结合起来。（二）根据这个主题暂订出四个中心附上：1. 帝国主义对中国的侵略与中国人民的反帝国主义斗争。2. 中国资产阶级的研究（包括买办资产阶级和民族资产阶级）。3. 中国民主革命时期的农民阶级。4. 中国工人阶级和工人运动。并就这四个中心题目写出文章。除了这四个中心题目外，还围绕前面的主题，拟出二、三个题目，撰写一批论文。这是为了要把中心题目的文章写好，必须对民主革命时期的历史经济问题多

---

① 近代史所档案：《近代史研究所工作规划》（1960 年 3 月）。另据《中国科学院近代史研究所 1961 年至 1962 年重点工作规划》（1960 年 12 月 9 日）载，仍有 1961 年第二季度与历史研究所合办"中国通史讨论会"的计划。

方面进行研究，多写些论文，以便从这些论文中选出水平较高的文章来。（三）学术讨论会大约在明年三、四月间举行，会上讨论上述那些论文，经过讨论和修改提高论文的水平，其中比较成熟的，可考虑向明年八月间的世界科协北京中心会议推荐。（四）近代史的学术讨论会拟在北京召开，由撰写论文和撰写论文有关的人员参加，估计共有七、八十人。

我们打算在这次近代史所学术委员会扩大会上，就上述学术讨论会的计划加以研究，组织力量，分担任务，撰写论文；并考虑建立小规模的筹备小组，以便和各地保持联系，推动工作，日常具体工作由近代史所担任。

关于组织开展学术界对中国近代史的调查工作。这方面的工作，学术界虽已做过不少，但还远不能适应近代史研究的要求。许多有现实意义和重要历史意义的历史事实，现在还不清楚，需要有计划有系统的开展调查工作。在研究方法上，调查工作也具有十分重要的意义。历史研究不能限于书本知识和前人已经提供的资料，近代史的研究，更是如此。现在进行近人或然调查的客观条件很好，越往后这种便利条件将越少，因此需要争取时间。做好这一个调查工作，能够丰富近代史研究的内容，提高研究水平。这个工作需要与政协文史资料委员会联系，从那里取得稿件。实际工作由东莼同志领导，近代史所参加做具体工作。这次近代史所学术委员扩大会准备讨论调查计划和进行办法，由有关单位分担调查任务和项目，把调查工作推动起来。最后准备在有计划有系统的调查的基础上，编写出一批近代史专题著作这个问题也需要讨论一下。

关于组织开展近代史资料的搜集整理工作，过去资料的收集整理工作，分散进行，缺乏统一规划。已收集到的资料，有很大一部分没有整理；外国的资料，更没有认真收集。这次近代史所学术委员会扩大会，准备提出一个计划加以讨论，由分担任务，分工协作，进一步开展近代史资料的搜集整理工作。其中关于经济史资料的搜集整理，主要依靠经济所，近代史所协作。

这次近代史研究所学术委员会议争取一天开完，参加人数约二、三十人，具体名单另定。届时请学部领导同志莅临指导。关于这次会上需要讨论的问题和有关的材料我们正在加以准备。①

近代史所学术委员会扩大会议于是年 11 月 10 日如期召开。会议决议经刘大年、黎澍、张崇山这三位近代史所领导亲笔反复修改，形成定稿并上报学部：

一、为了贯彻哲学社会科学部第四次扩大会议的精神，配合反对现代修正主义的斗争，加强中国和世界近代历史的研究工作，加强马克思列宁主义和毛泽东思想的宣传工作，特决定在 1964 年 4 月举行一次近代史学术讨论会。

二、这次学术讨论会的主题是：1. 中国民主革命的历史经验问题；2. 近代世界民族解放运动问题。环绕这两个主题拟一批研究题目，组织人力，分头研究。批判修正主义历史的题目，研究中华人民共和国历史的题目都可以列入会议讨论范围之列。

三、这次学术讨论会订于 1964 年 4 月间在北京举行。会议参加者限于论文作者和主持组织讨论会有关的同志。估计共约七、八十人。会期七天至十天。

四、为了加强领导，开好这次学术讨论会，成立一个筹备小组，负责与各地联系，组织编写人力，处理一些筹备工作事项。我们建议筹备小组由姜君辰（哲学社会科学部）、刘大年（近代史研究所）、何干之（北京）、徐仑（上海、华东）、孙孺（中南）等五人组成。姜君辰同志为召集人。日常具体工作由近代史研究所担任。

五、这次会议要讨论的问题，学术界一般都缺少准备，时间又很

---

① 近代史所档案：《刘大年致潘梓年、刘导生函》（1963 年 10 月 21 日）。

紧迫，开好讨论会的关键在于有一定质量和一定数量的文章。为此有关单位需要立即行动起来，确定题目，确定撰写人员开始工作。①

会议提出论文参考题目 14 个：（1）中国民主革命的基本经验；（2）帝国主义对中国的侵略与人民群众的反帝国主义斗争；（3）中国民族资产阶级研究；（4）买办阶级研究；（5）中国民主革命中的农民问题；（6）中国工人阶级与工人运动；（7）帝国主义与中国军阀；（8）中国革命中的统一战线问题；（9）现代帝国主义研究；（10）现代民族主义和社会主义；（11）论新殖民主义；（12）反对欧洲中心主义；（13）亚非民族解放斗争的研究；（14）论拉丁美洲人民反帝斗争。②

1964 年 1 月 9 日，近代史所向哲学社会科学部上报论文参考题目、邀请单位名单。2 月 11 日，哲学社会科学部正式发文，同意召开此次近代史学术会议，并要求会前一个月将与会人数、会议时间、地点上报，以便向国务院备案。③

随后，近代史所进行紧锣密鼓的筹备工作，邀请全国 30 多个重点大学和研究单位撰写论文，多数单位反应积极。至 4 月 25 日，已有 32 个单位来信或来人接洽，其中 25 个单位已报来会议出席者名单和论文题目。报来出席人数 80 多人，多为论文作者，一小部分为单位负责人。报来的论文题目 50 多篇，其中"反修"文章 8 篇。5 月 6 日正式发出开会通知，合计邀请 66 个单位（北京 32 个、外地 34 个）180 人（北京 100 人、外地 80 人）。

经过多次酝酿，几许波折，1964 年 5 月 20 日，全国近代史学术讨论会终于在北京民族饭店举行。此次会议北京特邀代表有：中科院哲学社会

---

① 近代史所档案：《中国科学院近代史研究所学术委员会扩大会议关于举行近代史学术讨论会的决议》。

② 近代史所档案：《中国科学院近代史研究所学术委员会扩大会议关于举行近代史学术讨论会的决议》。

③ 近代史所档案：《（64）社部术字第 001 号文件》。

科学部潘梓年、张友渔、刘导生、姜君辰；中宣部科学处于光远、林涧青；高级党校李践为；经济所严中平；社会调查组杨东莼；全国政协委员申伯纯、吴群敢；中华书局金灿然、丁树奇；中国人民大学何干之、胡华；北京大学翦伯赞（荣天琳代）、邵循正；北京师范大学白寿彝；北京历史学会吴晗；历史研究所尹达、侯外庐；世界历史所陈翰笙；北京市委邓拓。

参加会议者有 85 个单位，共 233 人，其中出席者 158 人，列席者 50 人，特约参加者 25 人。出席、列席的 208 人中，讲师及助研以上 105 人，助研以下 17 人，行政负责干部 41 人，新闻出版界有 25 人，其他 20 人。共收到 73 篇论文。① 其中武汉、内蒙古地区的文章，先在本地反复讨论，选择好的文章提交此次会议，可见其重视程度。② 以刘大年、翦伯赞、何干之、黄逸峰为筹备委员会领导小组成员。下设秘书处，由近代史所刘桂五任秘书长。

学术讨论会分 6 个小组：（1）工运史组，张承民负责；（2）农民问题组，李奎元、张扬负责；（3）资产阶级组，黄逸峰、邵循正负责；（4）帝国主义侵略问题组，傅尚文、陈在正负责；（5）反修组，孙孺、李世平负责；（6）世界史组，吴于廑、吴廷璆负责。

刘大年强调，此次会议"不搞新闻报告，免得有顾虑，请各报馆同志，不要作报导，你们参加了会议，可以去学术版，作些综合报导评论，这样对学术界会起很大作用。如反修文章，还不准备发表"。③ 他在 6 月 18 日的总结报告中还提出："我们考虑会议的主题是总结中国民主革命的经验，容易引起别人的各种揣测，打算不对外报导。"④ 因而此次会议亦不见新闻报道。

此次会议得以顺利召开与当时的政治形势密切相关。1963 年 10 月 26

---

① 近代史所档案：《近代史所致学部分党组总结报告》（1964 年 6 月 18 日）。
② 近代史所档案：《近代史学术讨论会工作会议纪要》（1964 年 5 月 30 日）。
③ 近代史所档案：《1964 年全国近代史会议记录》。
④ 近代史所档案：《近代史所致学部分党组总结报告》（1964 年 6 月 18 日）。

日上午，中国科学院哲学社会科学部在政协礼堂召开第四次扩大会议，郭沫若主持，周扬作长篇报告《哲学社会科学工作者的战斗任务》，提出：学术上的"反修"应与政治上的"反修"配合，建立战斗的马列主义学术战线。① 此次会上，国家主席刘少奇"指示我们加强近现代史的研究，以回答当前的斗争任务"。② 因而，1964 年全国近代史讨论会虽以"民主革命的历史经验"为主题，但其缘起实际上落在以近现代史研究参与"反修"斗争，"引导近代史研究工作者研究与现实斗争有关的问题"，因为当前"近代史的研究工作与现实斗争结合十分不够，对于现代修正主义和帝国主义资产阶级反动历史学研究和批判作得很少……远远不能适应国内外斗争形势的需要"。③

刘大年在 1964 年 5 月 20 日的预备会上明确表示："反修斗争，有各方面的问题，有的直接间接涉及中国历史，例如，关于反帝斗争，是革命不革命的一个根本问题，他们（引者按：指苏联方面）作了歪曲、篡改中国历史，例如，他们介绍维吾尔民族的来源时，说新疆不是中国一个部分，关于中苏边界问题，他们发表了不少文章，并派代表同我们谈判，我们说中俄边疆界历史形成的，是帝俄时代后者不平等条约形成的，他们拒绝这样说法，说了一个歪道理……从反修斗争说，需要从近现代史的研究进行回答，还有民族解放运动也需要我们介绍经验，研究近现代史，非常有现实的意义。修正主义则反对我们这方面的研究，我们应该讲我们的经验，很多现实生活需要研究，特别是党史，学部扩大会议也强调了这点。会议的由来，还是形势的需要。"④

---

① 《人民日报》1963 年 12 月 27 日，第 1 版。10 月 31 日将此报告送毛泽东审批，毛泽东亲自修改，并要求将此报告与"九评"以同等规格发表。《龚育之访谈录》，中央文献出版社，2009，第 86 页。
② 《刘大年讲话》，近代史所档案：《1964 年全国近代史讨论会预备会议记录》（1964 年 5 月 20 日）。
③ 近代史所档案：《近代史学术委员会扩大会议关于举行中国近代史学术讨论会的几项规定》。
④ 《刘大年讲话》，近代史所档案：《1964 年全国近代史讨论会预备会议记录》（1964 年 5 月 20 日）。不过，刘大年后来回忆，此次会议"中心是开展社会调查，推动近现代史研究"（刘大年：《田家英与学术界》，董边等编《毛泽东和他的秘书田家英》，第 165 页），与此却有所出入。

"反修"无疑是此次会议的重要内容。5 月 20 日召开预备会议；21 日由"反修历史小组"主要成员金应熙、李龙牧在大会上作反对苏联修正主义史学报告。22 日上午大会，由黄逸峰、曲跻武报告论文，下午讨论金应熙、李龙牧的两个报告。自 5 月 30 日起，会议进入工作会议阶段。与会者均为一方研究单位的负责人。① 5 月 30 日主要由黎澍介绍"反修历史小组"的工作情况，对反对修正主义历史学参考题目和资料编译计划作了说明，并就历史"反修"相关工作进行动员和布置。②

不过，此次会议内容相当丰富，并未局限于"反修斗争"。会议提交的论文中，"反修"文章只有 12 篇，约占参会论文的 1/6。近代史所给学部的报告中亦坦言："批判现代修正主义的文章的讨论，现在看来恐怕只是一种练兵性质。"③ 会议的学术讨论部分，还是以分组专题讨论为主体。5 月 23 日、24 日，全天分组报告论文并讨论。在 5 月 23 日的分组讨论会上，工人运动组主要就近代史所曲跻武的论文《新民主主义革命时期工人运动的几个问题》展开讨论。农民问题组主要讨论了群策和张扬所写的关于中国民主革命时期的农民问题两篇论文，主要就农民起义的自发性和自觉性问题展开争论。关于农民是民主革命的主力军问题，也有不同看法。23 日上午，吴玉章参加了农民问题组的会议讨论。④ 资产阶级问题组由林增平、章开沅、苑书义、王宗华、丁日初各自介绍自己的论文，并就

---

① 包括翦伯赞（北京大学，荣天琳代）、白寿彝（北京师范大学）、何干之、戴逸、王淇（中国人民大学）、黄逸峰（上海经济研究所）、张其光（广州哲学社会科学研究所）、李光灿（辽宁大学）、裴桐（中央档案馆）、李奎元（高级党校）、蔡尚思（上海复旦大学）、李克仁（湖北社联）、史筠（内蒙古大学）、左建（天津历史研究所）、徐元冬（军委政治学院）、张承民（全国总工会工人运动史研究室）、洪廷彦（中央政治研究室）、王仁忱（河北大学）、邵鹏文（吉林大学）、于德有（黑龙江历史研究所）、刘少平（四川大学）、胡正邦（云南大学）、丁树奇（中华书局）、孙思白（山东大学）、魏宏运（南开大学）、陈在正（厦门大学）、张扬（西北大学）、马守良（浙江哲学社会科学研究所）、姜志良（江苏哲学社会科学研究所）、王保清（兰州大学）、杨兴华（江西大学）、胡沙（高教部）。此外，近代史所黎澍、李新均与会。共计 45 人。

② 近代史所档案：《近代史学术讨论会工作会议纪要》（1964 年 5 月 30 日）；近代史所档案：《1964 年全国近代史讨论会工作会议记录》。

③ 近代史所档案：《近代史所致学部分党组》（1964 年 5 月 3 日）。

④ 近代史所档案：《人事文书－会议简报》（1964 年 5 月 24 日）。

民族资产阶级与买办资产阶级的区别、中国资产阶级分几个部分等问题展开热烈讨论。帝国主义侵略问题组由胡正邦、陈崇桥、谢本书、王仁忱、彭雨新、何程远等介绍自己的论文。世界史组上午继续讨论"反修"问题，下午由刘继兴、方迥澜、吴永章、戴志先、乔明顺、韩振华、王觉非、杨宗遂、彭树智、刘明翰等介绍自己的论文。

5月24日继续分组讨论。工人运动组李世平、季文一介绍自己批判苏联《世界通史》歪曲中国现代史的文章。农民问题组继续争论关于农民运动自发性、自觉性及主力军问题。资产阶级问题组讨论了中国资产阶级形成问题。帝国主义侵略问题组就如何结合反帝反修任务开展帝国主义侵华的研究进行讨论。世界史组上午由林举岱、黄宗焕、王荣堂、吴廷璆等人介绍自己的论文，下午讨论世界史和"反修"等问题。25日上午大会汇报小组讨论情况，下午严中平作关于近代经济史研究的报告。

此次会议另一项重要内容为布置近代社会历史调查。26日上午由负责者杨东莼作中国近代社会历史调查报告。26日下午田家英赶到，晚上向与会者作关于加强现代史研究的报告。① 27日各组讨论田家英的报告，"认为田家英对于毛主席思想谈得很透彻，生动具体地阐明了如何学习毛主席著作和如何在现代史研究中贯彻毛主席思想的问题"。②

6月1～3日召开的近代史规划会议，也是相当重要的内容。③ 规划会议请中科院哲学社会科学部副主任姜君辰出面主持，实际负责者为刘大年。规划会议着重讨论近代现代史方面的长远规划及重点项目，力图对全国近代史研究力量作总体布局。此一规划草案会前由近代史所酝酿提出，包括今后8年（1964～1972）全国性的重点著作和重点资料整理项目。经过讨论，最后通过的项目分配如下：

---

① 据刘大年回忆，田家英对此次会议颇为热心，积极参与筹备。开会前两个星期田家英出差外地，且地点经常变换，"每换一个地点，我们都电话联系"。刘大年：《田家英与学术界》，董边等编《毛泽东和他的秘书田家英》，第165页。

② 近代史所档案：《人事文书－会议简报》（1964年5月29日）。

③ 近代史所档案：《1964年全国近代史讨论会预备会议记录》（1964年6月1～3日）。

一、"中华人民共和国史"　建议由中央政治研究室主持，近代史所、河北大学、杭州大学、山东大学、内蒙古大学、辽宁社联等单位参加。

二、"中国共产党史"　提交宣传部去考虑。

三、"中国人民解放军史"、"中国人民革命战争史"　建议由军委军事科学院和军委政治学院考虑。

四、"中国近代革命运动史"　中国人民大学、高级党校主持设计；山东社联、辽宁大学、湖北省社联、内蒙古大学、浙江（杭州大学或省社联）、广东党校、上海（单位未定）、近代史所等单位参加。

五、"中国近代史"　近代史研究所主持设计，河北大学、西北大学、辽宁省社联、内蒙古大学、山东大学、上海（单位未定）、湖北省社联、浙江、四川大学等单位参加。

六、"帝国主义侵华史"　近代史研究所和北京大学主持设计，广东省社联、武汉大学、云南大学、辽宁大学、北京师范大学参加，上海历史研究所、四川大学参加，此外南京大学准备成立英美侵华研究所，有条件参加。

七、"近代国际关系史"　建议国际关系研究所和外交学院考虑组织。

八、"国际共产主义运动史"　建议由高级党校、中国人民大学主持设计。

九、"中国近代经济史"　由中国科学院经济所、上海经济所主持设计，武汉大学、辽宁省社联、暨南大学、山东（单位未定）参加，内蒙古经济研究所等单位报名参加。

十、"中国近代思想史"　由李光灿（辽宁）、蔡尚思（上海复旦大学）、广州哲学社会科学研究所主持设计，湖北社联、河北大学、四川大学等单位参与。

十一、"中国工人运动史"　由全国总工会工运史研究室主持设

计、近代史所、上海历史研究所、武汉（单位未定）、天津历史研究所、
广东党史委员会、广州哲学社会科学研究所、中国人民大学参加。

十二、"中国土地制度改革史"　由高级党校（王观澜领导）主
持设计，西北大学、黑龙江经济研究所等单位参与。

十三、"中国历史人名辞典（近现代部分）"　由上海历史研究
所主持设计，参加单位待定（华东师大在搞辞典）。

十四、"中国近代史大事记"　由近代史所主持，吉林师大、中
国人民大学参与，以近代史所李新为召集人。

十五、"中国近代经济史资料"　由中国科学院经济研究所、上
海经济研究所设计。

十六、"北洋军阀和国民党政府档案"　由中央第二档案馆主
持，天津历史所、江苏历史研究所参加。

十七、"帝国主义侵华史资料"　由北京师范大学、北京大学主
持。

十八、"近代中国社会历史调查"　由近代中国社会历史调查工
作委员会负责主持，其中关于北洋军阀的调查，由天津历史研究所主
要负责；关于民族资产阶级和买办资产阶级部分，由上海经济研究所
主要负责，吸收上海工商联参加。①

此次讨论会还决定采取措施加强近现代史研究：（1）设立现代史咨
询委员会，其任务是就近现代史研究情况交换意见，并提出亟须研究的选
题。（2）创办内部刊物，刊载不宜公开发表的现代史研究成果、不宜公
开发表的现代史资料，以及有关现代史的经验和动态。（3）每年举行一
次近代史学术讨论会。（4）在有关机关调集又红又专的教学或研究干部
若干人到中央档案馆整理有关现代史、党史档案资料。②

---

① 近代史所档案：《近代史学术讨论会工作会议纪要》（1964 年 6 月 1 ~ 3 日）；近代史所档
案：《1964 年近代史讨论会之规划会议记录》。
② 近代史所档案：《近代史所致学部分党组总结报告》（1964 年 6 月 18 日）。

其间，讨论会穿插安排了交流教学经验、座谈文史资料与历史研究工作的关系、各有关刊物的座谈会。其内容可谓相当丰富。此次会议临近结束时，讨论通过此后每年召开一次全国性近代史讨论会，并安排 1965 年由上海社联筹备会议。由近代史所向学部和中宣部请示如何办会，具体包括：（1）主要宣传什么？组织哪方面的文章？（2）请哪些国家的学者？只请朝、越或加上印尼、日本等国左派学者，还是请一些亚非国家的中间立场的学者？① 会议结束后，要求各项目的主持者限期设计实施方案。但由于政治形势日趋紧张，1964 年 10 月，中科院哲学社会科学部指示：“现在各有关单位正在组织研究人员参加农村社会主义教育运动，近代史学术会议上讨论的关于 1965 年在上海举行近代史学术讨论会的问题和各个重点项目举行设计会议的问题等都暂不决定。重点研究、资料项目可发有关单位征求意见。”② 1965 年上海近代史讨论会亦不了了之。但“1964～1972 年近代史方面全国重点研究、资料项目”这一规划方案，还是对此后的全国近现代史研究产生了一定影响。

二　组建“反修历史小组”

由于国际国内形势的变化，20 世纪 60 年代中共与苏共展开意识形态领域的论战。学术界也深为震动，反“苏修”成为社会科学领域的首要任务。在自上而下的推动下，不少学者投身其中。“反修”对于当时的文学、史学、哲学、经济学等学科均产生了深远影响，已有学者对此加以关注。③ 然而，对于史学界在“反修”斗争中的实际作为，却甚少有人提及。实则在中宣部的统一部署下，近代史所黎澍实际主持，

---

① 近代史所档案：《近代史所致学部分党组报告》（1964 年 7 月 10 日）。

② 近代史所档案：《近代史所致各研究单位》（1964 年 10 月 8 日）。

③ 现有研究主要关注文艺、政治理论方面的“反修”。例如董健《论反修防修文学》，《当代作家评论》2009 年第 3 期；张惠卿《国际反修斗争和“灰皮书”》，《炎黄春秋》2009 年第 9 期；李逸津《中国文艺“反修”时期对苏联文学的“逆反式”接受》，《徐州工程学院学报》2011 年第 5 期。

调集史学界的精英骨干，于 1963 年 8 月成立了史学"反修组"，主要承担撰写史学"反修"文章、编译苏联"修正主义"史学相关资料，以及为中苏边界谈判提供材料等任务。这一史学界的"反修"举措，充分体现出"学术为政治服务"的理念导向，也产生了一些不可忽视的学术成果。

20 世纪 60 年代的"反修"斗争中，中国科学院哲学社会科学部被寄予厚望。史学"反修组"的成立，亦与此背景密切相关。1963 年 10 月，中国科学院哲学社会科学部委员会第四次扩大会议在北京召开。出席会议的除了中科院哲学社会科学部的学部委员以外，还有一部分著名学者和青年研究人员，以及"中共中央局和各省、市、自治区党委宣传部，哲学社会科学各研究机构和其他有关机关的负责人"，与会者约 500 人。会议由中科院院长郭沫若主持，国家主席刘少奇出席会议并发表讲话，"指示我们加强近现代史的研究，以回答当前的斗争任务"。① 时任中宣部副部长周扬作题为《哲学社会科学工作者的战斗任务》的主题报告。哲学社会科学部副主任潘梓年作学部工作报告。黎澍出席会议并发言。会议持续至 11 月 16 日才闭幕。②

当时，中苏两党公开论战已经展开，③ 中共中央已着手部署在哲学社会科学各个领域开展反对修正主义的理论斗争，这是此次会议的大

---

① 《刘大年讲话》（1964 年 5 月 20 日），近代史所档案：《1964 年全国近代史讨论会预备会议记录》；《中国科学院哲学社会科学部委员会第四次扩大会议讨论学术战线的任务　反对现代修正主义　研究当代革命问题》，《新建设》1963 年第 12 期。

② 新华社：《中国科学院哲学社会科学部委员会扩大会议讨论学术战线的任务》，《人民日报》1963 年 11 月 25 日，第 1 版。

③ 中苏两党分歧自 1956 年苏共二十大始，1961 年苏共二十一大后，中苏关系愈加恶化。1962 年 12 月至 1963 年 3 月，中共陆续发表 7 篇答辩文章，阐明其原则立场，仍留有余地未公开指名批评苏联领导。1963 年 2 月 21 日，苏共中央致信中共中央，提议举行两党高级会谈。两党会谈期间，苏共于 7 月 14 日发表《给苏联各级党组织和全体共产党员的公开信》，全面攻击中共。7 月 20 日，《人民日报》全文发表苏共中央公开信并作按语。自 1963 年 9 月 6 日至 1964 年 7 月 14 日，《人民日报》、《红旗》陆续发表 9 篇评苏共中央的公开信，简称"九评"。详参戴清亮、邱乘光《当代中国社会主义思想史》，安徽大学出版社，2006，第 159～167 页。

背景。因而，学部第四次扩大会议可谓学术界"反修"的动员大会。周扬的报告除了论述马克思主义理论、批判修正主义理论外，还讲到哲学社会科学人才培养问题、哲学社会科学的未来发展前景。毛泽东对周扬的报告颇为关注，"让刘少奇找人帮周扬修改好。结果，陈伯达、康生都来了"。① 1963 年 10 月 31 日，毛泽东在周扬送审讲话稿《哲学社会科学工作者的战斗任务》上批示"讲得好，完全同意"，并亲笔做了多处修改。②

实际上，从 1962 年 11 月起，中央就已集中胡乔木、吴冷西、乔冠华、胡绳等"秀才"，着手起草"反修"文稿的工作。1963 年 2 月，中央正式决定成立一个"反修"文稿起草小组，直属中央政治局常委会，组长康生，副组长吴冷西。③ 1963 年夏，社会科学的"反修"工作已然全面展开，中科院近代史所副所长黎澍已奉命开始组建队伍，着手历史方面的"反修"工作，"原来是用近代史所的名义，后来觉得这不是近代史所的事，又用反修组"。④ 8 月 13 日，史学"反修组"正式成立。⑤ 这一小组直接受命于中宣部，颇具神秘色彩，迄今所见文字资料不多。

据戴逸回忆，1963 年夏至 1964 年春，"我有幸和历史学界的一些朋友们共同生活在一起，为完成一项任务而在黎澍同志的领导下，组成了一支队伍。队伍中有金应熙、余绳武、齐世荣、李龙牧、蔡美彪、张岂之、宁可、张文淳、刘祖熙、李嘉恩、洪兆龙、廖学盛等。应熙同志年龄居长，实际上，他当时也不过 44 岁，而其他人都在 30 到 40 岁之间。这支

① 李辉：《摇荡的秋千——是是非非说周扬》，海天出版社，1998，第 157～158 页。
② 参见《建国以来毛泽东文稿》第 10 册，中央文献出版社，1996，第 400～410 页。此报告在毛泽东 70 岁诞辰的次日——1963 年 12 月 27 日全文发表于《人民日报》。
③ 吴冷西：《十年论战——1956～1966 中苏关系回忆录》，中央文献出版社，1999，第 540 页。
④ 《黎澍报告》（1964 年 5 月 30 日），近代史所档案：《1964 年中国近代史工作会议记录》。
⑤ 廖学盛先生访谈记录，2012 年 12 月 25 日。

队伍朝气蓬勃、奋发向上、交流思想、切磋学问"。① 戴逸另一处回忆曰：
"1963 年，上级从科学院和高等院校先后调集二十多名历史科学工作者，
从事一项研究任务，我和许多朋友都在其内。我们这批人起先集中住在香
山，黎澍同志是这个研究组的负责人。"②

　　蔡美彪亦有回忆："他（引者按：指黎澍）管的事就是反修组，写反
修文章的小组。因为有反修这样的旗号，他就把历史界的中年青年都给调
去了……现在算算咱们所是我和喻松青，人民大学戴逸，北京还有齐世
荣、宁可、张岂之，世界史所廖学盛也参加了，住在香山，后来住党校，
单独成立一个组。那时的中青年，写点东西的他都给弄进来了。"③

　　自始即身与其事的余绳武回忆道："黎澍同志是我的老领导。1963 年
他主持筹建中俄关系史研究组，找房子，调集人员，调集图书资料，各种
事情都亲自过问，奔走联系，一一设法解决，为此倾注了不知多少心
血。"④ 余绳武明确表示，此小组名为"中俄关系史研究组"。陆键东在
《陈寅恪的最后二十年》中谓金应熙被借调到北京"中俄关系史研究
组"，⑤ 可能即根据余氏之回忆。至于说金应熙"参与了当时'中苏论
战'中'九评苏共中央公开信'的资料收集工作"，⑥ 不知其所本为何。
不过其所言收集"九评"资料是"历史小组"职责之一，倒合乎情理，
但仍需资料进一步证实。总之，几位先生的回忆多可相互印证，同时因各
有侧重，亦不无相左之处。

　　据近代史所档案，此小组全名为"批判修正主义历史学小组"。⑦ 当
时在"反修"的旗号之下，由中宣部统一部署，调集全国哲学社会科学

---

① 戴逸：《回忆金应熙同志》，《皓首学术随笔·戴逸卷》，中华书局，2006，第 156 页。此
　　文最初发表于《北京日报》1994 年 12 月 6 日。其中"洪兆龙"应为"洪肇龙"之误。
② 戴逸：《睿智的学者　勇猛的斗士——忆黎澍同志》，《黎澍十年祭》，第 95 页。
③ 蔡美彪先生访谈记录，2010 年 4 月 16 日。
④ 刘大年等：《怀念黎澍同志》，《近代史研究》1989 年第 2 期，第 5 页。
⑤ 陆键东：《陈寅恪的最后二十年》，三联书店，1995，第 259～260 页。
⑥ 陆键东：《陈寅恪的最后二十年》，第 259～260 页。
⑦ 《黎澍致潘梓年、刘导生、周扬》（1963 年 11 月 27 日），近代史所档案：《黎澍材料》。

方面的精干力量，组成文艺、史学、哲学等学科的"反修组"，以了解"苏修"之"敌情"，同"苏修"进行斗争。①

史学领域的"反修"成为重点，固然由于毛泽东对历史的特别重视，也有因应苏联方面重视史学之因素。史学"反修组"重要成员之一李龙牧在当年所作的报告中指出："历史学是赫鲁晓夫修正主义在理论战绩上最重要的战线……赫鲁晓夫非常重视抓历史，在苏共二十大中，从抓历史开始，从推翻联共史、写苏共史开始的。赫鲁晓夫上台后，非常重视抓历史，领导者中有三个人担任历史界院士。几年内，他们做了许多组织工作，进行宣传，贯彻修正主义路线。他们出版的1951年至1955年3686种出版物，其中历史占2216种。1956年至1960年共6826种出版物，历史占4317种，几乎增加一倍。现在正在出多卷本苏共党史。"苏联"修正主义理论战线反华队伍中，以历史学界最为有劲，以东方学、汉学为基础。去年4月3日苏斯洛夫报告后，史学界立即开始，齐赫文斯基作报告，配合紧密，以学术面目出现，苏联其他战线反华，也从历史学界取得炮弹，史学界是反华重点，有一支队伍"。②

史学"反修组"的主持者黎澍，曾任中宣部报刊处处长、出版处处长，1955年任中央政治研究室历史组组长；1957年反右派运动中被指责为"与右派言论有共鸣"，受到严厉批评；1958年"大跃进"，因"思想跟不上形势"，被下放到安徽无为县农村"受教育"；1959年9月被下放到湖南长沙。因《历史研究》的负责人尹达、刘大年均须承担研究所领导工作，难以专注于刊物，黎澍于1960年始调任《历史研究》主编兼近代史所副所长。③黎澍的革命资历、理论水平及其与中宣部、中央政治研究室高层的深厚渊源，使他成为主持史学"反修组"的不二人选。

相对于其他学科的"反修组"，史学"反修组"的任务较为复杂：除

① 廖学盛先生访谈记录，2012年12月25日。
② 《李龙牧报告》（1964年5月21日），近代史所档案：《1964年全国近代史讨论会记录》。
③ 据蔡美彪回忆，黎澍此次调动由周扬促成。蔡美彪先生访谈记录，2010年4月16日。

撰写文章"反修"外，还承担了为中苏边界谈判准备历史资料之重任。为保密起见，当时对外宣称两个组织，一为"现代史讨论会"，一为"近代史讨论会"，对外均有公章。"两个组织"工作各有侧重："现代史讨论会"着重写批判"苏修"史学的文章；"近代史讨论会"则着重为中苏边界谈判准备历史材料。① 值得强调的是，这两个任务均由史学"反修组"成员承担，难以截然分开，但在不同时段有所侧重。1963 年 8 月史学"反修组"成立后，一段时间内主要任务是写"反修"文章，同时搜集苏联方面的史学资料，以了解"苏修"之"敌情"。此外还为当时"中苏论战"中"九评苏共中央公开信"收集资料。② 至于为中苏边界谈判准备资料的工作，即余绳武所忆及的"中俄关系史研究组"之筹建，虽于 1963 年史学"反修组"成立时即已着手进行，③ 但尚处于次要地位。蔡美彪、宁可、廖学盛等人均表示自己的主要任务是写"反修"文章，并未参与中苏边界历史问题之研究。④ 中苏边界历史研究之任务主要由余绳武具体承担，因此他的回忆中主要突出了"中俄关系史研究组"。

黎澍组织的这个"批判修正主义历史学小组"，汇集了当时史学界的中青年精英。之所以能做到这一点，也是因为在"反修"旗帜的号召下，各单位及人员必须积极配合。其中最为黎澍倚重者当属金应熙、李龙牧、余绳武，日常工作便由此三人负责。金应熙原为中山大学历史系主任，学识渊博，精通多门外语。李龙牧则曾在新中国成立前与黎澍共事——1945年至 1946 年，黎澍在上海主编《文萃周刊》，"姚溱、黎澍、李龙牧等紧密配合形势，用笔名发表的政治评论和军事评论，几乎每期都有，很受读

① 宁可先生访谈记录，2010 年 5 月 17 日，访谈人：王好立、黄春生、黎安泰、王仪宁、黎一青。
② 宁可先生访谈记录，2010 年 5 月 17 日；廖学盛先生访谈记录，2012 年 12 月 25 日。
③ 据刘存宽回忆，1963 年秋，当时他还在吉林大学，余绳武和张文淳来到吉大图书馆，要求查阅有关中苏边界问题的历史资料，为"反修"服务。刘存宽：《我所知道的"近代史讨论会"》，《回望一甲子》，第 599 页。
④ 例如，廖学盛当时被分派的任务，就是从俄文史学书刊中收集"修正主义言论"。廖学盛先生访谈记录，2012 年 12 月 25 日。

者的欢迎"。① 余绳武则为近代史所中外关系史研究之中坚。

值得注意的是，史学"反修组"的人员主要属于借调，具有临时性与流动性，还有些人员因未能表现出应有的才能而被黎澍送回原单位。② 小组人数"最多时，达到 18 人，以后逐渐减少，借人的本单位又要抽人，岌岌乎危哉"。③ 但在当时领导层的构想中，小组并非临时组织班子，而是一定程度上着眼于组建长期、固定的机构。1963 年 12 月 26 日，近代史所党支部成立"批判修正主义历史学小组"分支部，由金应熙任支部书记，李龙牧任组织委员，齐世荣任宣教委员。④ 这就在党的组织方面确定了小组隶属于近代史所之关系。

史学"反修组"的工作颇费心力，黎澍为之倾注了相当的热情，然而推进工作仍然不易。1963 年 11 月 27 日，黎澍致函哲学社会科学部副主任潘梓年、刘导生及中宣部副部长周扬：

> 我迫切要求解除《历史研究》编辑职务和批判修正主义历史学小组工作。
>
> 我现在担负的工作，除这两项以外，还有三项：
>
> （1）主编《史学概论》一书（此书上马已近一年半）；
>
> （2）写一本关于近代思想斗争的书（此书已经开始研究材料）；
>
> （3）训练干部，现有研究生二人，实习员二人，助理人员二人（明年尚拟续招研究生二人，实习员二人）。……
>
> 所有这些工作，或者需要我具体，或者必须我自己动手干，都不是随便应付能够解决的。如此事事躬亲，最近感到精神严重不济，快要发生分裂症了。因此，必须尽快设法解除两项比较经常的有时带有突击性质的工作，即《历史研究》的编辑工作和批判修正主义历史

---

① 黄立文：《回忆文萃周刊》，《新闻研究资料》1981 年第 5 期。
② 廖学盛先生访谈记录，2012 年 12 月 25 日。
③ 《黎澍报告》（1964 年 5 月 30 日），近代史所档案：《1964 年中国近代史工作会议记录》。
④ 近代史所档案：《哲学社会科学部党委致近代史所党支部的函》（1963 年 12 月 26 日）。

学小组的工作。

　　我在今年六月提出的关于改进几个主要学术刊物的意见中，建议
《历史研究》的编辑工作由尹达、侯外庐、刘大年同志等轮流负责，
未见采纳。现在特重提此议，希望加以采纳。如果不能采纳，请考虑
由金应熙、李龙牧、戴逸、宁可四位同志中选择一人或二人接手此项
工作。我认为其中金应熙同志最为适当。此人政治感觉敏锐，思想明
晰，文笔条畅，而作风纯正，善能团结同志，更为难得。其次李龙牧
同志，为人朴实，理论修养很好，作文尤称快手。戴逸、宁可年轻有
为，大约已有所知，不赘述。

　　如果还有其他更适当的办法或人选，当然更好。总之，此事希望
能在最近得到解决。①

　　在一般人看来，《历史研究》主编及"批判修正主义历史学小组"负
责人乃求之不得的重要职务，且黎澍对此两项工作均黾勉从事，卓有成
效。此信要求解除二职，在所有亲朋故旧的回忆中均未见片语提及，也相
当出乎笔者意料。黎的辞职，固然有他自己所说"事事躬亲，最近感到
精神严重不济"的因素，笔者揣测，或许还与他赏识沈元，并在《历史
研究》发表沈元3篇文章有关。在写这封辞职信时，黎澍正因赏识"右
派"被多方指责攻击，承受相当大的压力。此外，中宣部副部长周扬于
1963年9月14日召集哲学社会科学部和各研究所以及一些报刊的负责人
开会时，批评《历史研究》对戚本禹的文章处理不慎重。② 当然，也或许
别有更深层的隐情，其心路历程已无从确切考证。不过，从此信可以看
出，黎澍对"反修组"成员金应熙、李龙牧之赏识倚重。黎澍的请辞，
自然未获允准。

　　史学"反修"与哲学、经济学等有不同之处，哲学、经济学等学科

---

① 近代史所档案：《黎澍材料》。
② 参见徐庆全《〈李秀成自述〉引发争论的背后》，《中国新闻周刊》2006年第18期。

不论中外，讲的问题大体相同，而历史学的研究对象则是特殊的。因而，资料对于史学而言显得尤为重要。史学"反修组"自然也将资料问题置于首要地位。因当时主要侧重反"苏修"，编译苏联有关史学资料便成为重中之重。

史学"反修组"成立早期的工作情况，从 1964 年 5 月 30 日黎澍在中国近代史工作会议上的报告中可以部分探知，兹将其报告摘引于下："已经或正在编的（包括出版的），一是苏联历史学问题，此书编了三辑，第一辑，是苏史学二十大以来的情况，第二辑，苏修历史论文，第三辑，反斯大林论文。这两（引者按：应为'几'）部书去年 10 月交稿，但出版社排印放在很后。另一部分是西方讲苏联历史学，这本书可能出版不会太慢。第三部分是苏共党史第二版的翻译，再有两个月译完。第四部分是译的'苏联大卫国史'。第五部分是两本讲黄祸的历史，现已出版了。还有一本有关黄祸论的历史资料。第六部分是中东欧与世界，今年年初已经出了。第七部分是出了外国史学动态。"①

黎澍的总结中，并未涉及"中苏边界历史研究"的相关情况。他所提"苏联历史学问题"，应为齐世荣、余绳武、李嘉恩、张文淳、刘祖熙、张捷、洪肇龙、廖学盛、孙成木等编译的《苏联历史论文选辑》。该书选译了自 1956 年至 1963 年 8 月苏联报刊发表的一些较有代表性的史学论文，并按内容分为三辑。第一辑于 1964 年 4 月出版，包括苏共中央决议、苏共领导人对苏联历史学家的指示，以及一些重要历史杂志的社论；第二辑于 1964 年 8 月出版，主要反映苏联史学领域宣传"和平共处"、"和平过渡"、民族解放运动"和平发展"的有关论文；第三辑于 1965 年出版，主要是关于"反对个人迷信"，即黎澍所言"反斯大林"的论文。这套选辑以"内部资料"形式发行，虽然大体采取编排而不褒贬的方式处理，但实质上无疑是以了解"苏修"史学之"敌情"、为"反修"提供批判目标为目的。

---

① 《黎澍报告》（1964 年 5 月 30 日），近代史所档案：《1964 年中国近代史工作会议记录》。

　　黎澍所提"西方讲苏联历史学"，应为 1964 年 6 月由商务印书馆印行的《西方资产阶级学者论苏联历史学》。这也是"内部读物"，由近代史所吕浦、黄巨兴等翻译，齐世荣编校。此书颇耐人寻味，因新中国成立后中国史学受苏联史学影响相当深，有关苏联史学著作被大量翻译出版，直接介绍苏联史学也成为《史学译丛》等中国史学刊物的重要内容；但此书作为特殊背景下的产物，借"西方资产阶级学者"之口来谈论苏联史学。编者明确表示，西方资产阶级学者"站在捍卫资本主义文化的立场，企图通过对苏联历史学的批判，达到否定整个马克思主义历史科学的目的"；同时指出，这些文章攻击的是列宁、斯大林时期的苏联史学，而对苏共二十大后泛滥的修正主义史学则表示欢迎，其观点是"十分反动的"，但其中提供的某些材料和线索"有值得注意的地方"。① 总体来说，此书是以"西方资产阶级"的视角，较为间接地批判苏联"修正主义"史学。

　　"黄祸"问题也受到史学"反修组"的重视。李龙牧将苏联攻击中国的"黄种族主义"——"新黄祸论"作为"苏修"史学最突出的表现之一。② 黎澍的总结中提到两本关于"黄祸"的书，其一应为商务印书馆 1964 年 4 月出版的西德学者海因茨·哥尔维策尔（Heinz Gollwitzer）著的《黄祸论》，另一本则不得而知。"一本有关黄祸论的历史资料"，应为吕浦、张振鹍等编译的《"黄祸论"历史资料选辑》。据张振鹍回忆，编写此书为一项"反修任务"，1963 年春夏之交由刘大年委派，"很快黎澍抓了起来，要我编一本关于'黄祸论'的历史资料"。这一任务同当时黎澍主持的史学"反修"工作密切相关。至 1964 年 11 月，书稿已交商务印书馆。次年，商务印书馆打出校样。但随后"文革"爆发，出版被搁置。③ 直到 1979 年，该书才由中国社会科学出版社出版。

---

① 《西方资产阶级学者论苏联历史学》，商务印书馆，1964，"出版说明"，第 1 页。
② 《李龙牧报告》（1964 年 5 月 21 日），近代史所档案：《1964 年全国近代史讨论会记录》。
③ 张振鹍先生访谈记录，2010 年 1 月 15 日；张振鹍：《毕生的幸运》，《回望一甲子》，第 672～673 页。

另外，黎澍在总结中还提到"中东欧与世界"。此书全名《中东欧与世界：斯大林以后时代的发展》，作者为美国的凯尔迪什（S. D. Kertesz），1963 年 12 月由上海人民出版社出版。

1964 年 1 月 30 日，名义上由近代史研究所主办、实际上由史学"反修组"负责编辑的《外国史学动态》（月刊）创刊。发刊说明称："《外国史学动态》是供历史学界参考的内部刊物，内容以报导外国修正主义历史学动态为主，同时也报导资本主义国家历史学的有关情况。"此刊的主要栏目有：重要论文的摘译和全译，专题综合报道，学术动态和学术界基本情况的介绍，资产阶级学者的有关评论、书评和出版消息。[1] 此刊共出 9 期即停刊。[2]

此外，1963 年 12 月 28 日，中共中央发布《关于在报纸刊物上发表批判现代修正主义的文章和试办内部刊物的通知》，规定"中央试办一个内部刊物"，"已经中央批准定名为《内部未定稿》"。此刊由《红旗》杂志社具体负责，黎澍为编委之一。1964 年 4 月，《内部未定稿》出版试版第 1、2 期。"编者说明"谓："本刊内容主要是发表反对现代修正主义的文章的未定稿，也刊登不宜公开发表的有关国内外政治、经济、文化、文艺等方面研究文章的未定稿，以便广泛征求意见，进一步加工修改。"联系地址为"北京沙滩《红旗》杂志社第八组"。[3] 试版第 1 期刊有三篇文章，其中蔡美彪所撰《关于"黄祸论"的历史考察》为历史方面的论文；试版第 2 期刊有黎澍、金应熙所作《评苏联现代修正主义对历史的篡改和歪曲》这一重头文章。[4] 作为发表反"苏修"文章的重要平台，《内部未定稿》虽为内部发行，却在哲学社会科学界影

---

① 《发刊说明》，《外国史学动态》1964 年第 1 期。

② 不过，黎澍对此刊物并未忘怀。1975 年 11 月 24 日，黎澍在近代史所举行座谈会，讨论出版《外国史学动态》杂志问题。据《人事文书－未整卷》，近代史所党案。后来近代史所1981 年出版《国外中国近代史研究》刊物，即渊源于《外国史学动态》。

③ 《内部未定稿》试版第 1 期，"编者说明"。

④ 此文后以《评论苏联现代修正主义对历史的篡改和歪曲》为题，正式刊登于《内部未定稿》第 3 期（1964 年 7 月 10 日）。

响甚广。①

综上所述，黎澍自 1963 年 8 月组织班子，截至 1964 年 5 月，这一小组更多着眼于翻译苏联"修正主义"历史学的相关资料，重在了解"敌情"，为从历史学方面批判苏联"修正主义"提供资料基础。应该说，史学"反修组"对于苏联史学著述的引介翻译工作是颇为高效的。

1964 年 5 月 21 日，经近代史所与哲学社会科学部筹备，全国近代史学术讨论会在北京正式召开。参加会议的有 85 个单位，共 233 人。其中出席者 158 人，列席者 50 人，特约参加者 25 人。② 通过史学研究"反修"实际上成为会议的中心内容。

5 月 21 日，史学"反修组"骨干李龙牧、金应熙分别作关于苏联"修正主义"历史科学情况的报告。李龙牧介绍苏联"修正主义"历史学各方面的活动及其历史方法论等方面的问题，金应熙介绍苏联历史科学几个发展阶段的情况。③ 次日下午，与会人员讨论金、李二人的报告。讨论虽分工运史、农民问题、资产阶级、帝国主义侵略问题、反修、世界史等6 个小组进行，但就此后数日实际开会情况观之，则多以"反修"为论旨。此次会议受到高层重视，其间周扬与会讲话，田家英则于 5 月 26 日作了长篇报告，均强调史学界以近现代史研究推进"反修"的战斗任务。④

会议提交的论文中，直接以"反苏修"为主题的文章有 10 余篇，均富于论战性质。其中李世平的《中国革命的历史不容歪曲》，主要针对苏联学者编纂的《世界通史》关于中国现代史的部分加以分析批判。他认为苏联《世界通史》否认武装斗争、土地革命、根据地问题是中国革命

---

① 《读者对本刊第一期的反映》，《内部未定稿》1964 年第 4 期。
② 近代史所档案：《近代史所致学部分党组总结报告》（1964 年 6 月 18 日）。
③ 近代史所档案：《人事文书——近代史学术讨论会会议简报》第 1 期（1964 年 5 月 23 日）。
④ 《田家英报告》（1964 年 5 月 26 日），近代史所档案：《1964 年全国近代史讨论会记录》；刘大年：《田家英与学术界》，董边等编《毛泽东和他的秘书田家英》，第 165 页。

的主要斗争形式和组织形式；在统一战线问题上，不提民族资产阶级的两面性，美化资产阶级，贬低殖民地农民阶级，"说什么工农运动一高涨，就会吓跑民族资产阶级"。"在叙述史实时，附合陈独秀观点，对官僚买办资产阶级，表面上也有这种字样，实际上不承认，表现在说国民党右派是代表民族资产阶级上层。"关于"五卅"运动，"认为工农运动吓倒了民族资产阶级"。"另外，突出的表现在否认主席（引者按：指毛泽东）的作用与领导，关于主席的活动，严格的说，书上一点也没提，相反，对于机会主义的活动，极力掩盖，对陈独秀错误，不揭露不批判。关于第一次国内革命的总结也不提右倾，关于左倾，只提第三次，不提一、二次，讲第三次，也只谈统一战线上的错误，强调关门主义的错误。张国焘只提到半句，土地法正确的不讲，而讲反映了左倾观点的部分。很恶毒，对土地改革，说成是改良主义的，是政府恩赐。"在有关中苏关系问题的论述上，李世平认为《世界通史》"总的来说，最初是大国沙文主义，后来是用三和路线来代替国际主义，主张国际范围的工农联盟，反对民族解放运动，讲援助，只讲苏联给中国的，不讲中国对苏联的支持，更重要的是，他们夸大了外援的作用，把它实际上代替了别国人民的革命。在谈到殖民地半殖民地体系崩溃的原因时，不提民族解放运动的作用，他们认为离开了苏联，民族解放运动的胜利便没有保障。殖民地国家的非资本主义道路问题，强调苏联的作用，强调苏联的外交政策，讲外交提到'和平'法令，并加以歪曲。在谈到苏联对中国援助的时候，用了许多好听的形容词，最后歪曲历史"。[①]

此次会议受到高层重视。5月28日周扬与会并讲话。周扬强调："'以反修为的'是就整体而言。不必很急，要有研究。修正主义历史界的表态文章，没有什么影响的可以不理。采取蔑视态度。如果有论战，可以研究写文章。我们不表态，要写有分量的文章。前面一种是反华。第二类是伪造历史歪曲历史，可以批评，要找有代表性的著作，或涉及中国的

---

① 《李世平报告记录》，近代史所档案：《1964年全国近代史讨论会记录》。

著作去批评。总之，不必追求数量。"反修"要破同时也要立。必须写出我们自己的著作……写出自己的马克思主义的著作，就是反修正主义。正确的研究国际共产主义运动史、中国旧民主主义史、新民主主义史、社会主义的历史，亚洲拉美的历史，就是反修"。①

5 月 30 日康生到会讲话，强调：

> 《内部未定稿》——名字很好。我们的办法：第一条还是练兵。学术部门、地方大家来练有三方面的好处：（一）收集、研究、分析掌握材料。各地要求供给材料，其实材料又多又少。是要分析掌握。修正主义的东西看不完。真正少的是苏联的社会生活状况、社会调查、阶级调查少。地方感到材料困［难］，也可能是没有钻进去。（二）读书。读书有两种，一个是读而备用，一是为用而读。为读而用也需要为用再读体会更深刻。这一段工作有一个体会，一是没有掌握材料，二是没有认真读书。这很危险。为用而读就是有的放矢。（三）学写文章。教书写文章不完全是一回事。许多教书的人不会写文章。口讲是一个技术，写文章又是一个技术。（对周扬同志讲：你是文学批评家，你写写小说看。恐怕不一定）。写文章不容易。
>
> 中央的指示：一是练兵，一是组织队伍。看来组织队伍也不容易。队伍在斗争中形成。还有一个扩大战线——政治、理论、文史哲经。
>
> 题目不一定很大。应该大中小结合，对党校理论班安排，每人分一篇修正主义的文章，你去反驳。这很具体。回答一篇文章，材料也不必很多。用这种考试方式，这也是活学活用。在广州还曾安排把科学院大学等力量组织起来，对苏斯诺夫的报告，一个人包一段，或几

---

① 《刘大年日记》，1964 年 5 月 28 日；刘大年：《田家英与学术界》，董边等编《毛泽东和他的秘书田家英》，第 165 页。

个人包一段。"土豆烧牛肉"等也是一个题目。

问题要多样，可以有理论问题，可以有争论问题，可以有材料问题，可以有短剑、杂文。诗歌、短评也可以。不要完全。第一，不要争八评作标准。第二，不要都是大问题。

文章不一定要大。大中小结合，以中小为主。不怕小，不怕低，不怕有错。练习，有错可以改。编刊物的人时时刻刻要注意这是练兵，要时刻注意作者的积极性。要提倡敢想敢写。

组织方法，要专职与不专职相结合，集中同分散结合，党委机关内部和外面的力量结合。

集中人有好处，也有它的缺陷。这个问题值得研究。集中要领导加强。领导的人与参加的人要三同。同吃同住同劳动。搞材料的与写文章也可以统一起来，也可以适当分工。①

自 5 月 30 日起，会议进入近代史工作会议阶段。与会者均为一方研究单位的负责人。5 月 30 日主要由黎澍介绍史学"反修组"的工作情况，对"反对修正主义历史学参考题目和资料编译计划"作了说明，并就历史"反修"相关工作进行动员和布置。他强调道：

1. 历史学的特殊性，与哲学、经济学有不同处，我们困难比他们多些。如哲学，不论是中外哲学讲的都是那些问题，如存在与意识，经济学，中国人讲的经济学与外国讲的大体相同，历史学家处理的对象是特殊的，研究中国史的，请他讲外国史困难。2. 由此产生一个特殊困难，即资料问题，资料是特殊的对象，资料多，量大，修正主义出自外国，大量资料是外文的。3. 干部问题，历史界人物不少，年纪大的不便请他们，还有些人是研究专史，专的很厉害，拉他反修，是困难的，还有的不懂外文，总之，各种因素加起来，就感到

---

① 《刘大年日记》，1964 年 5 月 30 日。

人手不够。我们最多时，达到 18 人，以后逐渐减少，借人的本单位又要抽人，几几乎危哉。

突出的感觉是资料，没资料，反修是寸步难行……外文资料，如不译出，真正作可靠研究是不行的。要反复研究。还有苏联的出版物包括帝俄时代的，我们没搜集。还有，要苏联供给我们书，他们不是那样帮忙了。如我要国际书店向苏联订卫国战史，二年了，没来。来书情况表明，你要的不见得给，给的不见得是需要的，西方出版的，要的钱很贵，从这些情况看，有些材料要翻译出来。

这些资料分三类：一是批判对象，二是批判武器，即暴露历史真象的材料，三是批判的参考。……西方资产阶级学者搞的东西，还要利用。这个资料工作计划中有六千万字，但列入这个计划中的也不是齐备的，一定有遗漏，而且修正主义不断给我们补充。

现在开会，大家讲翻译工作有重复，由于没有联系。现译苏联世界通史有关中国部分的有十几家了，是重复了，齐赫文（引者按：指苏联史学家齐赫文斯基）的有六个译本。所以文章可以百花齐放，但资料翻译，在这方面的资料，因力量少，不必百花齐放了，尽可能有组织的分工的来搞。大家认认帐，你们译什么，我们要求，好多书要全译，不是括译、节译。这样作是很重要。现在大家写文章，登在内部刊物，但不一定公开发表，现在我们写了一篇，内部登了，现在分出一部分搞基本建设，现在看来，地方力量很大，现在需要大家齐手行动（引者按：原文如此），这些翻译，非党员，甚至落后分子都可让他们来翻译，现在已经落到在押犯的身上去了，大家都作，六千万字不算多。上海是文化的中心，翻译力量比北京多，天津、武汉、广州、东北（懂俄文的多）都有翻译人才。

第三件事是人的问题。这个建议是去年写的。原来是用近代史所，后来觉得这不是近代史所的事，又用反修组。也怕大家误为中央，最后是用我个人名义。先是调人，现在是各地送人。这个小组设想：1. 由四部分人组成，一部分是长期干的；二部分人是调些学生，长期打算；三部分人是比较长期的；四部分人是短期的。总之，三年以上是长期的，以下的是短时的。作到相对稳定。2. 要什么人，很难定，请大家推荐。3. 条件合宜，即这个人政治思想、作风好些的。除了通晓外语，中文至少文字通顺，思想清楚，有一定的理论水平与业务知识，是肯干的。4. 优秀青年干部，即政治思想好作风好。有些业务基础，有培养前途，肯干。5. 所有参加组的这些人，都是为小组工作，不只是本单位的通讯员，听组的指挥。6. 来的人可以调换。7. 来的人数量是个别的，由于房子少。这个文件，可带回去，希交与管理这次工作的人，不要落到苏使馆中去。①

与会的各省代表李克仁（湖北社联）、李光灿（辽宁大学）、黄逸峰（上海）、何干之（中国人民大学）、孙思白（山东大学）、王德有（黑龙江）、王仁忱（河北大学）、杨浩华（江西）、胡正邦（云南大学）、姜志良（江苏）、张扬（西北大学）、王保清（兰州大学）、邵鹏文（吉林）、史筠（内蒙古）、魏宏运（南开大学）、刘小平（四川大学）、蔡尚思（复旦大学）、左建等人，就本省自1963年学部第四次扩大会议以来的"历史反修"情况加以介绍。如孙思白介绍山东情况："学部会议后，山东省委集中了一些人搞反修，有哲学、有历史，听说写了一下文章。资料来说，是来自北京。……写反修文章，也在安排，但感到资料困难。资料是集中在省委。"王德有介绍黑龙江情况："黑龙江有个历史所，成立较晚，多是青年，师范学院有历史系，齐齐哈尔师院有历史系。力量是薄弱，哈尔滨翻译力量强，历史界通晓外文的不多。因此，需要中央译资料更迫切……现在我们那里，对苏修世界通史，有关古代史部分，进行批判

---

① 《黎澍报告》（1964年5月30日），近代史所档案：《1964年中国近代史工作会议记录》。

尝试。另外，省委出的题目，关于黑龙江少数民族问题受西伯利亚影响的问题，进行批判练兵。"杨浩华介绍，江西"省委成立了反修班子，二三十人，写的文章，主要的是经济学、哲学，历史文章少"。姜志良介绍，江苏省委成立了"反修"小组，有70余人。史筠提出，就内蒙古的情况来说，现在还未写出蒙古史，苏联写的蒙古史影响很深，"苏修"在边界设广播台，搞欺骗。所以集中力量编蒙古史，是内蒙古"反修"最突出的任务。大家纷纷提出资料缺乏、人力不足、选题困难等问题。经过讨论，大家同意分担历史学"反修"资料的编译工作。为避免重复，决定在适当时间举行协调会，并由各地推荐适当人员到北京参加"反修"历史组工作，彼此交流经验。"反修"历史组则应向各地有关机关提供资料。①

在1963年10月召开的中国科学院哲学社会科学部委员会第四次扩大会议上，黎澍曾提出要在近代史研究所建立、培养新的史学"反修"队伍，并表示不宜以上了年纪的人从事"反修"工作，而应该从1964年的大学毕业生中挑选。据近代史所档案中的《1964年挑选大学毕业生工作小结》记载：

> 由中宣部直接领导，由我所负责建立的历史反修小组，其人员也大部分是从外单位借调的。面对这样的任务和现状，首先从组织上加强建设，特别是从培养年轻的新生力量入手，不仅是关系到当前斗争需要的问题，而且关系到在历史科学队伍里培养一支革命事业接班人的具有百年大计、千年大计的重要问题。因此经请示学部批准，在1964年内从应届毕业生中选拔有一定政治觉悟和业务工作能力的优秀毕业生加强反修小组和现代史的研究组的班子。……在学部会议之后，我所领导就认真的（引者按：应为"地"）研究了会议的精神，制订了吸收人员的计划，并在二月初上报学部，取

---

① 近代史所档案：《1964年全国近代史讨论会工作会议记录》（1964年5月30日）。

得了领导的同意和支持。关于历史反修小组人员的配备，请示中宣部和高教部，均同意我们直接去各地进行挑选并出具介绍信。在上级领导的支持下，我们即派出政治条件好，并具有一定理论、业务知识和工作经验的党员干部五人，从三月份开始分赴上海、西安、武汉、东北、西南等地十余所大学进行挑选，历时三月之久……最后确定吸收 33 人。①

具体为：黑龙江大学的陈春华，内蒙古大学的薛衔天，辽宁大学的郭永才、齐忠贤、朴成浩、娄献阁、耿云志，北京大学的耿来金，北京师范大学的沈庆生，武汉大学的张海鹏，复旦大学的吕景琳、朱宗震、许福荫，杭州大学的陶文钊、胡观政，厦门大学的梁昆元、林泉水、齐福霖、陈文桂，中山大学的黄印、王超进，云南大学的苏利生、郭兴仁，四川大学的王明湘、刘富明，西北大学的曹振中、张德信、徐辉琪，兰州大学的刘德鸿、王仲元，郑州大学的张友坤、范明礼。

1963 年高教部发出通知，各用人单位不能随便到高校去招人，由高校统一进行分配。但 1964 年初近代史研究所还是直接到高校去要人，"用的不是学部的介绍信，是中宣部的介绍信，各高校不敢阻拦"。"近代史所共派出五支人马，中南一支，东北一支，华东一支，西南一支，西北一支，到各个地方的大学里去招人，不一定是历史系，文科各系都有。我记得到中南去招人，是何重仁，到西南招人是刘桂五"。② 据王来棣回忆：当时单位编制卡得很紧，黎澍此次大规模招人，在全国各地挑选优秀学生 30 多人，是非常破例的。当时黎澍提出招人的条件："不要女的，说女的要生孩子，讨厌。第二要出身好，要工人、贫下中农出身的。第三要在学校里拔尖的。"③ 高教部为招人问题还特别发出通知："凡经中央批准事先到学校挑选的单位（中央马列主义研究院、红旗杂志编辑部、反修历

---

① 近代史所档案：《1964 年挑选大学毕业生工作小结》（1965 年 1 月 5 日）。
② 张海鹏先生访谈记录，2011 年 6 月 18 日。
③ 王来棣先生访谈记录，2010 年 9 月 30 日。

史组、中央宣传部等等）已经选定的毕业生……省、市不再从中挑选。"①

　　然而，政治形势的发展超出了人们的预期。1964 年 "四清" 运动大规模展开，康生提出学者也要下农村 "滚泥巴"，"四清" 又成为首要的政治任务。当年 9 月 11 日，史学 "反修组" 的组织形式之一——"现代史讨论会" 宣告解散，此前所作的种种史学 "反修" 规划自然也难以落实。近代史所此次组建青年史学 "反修" 队伍的举措亦不免稍显 "冒进"，所招收的 33 名大学毕业生已无法按照组建 "反修" 队伍的初衷进行安排。1964 年入近代史所的耿云志回忆：1964 年入所的年青人 "从未聚在一起开会，黎澍也始终未见我们（大概有个别人去找过他）"。"当时高层似乎已从重视反外修转到注重反内修。所以，我们这些人已无法按原来的意图来做安排了。"② 这一推想不无合理之处。近代史所档案中所载："反修小组的编制，在未取得领导正式批复之前，就着手进行挑选工作，而给工作带来麻烦。"③ 近代史所此次大规模招人，仍不免冒进，编制未获正式批复，随后高层意向发生变化，则组建年轻的 "反修" 队伍之初衷也就难以达成。不难看出，组建青年史学 "反修组" 虽然得到了中宣部的首肯和支持，但 "反修小组" 的编制尚未取得 "正式批复"，因而近代史所实有 "骑虎难下" 之意味。后来只好将之全部派赴农村参加 "四清"。④ 不过，这一举措可谓 "种豆得瓜"——以 "反修" 之名引进的这一批生力军，其中不少人后来成为近代史领域的骨干甚至名家，对近代史所此后的发展产生了深远影响。

　　史学 "反修组" 之 "现代史讨论会" 解散后，其成员大多回原工作

---

① 《高等教育部关于挑选高等学校应届毕业生进行重点培养提高的问题的通知》（1964 年 6 月 23 日），何东昌主编 《中华人民共和国重要教育文献（1949～1975）》，海南出版社，1998，第 1288 页。

② 邹小站：《耿云志访谈录》，《回望一甲子》，第 302 页。

③ 近代史所档案：《1964 年挑选大学毕业生工作小结》（1965 年 1 月 5 日）。

④ 不过，1964 年抽调人员进行中苏边界历史研究时，还是从这些新招收的年青学生中陆续选择吸收了部分人员以充实力量。

单位，^① 但金应熙、李龙牧、余绳武等重要骨干，以及刘存宽（吉林大学）、张文淳（北京师范大学）、郑绍钦（云南大学），近代史所还有王其榘、吕一燃、张左糸、韩信夫、张友坤、张海鹏、陈文桂、陈春华、王超进、李金秋等人均予保留，并将工作重心转向"近代史讨论会"，研究中俄关系史，为中苏边界谈判提供资料依据。

1962 年"伊塔事件"发生，中苏边境地区不再安宁。中苏两党意识形态上的分歧与斗争，日益在两国边界事务中反映出来。^② 1963 年 3 月初，《人民日报》社论首次公开声明，中苏之间还存在不平等条约问题。4 月至 5 月，中苏边界局势渐趋紧张，中苏两国政府互发照会，商定于次年 2 月在北京举行副部长级边界谈判。^③

据刘存宽回忆，早在 1963 年 8 月史学"反修组"初建之时，已奉命着手中苏边界历史问题之研究。^④ 其实此时尚为前期筹备阶段，近代史所档案明确记载：1964 年 4 月 20 日，近代史所根据彭真指示，配合批判苏联"修正主义"和中苏边界谈判，着手组织中苏边界问题小组；小组负责人是黎澍和外交部苏联东欧司司长余湛，哲学社会科学部负责行政领导，业务上由国务院外办和外交部负责；小组的名称是"中苏边界历史组"，开展资料收集和问题研究工作。^⑤

随后，陆续从全国抽调来的人员包括来自上海的陈旭麓，来自中央民族学院的金天明，来自吉林大学的刘存宽，来自兰州大学的汤季芳，来自云南大学的郑绍钦等人。这些人均为各校历史系的负责人或骨干教师，由中央通过各省和直辖市党委直接借调。据当时从吉林大学抽调进小组的刘存宽回忆："我原来在吉林大学历史系，是老北大本科毕业的……在东北人民大学工作了一段时间，到 1964 年，吉大党委把我派到吉林省的榆树

①　廖学盛先生访谈记录，2013 年 3 月 5 日。
②　参见沈志华等著《中苏关系史纲（1917～1991）》，新华出版社，2007，第 355～356 页。
③　王泰平主编《中华人民共和国外交史》第 2 卷，世界知识出版社，1998，第 254 页。
④　刘存宽先生访谈记录，2009 年 5 月 23 日。
⑤　近代史所档案：《人事文书 –011》。

县做'四清'试点，我正做到劲头上的时候，有一天下着瓢泼的大雨，远处开来了一辆吉普车……学校的司机说，让我来接你，让你马上回去，明天到北京报道，车票已经买好了。这不是突然的变化吗？那会儿我还不认识黎澍同志。我不知道就是他推荐我到北京来参加一项工作，这就是关于中苏边界……后来我到了这里以后才听黎澍同志讲，我是中央直接通过吉林省委调的，没有二话，你非得给我放来不可，所以我第二天就坐上火车来报到了。"①

从其任务来看，"中苏边界历史组"的使命集中于为中苏边界谈判提供"炮弹"。具体来说，集中于为中方边界谈判代表团提供中国边疆管辖情况和边界具体走向、界限的历史资料，作为谈判依据。这当然也属于"反修"的范围。但与1963年史学"反修组"集中人力翻译苏联史学资料、了解"苏修"之"敌情"等工作已颇有不同。

1964年秋，经过一段时间的准备，人员基本调集完毕，"中苏边界历史组"开始在西郊友谊宾馆主楼展开工作，这可以视为其"正式成立"的标志。② 为保密起见，小组对外的名称仍叫"中国近代史讨论会"，有公章，实际上是一个独立的机构，经费由财政部单拨。③ 由于近代史所副所长黎澍是此小组两位负责人之一，而小组成员的党组织关系又在近代史所，加上小组成员以近代史所人员为主体，因此近代史所又习惯地将"中苏边界历史组"称为"西郊组"，这一称谓含有将之视为近代史研究所的一个下属机构之意。

"西郊组"的人员中，金应熙、李龙牧、余绳武等几位骨干，以及北京师范大学张文淳是1963年8月组建的史学"反修组"的原有成员。其他成员中，近代史所人员占有相当大的比例，包括王其榘、吕一燃、易显石、张左糸、韩信夫、张海鹏、张友坤、陈春华、王超进、李金秋

---

① 刘存宽先生访谈记录，2009年5月23日。
② 刘存宽：《我所知道的"近代史讨论会"》，《回望一甲子》，第598页。
③ 刘存宽先生访谈记录，2009年5月23日；李细珠等：《张海鹏先生访谈录》，《回望一甲子》，第243页。

等。年青人均以进入"西郊组"为荣。"西郊组"对人员的政治审查较为严格，如陶文钊就因为家庭因素而被排拒。1965 年，韩信夫接替易显石担任"西郊组"秘书工作，主要负责财务开支、联络等事务，后由张友坤接任。①

新中国成立后的一段时期，由于现实政治因素，史学界对沙俄曾经侵占中国大片领土的历史讳莫如深，中苏边界历史一度成为学术禁区。②"西郊组"的工作基本上没有既有的研究成果可资凭借，其难度可想而知。正因为如此，"西郊组"极重视搜集整理资料这一基础性工作。为收集与中苏边界问题有关的中文、外文资料，他们先后查阅了北京图书馆、北京大学图书馆等大学图书馆、中国科学院近代史研究所图书馆、故宫明清档案馆等处的档案资料，还到哈尔滨、沈阳、大连、长春等地的图书档案部门寻访资料，均有所收获。1965 年春，余绳武、刘存宽及外交部苏联东欧司的马叙生、赵瑾、夏益善一行五人，奔赴长江流域的上海、南京、武汉的有关地方查阅档案资料。邵循正、张蓉初等学者也提供、赠阅了一些宝贵资料。经过不懈努力，"西郊组"已保存有数万册关于中俄关系史的图书，③ 从而为中俄关系史研究奠定了资料基础，后来近代史所集体撰写的四卷本《沙俄侵华史》，其资料工作亦肇始于此时。

"西郊组"投入了大量人力分赴各地搜集资料，其日常工作主要是大量查阅有关东、中、西三段中俄边界的历史文献资料，将其整理、翻译和研究后，提供上级参考。同时，"西郊组"还着手进行了相关专题的资料

---

① 韩信夫先生访谈记录，2012 年 11 月 28 日。
② 1957 年 7 月，东北人民大学历史系中国近现代史教研室主任陆钦墀在教研室与学校的"科学讨论会"上宣读《1858 年和 1860 年东北边界的改变》一文，叙述俄国通过 1858 年《瑷珲条约》、1860 年中俄《北京条约》掠夺中国 100 余万平方公里土地的史实，结果以"攻击苏联"之名被打为"右派"。参见《在反右派斗争战线上》，《人民日报》1957 年 8 月 8 日，第 2 版。
③ 刘存宽先生访谈记录，2009 年 5 月 23 日；李细珠等：《张海鹏先生访谈录》，《回望一甲子》，第 243 ~ 244 页。

积累和研究工作，如余绳武关于中俄《尼布楚条约》的研究，刘存宽关于帕米尔问题的研究等。这些资料均及时通过内部交通送呈上级机关。此外，还编了一种供领导参考和内部交流的打印刊物，名叫《资料参考》（该刊由刘存宽负责，不定期）。此外，"西郊组"还有不少临时任务，有时上面突然提出要某些资料，便必须突击查找、整理，往往通宵达旦，做完方休。①

"西郊组"颇受重视，其工作条件在当时来说可谓相当优越，工作亦颇有成效，所编印的资料令外交部十分满意，并切实为中苏边界谈判提供了有价值的史料依据。②"西郊组"也比较注重对青年成员的培养。1965年底进入"西郊组"的张海鹏回忆："金应熙先生专门给我个人上过中俄边界历史的课，余绳武、刘存宽让我翻译过几件俄文资料。组里希望我在这方面做出成绩。"③

1966年"文革"爆发后，"西郊组"也难以自立于狂澜之外，小组成员回到近代史所参加运动。然而上级单位仍不愿解散"西郊组"，一直拖到1966年底才决定暂停"西郊组"工作，成员们各自回原单位参加运动，但又明确宣布，大家今后还要回来，个人工作档案一律封存，以备再用。④

"西郊组"正式存在的一年半时间中，做出了非同寻常的成绩。最直接的当然是为边界谈判服务，但从长远看，更有价值的还在于资料积累，并为此后的中俄关系史、中俄边疆史研究奠定了基础。1972年，因中苏谈判的需要，领导指示将原"西郊组"部分人员重新召集过来，继续研究中俄关系与中苏边界史，以服务于对苏外交和中苏边界谈判。但这一次，组织形式上有了变化，不再沿用原来"西郊组"单独存在，由外交

---

① 刘存宽先生访谈记录，2009年5月23日；韩信夫先生访谈记录，2012年11月28日；刘存宽：《我所知道的"近代史讨论会"》，《回望一甲子》，第602~603页。
② 韩信夫先生访谈记录，2012年11月28日。
③ 李细珠等：《张海鹏先生访谈录》，《回望一甲子》，第243~244页。
④ 刘存宽：《我所知道的"近代史讨论会"》，《回望一甲子》，第604~605页；刘存宽先生访谈记录，2009年5月23日。

部直接参与领导的形式，而是在近代史研究所成立一个中俄关系史研究组。"文革"期间史学可谓万马齐喑，而中俄关系史、中苏边界史研究却趋于兴盛，成为"显学"。

20 世纪 60 年代的史学"反修组"，产生于反"修正主义"的政治大背景下，充分体现出"学术为政治服务"的思想，也呈现出特定时代史学发展的独特形态。在"反修"的旗帜下，史学"反修组"能够迅速调集史学界的精干力量，集中有限的资源，以服务于当时最为重要的反对苏联"修正主义"这一政治任务。如今看来，"反修"本身充满教条主义色彩，但史学"反修组"的所作所为，不宜以"教条主义"轻易抹杀。

有论者指出，政治对学术也存在正面影响，[①] 因政治需求之推动而结出学术硕果，在学术史上亦屡见不鲜。史学"反修组"着力从事批判"苏修"史学、为中苏边界谈判准备"炮弹"两个方面的活动，也产生了不可忽视的学术成果。史学必须以资料为基础，所谓"巧妇难为无米之炊"，史学"反修组"自始至终对资料的收集与编译整理极为重视。他们所编译的关于苏联史学的著作，出版的《外国史学动态》，对于推进对国外史学的了解不无裨益。特别是通过全国性的普查走访，搜集整理了大量有关中俄关系与中苏边界史的资料，这些资料成为后来推动沙俄侵华史、中苏关系史研究的基础。

三　近代史所与"四史"运动

1963 年 5 月 10 日，毛泽东就中共东北局与河南省关于农村社会主义教育运动的报告做出批示："用村史、家史、社史、厂史的方法教育青年群众这件事，是普遍可行的。"[②] 在"最高指示"的倡导下，"四史"

---

① 王学典：《若干基本共识的再检讨与历史学的前景》，《历史教学问题》2004 年第 1 期。
② 《建国以来毛泽东文稿》第 10 册，第 297 页。

运动①热潮迅即席卷全国，被视为"社会主义革命基本大业之一"②、"历史科学中的一项革命"。③ 经各级党委的组织发动，亿万人或主动或被动参与其中。1964 年 7 月 5 日，毛泽东与毛远新谈话时说："研究近代史不去搞村史、家史等于放屁。"④ 如此激烈的言辞，对史学界之冲击力可想而知。

"四史"运动虽然得名于 1963 年毛泽东的批示，实则渊源于 1958 年"大跃进"语境中兴起的编写工厂史、公社史的热潮。1958 年"大跃进"中，天津一些工厂结合工人关于"为谁劳动"的辩论，发动工人写本厂历史。中国作家协会天津分会为此召开座谈会，予以积极支持。⑤ 《文艺报》1958 年第 13 期刊出"大家都来编写工厂史"之特辑；是年 8 月 15 日，《人民日报》选刊 5 篇天津工厂材料；文化部与中国作家协会发出编写工厂史之号召，各省高度重视，在各级党委发动下，各厂矿纷纷成立工厂史编写组，数以十万计的职工参与写作，不少作家、编辑、大学师生亦投身其中，编写厂矿史遂蔚为风潮。⑥ 其形式风格五花八门，"不受编年体的限制"，"所谓'史'的格套已经被突破了"。⑦ 工厂史的编写很大程度被纳入文艺范畴，大体取法于苏联。高尔基在 1931 年提出，"工人建造

---

① "四史"运动实则肇始于 1958 年"大跃进"氛围中兴起的编写工厂史、公社史运动；亦有"三史"（家史、村史、社史）、"五史"（厂史、街史、社史、村史、家史；或指村史、社史、厂史、老工人和老贫下中农家史）之谓。因毛泽东之批示，"四史"之名影响最广。

② 赵有福、黎凯：《试论编写和研究"四史"的重大意义》，《历史研究》1965 年第 1 期。

③ 社论：《重视编写"四史"的工作》，《人民日报》1965 年 10 月 26 日，第 5 版。

④ 《毛泽东思想万岁》，内部资料，1967，第 316 页。

⑤ 《描写工人阶级的历史》，《天津日报》1958 年 4 月 28 日社论。

⑥ 为总结、推介编写厂史之经验，先后出版《关于写工厂史》（百花文艺出版社，1958）、《怎样编写工厂史》（作家出版社，1959）、《怎样编写工厂史》（云南人民出版社，1959）。中华全国总工会为进一步推动工厂史之写作，1959 年 3 月中旬在石家庄召开基层厂矿工厂史写作经验交流座谈会，参见《工厂史写作经验座谈会纪要》，《文艺报》1960 年第 7 期。

⑦ 蒋伯骧：《写出最新最美的工厂史》（原载《文艺报》1958 年第 22 期），文艺报编辑部编《怎样编写工厂史》，作家出版社，1959，第 36 页。

了工厂，他们也就应当把建造工厂的历史——工人劳动的历史——写出来"，① 这一倡议 1931 年 10 月 10 日得到联共（布）中央批准，并决定出版"工厂史"丛书，高尔基以其声望成为丛书的总编辑。苏联的工厂史主要由工人、作家、记者等编写，作为"革命的教育材料"而存在。进而形成了所谓"高尔基传统"——编写文艺性工厂史之传统。② 20 余年后，此传统为中国的编写者所欣赏与效仿。虽也有人提出"工厂史的真实性是主要的，生动性是从属的"，应该把工厂史的写作与文艺创作区别开来；③ 但从服务于政治宣传之需要来看，文学性作品对史实没有那么严格的要求，自然更易操作，也因其生动形象而更受欢迎。因而"致用"往往置于"求真"之上，成为编写者的首要考量，在此情势之下恪守真实并非易事。

工厂史、公社史之兴起，由文学界首倡，史学界亦迅速应和。1958年掀起"拔白旗、插红旗"的"史学革命"，历史学的实用主义倾向不断强化。在"史学革命"中充当主角的高校历史系年青学生，在"教育为无产阶级政治服务，教育与生产劳动相结合"的方针下，投笔而起，走进工厂、矿山、农村进行历史调查，成为写史运动的生力军。他们毕竟受过史学专业训练，与文艺性的编写路数自然有别，因而其厂矿史编写带有与"高尔基传统"不一样的色彩。北京大学历史系通过调查研究，写工、农劳动群众的历史，完成"安源路矿工运史"、"清河制呢厂厂史"、"田村社史"等十余项。

同时，专业史学研究者也将目光投向中国近代以来的工矿企业。如由中国科学院上海经济研究所、上海社会科学院经济研究所编著的

---

① 〔苏联〕高尔基：《"工厂史"》（原载《真理报》1931 年 9 月 7 日），《怎样编写工厂史》，第 58 页。

② 苏联"共产主义学院"的历史学家所写的"三山纺织厂"历史第一卷，因使用大量的数字、图表和文件，即被高尔基尖锐地批评为"干巴巴、枯燥缺味。大量的数字和文件把工人们困难的生活情况和劳动条件掩盖住了"。〔苏联〕约卡尔：《活的传统》，《怎样编写工厂史》，第 71 ~ 87 页。

③ 《工厂史写作经验座谈会纪要》，《文艺报》1960 年第 7 期，第 31 页。

《大隆机器厂的发生发展与改造》（上海人民出版社，1958）、《恒丰纱厂的发生发展与改造》（上海人民出版社，1958）二书，是史料丰富且有相当学术价值的企业史著作。山东大学历史系、中国科学院山东分院历史研究所编著《枣庄煤矿史》（山东人民出版社，1959）使用了大量中兴公司原始档案、账册。① 湖南历史考古研究所近代史组著《水口山铅锌矿史初探》（《湖南历史资料》1959 年第 4 期）史料亦极丰富。专业史学工作者的积极参与，一度形成可与非专业者比肩的声势。

　　与工厂史相伴而生的是人民公社史。"公社史不是偶然出现的事物。这是我国农村人民公社化运动降生的一个婴儿，是总路线和大跃进的成果之一。"② 1958 年，人民公社大多刚刚成立，如何写其历史，无疑考验着编写者的智慧。与工厂史相比，公社史的编写难免遭遇尴尬：当时的语境下写公社史，势必对人民公社"一大二公"、大炼钢铁、公共食堂、浮夸等"左"的做法加以肯定与歌颂；而随着饥荒来临，中央对人民公社的政策亦不断调整，昨日之是已成今日之非。1959 年 4 月初，中共八届七中全会通过《关于人民公社的十八个问题》，规定"基本队有制、部分社有制"。5 月 7 日和 6 月 1 日，中共中央先后发出两个关于社员私养家禽、家畜和自留地等问题的《指示》。此后，庐山会议风云突变，有关人民公社的方针政策又有反复。编写公社史因此往往陷入无所适从之境。一些公社史不断修改调整观点，仍难以追上政策变化的步伐，几易其稿，仍不得不宣告流产。③

　　1958 年兴起的这股史学新潮亦得到著名史家的应和。翦伯赞最早做出表态。1958 年北大学生完成《清河制呢厂五十年》书稿，时在青岛养

---

① 此书由郑佩欣、洛洋、倪传铮、丁冠之、李光、葛懋春执笔，最后由葛懋春通稿、定稿。葛懋春：《史论集》，山东大学出版社，1991，第 270 页。
② 康濯：《公社社员三呼万岁的写照——〈公社史作品选集〉序》，《读书》1959 年第 23 期，第 4 页。
③ 如河北师范学院学生编写《金星人民公社史》，再三修改仍与政策不符，终未出版。详见祝伟坡《编写〈金星人民公社史〉的回忆》，《中共党史资料》2007 年第 2 期。

病的翦伯赞热心审阅，并为之作序，盛赞学生此举"标志着历史学的新方向、新道路。它们替历史学开辟了无限广阔的新天地，粉碎了资产阶级史学家散布的'历史无用论'"。"这本书的写作过程，又证实历史学的研究是可以在群众运动中在劳动锻炼中进行的，是可以而且必须在党的领导之下进行。"① 翦氏此前不久在北大"双反"运动中受批判并做思想检查，"史学革命"中又被当作"白旗"受攻击，作此序亦有对学生的"革命"积极性善加引导之意。② 郭沫若的态度则更为谨慎。"工矿史、公社史除提供典型之外，主要在提供材料，需要我们在这基础上再加以总结、提高；使局部的东西成为更全面的东西。""工矿史、公社史，由什么人来写比较合适呢？我看可由各个单位自己来搞。工农群众的文化水平日益提高，他们完全有力量来搞。但也无妨由从事历史研究的专业干部选择几个重点单位，下去帮助他们搞。历史专业干部下去，用较多的时间，比方三年左右，帮助工农群众写各该单位的发展史，这是值得提倡的。"③

　　这股撰写厂矿史、公社史的潮流，对近代史所学人也有相当的震动。是年9月，近代史所人员去台基厂工会联合会礼堂开会，听北大、北师大、师院学生报告写门头沟、清河制呢厂、某农业社历史经过及体会。近代史所开会讨论历史科学新方向，大家纷纷表示应下厂下乡写劳动人民史，④ 体现出力图紧跟时流的积极性。其中蔡美彪写了《重视工人群众的历史研究》的大字报，篇幅较长，论述颇充分，兹照录于下：

　　　　天津等地的工人群众已经在作家协会的号召下起来编写自己工厂

---

① 翦伯赞：《历史学的新方向新道路——介绍〈清河制呢厂五十年〉》，《人民日报》1958年12月4日，第7版。

② 详见张传玺《翦伯赞传》，北京大学出版社，2006，第190～197页。1963年"四史"蔚成风潮后，翦氏未再置一词。自其在史学界着力纠"左"的表现看，翦对于全民写史的态度应有所保留。

③ 郭沫若：《关于目前历史研究中的几个问题》，《人民日报》1959年4月8日，第7版。此文以答《新建设》编辑问的形式载于同日出版的《新建设》杂志。

④ 李瑚：《本所十年大事简记（1951～1960）》。

的历史，编写自己的生活和斗争的历史。这不仅是文艺工作中也是历史工作中的新事物、新方向。

面临着这个新事物，我们历史学界，特别是以近代现代史为主要任务的我们研究所表现了惊人的冷淡。

几千年来，奴隶主阶级、资产阶级的知识分子在控制着历史的编写。他们积极以其自己的观点歪曲捏造历史，侮辱劳动人民。这样的历史书便成为剥削阶级毒害人民、维护反动统治的工具。现在情形不同了。在工人阶级作了主人的国家，工人们起来自己动手，依据自己的经历，编写以自己为主人的历史。这是我国史学史上从来没有过的现象。这是历史研究中一个伟大的革命的变革。

人们通常设想的历史学的革命，只是把历史研究从少数资产阶级知识分子的手里转移到无产阶级的具有马克思主义观点的知识分子的手里。这些人写出来的历史书，便可以用来向劳动人民进行教育。好象这少数历史工作者是教育者，广大劳动人民是被教育者。现实冲破了这种实质上是资产阶级观点的幻想。实际的变革要比人们设想的深刻得多。专业的历史工作者同时将是也必须是体力劳动者。广大的劳动人民同时将是红色的历史家。这是在人民公社诞生的同时，出现的可爱的共产主义萌芽。

对待它人们可以有三种不同态度。一种是歌颂它，支持它，帮助它。作家协会已经这样作了。听说有些学校历史系的学生也已经下厂和工人们合作。另一种是死抱住资产阶级的旧观念，指手画脚，评头品足。蔑视、敌视。还有第三种，关闭在书斋里，保守着从书本到书本的老一套，为工人写历史置若罔闻，漠不关心。

我们采取了哪种态度呢，我看至少是第三种。

类似工人写历史这样的新事物，其实是到处出现的。作了主人的农民写下了不少具有共产主义风格的诗篇。文联已经组织一些文艺工作者下去搜访这些诗篇。向农民学习。作了主人的农民也画下了许多最美丽的画图。一些进步的美术工作者下去采集了这些画图。并正在举办展览，积极支持和研究，可是，我们怎么样呢，对待工人写历史这一新事物，既没有采取行动，也没有发表言论，既没有讨论过也没有支持过帮助过。既没有表示反对，但也不表示赞成，一语不发的冷淡确实是惊人的。

看看我们的《历史研究》杂志吧！长期以来这个杂志发表了不少堆砌内容空洞的长文，发表了不少明显是资产阶级观点的论著。编辑部经常为缺稿叫苦。对待资产阶级学者，登门拜访，恳求他们翻出老箱底来"以光篇幅"。可是，直到现在，从没有腾出一些篇幅来组织工人写稿，也从没有对工人写历史这件大事，发表一篇介绍或评论。《人民日报》第八版和一些文艺刊物最后出版了工人所写的工厂史的专辑，《历史研究》仍然是漠然置之。对待资产阶级专家的态度如彼，对待工人的写作又态度如此，这算是什么阶级观念呢？

再看看我们的《近代史资料》吧！这个杂志长期以来存在追求珍本秘笈的倾向。过去的计划中列了许多准备访问的旧军阀、官僚、资本家。偶然得到他们一篇未必可靠的回忆录便视如珍宝，急忙刊出。可是，直到现在，也还没有去采访工人们正在编写的自己生活和斗争的回忆。好象还没有看到准备这样作的计划。两种态度形成如此鲜明的对比，这算是什么阶级观点呢？

除非检查一下头脑里迷信旧官僚资产阶级专家，轻视劳动人民的陈腐思想，没有任何理由可以解释这种惊人的冷淡。说是科学性不强吗，正好相反，没有阶级偏见的工人阶级，写出自己受压迫和反压迫的斗争史，自然地贯串着鲜明的阶级分析的观点。既有科学性又有革命性。而那些旧官僚军阀资本家们为了掩饰他们自己的丑行，却必然地要对历史加以捏造和歪曲。这样的具体事例是不少的。说是文艺味太浓，不合历史论文的规格吗？那不要看是什么样的规格。目前杂志上刊登的某些论文，既冗长，又枯燥，材料堆了一大堆，问题说了没多少。如果这样的论文可以算作规格的话，那么这正是一种需要打破的旧规格。工人们所写的深入浅出、准确、生动、鲜明的优秀文章，却正好作为改革历史界文风的好范本。

可以想见，随着文化革命的到来，紧接着工人写历史之后，五万万农民群众也将编写自己的历史。他们将要写出当年封建压迫下的历史，写出在党的领导下推翻封建制度赶走帝国主义，走向合作化和建立人民公社的历史。到处都会出现无数的优秀的历史宏文。

共产主义的前景已经展示在我们的眼前。到那时，人们既是工人又是农民，既是体力劳动者又是脑力劳动者，既是创造历史的人又是写作历史的人。到那时，我国历史学界的面貌将彻底改观，到处盛开着红色的花朵，到处是历史家到处都在编印新型的历史论文。少数人垄断历史知识囤积居奇的日子是永远的过去了。

伴随着人民公社化的设法，象一切上层建筑一样，历史学正面临着巨大的革命。拔掉资产阶级白旗，破除迷信，从少数人写历史转变到多数群众写历史，专家和群众相结合，是实现这项革命的重要任务。①

"写劳动人民的历史"这一口号在当时实具相当强的鼓动性，也具有不容置疑的政治正当性。近代史所学人往往提及毛泽东在文艺座谈会上的讲话："我们知识分子出身的文艺工作者，要使自己的作品为群众所欢迎，就得把自己的思想感情来一个变化，来一番改造。没有这个变化，没有这个改造，什么事情都是做不好的，都是格格不入的。"② 并将之作为"写劳动人民的历史"之理论依据。如王其榘认为："这里（引者按：毛泽东文艺座谈会上的讲话）指的虽是文艺工作者，但搞历史研究的又有什么两样，因为我们服务的对象也与文艺工作者的服务对象相同的。"李瑚也表示，毛泽东这些话"虽是对文学家艺术家讲的，对于史学家来讲也是一样，不到群众中去，不向群众学习，不向群众去调查材料，只凭地主阶级资产阶级的只文片字就奉为圭臬，而忽略了最可靠的最大量的材

① 蔡美彪：《重视工人群众的历史研究》，近代史所档案：《高研组整风意见》。
② 《建党以来重要文献选编（1921～1949）》第19册，中央文献出版社，2011，第290页。

料，其片面性不问可知，所以，要真正为劳动人民服务，只有先到劳动人民中去学习。先写劳动人民的历史"。①

从其言论来看，专业学人大多倾心于"写劳动人民的历史"这一口号所指示的方向，唯激烈程度尚有所差别。激烈者欲尽弃以往的史学研究，近代史所学人则尚不失理性，多从普及与提高角度，论述"写工农兵的历史"与既有的历史专业研究并不矛盾。如王其榘表示："依我看历史研究必须与生产劳动相结合的方针是正确的，这不等于只要写工厂农村的专史，而不要综合性的通史，写一地一厂的历史是小的综合，写通史是大的综合，学会了小的综合研究对大的综合研究只会有利不会有害，解剖了孙悟空，对解剖万物之灵也可会有用的……科学院的历史研究工作有它的特点，但与教育工作的目的还是一致的，教育必须与生产劳动相结合，历史研究也应该如此，不能有所例外，下乡下厂是要占一定的时间，但舍不得花这时间，就会耽误更多的时间，因为作者的思想没变，长年累月搜集帝王将相的历史资料，写出来的作品，虽然不是完全无用，但用处究竟有限，仔细一想还是不合算的。……工作纲要上还说到，'提高与普及相结合'。依我看，我们所的工作是作了些提高工作，缺点是与外面联系不够，忽视了普及工作，不是从普及的基础上提高。我们要搞厂史、农村史等，但是范老的通史仍然要写下去，也要安排人力写中国近代通史等，使普及提高都能兼顾……"②

李瑚也认为："下厂下乡为劳动人民写历史，不仅可以满足劳动人民的需要，更重要的是可以解决大跃进所发生的'书'和'写书人'之间的矛盾（又红又专的同志除外）。通过下厂下乡与劳动人民结合，同吃，同住，同劳动，同写历史，可以改造资产阶级知识分子，也可以提高'书'的质量，同时还作了普及工作，在普及的基础上再作提高的工作，那就'不是从空中提高，而是在普及基础上的提高，这种提高为普及所决定，同时又给普及以指导'。"③

①　近代史所档案：《整风资料》。
②　近代史所档案：《高研组整风意见》。
③　《李瑚发言》，近代史所档案：《整风意见》。

"写劳动人民的历史"，自然也冲击到原来的史料搜集的观念与方向。主要从事资料工作的王会庵提出："在全国工农大跃进的形式下，粮食钢铁，一日千里，我们关起门来在故纸堆中兜圈子，这些资料整理出来，究竟起多大作用是值得考虑的问题。我以为领导应全盘考虑资料编辑计划，在厚今薄古的精神应当把重点放在编辑现代史资料，编辑人员应抽出一部分人力下去做工厂、公社、革命根据地的调查工作。《近代史资料》也可考虑编辑方针，结合当前工农跃进形势，多登一些工厂、公社、革命根据地的调查资料。工具书组与近代史资料组可以合并，集中人力编辑有重点的现代史资料。《近代史资料》月刊可加强编委会，派少数人负责编辑。"①

在众人对投身"写劳动人民的历史"的浪潮跃跃欲试之时，也有人谨慎地提出担忧：

> 1. 写工厂、农村等专史，并不能代替综合研究的通史。2. 思想提高固然重要，但不能解决历史研究的问题，经过长期锻炼的老干部，立场观点、思想都好，却不一定写出好的历史书来。3. 研究所现在人力已不够，分散去搞专史，综合研究将受到影响。4. 在工作中也可以改造，不一定到农村工厂中去才能得到改造。5. "教育必须与生产劳动相结合"学校这样去作是对的，可是我们是科学院的历史研究所呀，还有他的特点，他的任务。6. 搞历史研究需要时间，不掌握丰富的材料，有了正确观点，也还是完不成任务。②

这些意见被视为保守落后。

时风影响之下，近代史所亦计划"结合下乡下厂，编写若干个人民公社建立的历史"。③1958年10月组织研究人员赴河南省遂平县嵖岈山人民公社参观，并进行劳动锻炼，同时进行史料调查。11月开始编写《嵖

---

① 《王会庵发言》，近代史所档案：《高研组整风意见》。
② 近代史所档案：《整风意见》。
③ 近代史所档案：《历史第三所1958～59年工作计划要点》。

岈山人民公社史》。

嵖岈山人民公社 1958 年 4 月建立，是建社最早的卫星公社，颇具典型意义。出于史家的谨慎，当时强调写人民公社史是为了宣传，仅叙述过程，不作结论。内容包括：（1）从合作社必然发展至人民公社；（2）阶级斗争、两条道路、两种方法问题；（3）大生产情况；（4）过渡时的最好形式；（5）存在的问题；（6）党的领导。写法：绪论，解放前后、公社前后情况，背景，中心写公社。重点：生产、分配、消费、目前存在的问题。具体做法：和党委一起搞，从典型搞起，着重调查并参考文件。①

时在遂平劳动锻炼和社会调查的助理研究员以上共 11 人，在副所长张维汉的主持下开会讨论提纲。11 月 19 日，樊百川、张振鹍、李瑚拟编写提纲。28 日，张维汉决定分三组写书，三个月完成。具体分工：第一章，荣孟源、刘蕴贞、唐光前；第二章，李瑚、邹念之、杜永镇；第三章，段昌同、赵金钰、陈文生。12 月开始看档案资料，并听当地领导汇报情况。12 月 10 日，张维汉谈到郑州会议情况，此时中央政策已有所调整。24 日学习、讨论中共八届六中全会关于人民公社的决议。26 日决定全部近代史组人员回京。留下人员分成两组，由姜克夫、林海任组长。至 1959 年 2 月，《嵖岈山人民公社史》写出。② 但郑州会议后，在研究所内部商讨《嵖岈山人民公社史》一书的出版问题时，张维汉曾提出质疑，认为"人民公社史的草稿中，所写的若干条优越性要重新研究"，且因此而被批为"严重右倾"。③ 此书最终未以近代史所名义出版。④

"大跃进"的狂热在严酷现实面前不得不趋于降温，随着中共高层开始在诸多领域做出政策调整，史学界对"史学革命"中的一些荒唐做法

---

① 李瑚：《本所十年大事简记（1951~1960）》。

② 李瑚：《本所十年大事简记（1951~1960）》。丁守和先生谓，"写嵖岈山公社史，搞了两年多，也未写成"，似不确切。见丁守和《科学是为真理而斗争的事业——忆黎澍的学术生涯》，《黎澍十年祭》，第 103 页。

③ 近代史所档案：《关于张维汉同志严重右倾错误的处理意见》、《关于张维汉同志的甄别结论》。

④ 署名"中共遂平县委员会著"的《人民公社红旗高扬嵖岈山》一书 1960 年由河南人民出版社出版。据李瑚先生言，此书即以近代史所撰写的书稿为基础而成，但其中未提及近代史所。

亦有所反思，郭沫若、范文澜、翦伯赞等权威史家以替曹操翻案为契机，开始对"史学革命"加以清算。由于适宜的政治气候，历史主义史学思潮一度支配了史学界。① 同时，狂热过后极为疲乏的人们也亟欲得到休养，厂矿史、公社史编写运动情绪低落。1965 年山东大学历史系讨论时对此深为不满："前几年，大家曾联系实际做了一些工作，编写了一些公社史、厂矿史、铁路史，眼界开阔了，道路也宽广了。后来由于没有认真地坚持这个方向，他们重又回到书本、古人的老路上去，虽也辛辛苦苦，却冷冷清清，天地也越来越小了。"②

1963 年 5 月毛泽东批示，在厂史、社史基础上加上村史、家史，作为推动"四清"运动、进行阶级教育与革命传统教育的工具，全民写史运动在领袖的强力推动下东山再起。毛泽东对"四史"的关注提倡，并非一时心血来潮。1963 年 2 月的中央工作会议上，毛泽东提出"阶级斗争，一抓就灵"的口号，实质上形成了"以阶级斗争为纲"的指导思想，阶级教育势必加强。以今昔对比、忆苦思甜为中心的历史教育曾是成效显著的法宝，因而"四史是一部阶级斗争教科书"，甚至"既是当代的阶级斗争教科书，也是千秋万代不可缺少的教科书"。③ 毛泽东的批示迅速转化为政治任务，"四史"运动的声势已非 1958 年可比。

在自上而下的推动之下，"四史"出版物急剧增多。因 1964 ~ 1965年农村"四清"运动正如火如荼展开，因而村史、家史占了绝大部分。"公社史"虽被定为"四史"之一，但随着人民公社的实验事实上受挫，以"公社史"为名的文章虽偶见于报刊，但书籍已然难得一见。所谓"四史"，多少有些名不副实。与文学界 1963 年毛泽东甫一批示即积极响应相比，史学界之反应相对滞后不少，有被动应对之意味。就出版的

---

① 相关论述参见王学典《历史主义思潮的历史命运》，天津人民出版社，1994，第 96 ~ 134 页。
② 山东大学历史系通讯组：《山东大学讨论历史科学面向农村问题》，《人民日报》1965 年 11 月 12 日，第 5 版。
③ 《阶级教育要经常抓紧》，《人民日报》1963 年 11 月 29 日，社论。

"四史"著述来看，出自非史学专业者之手的居于优势。自史学刊物而观之，《光明日报》之《史学》副刊，1964 年"四清"运动开展后，受到批评，"没有重视四史，说历史学刊物，'不登四史登什么！'"于是自1964 年 11 月 18 日《史学》第 296 号开始发了"四史"的专版。①《历史研究》于 1965 年第 1 期始刊载赵有福、黎凯所作《试论编写和研究"四史"的重大意义》一文。"四史"运动虽已轰轰烈烈展开，但尚属于摸着石头过河，具体如何进行并无理论指引。此文作者名不见经传，却受到毛泽东高度关注，毛泽东在认真阅读后画下许多曲线和直线。② 此后直至"文革"，《历史研究》共刊载 9 篇"四史"文章。《史学月刊》自 1965年第 3 期始开设"四史"特辑，同年第 9 期"四史"占到刊物近一半版面。《历史教学》迟至 1965 年第 5 期始发 3 篇"四史"探讨与评介文章。

在全民写史运动如火如荼展开之时，"史学工作者更是责无旁贷，必须以满腔的热情投入这个运动，作人民的'史官'"；③ 更有甚者，将对待"四史"运动的态度上升到是为社会主义服务还是为资本主义服务的高度。④"四史"运动由最高领袖倡导、各级党委自上而下层层组织发动，被当时的政治所左右。然而，落实到专业史家的理解与实践层面，情况则较为复杂。总体说来，虽有著名史家撰文阐发"四史"运动之意义，也

---

① 《邓广铭学术文化随笔》，中国青年出版社，1998，第 273 页。但实际上，《光明日报》之《史学》副刊早在 1958 年曾大量刊登厂矿史文章。有金冲及《历史科学必须贯彻群众路线》（《光明日报》1958 年 9 月 15 日，第 3 版）、《清河制呢厂工人最早的两次自发斗争——清河制呢厂五十年的一节》（《光明日报》1958 年 10 月 13 日，第 3 版）、张凤波《编写北京清河制呢厂史的体会》（《光明日报》1958 年 10 月 27 日，第 3 版）、许师谦《到劳动中去和劳动人民一起写工农商学兵的历史》（《光明日报》1958 年 10 月 27 日，第3 版）、陈一超《揭开历史科学新的一页》（《光明日报》1958 年 11 月 17 日，第 3 版）。1964 年 7 月 2 日亦曾发表俞三牛所作《发挥"四史"的教育作用》。

② 张贻玖：《毛泽东读史》，中国友谊出版公司，1991，第 38 页。

③ 鲁志：《山东史学界座谈编写"四史"的体会》，《人民日报》1965 年 10 月 11 日，第5 版。

④ 赵有福、黎凯：《要为"四史"的编写和研究鸣锣开道》，《人民日报》1964 年 12 月 8日，第 5 版。

有相当数量受过史学专业训练者，尤其是年青学人在时风影响之下编写
"四史"，但与 1958 年文艺界对"新民歌运动"的狂热拥抱、不少诗人
"改了洋腔唱土调"虔诚参与的情况相比，史学界对"四史"运动的反应
则多了几分理性与冷静。当时有人甚至认为：不少史家对"四史""所持
的态度是暧昧的，甚至是抵触的"。① 总体说来，专业史家公开表态应和
者不少，但大多从促进史学研究角度着眼，取向未必与"四史"运动之
初衷合辙；身体力行者亦力图探索新的体例形式，以体现"史"的特点，
与非专业者编写的文艺性"四史"有别。还有不少学人以旁观态度消极
应对。

　　由于"四史"运动本身具有模糊、丰富的内涵，专业史家在为之提
供理论支持时，有意无意间将毛泽东"四史"运动之进行"阶级教育"
和"革命传统教育"的直接政治功利目的置于一边，而着力挖掘、阐发
编写"四史"对于史学研究的正面因素。其一，从史料搜集整理方面着
眼。邵循正着重指出：

　　　　由于编写村史的需要，就必然要把解放以来党领导的历次运动的
　　资料，如土地改革、抗美援朝、镇压反革命、合作化、公社化各个时
　　期的文字资料加以搜集和整理。这些资料对农村工作本身有着重要意
　　义，对近代现代中国历史的研究也提供了大量可靠的历史资料。②

　　也有史家强调"四史"编写与社会历史调查、口述访谈之关联，因
"四史"本身缺少文字资料，大量资料深藏在群众的记忆和口碑中，因而
"更主要的材料来源是通过访问来的"。③

---

① 唐镕：《新四史的教学与研究大有可为》，《合肥师范学院学报》1964 年第 4 期，第 25 页。
② 邵循正、苏述：《关于编写村史的几个问题——读〈北京四史丛书〉后所想到的》，《历史
　　教学》1965 年第 5 期，第 54 页。
③ 苏双碧：《北京历史学会座谈村史讨论了编写村史的意义方法内容体例等问题》，《北京日
　　报》1964 年 1 月 18 日，第 3 版。

《前线》社论强调：

> 要安排一定力量，进行更全面、更深入的调查和研究，认真积累材料。无论是原始的忆苦材料，访问记录，还是最初整理过的手稿和每次修改稿，以及一些有意义的文物，都要立一定的制度，定一些办法，由专人负责汇集、保存。特别是那些只有六七十岁的人才经历过的事件的史料，更加要注意地采访和保存，因为再过若干年我们就很难再找到这些事件的参加者和见证人了。①

其二，强调"四史"与编纂地方志、地方史的联系。黎澍十分赞成毛泽东同志关于撰写"四史"的指示，在他的理解中，"四史"主要着眼于基层农村，因而实质上等同于地方史志。黎澍于1965年在甘肃参加"四清"时，主持编写张掖史。"张掖史的编撰，古代部分因当地图书资料有限，写得比较简单。当代部分从土改到人民公社大跃进，有许多原始的档案材料，在三年困难时期的档案中，保存了许许多多关于饥饿、抢劫、社会动乱等令人非常悲痛的记录。"② 其关注点自然与"四史"倡导者"忆苦思甜"之初衷大相径庭。

其三，将编纂"四史"作为中国近现代史研究、中华人民共和国史研究的史料基础工作和必要前提。在他们的认知中，一方面，"四史"着眼于中国社会基层，与中国近现代史、国史在时间界限上接近甚至重合，

---

① 《更多更好地编写家史、村史、社史、厂史》（社论），《前线》1963年第24期，第1页。《前线》的很多社论出自主编邓拓之手。

② 喻松青：《黎门师从记》，《黎澍十年祭》，第251页。1974年8月30日，国务院科教组下发〔74〕科教办220号文件《关于出版〈历史研究〉杂志的通知》，其中有"以近现代史为重点，重视家史、村史、厂史、连队史的研究"，黎澍批注曰"是对的，但是没有实行"。可见在其心目中，家史、村史、厂史等仍有价值。详参李妍《〈历史研究〉的片断历史》，《炎黄春秋》2007年第1期，第49页。"文革"结束后，黎澍对地方史的热衷一如既往，1979年3月23日在中国历史学规划会议上的发言中，他还提出加强地方史研究的建议，认为"如果不及早把本地历史记下来，后之来者会很难弄得清现状是怎样形成的"。详参黎澍《关于争取实现历史学规划的一些问题——在中国历史学规划会议上的发言》，《社会科学研究》1979年第2期，第67页。

因而理应作为中国近现代史研究的微观单位，按照结构学原理，没有局部就没有整体，"四史"、地方史、中国近现代史遂构成微观—中观—宏观层层递进的逻辑关系。如此一来，编写"四史"就可以"为中国现代史、革命史、党史以及经济史、文化史等，提供极为丰富而确凿的史料纪录"。① 另一方面，"四史"的研究对象，麻雀虽小五脏俱全，一部村史即可以说是中国农村社会的一个缩影。胡绳撰文指出，研究一个工厂，"详细地占有资料，认真地进行科学分析"，即可"由解剖一个'麻雀'而说明许多'麻雀'"。② 总而言之，"四史"能够"提供大量的近百年史特别是现代革命斗争史方面的各种专题的最有价值、最为翔实的包括活人活事的第一手资料，这就为我们近百年史研究工作进行分析综合打下基础"。③

　　"四史"作为一项"革命性的创造"，究竟归属于"文"还是"史"，换言之，"文学"与"历史"二者如何摆放，以何者为本位，提倡者对此莫衷一是，并形成"四史"编纂中"文艺笔法"与"史学笔法"两种不同的路向。应该承认，"史"与"文"的区分并非壁垒分明，在不损害历史真实、不损害"历史"的主导性质前提下，让"史"与"文"适度联姻，是古代史学的传统。刘勰在《文心雕龙》中将《史记》纳入广义的文学范围，以"史传"作为一种文体辟专章论述。鲁迅"史家之绝唱，无韵之离骚"之语，指明了《史记》文史结合的特质。参与工厂史编写的作家韦君宜即援《史记》之例，为偏重文学性的"四史"作品辩护。④现代意义上的"历史"作为一个"独立的学科"，是在19世纪和20世纪

---

① 胡华：《面向现实编写"五史"》，《光明日报》1964年3月12日。
② 施东向：《两本工厂史》，《红旗》1959年第5期。时任《红旗》副总编胡绳在《红旗》上开辟《思想文化评论》专栏，作者署名"施东向"，即思想界动向之意，许多文章是由胡绳指导一些青年人写作并经他定稿后刊出的。因经常出现，质量较高，在社会上颇有影响。后来，"施东向"变成以胡绳为首的所有作者的共同笔名。参见马仲扬《追忆胡绳同志》，《炎黄春秋》2001年第3期，第24页。
③ 高烈文：《更多更好地编写和研究"四史"》，《学术月刊》1965年第5期。
④ 韦君宜：《谈工厂史》，《人民文学》1960年第2期，第82页。

之交才诞生的。① 19 世纪后半叶科学主义占据主导，文学与历史的学科界限就在这种文化历史语境中逐步形成。由 "文史不分" 到 "文史分辙"，自有其历史合理性，正如范文澜所指出："近代文史分家是应该的，因为文史各有广泛的领域，二者不可得兼，只好舍一而取一。"②

　　在文艺工作者看来，"四史" "并非历史科学范畴的著作，而是文艺性的作品"，③ 因而使用文学笔法无可非议。受 "文史分辙" 观念的影响，史家强调 "四史" 须以 "史" 为本位，"顾名思义，'四史' 是 '史'，基本上是属于科学范畴，应该严格要求它的真实性"。④ 也有人取折中的方法，文艺形式与史学体裁应 "共存共荣，不必去强求一致"，而 "对史学工作者说来，自然以写史学体裁为宜"。⑤ 如前所述，"四史" 运动中，农村中粗识文墨者、作家、记者、编辑等非史学专业者领一时风骚，受过史学专业训练者反而在某种程度上充当了配角。究其原因有二：一则非史学专业者多以文学笔法写 "四史"，夸张失真之处在所难免，但更能契合当时 "左" 的社会政治氛围，更易满足政治宣传之需要，自然也就更受出版社的青睐；⑥ 史学工作者心中却终归保有 "史" 的戒律，⑦ 欲反映历

---

① 杰弗里·巴勒克拉夫：《当代史学主要趋势》，杨豫译，上海译文出版社，1987，第 7 页。
② 范文澜：《历史研究中的几个问题》，《范文澜全集》第 10 卷，第 395 页。
③ 《初话徐水公社史》，《文艺报》1959 年第 5 期。
④ 关邑、叶子：《取材过去，放眼明天——谈 "四史" 编写中的几个问题》，《文汇报》1965 年 10 月 7 日。
⑤ 秋石：《谈工厂史编写中的几个问题》，《学术月刊》1959 年第 2 期，第 57 页。
⑥ 出版社出版 "四史"，以 "增加阶级压迫和阶级斗争的感性知识，培养阶级情感，激发革命意志" 为宗旨，判断 "四史" 质量高低的标准，一为 "是否反映了阶级斗争的主线"，二是 "有无充沛的劳动人民感情"，第三才是 "内容是否真实"。并着重 "从做实际工作的干部、社会主义教育工作队员和有一定写作能力的农村知识分子中，物色一些人来参加写作"。见中国青年出版社《编辑出版 "四史" 的一些体会》，《人民日报》1965 年 10 月 26 日，第 5 版。
⑦ 高校历史系青年学生经过 1958 年 "史学革命"，较少顾虑，他们提出 "劳动人民爱什么样的历史书，我们就写成什么样的历史书，没有固定的格局"。见许师谦《到劳动中去和劳动人民一起写工农商学兵的历史》，《光明日报》1958 年 10 月 27 日。但检视当年著述，即高校历史系学生写 "四史"，亦鲜有用文艺笔法者。

史真实则不免与政治要求相扞格。① 二则偏于文学性的"四史"，读来生动形象，有相当强烈的感染力，为知识水平普遍不高的工农大众所喜闻乐见；史学笔法的"四史"，则被目为太过平实难以符合工农的欣赏口味。② 陈华中在 1964 年中国近代史讨论会上的发言揭示了史家在"四史"编写中的困境：北京市委从高校历史系调人搞工厂史，很多人不情愿参与，"历史学家认为厂史不是历史，是文学虚构。这是应由史学家负责的，因为史学家不愿去干，文学家去写当然角度不同，出版界的要求又是一个方面：故事性如何，读者能有多少"。③

史学自有史学的标准，外行的涂鸦之作自然难入专业学人的法眼。在专业史家看来，当时公开出版的大量"四史"著述中的相当部分，因其文学笔法而难登大雅之堂，甚至不成其为"史"。他们认为苏联工厂史"搞得成了广告性的东西，让几个人编一编，写一写，没什么大价值"，④ 中国的厂史、社史也"有些是文艺性的，对于历史研究来说，有些'玄'"。⑤ 1965 年 7 月，《历史研究》编辑部派人调查中国科学院历史所及各高校专业史学工作者对"四史"等问题的看法。史家大多抽象肯定"四史"之重要性，但对其具体实践中的做法表示怀疑、不满。如贺昌群表示，搞"四史"诚然重要，"但报纸上所发表的报告文学式的写法我认为不能作为一种有价值的著作流传下去。因为这样没有通过什么研究，如

---

① 李新回忆即反映了史家的困惑茫然："在张掖，虽然接触到不少贫下中农的家史以及村史和公社史的材料，但这些材料怎样写进书里去呢？历史要为无产阶级政治服务，就只能说好，不能说坏，可是现在看到的都是贫穷、落后，'四清'中查出的种种材料能如实地写出来吗？"李新：《流逝的岁月：李新回忆录》，第 389 页。

② 韦君宜参与编写长辛店机车车辆工厂史《北方的红星》，初稿资料丰富翔实，"有些象写得详细的历史书"，结果一些老工人"说它'抓不住人'"，"党委的同志读了也说：'恐怕群众不爱读'"，只得重写，以加强文学性。详见韦君宜《谈工厂史》，《人民文学》1960 年第 2 期，第 82 页。

③ 近代史所档案：《1964 年中国近代史讨论会记录陈华中发言》；近代史所档案：《近代史学术讨论会会议简报》1964 年第 4 期。

④ 左建发言，见近代史所档案《1964 年中国近代史学术讨论会会议记录（5 月 22 日下午）》。

⑤ 张承民发言，见近代史所档案《1964 年中国近代史学术讨论会会议记录（5 月 22 日下午）》。

果说用历史材料也只是浮在表面的一些，并没有经过澄清和锤炼"，"要想从历史角度来研究和编写出好的四史，就要把它搞得不但对广大群众有阶级教育的作用，而且对研究工作者来说也要使他们感到有用处"。① 汪篯尖锐指出：目前的"四史"仍停留在"小人书"和"群众文艺"阶段，史学界参与"四史"运动，"还需悬个高标准作为努力方向"。其他如白寿彝、夏康农、张传玺等人对既有"四史"的做法均持保留态度。②

专业史家试图通过对"四史"的编纂体例提出规范性意见，并将其引入真正意义的"历史"编纂之轨道。编写"四史"成为全民运动一发而不可遏，由于缺乏规范而乱象滋生，专业史家的理性呼吁亦引起一些人的反思。因主持编写《北京四史丛书》而出名的北京市委宣传部干部李世凯，1965 年 10 月 6 日在《光明日报》发表长文对既有"四史"进行纠偏。他批评不少已有的"四史"著述，"满篇是血泪的控诉，是讨饭、扛活、逃荒的细节描写"，显得公式化。"'四史'和'报告文学'的不同之处，不仅在于二者对美学的要求各异，更重要的是一个属于历史的范畴，一个属于文学的范畴。""'四史'既然是'史'，那么，除了必须强调史实的真实，不容任意夸张虚构以外，还必须十分注意使它具有尽可能充实的史料性，以便更好地发挥它的教育作用，提高它在近代史、现代史研究中的史料价值。这后一点，目前似乎还没有得到'四史'编写者应有的重视"，因而"目前是到了强调'四史'的史料性的时候了"，"否则便会失去其存在的特点"。③

对于以近乎报告文学的方式编写"四史"的流行做法，专业史家大多难以认同；但真正从历史科学角度来研究、编写"四史"，无既有范例可循，更无典范性的著作可资参考，提倡"四史"甚力者如戴逸亦承认：

---

① 近代史所档案：《史学界情况反映（1965 年 7 月 2 日）》。因仅作内部参考，受访学人所谈相对较少拘束，亦较能坦露心声。
② 近代史所档案：《史学界情况反映（1965 年 7 月 8 日）》。
③ 黎凯：《谈当前"四史"编写的一个问题》，《光明日报》1965 年 10 月 6 日，第 4 版。

如何写"四史"，"目前还没摸索出门径"。[1] 因而探索新路至为不易。《历史研究》作为最高史学刊物，有意在引领"四史"编写方向上有所作为。1965 年第 3 期刊载由刊物编辑张允侯撰写的家史《苦难的岁月——一个妇女对旧社会的血泪控诉》，此文就是《历史研究》编辑部所树立的一个"四史"范本。它与此前大量文学性"四史"作品迥然不同，运用"史"的笔法，体现历史的风格，还希望有可读性。此文注释规范，与严谨的学术论文并无二致；虽然是写家史，却把横的历史面穿插进来，从个人回忆中试图反映时代面貌。虽然整体上仍体现了忆苦思甜的宗旨和逻辑，但在撰写体例与风格上确实做了新的探索。此后，何重仁让编辑曾业英以张允侯之文为样板，再写一篇"四史"论文。据曾业英先生回忆："我写的那个主人翁叫郝振国，是门头沟矿务局一个老矿工。接受任务后我就到矿区搜集素材，矿务局领导也很高兴，他们就介绍这个人过去是如何的苦。……初稿已经写成，如果'文革'不发生，应该半年后就会在《历史研究》发表。我的思路，就是写他怎么苦，旧社会如何受压迫。那时煤矿被日本占领，我就重点写了瓦斯爆炸，一拉警报，家人都紧张得不得了。我还找了当时关于煤矿的历史记载，力图反映当时的历史面目，增加学术性，避免写成回忆录。"[2]

　　中科院近代史研究所作为国家级史学研究机构，1958 年编写《嵖岈山人民公社史》颇有热情，并曾于是年 10 月向全国各地基层单位去函，要求提供"有关人民公社和建国以来的历史资料"，[3] 在 1965 年之后的"四史"热潮中却有心无力，并无多少实际作为，深具典型意义。1966 年春，近代史所成立"四史"研究组，任命研究工人运动、党龄长资格老的曲跻武为组长，将原来"现代史组"的成员加上 1964 年进所的大部分

---

① 近代史所档案：《史学界情况反映（1965 年 7 月 2 日）》、《史学界情况反映（1965 年 7 月 8 日）》、《史学界情况反映（1965 年 8 月 5 日）》。

② 曾业英先生访谈记录，2010 年 11 月 15 日。

③ 转引自近代史所档案《江苏省丹阳县委会来函》。档案中还保存有地方单位寄来的《丹阳十年史》、《侨乡公社史》等数份公社史油印稿。

青年编入"四史"研究组。① 在"四史"运动中，近代史所自然众皆瞩目，近代史所成立"四史"研究组有为全国示范之意味。但据曲跻武先生回忆，"四史"研究组有名无实，并未组织进行过任何活动，他之任组长亦徒具空名，是 1965 年他去河南信阳搞"四清"期间范老背后给予他的一个名义，"是一种挽留人的办法"。② 而据张振鹍、曾业英先生回忆，范老对毛泽东的指示还是相当重视，并在近代史所全所会议上传达。但因范 1957 年后专心通史撰著，行政事务完全交由刘大年负责，且此时其夫人重病，因而无法更多顾及。

近代史所实际主持工作者刘大年心目中压倒一切的任务是编写多卷本《中国近代史》，一切工作安排为此让路。③ 刘大年在 1958 年整风补课中被批为"对新事物缺乏热情，对大跃进以来史学界的新气象表示冷漠。例如对于各地大搞公社史、工厂史、乡土史等很少发表意见"；④ "《嵖岈山人民公社史》是直接研究当前政治问题，直接为当前政治服务的一本书，是组织本所大批人力编写的，可是大年同志对这本书一直是淡漠的"。⑤ "大年同志对通俗读物也是不够注意的，在我们跃进计划中，对通俗读物没有具体安排。我们现代史组提出写团泊洼的历史，听说大年同志

---

① 据韩信夫回忆："1964 年冬，在甘肃张掖'四清'期间，一天，刘大年来张寨大队找黎澍，我当时同黎澍在一个大队，刘大年说范文澜听说主席对近代史研究有指示，主席说，研究近代史不搞'四史'等于放屁。他们商议如何贯彻落实主席指示。'四清'结束回京后，近代史所成立'四史'研究组，曲跻武为组长，徐曰彪、夏良才、熊尚厚等人为该组成员，就是为落实主席指示在组织上采取的措施。这期间，何重仁实际负责《历史研究》，他找我谈话，要调我到《历史研究》编辑部，帮助组织'四史'的稿件，我没有答应他。"韩信夫：《中央关于研究近代史、民国史的几次指示》（未刊手稿）。

② 2010 年 12 月 1 日曲跻武先生访谈记录。曲先生还说："毛泽东说要搞四史的时候，大家都一筹莫展，我为什么被抓出来做这个事情呢，因为我是个做群众运动的。到近代史所以前，我在全国总工会工作相当长的时间。这样，就跟工厂、矿山等等有些联系。所以他们就觉得我知道这个'四史'。"但应看到，曲先生也因此尤为注重基层史料，他将参加"四清"的所有资料保存完好，编成《四清工作笔记》，且于 1974 年整理山东曲阜孔府档案，1982 年出版孔氏家史《孔氏地主庄园》（中国社会科学出版社，1982）一书。

③ 张振鹍先生访谈记录，2010 年 12 月 3 日。

④ 近代史所档案：《关于刘大年同志在学术路线方面的初步材料》。

⑤ 近代史所档案：《刘大年材料》。

真实还表示怀疑，不积极支持。"①

据李新回忆，刘大年对毛泽东关于"四史"的指示"很崇敬，更欣赏，但对如何搞'四史'也很茫然"。② 窃以为当时对毛泽东的指示表"崇敬""欣赏"者不在少数，"茫然"可能也是普遍情况，各自真实态度可能还得从其实际行动中体察。

从其实际作为来看，近代史所虽然成立"四史"研究组，且组员众多，却未做任何硬性规定与具体布置，"原来搞业务的，都未触动"。③ 此外，在高层看来，让这些专业史学工作者参加"四清"这一实际的阶级斗争，比让他们编写"四史"来参与阶级斗争可能更为重要，因而"滚泥巴"等体力劳动占据了大部分时间与精力，亦难以具体部署真正潜心进行"四史"调查与研究。至1964年组织力量以反对"苏联修正主义"成为极迫切的政治任务，亦淡化了"四史"运动在学人心目中的重要性。④

不可否认的是，"四史"运动已然在整个社会形成热潮，加之权威史家撰文阐发其对于学术研究之意义，不少青年学人受此"时尚"的影响，亦欲投入其中一展身手。

近代史所学人在参加"四清"运动时，还曾力图将搞"四清"与写"四史"结合起来。近代史所青年韩信夫1965年撰写《近代史研究工作者怎样参加四清》，提出"我们不能像一般国家机关干部那样参加四清，

① 陈蕙芳、王国雄、王来棣、王爱云：《请大年同志拔掉思想中的白旗》，近代史所档案：《整风意见》。
② 李新：《流逝的岁月：李新回忆录》，第389页。
③ 张振鹍先生访谈记录，2010年12月3日；曾业英先生访谈记录，2010年12月15日。同时，近代史所虽未集中布置研究力量专门就某村某厂进行"四史"调查研究，但也曾个别安排调查任务。据杨光辉先生回忆，1964年10月他赴甘肃张掖参加"四清"，于春节期间曾奉刘大年之命赴平原堡向当地农民调查西路军情况，历时一个月，并将记录材料上交（杨光辉先生访谈记录，2010年12月1日）。另据曾业英先生回忆，他在参加"四清""滚泥巴"期间也进行了社史调查，并留下不少调查记录（曾业英先生访谈记录，2010年12月15日）。
④ 1964年5月20日~6月3日召开中国近代史讨论会，着重研究历史反修问题，其次为近代史规划问题，此外才讨论现代史和"四史"问题。据近代史所档案《1964年近代史讨论会记录》。

应当体现出近代史研究工作者的特点来"，并强调应在"四清"中进行调查以写"四史"。"'四史'是近代中国社会的缩影，是研究近代史的最重要的基础材料。这是一个广阔的天地，目前它还是一片处女地。做为近代史研究工作者，我们必须事先上阵，大胆尝试，作出成绩。这样，就可以克服研究工作脱离实际的倾向，可以更好地活学活用毛主席著作，增强阶级分析观点，从而有效地提高我们的理论水平和研究能力，把近代史研究推向新的阶段。"他还指出："目前上市的'四史'均是文艺作品，做为向广大青少年进行阶级教育的活教材，这是必要的。但我们必须当作科学研究工作来做，写出具有学术价值的专著和文章。"①

　　1965 年近代史所张振鹍、沈元在山东黄县下丁家大队劳动锻炼。② 两人完全出于自发，决定以口子村为目标写一部村史。口子村共 48 户 267 人。他们自 1965 年 4 月 15 日开始进行调查，查阅大队档案，制成"口子村牲畜情况调查"、"国星生产合作社各户占有土地及评定产量表"、"国星生产社山岚器材统计表"（全村总表及各户分表）、"历年编组情况"、"历年新生儿统计"、"党员统计"、"历年口子村人口地亩登记册"、"各户历年经济收入与支出表"等各类详细表格 126 份；并查阅抄录民国黄县志。自 8 月 11 日始对村民逐个进行村史调查，留下 8 本调查访谈记录，并拟定了编写提纲。从其所收集资料来看，更侧重于经济状况的调查，如各户历年经济收入与支出、历年农产品产量、历年牲畜情况的一些具体数据，并未突出"阶级斗争"的内容。村民访谈记录也以风土人情、"生产斗争"为主。沈、张二人花费功夫颇大，但后来发觉编写成书则颇有窒碍，最后只得放弃。③

　　毛泽东作为一个对历史有特殊偏爱的政治领袖，其发起"四史"运

① 近代史所档案：《近代史研究工作者怎样参加四清》（韩信夫，1965 年 7 月 12 日）。
② 下丁家大队被视为山东的"大寨"，在全国亦著声名。《艰苦创业的下丁家人》1965 年 11 月由山东人民出版社出版。
③ 张振鹍、沈元二先生当年的村史调查资料至今保存完好，由张振鹍先生赠予笔者。有关背景据张振鹍先生访谈记录，2010 年 12 月 3 日。

动，虽然最终归因于政治意识形态建设的策略，但"四史"运动能够在相当长一段时间内让不少专业学人衷心服膺，很难说完全是政治强制的结果，而更多应归因于"四史"运动本身所具有的丰富内涵。

其一，眼光向下倡修"民史"。如众所知，梁启超早在20世纪初就痛斥君史湮没民史之弊，斥"君史"、倡"民史"成为新史学最为关键的观念变革。但真正在实践层面扭转精英本位局面者还是唯物史观史学。①唯物史观强调历史首先是物质资料生产者的历史，从事物质资料生产的工农大众被视为"历史的创造者"、"历史的主人"，这一观念在新中国成立后得到普及和强化。"四史"着眼于社会底层的工农草根，让千百年来在历史中失语的他们发出自己的声音。这一理念得到大多史家的认同，"写劳动人民的历史"成为"四史"运动中最为鼓动人心的口号。如时人所云：

> 我所读过的一切旧史书，莫不是帝王将相的记功簿和才子佳人的生活史。作为创造世界，创造历史的劳动人民，反而无影无踪。即使偶而有之，也只是被歪曲为"犯上作乱"的"贼盗小人"的形象出现。劳动人民的光辉历史，就是这样长期被淹没和歪曲。……今天人民的史学刊物，刊登劳动人民的斗争史和翻身史，也让工人农民自己写自己的历史，乃是自古未有的奇迹，是史学还家的创举。②

其二，注重社会调查的务实特点。毛泽东历来重视调查，其名言为"没有调查就没有发言权"。1941年8月1日颁布《中共中央关于调查研究的决定》，明确提出"调查一乡、一区、一县、一城、一镇、一军、一师、一工厂、一商店、一学校、一问题……的典型"，"收集县志、府志、省志、家谱，加以研究"。③新中国成立后开展了一系列大规模的社会调

---

① 王学典：《近五十年的中国历史学》，《历史研究》2004年第1期，第175页。
② 嘎拉增：《读者来信》，《史学月刊》1965年第9期，第45页。
③ 《毛泽东文集》第2卷，人民出版社，2004，第361~362页。

查，且成绩卓著。所谓"四史"，面向基层、注重调查是其中应有之义，"四史"运动实质"是一次大规模的群众性的社会调查"。[①] 这一点得到史学界的积极呼应。山东大学历史系把对义和团的调查与"四史"运动结合起来，发动历史系师生深入鲁、冀、苏、皖四省区，分别在 1960 年、1965 年至 1966 年初进行了两次大规模的社会调查，取得了近一百万字的口述资料。[②] 时为北大青年教师的张寄谦曾积极参与"四史"运动，通过调查访谈编写村史与工厂史。北大教师杨立文 1959 年同一些年轻的学生到农村采访，编写公社史。数十年后，张、杨二人仍肯定当年所作调查与口述的积极意义，为新中国口述史之早期实践。[③]

其三，由分析到综合、由微观到宏观的治史方法。毛泽东重视地方史志，"每到一处，首先要了解当地的历史情况、地理沿革、文物掌故及风土人情等，这已成为习惯"。[④] 这无疑有传统上重视方志、谱牒等修撰的文化影响。中国编撰地方史志，滥觞于先秦，发端于汉魏，大盛于明清。章学诚极重视方志，其著作研究正史与研究方志者各得其半。谓"有天下之史，有一国之史，有一人之史。传状志述，一人之史也；家乘谱牒，一家之史也；部府县志，一国之史也；综记一朝，天下之史也"。"惟分者极其详，然后合者能择善而无憾也。"[⑤] 对于地方史与中国史之关系，梁启超说得更为明白，"治中国史，分地研究极为重要。因为版图太大，各地的发展，前后相差悬殊"，"如欲彻底了解全国，非一地一地分开来研究不可"，"破下功夫，仔细研究。各人把乡土的历史、风俗、事故、人情考察明白，用力甚小而成效极大"。[⑥] "四史"运动，以"一家之

① 赵有福、黎凯：《试论编写和研究"四史"的重大意义》，《历史研究》1965 年第 1 期。
② 路遥主编《山东大学义和团调查资料汇编》（上），山东大学出版社，2000，前言，第 1~4 页；何书彬：《"被评价"的义和团——对话中国义和团研究会常务副会长苏位智》，《看历史》2010 年第 5 期。
③ 〔美〕布鲁斯·斯蒂文：《中国口述史学的调查》，江丽、谢茵明译，《当代中国史研究》1998 年第 1 期，第 85~86 页。
④ 张贻玖：《毛泽东读史》，中国友谊出版公司，1991，第 38、39 页。
⑤ 章学诚：《文史通义》第 3 册，上海书店，1988，第 8 页。
⑥ 梁启超：《中国历史研究法补编》，上海古籍出版社，1998，第 178、179 页。

史"、"一村之史"、"一厂之史"、"一社之史"等微观单位为研究对象，作为进而研究整个宏观社会历史的基础。这种取向自有其合理性。①

"四史"运动包含与西方新的史学思潮暗合轨辙的一些因素，这是西方学者对之予以关注和肯定的根本原因。首先，就西方史学思潮而论，社会学人类学的民间取向逐渐获得史家的普遍认同，关注基层社会、普通民众乃至个体的生存状态，以"从底层向上看"的视角和价值立场来重新审视历史，成为二战以来欧美史学新的研究取向。"四史"运动将史学研究的目光引向社会底层的工农民众，并且站在这些草根弱势者的立场上来写历史，所谓"对待'四史'的态度，是一个阶级立场和阶级感情的问题，没有鲜明的立场、观点，没有眼睛向下、深入群众的作风，是不能写出'四史'的"。② 这一取向得到西方学人的肯定自在情理之中。

其次，在专业史家之外出现了群众性史学运动。以20世纪70年代中期兴起于西德的日常生活史研究为显例。日常生活史大大超出学术界的范围，并被认为是一项主要由非专业人员参与的专业活动。大量以普通读者为对象的各类作品，如回忆录、口头史、目击记、地方史等纷纷出版，体现了史学大众化发展趋势。③ 而"四史"运动发动数量众多的非专业者参与，着眼于微观，通过实际调查获得史料，为宏观史的编纂打基础。单从学理而论，二者亦不无相通之处。

最后，海外学者对我国地方史的研究相当重视，对农村的研究尤为关注，认为"革命在那里扎根和发展的"，"只有通过了解基本的社会结构和社会性质，才能对早期共产党人引导农民群众投入民族革命的企图开始

---

① 无独有偶，日本在20世纪50年代开始提出编写"四史"（家史、村史、厂史、连史），"以最基础的人民劳动的历史为主体"，撰写"民众史"、"地域社会史"。详参林天蔚《地方文献研究与分论》，北京图书馆出版社，2006，第120页。

② 《历史科学为农民服务问题座谈辑要》，《史学月刊》1965年第9期，第5页。

③ 参见杰·埃利《西德社会史发展的新方向》，《八十年代的西方史学》，中国社会科学出版社，1990，第138页。

有所理解"。① 应该说这是有见地的，几千年来中国社会是一个乡村主导的社会，中共领导的民族民主革命也是以"农村包围城市"而成功，新中国成立后的人民公社也是以农村为基地。"四史"主要着眼于广大农村，采集了数量巨大、随时可能湮灭的资料，在海外学人看来，无疑颇为可贵。

　　同时也应看到，就具体史学实践观之，"四史"运动与西方新史学有相当的差异，不可等量齐观。"四史"运动出现于新中国特殊的政治背景之下，现实政治的需要是这一全民写史运动的直接动因，可谓自始即偏离了历史科学发展的规律与轨道，而一定程度上成为政治运动的衍生之物，并进而为"文革"的发动做了意识形态方面的准备。当时的"四史"编著，大多难以摆脱"为革命而研究历史"的局限，在"以阶级斗争为纲"的主导下，基本上未能脱离"今昔对比"的叙述框架和"忆苦思甜"的叙事逻辑，成为所谓"对旧社会的控诉书，对新社会的赞美诗"。② 虽然一度提出"四史"撰写应"紧紧抓住阶级斗争和生产斗争这一基本线索"，③ 但在具体操作中，"生产斗争"这一线索往往让位于"阶级斗争"。在这种认知背景下形成的"四史"，其本身蕴含的正面因素难以得到充分发挥，对于历史科学的价值自然也就打了折扣。尤其在歌颂"人民公社"、"大跃进"的伟大成就时，豪言壮语、主观浮夸掩盖了历史的真实。将之作为历史资料必须有谨慎的甄别与辨析。

　　因而，海外学人对"四史"运动的肯定，也不无因语境隔膜而产生的偏蔽，有时难免想当然的意味。例如，高家龙肯定"四史"运动，主要是看到中国科学院上海经济研究所、上海社会科学院经济研究所编著的《南洋兄弟烟草公司史料》等工厂史或企业史。这些著作均由专业学者耗费大量心血编纂而成，使用了大量原始档案、往来函件、会议记录、历年

---

① 《亚洲研究杂志》1972 年 8 月号，韦慕廷文，转引自张注洪编著《中国现代革命史史料学》，中共党史资料出版社，1987，第 20 页。
② 姜智：《编辑"四史"读物的初步体会》，《文史哲》1965 年第 4 期。
③ 金景芳：《蛟河煤矿八十年》，吉林人民出版社，1959，"前记"。

账册、老职工访问和座谈记录及资本家回忆录，具有较高史料价值。以这些著作而得的印象来评价"四史"运动，不免以偏概全。

西方学者着眼于他们自身史学思潮的流变，对"四史"运动中与之相契合的因素易生共鸣，而相对忽视东西方时代背景和语境的差异。如利萨·皮蒂、阿里夫·德里克和劳伦斯·施奈德对"四史"运动的赞誉也有理想化的成分。他们强调，在"四史"运动中，"成千上万的普通群众诉说他们的生活史"，但对这种"诉说"受到政治规约的程度未免估计不足。从当时公开出版的"四史"作品看，真正讲述社会生活内容的并不太多，同西方的"日常生活史"虽形式相似，实质上却有相当的距离。这种全民咸与的盛况很大程度上并非出于自发，而大多是在各级党委层层发动引导之下被动参与的；而西方的"史学大众化"，乃出于全民素质提高后民众自觉。

作为一场由政治领袖推动的全民写史运动，曾经轰轰烈烈，喧闹一时，落幕之后检视其实际成果，不免遗憾于投入与产出之不经济。但如果简单地将"四史"运动视为"一场荒诞剧"，则未免失之偏颇。反观"四史"运动，其眼光向下的基本理念与取向并未过时。

近代史研究所的专业学人，虽曾一度认同"四史"运动的理念，并对之倾注热情。他们难以认同当时普遍流行的将"四史"等同于文艺虚构的做法，《历史研究》这一权威史学刊物欲树立样板，将"四史"引入历史编纂的轨道。但在当时的政治氛围中，"四史"运动中的专业学人并未能扮演主角，他们从学术角度着眼的理性发声在当时也未能得到广泛应和。他们在编写实践中虽也曾付出真诚的努力，却很快遭遇困境，既无力影响"四史"运动的方向，也难有更大作为。

四　推动"近代社会历史调查"

对于十七年间中国近现代史理论构建方面的成就，已有学者予以阐发。而近现代史领域对社会历史调查方法的倡导和实践，既有的史学史对此却甚少论及。① 实际上，20 世纪 50～60 年代，实地调查受到近现代史研究者的青睐，被视为"对于完全反映历史真实情况具有决定的作用"的科学方法；② 名目繁多的历史调查组纷纷成立，且取得了颇为可观的实绩。十七年间的实地调查，提倡与调查对象"同吃、同住、同劳动"；这与社会史田野调查倡导的"参与体验"及"从底层向上看"的视角和价值立场，实有暗合轨辙之处。纵观其具体实践虽不无局限，但参与者不畏艰难潜心投入，仍有值得总结、取法之处。今天的田野调查，其理论方法均取自海外，而前辈学人投身实地历史调查的种种努力却湮没无闻。③ 学术发展需温故知新，无视本土的学术传统资源而一味眼光向外未必可取。本节欲聚焦于"十七年"间近代史研究所主导下的中国近现代历史调查，寻绎其理论渊源，梳理其实际情形，总结其利弊得失，力图展现"十七年"间中国近现代史研究颇具特色的一个面相。

与民国时期相比，新中国成立后的近现代史研究在研究重心与史料眼光上均发生了显著转换。总体说来，民国时期的近现代史研究重视档案史料，罗家伦、蒋廷黻、傅斯年等人尤偏重官方的政治、外交史料，体现出精英史学的眼光。民国主流学界忽视下层民众，对于近代史事的调查多未措意。王庆成批评曰："国民党反动统治年代不重视学术研究，不从事有组织的历史调查，造成了历史研究方面的无可补救的损失。"④

自晚清以降，倡写"民史"的呼声始终不绝。梁启超早在 20 世纪初就痛斥君史湮没民史之弊，斥"君史"、倡"民史"成为新史学最为关键的观念变革。但这种提倡多出于政治目的，提倡者"其内心似并未出现

① 以笔者所见，仅有杨祥银在论述当代口述史学时简略述及 20 世纪 50 年代对太平天国、义和团等的调查。参见杨祥银《当代中国口述史学透视》，《当代中国史研究》2000 年第 3 期。
② 徐仑：《注重历史调查和史料整理》，《文汇报》1964 年 1 月 21 日。
③ 曾业英先生就认为，如今社会史研究的田野调查并非西方史学的新创造，实质同"文革"前大陆学界的社会历史调查有相通之处。曾业英先生访谈记录，2010 年 12 月 15 日。
④ 王庆成：《"太平天国起义调查报告"评介》，《光明日报》1956 年 11 月 1 日。

真正沿此方向的转变",① 因而倡议中的"民史"并未得到实质发展，历史研究仍以上层为主要对象。

1949 年新中国成立后，唯物史观将"劳动人民"视为"历史的主人"之观念得到普及和强化，历史研究的主体内容与价值取向也因之乾坤颠倒。翦伯赞明确提出："我们研究中国历史，应该站在劳动人民的立场，批判那种以帝王为中心的正统主义，建立以劳动人民为中心的新的历史观点。"② 至于近百年史，"首先是要研究近百年来中国劳动人民生产斗争和阶级斗争的历史，特别是要把中国人民反帝反封建的革命斗争当作近百年历史的主体，决不能把它归结为满清统治者、北洋军阀、蒋介石反动集团的活动过程"。③

十七年间，不仅研究重心发生"眼光向下"的转移，研究者看待史料的眼光也相应发生了转换。陈恭禄于 1957 年发表《介绍中国近代史的几种基本史料》，受时风影响，他也提出"当认识史实的阶级性"，④ 却仍被批为"只推崇封建朝廷的公文档案，轻视人民革命的史料；只推崇反动官僚的文集、日记、年谱等等，而忽视劳动人民阶级斗争生产斗争的史诗纪实"，"充分暴露了作者的资产阶级反动史观"。⑤

但是，要获得"人民革命的史料"并非易事。因以往的史学多以"精英"为取向，下层民众基本上处于失语状态，留下的史料相当有限，写"民史"难免成为无米之炊。欲破解此难题，还须另辟蹊径。十七年间的近现代史研究，在如何获取史料上形成了与民国时期有异的理念与取径，即由图书馆、档案馆翻阅档案文献转为强调实地历史调查。

---

① 罗志田：《近三十年中国近代史研究的变与不变》，《社会科学研究》2008 年第 6 期，第 141 页。
② 翦伯赞：《怎样研究中国历史》，《新建设》1950 年第 2 期，第 14 页。
③ 林增平：《胡适历史唯心主义怎样污损和歪曲中国近百年历史》，《湖南师院学报》1956 年第 1 期。
④ 陈恭禄：《介绍中国近代史的几种基本史料》，《历史教学》1957 年第 6 期，第 38 页。
⑤ 许整意：《批判陈恭禄先生的资产阶级反动历史观》，《历史教学》1958 年第 7 期，第 48 页。

所谓"历史调查"，在时人的认知中即"历史工作者深入到历史事件发生以及历史人物活动的现场进行调查采访，挖掘、搜集各种丰富的历史资料，提供历史研究之用"；也就是"深入到广大人民群众中去调查、搜集史料。这些史料的特点是人民性强，生动、具体"。① 大略而言，十七年间的历史调查主要包括口述访谈、民间资料搜集、史迹考察等内容。

众所周知，毛泽东历来重视社会调查，认为"没有眼睛向下的兴趣和决心，是一辈子也不会真正懂得中国的事情的"。② 正是在毛泽东的直接推动下，1956～1964 年组织的中国少数民族社会历史调查，取得了世人瞩目的成绩。不过，将历史调查作为研究中国近现代史的重要方法，主要还是直接来自 1951 年"武训历史调查"的示范与启发。

1951 年 5 月 20 日，《人民日报》发表由毛泽东写的《应当重视电影〈武训传〉的讨论》，随后由江青领导武训历史调查团到山东调查，形成的《武训历史调查记》经毛泽东修改后在《人民日报》连载。因为权力中枢直接介入，武训批判很快演变为新中国成立后意识形态领域的一场大规模政治批判运动。对于武训历史调查，以往研究者多诟病其先有"定论"、歪曲史实之弊，③ 而鲜少注意其在方法论层面对于史学研究——尤其是中国近现代史研究——的深远影响。

《武训历史调查记》的出炉，不仅为批判武训提供了似乎确凿无疑的证据，还昭示着一种新的看待近现代史资料的眼光和获取史料的途径，在当时就被认为具有方法上的指导意义。郭沫若强调，《武训历史调查记》"之所以能有澄清思想混乱的力量，是因为方法正确，而且直接记录了劳动人民的意见。这是向来的历史述作里面所几乎没有的新的

---

① 区骊：《怎样进行历史的实地调查》，《史学月刊》1965 年第 4 期，第 37 页。
② 毛泽东：《〈农村调查〉的序言和跋》，《毛泽东农村调查文集》，人民出版社，1982，第 16 页。
③ 冯毅之：《要从〈武训历史调查记〉的调查中吸取教训》，《齐鲁学刊》1981 年第 1 期，第 38～39 页。

成分。这一次的批判工作和调查工作，为中国的人民史学增加了光辉的一页"。① 赵憩之认为，不唯正史不可靠，"即是野史和笔记也有许多靠不住……武训历史调查记，就是删除那些靠不住而发见（现）靠得住的一种新史学的典型。它教给我们怎样看，怎样想，怎样分析，怎样鉴别。治史学的人以这个作标准，就会整理出来新的人民历史"。② 黄元起进一步阐发，《武训历史调查记》"给我们指明了新的方向：第一，必须面向人民大众进行调查，发掘历代人民生活的实物；第二，必须访问民间的舆论，特别是中国近代史的研究，应该仿照武训历史调查的先例，有组织有计划的进行工作"。③《历史教学》在 1953 年 10 月的社论中强调："在搜集史料工作中应该特别提出的是《武训调查记》。这一件调查工作，不仅提供了许多珍贵的史料，而且使我们学习了毛主席所指示的调查研究的方法。"④

直接受武训调查启发，陈白尘等 10 人于 1952 年组成"宋景诗历史调查组"，前往聊城进行两个月的调查，共计调查 163 个村镇 724 人，记录原始谈话材料约 18 万字。1957 年由人民出版社出版《宋景诗历史调查记》。《人民日报》报道的编者按语指出，宋景诗历史调查"不但使久经湮没的一场轰轰烈烈的农民革命史迹，得以重见天日，廓清了过去统治阶级所强加于人民的诬蔑与污辱，而且提供了一种值得提倡的研究近百年史的重要方法"。⑤

武训调查及宋景诗调查为中国近现代史研究提供了示范。广西省由政府组织"广西省太平天国文史调查团"进行实地调查，调查所得结集成《太平天国起义调查报告》，明确宣示："实地调查是发掘近代史资料的一

---

① 郭沫若：《读〈武训历史调查记〉》，《人民日报》1951 年 8 月 4 日，第 3 版。
② 赵憩之：《武训历史调查记与新史学》，《历史教学》1951 年第 10 期。
③ 黄元起：《〈武训历史调查记〉所提示的治史方法》，《新史学通讯》第 1 卷第 6 期，1951 年，第 3 页。
④ 《庆祝祖国四年来的成就，加强历史科学工作》，《历史教学》1953 年 10 月号，第 3 页。
⑤ 《农民革命英雄宋景诗及其黑旗军——"宋景诗历史调查报告"提要·编者按》，《人民日报》1952 年 11 月 1 日，第 3 版。

条良好道路，'武训历史调查团'已经给我们创造出了优秀的榜样。"① 江地也宣称："前几年所曾经进行过的关于宋景诗起义的调查，在这方面为中国近代史的研究工作开创了一个良好的范例。"②

　　诚然，十七年间的历史调查并不限于近现代史，但确以近现代历史调查为主。或因"近代"、"现代"毕竟去今不远，介于"所见世"与"所闻世"之间，一些亲历其事者尚在，或由其父祖口耳相传，尚少失实，近现代史调查访谈具有实际可操作性。③ 如华岗所言："中国近代历史之舟的搭客、划桨人和把舵人，现在还有不少健在，只要我们肯去调查访问，就可以得到许多新鲜史料，作为我们研究的根据或参考"。④ 林言椒亦指出："实地调查是科学研究的重要途径之一。近代史从鸦片战争算起，距今不过一百多年，不少史实在群众中保留着许多宝贵的口碑。"⑤ 曾投身回民起义调查的马长寿指出：

　　　　事实证明，近百年来的我国历史，通过调查方法，是可以解决一部分或大部分问题的。过去所有的历史纪录，绝大部分乃出自为统治阶级（包括地主阶级）服务的知识分子之手，由于他们的立场是反动的，因而对于事实的叙述和说明，极尽歪曲污蔑之能事。而且过去纪录所根据的不外公文档案和流行于社会上层人士的传说，但这些档案和传说不只有阶级性，而且有局部性的。为了纠正史料的谬误并进一步全面而深入地了解事实的真象，历史调查就成为刻不容缓的工作。⑥

---

① 《太平天国起义调查报告》，三联书店，1956，"前言"，第 2 页。
② 江地：《关于捻军史的参考资料问题》，《新史学通讯》1955 年第 8 期，第 10 页。
③ 如刘尧汉坦言，他对沙村的调查访问限于清代至新中国成立之历史，而明末以前"因历时久远，多已不能从现实中询得其材料"。刘尧汉：《由奴隶制向封建制过渡的一个实例》，《历史研究》1958 年第 3 期，第 80 页。
④ 华岗：《中国近代史的特征和研究门径》，《新华日报》1943 年 8 月 8 日。
⑤ 林言椒：《实地调查是科学研究的重要途径之一》，《文汇报》1962 年 9 月 16 日。
⑥ 马长寿：《同治年间陕西回民起义历史调查纪录序言》，《西北大学学报》1957 年第 4 期。

概而言之，"写劳动人民的历史"具有不容置疑的正当性，在这一理念与取向的指引之下，史学关注的重心下移至底层社会。走出书斋，从实地历史调查中寻求史料，成为"十七年"间近现代史研究颇有影响的一种取向。

在中国近代史领域，属于"三次革命高潮"的太平天国、义和团运动、辛亥革命自然吸引了最多的关注。这三大史事均涉及全国各地，不少省、市组织了颇具声势的历史调查。

太平天国运动在"十七年"间最受学界关注，太平天国历史调查亦颇具声势。罗尔纲在 1961 年总结太平天国史料工作时，将"到江苏、浙江、安徽三省搜访"作为发掘太平天国资料三条主要途径之一。① 广西作为太平天国运动的发源地，1954 年由省文化局与省文联从文教系统抽调胡明树等 10 人组成"广西省太平天国文史调查团"，桂平、贵县政府又派出 8 名干部予以协助。是年 10 月 15 日至 11 月 28 日，调查团走访桂平金田、紫荆等地，访问了 291 位老人，记录了 8 万字原始资料，形成《太平天国起义调查报告》，并出版发行。② 广西于 1959 年成立通志馆，副馆长吕集义组织研究人员共 11 人，于 1960 年 3 月至 9 月共 4 次深入太平天国早期活动的 16 个县市 53 个人民公社，访问了 600 余位老人，记录口碑资料近 40 万字。1961 年 7 月、8 月间又组织通志馆及广西师院历史系人员到桂平、贵县等地进行重点调查，并对金田地区几个村作土地问题典型调查，在桂平、贵县等地作商品经济和手工业专题调查，最后编成《太平天国革命在广西调查资料汇编》。③ 1962～1963 年上半年，通志馆太平天国研究组大部分研究人员到玉林等 32 个市县，调查石达开回桂和太平

---

① 其余两条途径为向全国各地征集、在南京图书馆等书库里发掘。罗尔纲：《太平天国资料的发掘、编纂与出版》，《人民日报》1961 年 8 月 20 日，第 5 版。

② 《太平天国起义调查报告》，"前言"，第 1～4 页；《广西通志·社会科学志》，广西人民出版社，1999，第 276 页。

③ 广西通志馆编《太平天国革命在广西调查资料汇编》，广西人民出版社，1962，"前言"，第 1～4 页。《广西通志馆人员深入十五县市调查访问收集和整理出一批太平天国史料》，《光明日报》1961 年 2 月 2 日。

天国时期广西会党起义的史实，访问了 300 多位老人，记录近 20 万字资料。① 1956 年 6 月，江苏师范学院历史系师生 100 余人在苏州、吴县、吴江、常熟、昆山、太仓、江阴以及无锡等地区进行"太平军在苏州"的调查。② 1958 年 11 月 16 日，杭州师院历史系赴绍兴、余姚、宁波、金华、诸暨、东阳、义乌等地调查太平天国起义，访问了 28 人，召开了 6 次座谈会。③ 南京太平天国历史博物馆 1965 年派人赴合肥、安庆、南昌、九江以及天津、济南等地，进行了 40 余天的太平军北伐、西征历史调查。④

　　辛亥革命亦成为近代史研究者关注的热点。《近代史资料》自 1954 年创刊起陆续刊载了多篇辛亥革命回忆、口述史料。⑤ 1955 年湖北组织首义老人成立"征集辛亥首义史料小组"，向首义老人征集史料。⑥ 1961 年举办的纪念辛亥革命 50 周年学术讨论会，以农民、会党、新军为主体的群众斗争是会议讨论的热点，⑦ 实地调查的方法颇受研究者重视。戴学稷所写《辛亥革命时期呼包地区的起义斗争》，主要利用内蒙古自治区文史研究馆所作调查访问及当事人回忆录资料写成。⑧ 湖北方面还进行了"辛亥革命前后武汉地区工商业情况的典型调查"、"辛亥革命前两湖会党的调查"。⑨ 扬州师院历史系 1957 年成立"中国近代史乡土资料调查队"，

① 因"四清"和"文革"，这些资料未能出版。至 1989 年，这些资料经精选编入饶任坤、陈仁华编《太平天国在广西调查资料全编》（广西人民出版社，1989）。《广西通志·社会科学志》，第 277 页。

② 《"太平军在苏州"的调查取得成绩》，《光明日报》1960 年 7 月 14 日。

③ 杭州师范学院历史系"浙江地方史"编委会：《下乡调查太平天国史料的收获和体会》，《光明日报》1958 年 12 月 25 日。

④ 郭存孝：《太平军北伐、西征的历史调查》，《人民日报》1965 年 12 月 7 日，第 5 版。

⑤ 笔者统计，1954～1958 年《近代史资料》刊载有关辛亥革命的口述、回忆达 35 篇。

⑥ 《参加辛亥革命首义老人编纂武昌首义史料》，《人民日报》1956 年 9 月 8 日，第 4 版。

⑦ 李时岳、罗耀九、谢承仁、吴纪先、陈隆坡、刘望龄：《辛亥革命五十周年学术讨论会讨论的一些问题》，《历史研究》1961 年第 6 期。

⑧ 《戴学稷来函》，近代史研究所藏"辛亥革命五十周年讨论会档案"。戴学稷：《辛亥革命时期呼包地区的起义斗争》，《内蒙古大学学报》1961 年第 1 期。

⑨ 《李克仁、欧阳敏宣来函》（1961 年 7 月 29 日），近代史研究所藏"辛亥革命五十周年讨论会档案"。

赴上海、苏州、太仓、常州、镇江、南京、扬州、淮安、南通、徐州等地
采访辛亥革命的亲历者，历时近 3 年，获取了大量口述资料。① 由祁龙威
整理成《辛亥革命江苏地区史料》书稿及《辛亥革命时期无锡、常熟、
江阴三县边区佃农起义调查记》，提交 1961 年武汉辛亥革命讨论会作为献
礼。② 邵循正推荐祁龙威在大会介绍实地历史调查的经验。③ 篇幅达 50 万
字的《辛亥革命江苏地区史料》1961 年由江苏人民出版社正式出版后，
陈旭麓撰写书评予以高度评价。④ 胡绳在《鸦片战争到五四运动》中亦引
用此书的调查报告和部分资料。

　　与太平天国、辛亥革命相比，义和团运动可资参考的文献资料极为贫
乏。文献无征，社会历史调查显得尤为重要；且不少义和团运动的参与者
尚未故去，进行历史调查比较便利。华南师院历史系几名教师于 1957 年
赴山东济南、青岛、茌平、聊城、临清、德州、平原、恩县，河北保定，
以及天津、北京进行义和团史事实地调查。历时 57 天，调查对象包括当
时参加义和团的团员及领导人（大师兄），收获颇丰。⑤ 1959 年 11 月，北
京师范大学历史系对京津一带的义和团进行了 5 天实地调查，访问了当年
参加义和团的大师兄、二师兄。⑥ 1960 年 4 月，河南开封师院历史系组织
师生到南阳、泌阳、桐柏、确山等地区进行历史调查，形成《近百年来
南阳人民反洋教斗争调查报告》。⑦ 南开大学历史系与天津历史博物馆、
天津市文化局合作，于 1958～1960 年组成"天津义和团运动调查队"，
共采访 1114 人，其中团民 123 人，包括义和团的师兄、红灯照师姐，记
录了几十万字的口述资料，形成详细的调查报告并油印成册，深受学界称

①　《扬州师院调查辛亥革命史料》，《光明日报》1960 年 9 月 16 日。
②　《扬州师院来函》、《祁龙威来函》，近代史研究所藏"辛亥革命五十周年讨论会档案"。
③　祁龙威：《编辑〈辛亥革命江苏地区史料〉的两点经验》，扬州市编史修志办公室编《扬
　　州史志资料》第 1 辑，第 29 页。
④　陈旭麓：《一本有价值的辛亥革命地区史料》，《文汇报》1962 年 9 月 18 日。
⑤　华南师院中国近代史教研组：《鲁北义和团调查概述》，《山东省志资料》1960 年第 4 期。
⑥　张安民：《义和团团员访问记》，《北京师范大学学报》1960 年第 3 期。
⑦　开封师院历史系南阳调查组：《义和团运动前后南阳人民的反帝斗争（调查报告）》，《史
　　学月刊》1960 年第 8 期。

道。调查报告于 1990 年正式出版。① 四川大学历史系及中国科学院河南分院历史研究所也分别在四川、河南等地进行义和团史事调查。② 山东作为义和团的发源地，极为重视对义和团运动历史的调查。《山东省志资料》1960 年第 2 期刊载一系列关于义和团的调查报告。山东大学历史系在听取中科院近代史所学者意见的基础上，制定义和团调查提纲，于 1960 年 1～3 月派 56 名师生分赴鲁西南、安徽、江苏、河北等 4 省 27 县调查，1965 年底至 1966 年初派 41 名师生分赴鲁西南、河南、河北等 3 省 34 县调查，共取得了近一百万字颇具学术价值的资料，受到海内外学界称许和重视。③

　　"三次革命高潮"之外，近代史上大大小小的下层民众的反清起义均成为历史调查的对象。④ 这些调查数量众多，难以尽述，只能择其要者概述于下。

　　捻军影响较广，颇受重视。1957 年 10～11 月，安徽科学研究所历史研究室派调查小组至涡阳、亳县进行为期 3 周的调查访问，走访 93 个村镇，访问 324 位老人和干部，收获丰硕。⑤ 1958 年秋，历史研究室正式组织"捻军调查组"，赴皖北涡阳全县和蒙城、亳县、濉溪及河南永城，进行为期两个月的捻军史实地调查。调查组拟订《捻史调查计划和提纲》，共调查大小集镇村庄 300 余个，访问 1000 余人次，搜集

① 南开大学历史系编《天津义和团调查》，天津古籍出版社，1990，序，第 1～2 页；南开大学历史系四年级历史专业班：《义和团在天津的反帝斗争》，《历史教学》1960 年第 6 期。

② 史师同：《义和团运动的研究和资料整理简介》，《新建设》1960 年第 10～11 期，第 21 页；马汝珩：《关于义和团的研究与资料整理》，《光明日报》1960 年 9 月 17 日。

③ 路遥主编《山东大学义和团调查资料汇编》（上），山东大学出版社，2000，前言，第 5 页；何书彬：《"被评价"的义和团——对话中国义和团研究会常务副会长苏位智》，《看历史》2010 年第 5 期。

④ 主要包括捻军起义，宋景诗起义，两广人民起义，金钱会起义，川陕的李、蓝起义，闽浙人民起义，川滇农民起义，贵州苗族农民起义，云南回民起义，哀牢山彝民起义，西北回民起义，天理教农民起义等。

⑤ 《捻军革命活动史实采访实录》，《史学工作通讯》1957 年第 3 期；《捻史调查计划和提纲》，《安徽史学通讯》1958 年第 5 期。

到大量有关捻军的口述资料，① 并以这些资料撰写了一系列文章。② 1961
年合肥师院历史系还组织进行了捻军历史调查。③ 一些近代史研究者也根
据个人研究所需进行调查。中科院近代史所的荣孟源 1950 年即赴山东
调查捻军遗迹。④ 朱偰1952 年到捻军领袖张乐行家乡——安徽省涡阳县
张老家村，调查访问张乐行从曾孙张羹材，厘清张乐行家族世系，并
提出张禹爵与张五孩并非同一人。⑤ 江地于 1958 年至山东、安徽、江苏
等省专门进行有关捻军的调查访问，历时 40 天，获得了蒙城、涡阳两地
捻军领袖后人不少口述资料。⑥ 祁龙威也专门就东捻失败、赖文光被俘进
行调查。⑦

　　同治年间（1862～1874）陕西回民起义，震惊清廷。统治者的档案
文献称为"回乱"。1956 年 3 月～1957 年 6 月，民族学家马长寿组织西北
大学师生在关中地区 18 个县市进行实地调查，获取大量详细史料，⑧ 整
理后编成《同治年间陕西回民起义历史调查记录》。⑨

　　清代哀牢山区以李文学为首的农民起义，以彝族为主体，并有汉、
白、哈尼、傈僳、傣、苗等民族参加，声势颇大，历时 23 年，却不见于
正史记载。刘尧汉对哀牢山区 11 县先后进行 4 次实地调查，才将之发掘
出来。调查材料以《云南哀牢山区彝族反清斗争史料》（《近代史资料》
1957 年第 2 期）、《云南哀牢山区彝族反清斗争调查记录》（《近代史资

---

① 马昌华：《捻军调查记》，《安徽史学》1984 年第 1 期；《捻史调查计划和提纲》，《安徽史
　　学通讯》1958 年第 5 期。
② 《捻军产生的社会背景》、《关于捻军的组织问题》、《捻军的产生及其初期的活动》、《张
　　乐行传》，均刊于《安徽史学通讯》1959 年第 6 期；《安徽捻军概述》，《安徽史学通讯》
　　1959 年第 4、5 期。
③ 《合师历史系进行实际调查获得不少关于捻军的史料》，《安徽日报》1961 年 3 月 10 日。
④ 江地：《关于捻军史的参考资料问题》，《新史学通讯》1955 年第 8 期。
⑤ 朱偰：《捻军领袖张禹爵和张琢（张五孩）》，《历史教学》1954 年第 10 期。
⑥ 江地：《雉河集调查记》，《山西师院学报》1959 年第 4 期。
⑦ 祁龙威：《东捻军失败与赖文光被俘事迹调查简记》，《光明日报》1958 年 2 月 3 日。
⑧ 马长寿：《"同治年间陕西回民起义历史调查记录"序言——兼论陕西回民运动的性质》，
　　《西北大学学报》1957 年第 4 期。
⑨ 书稿在当时被提到政治路线高度予以否定，几经周折，至 1993 年方由陕西人民出版社出
　　版。拜学英：《悲壮的历史　不屈的往事》，《回族研究》2000 年第 4 期。

料》1957 年第 3 期）、《云南哀牢山彝族反清斗争调查记录补》（《近代史资料》1963 年第 1 期）为题发表后，引起近代史学界高度关注，《中国史稿》第 4 册多次引用这些资料。

对于近代西方列强侵略及人民反侵略斗争的历史调查也所在多有。广西成立中法战争史调查组，自 1960 年 3 月始，历时半年，调查了广西宁明、龙津等地和广东钦县 7 县，以及南宁、凭祥 2 市。对调查资料加以整理，编写出《中法战争调查记》（油印稿）。① 广州市人民政府民教科于 1951 年 6 月 28 日在三元里区召开调查会，出席者有李翀伟等 7 人，着重调查平英团发生、发展和斗争之经过。② 中山大学历史系师生于 1960 年 2 月、3 月，分成 8 个小组，分头调查 115 个乡村，访问 611 位老人，个别访问、开座谈会达 450 次，共调查了 38 个"社学"，得出结论是"社学"由地主士绅所掌握，在反侵略斗争中未起过组织领导作用。这一结论受到学界高度关注。③ 广东师院历史系成立鸦片战争史迹调查组；④ 广东省文管会于 1954 年派出区家发等 4 人赴番禺、南海调查广东人民抗英斗争史迹。⑤ 中国史学会广州分会成立"1899 年遂溪人民抗法斗争调查工作团"进行调查。⑥ 甘肃兰州组织进行兰州天主教堂调查。⑦ 华中师院历史系中国近代史组进行圻春、武穴等地的教案调查。⑧ 钟文典、萧辛于 1956 年夏进行"永安教案"调查，访问 40 余人。⑨ 1886 年爆发的四川大足教案，

---

① 《广西通志馆调查研究中法战争史》，《光明日报》1961 年 5 月 5 日。
② 《三元里平英团史实调查会记录》，《近代史资料》1954 年第 1 期，第 1~6 页。
③ 《中山大学历史系部分师生根据实地调查材料，对于"社学"性质和作用问题提出新看法》，《光明日报》1961 年 1 月 24 日。
④ 《糠头记——反侵略斗争故事》，《羊城晚报》1960 年 9 月 28 日。
⑤ 《鸦片战争期间广东人民抗英斗争遗迹图》，《近代史资料》1956 年第 2 期；区家发：《鸦片战争期间广东人民抗英斗争遗迹调查》，《近代史资料》1956 年第 2 期。
⑥ 《1898~1899 年广东遂溪人民反抗法帝国主义侵略广州湾地区的斗争》，《广东历史资料》1959 年 1、2 期。
⑦ 《外国侵略者以武力威胁向中国传教的目的——兰州天主堂历史专题调查报告》，《甘肃师范大学学报》1959 年第 1 期。
⑧ 章开沅：《一九〇〇年前后湖北地区的反洋教斗争》，《理论战线》1960 年第 5 期。
⑨ 钟文典、萧辛：《1898 年的"永安教案"调查记》，《近代史资料》1958 年第 5 期。

四川大学历史系、西南师院历史系均组织进行调查。①

　　兴盛一时的近现代历史调查多由各省、市政府部门主导组织，以历史研究机构研究人员及高校历史系师生为调查主力，因而涉及面广，规模较大，整合了相当多的社会资源。这种由地方政府推动的历史调查往往发挥地域优势，多注重调查发生在本地区的近现代史事，力图为区域史撰写提供丰富的资料。另外，调查访问对象注重阶级成分，主要集中于下层普通民众。有学者认为："史料绝大部分是流传在劳动人民的老者手中。"② 陈白尘不无自豪地表示，其调查对象均为"出身贫、中农而年已耄耋的老人们，每一个人都是无知无识所谓没有文化的人，但他们所共同提供的这部史料，却推翻了、纠正了官书中许多伪造和错误，许多被掩饰、阉割的历史也由它得到了补充，若干死材料也由它而变成活的历史，很多看来无意义的事件因之得到了说明，一些疑难问题也因之得到了解答"。③

　　"十七年"间中国近现代史实地调查蔚然成风，且受到学界乃至整个社会高度关注。《人民日报》、《光明日报》、《历史研究》常有关于历史调查的报道。不过当时多由各省市党政机关组织本地研究力量进行区域性的历史调查，少数由研究者自发投身调查，相互之间缺乏协调和整合，不少调查成果也未能及时整理刊布。这种情形自难令人满意。全国政协于1959 年成立文史资料委员会，即主要着眼于收集整理历史当事人的口述或回忆录。④ 中科院近代史研究所作为国家级史学机构，被寄予促进近代史学科发展之任，也一度在推动近现代历史调查中发挥引领作用。

　　1949 年成立的新史学研究会，在范文澜主持下成立了"一个小组，

---

① 历史系调查组：《一八八六年至一八九八年的四川大足教案始末》，《四川大学学报》1956年第 1、2 期；西南师院历史系：《关于余栋臣反帝起义斗争的研究》（1890 年四川余栋臣起义调查），《文汇报》1962 年 3 月 7 日。

② 区骊：《怎样进行历史的实地调查》，《史学月刊》1965 年第 3 期，第 38 页。

③ 陈白尘：《宋景诗历史调查记》，人民出版社，1957，第 4、5 页。

④ 政协文史委员会出版《文史资料选辑》，留下大量当事者的口述回忆，其价值自不待言。这种回忆口述与历史调查有相通之处，即均重视史事亲历者或知情者的看法；不过二者的取向与做法还是有所差异：前者为回忆录，后者强调田野实地调查。为集中论题，本书对于政协文史资料论述从略。

专门组织那些亲身经历过辛亥革命以来各个历史事件的先生们，给我们讲述亲身参加和亲眼看到的事实。从这些讲述里，可以得到许多不见于书本上的可贵史料"。①

范文澜对于访问调查给予了相当的重视。1955 年讨论研究计划时，即已提出对义和团、辛亥革命、北洋军阀、五四运动、第一次国内革命战争等重大历史事件进行历史调查。②

现代史组的王来棣被安排研究中共建立时期的历史。1956 年 5 月开始进行采访工作，并由范文澜介绍采访李达、冯白驹、曾希圣、林伯渠、徐特立、吴玉章等，至 1957 年 5 月共采访了 30 余人。③

1958 年，近代史所还制订了一个访谈计划。兹照录于下：

一、访问曾参加近代现代史上各种重要活动以及熟悉近代现代史各方面情况的人士，可以搜集大量在书本上所不可能找到的重要史料，这对开展中国近代现代史的研究有很大的意义。过去有少数单位在这方面已经做了一些工作，但缺乏全面统一的安排。今后有必要也有可能，把力量组织起来，制定访问计划，分工合作地来进行这一工作。

二、访问的范围：目前应首先访问（一）曾参加戊戌变法、义和团运动、辛亥革命、五四运动和第一次国内革命战争时期各种活动的人士；（二）熟悉清政府、北洋军阀内幕的人士；（三）熟悉帝国主义侵略中国的活动的人士；（四）熟悉中国近代社会、经济、文化等方面情况的人士。

三、各地根据上述访问的范围，就近先对以下几部分人士进行访问：（一）住在当地的政协全国委员会委员及其所联系的人士；（二）本省市的政协委员会委员及其所联系的人士；（三）中央文化

---

① 范文澜：《史学会已有的成绩与今后的努力》，《中国史学会五十年》，第 13 页。
② 《刘大年日记》，1955 年 10 月 28 日。
③ 王来棣先生访谈记录，2010 年 7 月 19 日。

馆馆员及省市文化馆馆员；（四）现在当地工作的熟悉中国共产党的成立和第一次国内革命战争的人士。

四、历史第三所负责邀集有关的研究机构、各高等院校有关的教研室、高级党校、军事学院以及其他愿意参加这一工作的单位，共同商讨具体办法，列出名单，制定访问计划，确定分工。在 1958 年上半年间先由历史研究所第三所邀集北京各有关单位举行一次会议，就北京进行访问工作作出统一安排。

五、访问后的记录或请被访问者本人所写的回忆录等访问所得的资料，可斟酌情形，分别保存或汇集出版。参加这一工作的各单位应推一个或几个单位对于访问所得的资料，作统筹处理。①

据已有资料，此计划之实施似不尽如人意。至 1962 年 12 月，近代史所再度提出《关于调查和征集历史资料工作的初步意见》，摘录于下：

一、目的：调查中国社会历史资料，在为历史的科学研究工作提供依据或参考；其中有些部分可能对今后社会主义建设工作也有一定的参考价值。

二、范围：根据各地区、各机构、各团体或个人的具体情况确定调查的具体项目和要求，凡有关社会阶级关系的历史情况，无论政治、经济、社会、民俗等各方面的资料都在调查范围之内。同时征集现成的文字资料，例如涉及各种行、帮、会、馆共同规约的碑刻、告示、合同、契约、传统、习惯、口碑等，涉及工、商各业活动情况的各种账册、信件、章程、告示、合约等，涉及家庭或个人发家或没落的置产簿、分家簿、族谱、自传、自述、回忆录以及各级地方政权如府、县、乡、镇的各种档案等。

三、协作：此项工作涉及面很广，有些调查项目与各地博物馆、

---

① 近代史所档案：《人物访问计划草案》（初稿，1958 年）。

档案馆、图书馆、文史馆、民主党派、工商联、政协、科研机构、高等院校、以及企业机构现在的工作有关系，所以必须和这些机构协作。此外，为了取得某些资料，还与民政部门、公安部门取得联系。

四、步骤：暂在哲学社会科学部或近代史研究所设立一个工作组，负责与各有关机构的联系协作工作，首先了解各机构现在工作情况，明确有什么可资征集、调查的人物对象，看人物对象确定调查研究的问题。组织专家和调查工作者与人物对象举行座谈。在开始阶段，工作组的任务主要是做这种组织联系的工作，俟摸出经验后，再作进一步打算，并视可能逐步向全国各地推广。

目前工作，可从以下三项入手：（1）组织政协委员中资本家提供经济史资料；（2）组织在押人犯提供秘密结社史资料；（3）通过民建和工商联征集工商各业的碑刻、行规、账册等各种文物资料。

五、资料处理：所有资料将妥善保存，其中有科学价值的调查报告可公开发表。所征得的文字资料确有价值者，给予提供人以一定的物质报酬，借资鼓励。①

这一调查征集史料的构想颇为宏大，但真正实施并非易事。近代史所进行历史调查的计划真正得以进行，还需高层的推动。

1964年2月7日，全国政协文史资料委员会副主任杨东莼与近代史所副所长刘大年联名致函中国科学院哲学社会科学部分党组、全国政协党组、中宣部、统战部，建议成立"近代中国社会历史调查工作委员会"。兹将此信摘录于下：

我们提出一个由学术界和政协合作开展近代中国社会历史调查工作的建议，报告如下：

去年十月间，胡乔木同志曾找我们和其他几位同志商议如何开展

---

① 近代史所档案：《关于调查和征集历史资料工作的初步意见》（1962年12月）。

近代中国社会历史调查的问题。我们根据乔木同志的意见，前后谈过几次。在中国科学院哲学社会科学部学部委员会第四次扩大会议上，周扬同志提出要加强对现实问题的研究，这也需要收集近代中国社会历史的资料，进行社会调查工作。经同全国政协的有关同志和中国科学院哲学社会科学部的负责同志商议，我们的共同意见有以下几点：

1. 近代中国社会历史调查工作，过去学术界也作过一些，但还不能适应研究工作和其他工作的需要，许多有现实意见（义）而又值得研究的东西，资料还很缺乏，需要进行实际调查。在研究方法上，调查工作也具有十分重要的意义。研究工作不能限于书本知识和前人提供的资料。现在进行社会调查工作的条件很好，越往后这种便利条件越将减少，因此，需要争取时间。

2. 要推动社会调查工作，先要成立一个领导机构：这个机构暂时定名为"近代中国社会历史调查工作委员会"，由学术界的代表和政协文史资料委员会的代表组成，业务由中国科学院的哲学社会科学部指导，有关动员政协系统人力的组织工作由全国政协领导。这个委员会的任务是：（一）制订工作规划，草拟调查项目；（二）和有关机关进行联系，了解调查对象和资料积累的情况；（三）组织人力和推动有关机关进行调查工作，交流工作经验；（四）初步审查稿件，有计划地安排出版工作。

3. 这个委员会是个空架子，要设立办事机构，负责处理日常工作，进行典型事件的调查。这个办事机构设在中国科学院哲学社会科学部，具体工作由近代史研究所负责，经费预算另行编造，工作人员由有关机关抽调，不再另设编制。

4. 目前准备动手调查的项目，有以下几个：（一）中国近代社会经济状况；（二）中国近代各阶级的发生、发展过程；（三）某些重要的政治事件的经过和真实情况；（四）重要的政治、经济、军事和文化教育制度。打算先调查几项典型事件，作出成绩，取得经验，再行推广，要求在几年的时间内，作出一些有丰富内容有科学价值的专题报告，交中华书局出版。

5. 近代中国社会历史调查工作委员会以杨东莼为主任，刘导生、申伯纯为付主任，委员约有二十人左右，名单等商议妥当后再定。

此信由刘桂五起草，经杨东莼、刘大年反复斟酌、修改，数易其稿，可见相当慎重。自此信可知，胡乔木于 1963 年 10 月就开展近代中国社会历史调查与杨、刘二人商议。杨东莼于 1964 年 2 月 7 日致函刘桂五，提出委员人选：

> 委员人选，我想到的有：大年、黎澍两位同志代表三所，何干之、胡华两位同志代表人民大学，灿然同志代表中华书局，翦伯赞、邵循正两位同志代表北大，肖贤法同志代表宗教局，严仲（中）平同志代表经济研究所，陈元晖同志代表教育研究所，侯外庐、吕振羽两位同志代表学术界。此外，工商管理局，政法、侨委，以及沪、穗、武汉等大城市各需要推举一位，（北师大要不要推一位？）请考虑。政协至少还要增加二三位，以上合计已近二十人左右。漏掉的单位，请补上去。又，档案局要不要一位，以上的名单，请您与大年同志仔细斟酌后，再面谈一次。①

1964 年 2 月 29 日，中宣部、中央统战部即复函："同意杨东莼、刘大年同志关于由学术界和政协合作开展近代中国社会历史调查工作的建议，并由刘大年同志担任近代中国社会历史调查工作委员会副主任。"②

政协文史资料研究委员会在周恩来的倡导下，于 1959 年 7 月 20 日正式成立，由范文澜任主任委员，李根源、王世英、杨东莼、申伯纯、顾颉刚为副主任委员，吕振羽、刘大年等史家均为委员。1961 年为纪念辛亥

---

① 《杨东莼致刘桂五函》，近代史所档案：《近代社会历史调查》。
② 《中宣部复函》，近代史所档案：《近代社会历史调查》。

革命 50 周年，由副主任委员杨东莼主持征集编订六大册《辛亥革命回忆录》。近代社会历史调查与政协文史资料委员会已着手的工作有所契合，因而以杨东莼牵头来组建调委会乃顺理成章之事。近代史研究所有较强的学术实力，社会历史调查工作自需倚重，因而时任近代史所副所长的刘大年、黎澍均被任命为副主任委员。杨、刘等人躬亲张罗，开始紧锣密鼓的筹建工作，而黎因忙于主持历史反修小组工作，无暇过问具体事务。3 月 26 日，中国科学院哲学社会科学部致函近代史所，"同意近代中国社会历史调查工作委员会刻制办公室公章一枚，请你所自行刻制，附去介绍信一封"。近代史所王来棣、周天度、王公度，以及杨东莼（曾任华中师范学院校长）从华中师范学院调来的章开沅、刘望龄负责具体工作。4 月 3 日在近代史所召开筹委会的成立会，杨东莼就社会历史调查的重要性作长篇发言，表示"希望大家充分认识社会历史调查的意义，决心做无名英雄"。① 5 月调委会正式宣告成立，以中华书局为办公地点，启用"近代中国社会历史调查工作委员会办公室"木刻胶质印章。

经过多方调查，征求意见，调委会编写出《中国近代社会历史调查工作的几点意见》，就如何开展工作提出更为明确的规划。首先强调："社会历史调查是中国近代史研究工作中极其重要的一个环节。由于旧中国的文献档案残缺不全，而其中绝大部分又为地主资产阶级所歪曲捏造，仅仅依据文字记载，很难深入探讨许多重大历史问题。因此，只有在全国范围有计划、有组织地开展社会历史调查，树立优良的学风，才能逐步克服过去研究工作中的缺陷，把中国近代史的研究提到更高的水平。"而"熟悉历史故实的老人正在逐渐减少，某些有价值的文献材料可能有所散失，客观形势要求我们刻不容缓地把握有利时机，迅速把历史调查工作开展起来"。至于调查工作具体如何进行，"必须坚持调查与研究结合、访问与文献（以文献为主）结合、专业队伍与群众力量（以专业队伍为主）结合等原则"。调查所得的重要材料，经过严格的鉴别、核实，"编成资

---

① 章开沅：《杨东莼谈社会历史调查》，氏著《实斋笔记》，陕西人民出版社，2008，第 289 页。

料汇编，然后加以综合分析的研究，写出内容丰富并具有较高水平的调查报告和学术专著，交请中华书局以'中国近代历史调查丛书'形式出版"。

中国近代历史调查，涉的问题范围极广，无疑是一项相当庞大的工程，绝非少数人短期内所能完成，必须充分调动一切可能调动的力量，组织起来，分工合作。《意见》对调查工作如何开展有具体安排：

> 1. 1964 年 6 月以前，由各个项目的总负责人邀请各有关单位同志商定分工合作的具体调查计划，然后分头开展调查工作。2. 1965 年 8 月以前在上海召开第一次经验交流会，着重研究如何开展调查研究，并初步汇集一批经过整理核实的调查资料，委托专人撰写若干专题调查报告。3. 以后每年在广州、武汉等地召开全国调查工作会议一次，检查工作，交流经验，汇案资料，并讨论或委托专人写调查报告。4. 在资料汇编和调查报告的基础上委托专人写成专著。

在广泛调查的基础上，杨东莼、刘大年等亲自制定出《北洋军阀调查意见书》、《民族资产阶级调查意见书》、《买办阶级调查意见书》、《江浙财阀调查意见书》、《商会调查意见书》、《中国近代知识分子调查意见书》、《中国学生运动调查意见书》、《农村调查意见书》、《帝国主义对华文化侵略调查意见书》、《租界调查意见书》，对各项调查作了相当细致的规划和部署。兹将其要点简述于下：

（1）北洋军阀调查。计划 3 年内编成《北洋军阀传略》（100 人左右），并在此基础上写成《北洋军阀研究》（专著）。主要措施：①由近代史研究所、全国政协文史资料委员会、中央文史馆、河北省政协文史资料委员会、上海市政协文史资料委员会、档案二馆分工合作，拟请何干之、刘桂五总其成；②由总负责人邀请各单位有关同志商定分工合作的具体计划（1964 年 6 月以前）；③初步汇集各单位所提供的传记及其他材料，并召开经验交流会一次（1965 年 8 月）；④集中各地调查材料，编写传略及专著（1966 年 8 月至 1967 年 8 月）。

（2）民族资产阶级调查。刘大年提出写出民族资本家千人传，包括：早期（中日甲午战争以前）50 人；中期（第一次世界大战以前）300 人；晚期（中华人民共和国成立以前）650 人。要求 3 年至 5 年内完成（1964～1969 年），前三年至少完成 70% 的调查任务，并拟定资金一万元以上的厂矿企业资本家调查参考名单。具体措施：①由中央和各省、市、县的科学研究机关、工商行政管理局、工商联合会、政协文史资料委员会、工矿企业、大专院校及其他有关单位根据当地情况组织专业或业余力量，分工负责协同进行；②刘大年为此项调查总负责人，各地区委托专人或机关负责。

（3）买办调查。以上海经济研究所及历史研究所、中国科学院经济研究所及近代史研究所和全国及津、沪、穗、汉政协文史资料委员会和工商行政管理局等单位负责，并拟请黄逸峰、徐仑等总其成。计划两年内写成有关买办制度及买办阶级的调查报告、典型买办的传记若干种，1969年以前写成《论中国买办阶级》专著。要求总负责人在 1964 年 6 月以前邀请各单位有关同志商定具体调查计划，在 1965 年 8 月以前写出若干典型调查报告交流经验。建议各地先完成典型调查：广州——十三行的演化兴亡和最早期的买办吴健彰等；上海——汇丰怡和等大洋行买办虞洽卿等；天津——郑、梁、王、吴四大买办，各大买办（特别是军火买办）与北洋军阀的关系；汉口——专营茶、蛋等土产出口的洋行买办，重点了解他们在乡镇的经济活动。

（4）江浙财阀调查。以上海经济研究所、人民银行上海分行金融史研究室、上海政协文史资料委员会、上海工商联、浙江历史研究所、浙江政协文史资料委员会、浙江工商联等承担，拟请黄逸峰总其成。要求总负责人 1964 年 8 月前邀请各有关单位商定分工合作的具体调查计划；1966年以前写成江浙财阀主要成员发家史及传略或若干专题性的调查报告；1969 年以前写成《江浙财阀研究》。

（5）商会调查。以全国工商联合会、经济研究所、近代史研究所、各重点地区经济研究所及历史研究所、工商联等负责，重点调查天津、上

海、武汉、重庆、苏州、泉州、青岛、杭州、广州等地商会。要求1964 ~
1966年编写各省、市（县）商会史资料或商会史；1964 ~ 1967年出版商
会史资料汇编。

（6）近代知识分子调查。编制了"参考名单"，计划通过"传记"的形
式了解中国近代知识分子队伍的形成及其特点，近代知识分子向西方寻求
救国救民的真理及其失败，近代知识分子在各个历史时期中的政治活动及
其分化。此调查由近代中国社会调查工作委员会办公室、中华书局近代史
组、全国政协文史资料委员会、上海和广州文史资料委员会、各知识分子
民主党派、北京大学等单位参与，由杨东莼和中华书局近代史组组长李侃
总负责，计划1967 ~ 1969年完成编写《中国近代知识分子调查资料选辑》。

（7）学生运动调查。由祁式潜、杜平、江明负责，近代史所、团中
央档案室、中国青年出版社、中央档案一馆和二馆及有关学校和个人参
加。要求1964年6月以前召开负责人和参加者联席会议，落实计划确定
进度；组织有关人员编写回忆录；每年6月举行工作会议，检查进度，交
流经验，发现问题，解决疑难。由近代史所和团中央档案室等单位整理现
存各种文献资料，1967年整理出版《中国学生运动史资料》选辑，1968
年前整理出版《中国学生运动调查报告》、《学生运动回忆录》选辑，在
此基础上，1971年撰成《中国学生运动史》。

（8）农村调查。结合"四史"运动，在调查、征集、整理有关账本、
文契和其他文字资料的基础上，选择典型，进行补充调查，并撰写"家
史"、"村史"。"家史"、"村史"一般从清末开始，即追溯祖辈三代，注
意收集发展变化的资料。要求在1968年写出数百个"家史"（主要是
"地主发家史"和"富农发家史"）、"村史"和其他有关专题调查报告。
此项调查任务安排中国科学院经济研究所负责，并从有关单位抽调人力合
组"农村调查工作队"下乡作重点调查。

（9）帝国主义对华文化侵略调查。重点调查基督教、天主教的主要
教区和重要据点的活动情形，教会所办的学校与医院，教会"慈善事
业"。此项调查安排邵循正、卿汝楫负责组织领导，由近代史所帝国主义

侵华史组、各地历史研究所及高等学校近代现代史教研室、国务院宗教事务局研究室、基督教三自革新委员会和天主教爱国会共同组织人力，分工协作，参加调查工作。

（10）租界调查。具体分工为：天津租界由天津文史资料委员会、历史研究所负责；上海、汉口、广州等地租界分别由该地历史研究所负责。上述单位联合组成租界调查协作小组，负责对工作督促和检查。计划1966年写出各种有关租界调查报告（或资料汇编），然后抽调主要力量，于1967年编写成《帝国主义在中国的租界》一书。

调委会的调查规划可谓相当庞大，足见杨东莼、刘大年等人的雄心。1964年6月2日召开全国近代史规划会议，杨东莼在会上发言：

> 近代中国社会调查……初步设想搞几个东西：买办、民资、知识分子，北洋军阀，宗教……北洋军阀还有人在，不外是上台在北京下台在天津，所以天津的不少，老人去世，还有其后人，我们设想，北洋材料，由政协与天津挂钩，落实在天津。买办放在上海，这次我和逸峰（引者按：即黄逸峰）挂钩了，开会后，我们就去天津，下半年是否在上海，前些日子，开委员会时，各地也要成立小组，就地调查，当然各地有任务，很紧，我想，是否与任务口径对起来，挂起钩来，如何搞民族资产阶级，就在民族资产阶级任务上挂钩。宗教也是大问题，北京专家多，所以各地与北京，第一是联系，第二是出人力，地方搞什么，告诉我们一下，好配合，第三是到各地游说一下，先到天津，上海、武汉、广州四个地方，在学部领导下，方向明确。

会上杨东莼、刘大年对一些重点调查项目作了明确分工部署：北洋军阀调查由天津历史所负责，买办调查由上海经济所主持，民族资产阶级调查由上海经济所主持，吸收上海工商联参加。[①]

---

①　近代史所档案：《1964年近代史规划会议记录》。

调查委员会在杨东莼、刘大年的推动下，踌躇满志开展工作。杨东莼带领邵循正、何重仁、郝斌、章开沅等人前往天津，在市博物馆、档案馆、图书馆、政协齐齐哈尔资料委员会进行调查研究。当时根据刘大年的建议，确定先抓两个项目，"一是知识分子千人传，一是资产阶级千人传，而首先要求作充分的调查研究。为此我们又广泛征求意见，多次修改传主参考名单"。① 王来棣等人被安排去天津调查黑社会、会道门、临城劫案等。② 尽管处于草创阶段，但近代中国社会历史调查无疑是一件意义重大而且备受学术界重视的工作。当年身与其事的章开沅先生多年后还十分惋惜："如果能持续下去并正常运转，现今决不会让美国哥伦比亚大学的口述历史（Oral History）计划独占鳌头。"③ 平心而论，就调委会的构想而论，远比哥大的口述史项目宏大，包罗范围更为广泛，动员的人力亦非其可以比拟。可惜调委会生不逢辰，刚刚建立，阶级斗争之弦便日趋绷紧。从近代史所借调过来的王来棣、周天度、王公度三人被抽回参加"四清"运动，华中师大的刘望龄亦被抽回，只章开沅一人枯守"空房"。到1964年秋天，调委会工作便渐趋瘫痪，名存实亡。1966年"文革"风雨欲来之时，杨东莼先生仍力图恢复并拓展社会历史调查工作，但随着"文革"风暴骤起，一切均脱离常轨，种种颇具学术雄心的设想规划亦成具文。前辈学人的苦心孤诣，时代局囿的无奈，令人不由扼腕叹息。

"十七年"间，不少学人从书斋、档案馆转向田野，通过各种近现代历史调查，获取普通民众的史料。一个时代的学术取向无疑深受时代社会思潮的影响。"十七年"近现代社会历史调查的兴盛，虽然有自上而下的组织推动，却不可简单归结为史学"政治化"的产物，学人投身历史调查也非被迫。总体说来，近现代史研究者因衷心服膺"劳动人民是历史的主人"这一马克思主义史学的核心要义，而将实地调查作为撰写"劳动人民的历史"之必要途径，因而对之倾注了相当的热情。有人明确宣

---

① 章开沅：《实斋笔记》，第42页。
② 王来棣先生访谈记录，2010年9月30日。
③ 章开沅：《实斋笔记》，第43页。

示："我们今后不能再回到埋头于书斋、文献写历史的老路，而必须在马克思列宁主义理论指导下，把走出学校在现实调查中得来的资料与文献资料相结合，从而加以科学的分析和综合的研究，写出真正的人民的历史。"①

重视历史调查的理念与实践，使"十七年"间中国近现代史呈现颇具特色的形态。下层民众反抗清政府、反抗列强的史料主要通过历史调查被大量挖掘出来，并受到广泛重视，成为中国近现代史书写的重要史料依据。这些调查资料带有抢救性质，随着时过境迁，调查对象故去，尤见其价值。

值得进一步指出的是，史料与史学本为一体两面，近现代历史调查不仅是一种收集史料的方法，其本身也参与了"十七年"间中国近现代史学科范式的构建，成为当时中国近现代史叙事体系不可或缺的组成部分，在相当程度上影响了当时的近现代史研究状况，也影响了近现代史通论性著作的面貌。

但毋庸讳言，"十七年"间的近现代史调查，时代政治环境带来的局限亦无可回避。首先，历史调查范围偏于狭窄。在"阶级斗争"观念指导下，关于下层民众"反帝反封建"斗争的历史调查受到极大的重视。如论者所谓，这种"民史"的下层民众仍是作为事件史或政治史中的一个角色。② 虽间或也有关于工商企业和社会经济方面的调查，但总体说来，"十七年"的历史调查中，民众日常生活的丰富面相未能得以充分展现。

其次，"十七年"的不少历史调查往往或多或少承袭了"武训调查"结论先行的弊病，调查及所得材料带有较强的选择性，因而难免偏蔽，影响到调查资料的学术性。如广西组织的太平天国调查，已带有太平军"纪律严明"的先入之见。当有访问对象说"太平军攻破全州城后，屠城

---

① 许师谦：《到劳动中去和劳动人民一起写工农商学兵的历史》，《光明日报》1958 年 10 月 27 日，第 3 版。

② 彭南生：《关于新世纪中国近代史研究如何深入的思考》，《史学月刊》2004 年第 6 期。

三天"，这种资料自然不被采信，且归咎为访问对象是"未改造好的反动人物的后代"。①

还须看到，历史调查受自然规律所限。如当时离太平天国运动已过百年，目睹或亲历者已无存在，提供材料者多系根据先人传言转述其事，因而调查面临难以克服的局限，所得材料不免"单薄"。② 且调查资料往往有较强的主观性，对同一问题的调查所得结果大相径庭。若过于倚重历史调查资料亦难免偏颇。比较理性的看法是："以调查材料补文献不足的缺失，以文献资料纠正记忆和口传可能产生的差错。这是搜集和整理近现代史资料的好办法。"③

既有的近现代历史调查范围过于狭窄，学人亦有所体认。1964 年成立的"近代社会历史调查委员会"着眼于整个"近代社会历史"，大力拓展调查对象与调查范围，试图从历史调查中获取有关中国近代以来社会、政治、经济、文化各个方面的史料，加深对中国近现代史的总体认识。自其构想来看，同 1980 年以来异军突起的社会史研究所推重的田野调查多有相似之处。如何从"十七年"的近现代史调查中挖掘可资利用的思想资源，还值得进一步深入探讨。

五　近代史所与中国史学会

近代史学的发展同"史学会"的兴起有一定关联。其"卒有今日之盛者，此盖学者之能奋发淬励，而又非冥行孤学，更能从事结合，以作其健实之学术运动。而学会之组织，实足以为其运动之中心，促其进步"。具体说来，西方的史学会萌芽于 18 世纪英、法的考古学会，"至十九世

---

① 区骊：《怎样进行历史的实地调查》，《史学月刊》1965 年第 4 期，第 41 页。
② 王庆成：《"太平天国起义调查报告"评介》，《光明日报》1956 年 11 月 1 日。
③ 陈旭麓：《一本有价值的辛亥革命地区史料》，《文汇报》1962 年 9 月 18 日。

纪而大盛"。19 世纪末，西方各国已有名目繁多的史学会。① 据考证，中国近代最早的史学会为 1908 年成立的湖北史学会。② 此后，中国史学界曾多次尝试建立全国性的史学会。③

1949 年新中国成立前夕，中共中央对学术文化领域的组织工作极为重视。1949 年 6 月 25 日，由新政协筹备会常委会指定代表周恩来、沈钧儒、郭沫若三人召集，在勤政殿举行成立中国社会科学工作者代表会议座谈会，分别筹备经济学、历史学、哲学、法学、政治学等 5 个方面的组织，经周恩来斟酌拟定名单，郭沫若、范文澜、翦伯赞、邓初民、侯外庐、郑振铎、宋云彬、吕振羽、吴玉章、吴晗、傅彬然、杨绍萱、叶蠖生等 13 人归入史学。④ 是年 7 月 1 日，由郭沫若、范文澜、邓初民、陈垣、侯外庐、翦伯赞、向达、吴晗等 50 人发起，中国新史学研究会筹备会正式成立。筹备会全体通过筹备会的组织规程和中国新史学研究会暂行简章，并决定迅速筹备召开全国历史工作者代表会议，选举郭沫若、吴玉章、范文澜、邓初民、陈垣、侯外庐、翦伯赞、向达、吴晗、杨绍萱、吕振羽等 11 人为筹备委员会常务委员会委员，并推选郭沫若为主席，吴玉章、范文澜为副主席，侯外庐、杨绍萱任秘书，负责召开全国历史工作者代表会议的筹备事宜。⑤

新史学筹备会的 50 位发起者，总体来说，马克思主义史家无疑居于绝对主导地位。新中国成立以后，社会科学 5 个研究会筹备会展开活动，并组成联合办事机构办理日常会务。办事机构全称为"中国社会科学各研究会联合办事处"，简称"社联"。由于新史学筹备会主席郭沫若、副主席吴玉章其他社会活动颇多，仅具象征意义，新史学研究会筹备会的实

① 叔谅（按：即陈训慈）：《中国之史学运动与地学运动》，《史地学报》第 2 卷第 3 期，1923 年，第 3 ~ 4 页。

② 俞旦初：《中国近代最早的史学会——湖北史学会初考》，《近代史研究》1986 年第 6 期。

③ 详参桑兵《20 世纪前半期的中国史学会》，《晚清民国的学人与学术》，中华书局，2008，第 129 ~ 176 页。

④ 宋云彬：《红尘冷眼》，山西人民出版社，2002，第 135 页。

⑤ 《中国新史学研究会筹备会成立》，天津《进步日报》1949 年 7 月 2 日，第 1 版。

际负责人为范文澜、秘书刘寿林、干事王世昌。①

　　所谓新史学，就是以马克思主义为指导的史学研究。新史学筹备会经常组织座谈会和讲演会，其核心要义为学习、应用马克思主义研究历史。北京地区有关研究所和各大学历史系的教师自由参加。1949 年 10 月 11日下午 3 时，新史学筹备会与北京 6 所大学（北大、北师大、清华、辅仁、燕京、中法）史学联合会举行联席会议，就今后如何有计划、有步骤地召开新史学座谈会和讲演会等问题充分交换了意见。②

　　1950 年 9 月，新史学会邀请徐特立讲演《历史在社会科学的地位》。③1951 年 2 月 8 日，新史学研究会召集北京大学、清华大学、燕京大学、北京师范大学、辅仁大学、中国人民大学、考古研究所、近代史研究所代表百余人召开会议。林伯渠、郭沫若、徐特立、吴玉章均讲话。1951年 4 月 15 日，新史学研究会参加明清史讨论会。4 月 16 日，新史学研究会开会讨论关于大学历史系中国通史、世界通史分段教学问题。④ 11月 25 日请蓝公武讲民初的国会。12 月 9 日请章士钊报告"辛亥革命的片断"。⑤

　　新史学筹备会本有整合史学界各方力量以建设新史学之用意，通过座谈与讲演活动，解放区与国统区的史家以及旧史学工作者彼此增进了解。这些活动多由范文澜主持。季羡林回忆："当时刚一解放，我们这些从旧社会来的知识分子，脑袋里面问题很多，当时给我们做工作的就是范老。我记得好像是中华人民共和国没成立之前，范老就广泛地和北京的知识分子接触……每礼拜聚会学习一次，范老亲自参加。大家知道，范老非常平易近人，一点没有老干部的架子，给大家的印象非常深。说我们这一批，

---

①　蔡美彪：《范文澜与中国史学会》，《中国史学会五十年》，第 612 页。
②　《开展新史学研究工作　首都两史学团体昨开会》，《人民日报》1949 年 10 月 12 日，第 2版。
③　金毓黻：《静晗室日记》，第 6940 页。
④　《光明日报》1951 年 2 月 9 日；陈垣：《日记手稿》，转引自刘乃和、周少川、王明泽、邓瑞全《陈垣年谱配图长编》（下），辽海出版社，2000，第 579~580、585 页。
⑤　《李瑚日记》。

当时在四十年代末、五十年代初，能够思想有点转变的，首先应当归功于范老。"①

范文澜一身兼有"新、旧"，被誉为"旧国学传人，新史学宗师"，其学术能得到民国主流学界认可，又是延安史学的领军者。在时人心目中，延安史学为马克思主义史学的正统。因而建设新史学由代表延安史学传统的范文澜及近代史所主导，也属顺理成章。

在此期间，新史学筹备会总会会员已达 289 人；全国各地分会和分会筹备会有 15 个，各地分会会员达 606 人。全国共有会员 900 余人。②

1951 年 7 月 28 日，中国史学会在京召开正式成立大会，140 余人出席。大会首先由范文澜致开幕词，郭沫若、吴玉章、范文澜、陈翰笙先后发言，讨论学会的工作和旨趣，并宣告筹备会已完成任务。根据林伯渠的提议，会名去掉"新"和"研究"，正式定名为"中国史学会"。③ 明确其宗旨为"团结史学界，改造旧史学，创造发展新史学"。④ 选举产生第一届理事会，理事 43 人，候补理事 9 人，常务理事 7 人，为白寿彝、邵循正、陈垣、吴晗、翁独健、尹达、翦伯赞。选举郭沫若为主席，吴玉章、范文澜为副主席，向达任秘书长，郑振铎任副秘书长。其大体格局与新史学筹备会相似，但理事名单与发起人名单出入较大，可能发起人名单并未慎重取舍，而理事成员的选举则须斟酌其真正意义的代表性。如陈寅恪、夏鼐、杨树达、徐炳昶、华岗、金毓黻等并未列名发起人者，均被选为理事。

此后，直至"文化大革命"，中国史学会均由范文澜实际主持工作。⑤ 1952 年"社联"取消，中国史学会秘书刘寿林、干事王世昌都调到近代史研究所图书资料室，史学会的秘书工作由刘寿林兼管。

---

① 《中国史学会五十年》，第 601 页。
② 郭沫若：《中国历史学上的新纪元》，上海《大公报》1951 年 9 月 28 日。
③ 范文澜：《史学会已有的成绩与今后的努力》，上海《大公报》1951 年 9 月 28 日。
④ 张传玺：《翦伯赞传》，第 273 页。
⑤ 蔡美彪：《范文澜与中国史学会》，《中国史学会五十年》，第 611 页。

　　但是，中国史学会正式成立后较少开展学术讨论等活动。据中国史学会秘书长向达所言，自 1952 年后，此前活跃的中国史学会"就此销声匿迹，默默无闻。所以这几年来的历史科学工作是在无组织无领导或者名有而实无中过日子的"。① 在 1957 年的"鸣放"中，向达说："今年三月宣传会议时，在毛主席召集的一次会议上，于光远谈到社联的事，才知道当时成立学会，是为了在学会中物色政协委员的人选。人选出了，学会就不必要了。"② 中国史学会"1952 年，在中国科学院的几位党员干部主持的一个会议上，竟由他们把它给取消了，理由是科学院要房子，又说是科学院要加强领导"。③ "史学会解散事，我这秘书长，一天也未去过，1951 年去新疆前，范老找我谈做秘书长。52 年开会说各学会归科学院领导，我很不满，说很不民主。"④ "今年四月里，范文澜打电话要我恢复史学会，据说是因为苏联史学家潘克拉托娃提到今年要举行世界史学会，希望我和我们有联系。因此，范文澜就想到我这个秘书长了。我当时答复'学会过去无故被取消，现在又要恢复，我怕群众责难，我当不起这个责任。建议由学部去办'。这种忽而取消，忽而恢复的作法，难道是党中央的政策吗？我想这是科学院的宗派主义。要恢复中国史学会，也许还由于毛主席问过我关于社联的情况，我当时回答主席说：'已经寿终正寝了。'而于光远却说：'并非寿终正寝！而是停止活动'。这简直是诡辩。"向达进而指责"范文澜、胡绳等宗派主义很严重，随便取消史学会，于光远就管社会科学，还对史学工作者泼冷水，历史研究工作就剩下范文澜一人，他能担负起这大责任吗？"⑤

---

① 方回（向达）：《解放四年来历史科学的发展》，《光明日报》1953 年 10 月 3 日，第 6 版。

② 《向达在中国科学院哲学社会科学部召开的高级研究人员小型座谈会上的发言》，《中国科学院右派分子言论材料汇集（一）》，第 45 页。

③ 《在大公报召集的小型座谈会的发言》，《中国科学院右派分子言论材料汇集（一）》，第 56 页。

④ 《向达在北大历史系的检讨》（8 月 16 日），《中国科学院右派分子言论材料汇集（一）》，第 66 页。

⑤ 《向达在中国科学院哲学社会科学部召开的高级研究人员小型座谈会上的发言》，《中国科学院右派分子言论材料汇集（一）》，第 47 页。

向达之言不无意气之处，中国史学会也并未宣告取消。但在正式成立后，史学会反而不复筹备之时的生气，数年之中无声无息，当是不争的事实，以至于 1958 年翦伯赞在《人民日报》邀请的座谈会上，提出 10 点建议，其中之一即为"恢复史学会的活动"。① 自 1951 年至 1958 年，史学会的主要工作还是陆续编辑出版"中国近代史资料丛刊"。此项工作实际上主要由近代史所史料编辑组具体承担。

实际上，在翦伯赞提建议前的 1957 年 11 月 2 日，在北京举行庆祝十月社会主义革命 40 周年学术报告会，即以中国史学会名义组织召开。1958 年适逢戊戌变法 60 周年，中国史学会亦力图开展学术活动。5 月 28 日，范文澜就举办纪念戊戌变法运动 60 周年系列学术活动致函周恩来：

> 今年是戊戌变法运动六十周年。去年李济深、陈叔通先生等曾建议纪念康有为，当时我们的答复是与其纪念康有为，不如在今年纪念戊戌变法运动。最近我们与李、陈等先生就此事交换过意见，现初步拟定纪念办法：一、举行学术性的纪念活动，由中国史学会和科学院历史研究所第三所联合出面主持。二、六月初，邀请史学界及与戊戌变法有关的当时人十余人，其中包括李济深、陈叔通、康同璧、梁启勋、章士钊、■■■等，举行一次小型座谈会，确定筹备纪念活动的具体办法。三、组织几篇较有分量的学术论文，在报刊杂志上发表，并在九月二十八日谭嗣同等人被难日，举行一次最好规模不超过一百人的纪念会，在会上宣读这些学术论文，并进行座谈讨论。以上办法是否有当，请即予批示。②

经高层批准后，1958 年 9 月 28 日，中国史学会与近代史研究所举行了纪念戊戌变法 60 周年学术讨论会。会议由范文澜主持，与会者有北京

---

① 翦伯赞：《兴无灭资，发展历史科学》，《人民日报》1958 年 3 月 18 日，第 7 版。
② 近代史所档案：《手写及打印件》。

史学工作者和吴玉章、李济深、黄炎培、陈叔通、陈垣、潘梓年、章士钊、康同璧、梁思成等 60 余人。范文澜作题为《戊戌变法的历史意义》的发言，对戊戌变法作为近代史上第一次思想解放的进步历史意义予以充分肯定。会上印发了刘大年等所写有关变法运动的研究论文 10 篇，并结集为《戊戌变法六十周年纪念论文集》，由中华书局出版。①

1961 年 4 月 7 日，中国史学会与北京历史学会联合举行纪念巴黎公社 90 周年学术讨论会。范文澜主持会议，吴晗、翦伯赞、吕振羽、陈翰笙等与会。范文澜特别针对自 1958 年"史学革命"以来学界一度泛滥的空疏学风，强调要"反对放空炮"，树立踏实研究的良好风气，不作言之无物的空洞文章。② 范文澜的讲话，以《反对放空炮》为题，发表于《历史研究》1961 年第 3 期，在当时史学界产生相当大的反响。③

1961 年 5 月 30 日，中国史学会与北京历史学会联合召开纪念太平天国 110 周年学术讨论会。范文澜、吴晗、侯外庐、吕振羽、刘导生、黎澍、廖沫沙、邵循正等 90 余人与会。④ 范文澜在会上发言，针对当时史学界流行的"打破王朝体系论"和"打破帝王将相论"，指出：这种论调好像是很革命的，实际上是主观主义的。封建王朝与帝王将相是历史上的客观存在。问题在于以正确的观点去分析研究，而不是简单地抹掉。打破王朝体系，只讲人民群众的活动，结果一部中国历史就只剩了农民战争，整个历史被取消了。⑤ 在"文革"中，范文澜因此被指责为史学界的"保

①　《史学界集会纪念戊戌政变六十周年》，《人民日报》1958 年 9 月 29 日，第 6 版；蔡美彪：《范文澜与中国史学会》，《中国史学会五十年》，第 616 页。

②　《史学界纪念巴黎公社九十周年》，《光明日报》1961 年 4 月 8 日，第 1 版。

③　范文澜此文，"不是无所指的。只是在经过修改删节以后，已不明显，甚至也近于放空炮了。可是居然引起一场风波，《历史研究》办公地点竟被勒令到了近代史所，最后还被告到了中央；范文澜反对放空炮，被认为是反对马克思主义的另一个说法。林彪乘机煽动说：'这是阶级斗争'。这场风波，一直到 1966 年'文化大革命'爆发，这是一桩重大的公案"。黎澍：《记〈历史研究〉杂志》，《历史研究》编辑部编《历史研究四十年 1954～1994》，历史研究杂志社，1994。

④　《史学界举行纪念太平天国革命一百一十周年学术讨论会》，《光明日报》1961 年 5 月 31 日，第 1 版。

⑤　《首都史学界纪念太平天国一百一十周年》，《光明日报》1961 年 5 月 31 日。

皇党"。

1961 年 10 月 16～21 日，中国史学会与湖北省社联在武汉联合举办辛亥革命 50 周年学术讨论会，与会学人共 105 人，提交论文 44 篇。① 吴玉章主持会议并发表针砭时弊、匡正学风的讲话，范文澜、李达、翦伯赞、吕振羽、吴晗等著名学者与会，可见会议规格之高。此次会议最早由章开沅提出构想，得到各方支持。但在新中国成立初期的政治环境下，跨地区的学术交流本就不被提倡，加之 1961 年适逢三年困难时期，召开大规模的学术会议难度可想而知。武汉哲学社会科学研究所于 1961 年 3 月 30 日致函中科院哲学社会科学部，就辛亥革命会议事征询意见。学部表示同意开会，并责成近代史所与之具体商议。时任近代史所副所长的黎澍 4 月 12 日亲自起草回信："学部分党组希望纪念辛亥革命五十周年学术讨论会在武汉举行，约请全国几个研究中心的著名学者和重要论文作者参加，时间在九月中旬或下旬。举行这种讨论会的目的在提倡百家争鸣，检阅学术研究成绩。必须力求提供有思想和有较高学术水平的论文。"此信因故未送到，6 月 6 日近代史所再去一信。6 月 28 日，武汉哲学社会科学研究所致电近代史所，大意为湖北省委已同意辛亥会议由其负责筹备。但此事仍存在变数，7 月 9 日由刘桂五起草，黎澍、刘大年修改的意见还提出两种考虑："第一种考虑是，不举行全国性讨论会，因为今年湖北旱灾很重，夏收不如预期之好，到那里去开全国性讨论会，似不适宜。如此则不举行全国性会议，各地是否举行，由各地有关部门自行决定。第二种考虑是，湖北省委既已同意到那里去开会，仍照原计划进行。"7 月 26 日，中宣部复函学部，明确表示赞同开会。② 至此会议乃成定局。

此次会议最终如期举行，实有其深刻的政治与学术背景。新中国成立

① 李时岳、罗耀九、谢承仁、吴纪先、陈隆坡、刘望龄：《辛亥革命五十周年学术讨论会讨论的一些问题》，《历史研究》1961 年第 6 期。另有《辛亥革命五十周年学术讨论会在武汉举行》（《光明日报》1961 年 10 月 23 日，第 1 版）所记共提交论文 46 篇。

② 以上均据近代史所档案：《辛亥革命五十周年讨论会相关资料》（1961 年）。黎澍之回函有亲笔原件及打印稿。

之初，百废待兴，政治形势仍然严峻，1951 年 10 月辛亥革命 40 周年纪念之际并未举行纪念活动，史学界对辛亥革命也不太重视，"那时候党的新民主主义革命的胜利占据了大家的思维空间，总认为辛亥革命是一个旧的革命，只是为新民主主义革命做一个铺垫而已"。① 1955 年 5 月，周恩来提出"和平解放台湾"的新政策，与此相应，同年孙中山逝世 30 周年，《人民日报》发表社论《纪念伟大的民主革命家——孙中山》，预示着政治层面某种新的趋向。1956 年，"和平解放台湾"的政策在中共八大上正式确定下来。同年举行隆重纪念孙中山 90 周年诞辰活动，毛泽东发表《纪念孙中山先生》一文，予孙中山和辛亥革命以高度评价。毛泽东的论述成为研究辛亥革命的指针，辛亥革命史研究也因此在 1956～1957 年一度出现短暂热潮，随后因政治因素干扰而趋于沉寂。经历"史学革命"对中国史学的重创之后，史学界以替曹操翻案为契机，开始对"史学革命"加以反思。由于在诸多领域进行调整带来适宜的政治气候，史学界的元气逐步恢复。领导层亦有意通过举办全国性的学术会议来提振士气。这是此次会议得以召开的大背景。对于此次会议，近代史学界以相当大的热情，紧锣密鼓地进行学术准备。会后由中华书局出版的《辛亥革命五十周年纪念论文集》，收录论文 32 篇，约 50 万字，体现了当时条件下较高的学术水准。

对于辛亥革命史研究来说，此次会议实有"筚路蓝缕，以启山林"之功。当时受历史条件所限，未能邀请海外学者与会，但此次会议影响远及欧美、日本的史学界。有学者总结道：

> 近二十年来，欧美史学界的辛亥革命研究掀起了一个又一个学术研究高潮，而其直接的契机，盖出于我国一九六一年在武汉召开的辛亥革命五十周年纪念会。最近访华的美国学者高慕轲称这次纪念会为

---

① 陈菁霞：《章开沅：辛亥革命研究 60 年从无到有，从宏大到专精》，《中华读书报》2011 年 3 月 16 日，第 9 版。

"关键性的转折"。美国的中国近代史专家芮玛丽（Mary Clabaugh Wright）说得更生动："我们这批分散在世界各地的中国近代史研究工作者，面对着这些新发现罗列出来的例证，一开头不免有点吃惊，过后又热情满怀，信心十足。原来我们过去在课堂上讲、在教科书上写的关于二十世纪初中国的画像，几乎全部是错了的"。①

日本学者也视之为"辛亥革命研究史之划时代的论文集"。② 词句或有所夸张，但 1961 年会议之影响远被海外则无疑义。

中国史学会在各地的分会亦着力发挥了组织历史学家进行唯物史观学习，以建设"新史学"的功能。其中影响最大的为上海分会与北京分会。上海分会成立于 1952 年 1 月 28 日，李亚农任会长，周谷城为副会长，胡厚宣等为秘书长，顾颉刚等 17 人为理事。1957 年 2 月改名为上海市历史学会，隶属上海市社科联。北京市历史学会于 60 年代初成立，吴晗任会长。1961 年 12 月举行第一届年会，范文澜、陈垣、翦伯赞、刘大年、黎澍、夏鼐、郑天挺、顾颉刚、吴于廑均出席。1963 年 2 月举行第二届年会，侯外庐、刘大年、黎澍、郑天挺、唐兰等出席。

"十七年"间中国史学会所发挥的作用不宜估计过高，其实际作为与其成立之时颇具雄心的构想还是有相当的距离。不过，近代史研究所在中国史学会中一直扮演至关重要的角色，"十七年"间中国史学会所组织的活动基本上在近代史领域；史学会的日常事务由近代史所承担则成为惯例一直延续。范文澜以中国史学会实际主持者的身份，在几次大型学术讨论会上所作关于学风问题的发言，对史学界一度盛行的将阶级观点推向极致的不良倾向有所抵制。近代史研究所亦通过中国史学会这一学术平台，对整个史学界产生某些切实影响。

----

① 沈自敏：《近二十年来欧美的辛亥革命研究》，《读书》1981 年第 10 期，第 116 页。
② 李金强：《辛亥革命的研究》，《六十年来的中国近代史研究》下册，台北：中研院近代史研究所，1989，第 763 页。

结　语

中国科学院近代史研究所涵括的研究领域并不局限于中国近代史，其"通史组"在"十七年"间一直存在，且专注于研究撰写《中国通史》，成就斐然；但若要全面衡估近代史研究所在马克思主义史学发展中的贡献，则还须将其置于"中国近代史"的"学科化"历程中加以考察。①

中国近代史的"学科化"始于 20 世纪 20 年代。在罗家伦、蒋廷黻等人倡导下，北京大学、清华大学、燕京大学等著名学府纷纷开设中国近代史课程，学科初具雏形。但总体说来，中国近代史在民国时期尚处于草创阶段，难以受到主流学界的重视。1949 年后"中国近代史"成为"显学"，在新中国的史学园地中占有相当显赫的地位。"十七年"间中国近代史之"学科化"，不仅包括近代史研究的学术规范之形成、理论诠释框架之构建，还应包括近代史研究者的集聚与培养、近代史学科建置之兴革、近代史学术研究机构及共同体之形成、近代史分支研究领域之开拓、近代史研究理念与方法的嬗变等诸多面相。在此过程中，中科院近代史研究所作为国家级史学机构，无疑发挥了至关重要的作用，推动中国近代史

---

①　美籍华裔学者李怀印在其《重构近代中国——中国历史写作中的想象和真实》［此书英文版 2012 年由美国夏威夷大学出版社（University of Hawaii Press）出版，岁有生、王传奇翻译的中文版 2013 年 10 月由中华书局印行］一书中论述 20 世纪 50 年代中国近代史的"学科化"问题，予笔者以启发。此前的研究者虽然也曾论及中国近代史学科体系问题，但学科体系为静态描述，且其具体论述又往往局限于近代史诠释框架本身。与之相较，"学科化"重在"化"，能呈现出一个动态过程，其内涵更为丰富。

这一积累不足的弱势学科迅速发展。

具体而言，以下几点值得再予强调。其一，1950 年中科院近代史研究所率先成立，本身即为近代史"学科化"历程中的标志性事件，其示范作用影响深远。此后，全国各地成立的史学研究机构多以近代史为研究重心，各大学纷纷开设中国近代史课程，很多大学还派出青年教师到近代史研究所进修。近代史所在集聚、培养近代史研究力量方面功不可没。

其二，近代史所遵循学术发展规律，并不急于求成，而投入巨大人力物力进行中国近代史资料建设，为学科发展奠定了颇为坚实的史料基础。

其三，着力拓展中国近代史的分支领域。"十七年"的中国近代史研究无疑在"革命"视角的主导之下，主要关注政治史、中外关系史（按：即当时之"帝国主义侵华史"），但近代史所亦曾着力拓展中国近代史的研究内容，对近代经济史、思想史、史学理论、文化史等均曾有所措意，并组织研究力量加以研究。对于研究时限未畛域自囿，而持较为开放的态度；对"民国史"、"现代史"亦倾注了热情，虽因时代原因遭遇困扰纠结，但这些探索对后来民国史的兴盛仍有前驱先路之功。

如前所论，中科院率先建立近代史研究所，范文澜既有发展中国近代史这一薄弱领域之用意，更有不涉"旧史学界"中人以避免人事纠纷的考量。但另起炉灶培养青年人才短时期内不易见功，范氏之构想在现实中亦不能有所调整，金毓黻、聂崇岐等一批所谓"旧派学者"先后进入近代史所。

1949 年后，党内学者在所谓"旧派学者"面前盛气凌人、以征服者自居的例子并不鲜见。[①] 相对来说，中科院近代史所则能较好地把握中共知识分子政策，避免简单粗暴。范文澜、刘大年主要从发展学术着眼，与这些来自"旧史学界"的学者相处较为融洽，力图发挥利用旧派史家史料编纂、考订、翻译之长。在一些文字叙述中，长期担任近代史所的实际

---

① 从成仿吾对陈寅恪（赵俪生：《篱槿堂自叙》，第 137～138 页）、尹达对顾颉刚（顾潮编著《顾颉刚年谱》，中国社会科学出版社，1993，第 353 页）的例子即可见一斑。

主持者的刘大年被定格为"左"的形象。但揆诸史实，他在近代史所的学术组织与管理中，并未贯彻阶级斗争思维，而展现了其相对宽厚的一面。1958 年整风补课中，刘氏就因"迁就"旧派学者而受到不少近代史所青年的批评。在对待一些有所谓"历史问题"、"思想问题"的人员时，刘大年也被批评曰"重业务轻政治"、"重才轻德"，"譬如对张振鹍的提级问题，张是肃反运动对象，隐瞒反革命历史，却在肃反后，破例连升二级。又如樊百川思想问题很多，大家都认为他应该下乡锻炼，改造思想，樊百川没有下放，是否同大年同志重才轻德有关"。① 刘氏常对青年研究人员说："大家都要打算超越前人，成为第一流专家。""要打好基础，要有系统的理论知识、要充分掌握资料、刻苦钻研。必须下大本钱，才有希望造就大学问家。"②

　　从近代史所的学术组织管理者来看，学术与政治的紧张关系时有体现。在当时的氛围下自然不可能不讲政治，但同时也不能因此放弃学术。如何在二者矛盾时寻求平衡，对管理者来说无疑是不小的考验。近代史所的学术管理工作有相对务实的举措，其根本原因还在，作为一个研究机构，归根结底还得有学术成绩。如刘大年所言，"研究所要存在，必须做几件有分量的工作，'报得出账来'"。③ 刘氏注重抓"大拳头"、写大书，"很重要的一个原因是，在长期拿不出研究成果的压力下，片面发展了所里要拿出货色来，个人要抓点业力，'争一口气'的想法"。④

　　同时无须讳言，"文革"十年自不必说，即便新中国成立后的前 17 年，频繁的政治运动亦给近代史所的学术研究带来相当大的影响。刘大年晚年回忆："那时运动多，经常要检讨，范老曾开玩笑说是在'检讨上学习兼行走'。"⑤ 而一些政治运动则并非"检讨"就可过关。较为显著者

① 《请大年同志拔掉思想中的白旗》，近代史所档案：《初研组整风意见》（1958 年）。
② 近代史所档案：《大会发言稿》（刘大年，1960 年）。
③ 近代史所档案：《（刘大年）关于研究工作方针路线问题的检查》（1959 年）。
④ 近代史所档案：《大会发言稿》（刘大年，1960 年）。
⑤ 1998 年 10 月 13 日刘大年在"老专家与中青年学者见面会"上的讲话记录稿。

有 1953 年的"反小圈子"运动、1955 年的"肃反"运动、1957 年的反
右运动，近代史所共有十余位学人在此间遭到冲击或审查，有些人的学术
生命就此终结，令人为之叹惋。

　　检视"十七年"间中科院近代史所的著述成果，或不尽如人意，与
国家级史学研究机构之地位及外界之期望，甚至与建所之初衷均有一定距
离。这种情形早在 20 世纪 50 年代就曾引起质疑与批评，"有人以为本所
远不如某大学。今日之研学方法亦不如旧日"。①"文革"前任中国科学院
哲学社会科学部副主任的刘导生回忆，有上百名研究人员的近代史研究所
在 20 世纪 60 年代每年的科研成果仅有"两三篇影响不大的文章"。② 任
职于哲学社会科学部研究室的刘志琴也提及，1960 年至"文革"前，近
代史研究所科研成果太少，"100 多研究人员有一年只有两篇文章，而且
没有什么社会反响"；"有一年近代史所上报一年的成果统计，全所上百
名研究人员却只发表两三篇了无影响的文章。为此哲学社会科学部曾经进
行'近代史所为什么出成果少'的调查"。③

　　经过 1957 年反右运动、1958 年"史学革命"的摧折，中国近代史的
学术研究遭受挫折，研究者如履薄冰仍然动辄得咎。近代史所一度形成的
良好态势中断，科研成果迅速减少，当为不争的事实。笔者对 1958～
1965 年近代史研究所科研成果（论文）作了一个初步统计：

　　　　1958 年：18 篇（其中发表于《光明日报》1 篇、《人民日报》1
篇、《历史研究》12 篇）；

　　　　1959 年：8 篇（其中发表于《历史研究》6 篇）；

　　　　1960 年：8 篇（其中发表于《人民日报》1 篇、《历史研究》5 篇）；

　　　　1961 年：6 篇（全部发表于《历史研究》）；

---

① 　金毓黻：《静晤室日记》，第 7354 页。
② 　刘导生：《政治运动对学术研究的影响和教训》，《炎黄春秋》2007 年第 3 期。
③ 　左玉河访谈、李彬彬整理《刘志琴女士访谈录》，《回望一甲子》，第 133 页；刘志琴：
　　《沈元，一代知识分子的伤痛》，《炎黄春秋》2006 年第 5 期。

1962 年：9 篇（其中发表于《历史研究》5 篇、《新建设》2 篇）；

1963 年：8 篇（其中发表于《历史研究》7 篇）；

1964 年：8 篇（其中发表于《历史研究》7 篇）；

1965 年：8 篇（其中发表于《人民日报》1 篇、《历史研究》5 篇）。

揆诸以上统计数字，刘导生、刘志琴先生的前述回忆虽是他们作为亲历者的观感，但不够确切。1958～1965 年，近代史研究所每年都有著作出版；发表论文最少者为 1961 年计 6 篇，且每年发表于《历史研究》的论文均在 5 篇以上，很难说"了无影响"。但刘导生、刘志琴先生有如此观感，自然不无因由。事实上，1959～1965 年，每年公开发表的论文均未超过 10 篇。为史学界所瞩目的近代史研究所，其论文发表情况的确难与国家级史学研究重镇相埒。

近代史所发表论文较少，原因非止一端，至少以下几方面均不可忽视：

第一，与当时的时代氛围有关。实际上，1951 年 1 月 12 日，近代史所与北京大学历史系、清华大学历史系共同编辑的《进步日报·史学周刊》创刊。荣孟源、沈自敏、何重仁、余绳武、蔡美彪、丁名楠、樊百川、刘桂五等近代史所同人均在此刊发表过多篇文章。此后，在《光明日报·史学》、《历史研究》等刊物上，近代史所学人发表的文章亦不在少数。1957 年后，近代史所发表论文明显减少。就史学界而论，反右运动导致学人的积极性受挫，《历史研究》一度稿源不继，主编尹达也心灰意冷。① 整个学界士气比较低沉，成果不彰，亦非独近代史所为然。

第二，范文澜早年师从黄侃、陈汉章、刘师培等人，受到古文经学的熏陶及考据学派的严格训练，其学风笃实，在"史学五老"中亦颇具特色。范氏强调，治史特别是治近代史，一定要忠于客观史实。他说："不论古代史近代史，都是客观存在的事实，任何人不得也不能凭臆牵附，要求客观的历史迎合自己主观的志愿。"近代史属于所闻世、所见世的范

---

① 《尹达来函》，王玉璞、朱薇编《刘大年来往书信选》（上），第 182 页。

围，"更是昭昭在人耳目，一点含胡不得"。① 他反复告诫近代史所同人要淡泊名利，要有坐冷板凳、吃冷猪头肉的精神。范氏的言传身教，对于近代史研究所实证学风之形成起到了极重要的作用。"二冷"精神早在50年代的近代史所已潜移默化，但这也可能一定程度导致近代史所学人在撰著方面出手过于谨慎，多有述而不作者。

第三，如前文所论，重视集体作战，反对单打独斗，是为"十七年"史学研究的总体特点，而近代史所对此尤为注重。这一科研组织模式，可能得失互见，就近代史所的实践及同人的反应观之，则这一模式的优势未必能充分发挥，而压抑学人积极性的弊病却不可忽视。近代史所集中几乎全所之力撰著《中国近代史》，要求参与的研究人员写此书时不要另搞专题，书稿章节写成后不能先期发表。② 研究工作一切以集体写书为中心，此种情势下，撰写、发表论文自然并非易事。

第四，频繁的政治任务与政治运动使近代史所学人疲于应付，既导致研究所的机构设置及制度建设缺乏必要的稳定性，亦使学人缺乏足够时间、精力沉潜于学术。③ 范文澜虽集革命者与学者于一身，思想有时亦不免有过左之处，但其本质仍是超然无求的一介书生。他尽量从一切不太紧要的例会、活动中脱身。④ 晚年多病，自谓"日暮赶路程，欲进足不前"，仍不稍松懈。范氏为专心著述让刘大年主抓所务，由于运动太多，刘大年"整天忙碌，顾此失彼，出了大力却收效有限"，复极力要求再给近代史所调一位专管党的工作和思想政治教育工作的副所长。⑤ 即使在整风运动期间，范文澜仍强调："我们必须坚持业务整风两不误的原则。参加大辩论自是大好事，是否可分批轮流去参加（每人参加的次数，看业务上需

---

① 范文澜：《斥所谓中国文化的同一性》，《解放日报》1943 年 7 月 10 日。
② 李瑚先生访谈记录，2009 年 12 月 23 日。
③ 1959 年中科院社会科学学部分党委提出，要适当减少政治活动和积极分子的兼职，保证研究人员六分之四的研究时间。实际上亦未能做到。近代史所档案：《分党委六月至九月工作计划》（1959 年 4 月 16 日）。
④ 参见王玉璞、朱薇编《刘大年来往书信选》（上），第 157、162 页。
⑤ 《范文澜致张劲夫》，王玉璞、朱薇编《刘大年来往书信选》（上），第 173 ~ 174 页。

要的缓急），或选与业务工作影响不大的同志若干人去参加，请同志们考虑。将来算业务成绩账，总得能交出一些来才好。"① 1958 年、1959 年的整风中，刘大年屡屡被批为"重业务、轻政治"；"文革"中近代史所军宣队 1973 年《关于近代史研究所副所长刘大年同志的结论请示报告》认为，刘大年"自 1954 年主持所内工作以来，……在干部工作中，有些重业务，轻政治，放松了世界观的改造"。② 在坚持将学术研究置于首位的思想指导之下，近代史研究所形成了在当时颇难得的学术研究氛围。学术研究工作一度呈现兴盛的态势。

　　第五，除此而外，可能还须注意到中国近代史相对特殊的学科属性。它固然与具有高度政治性的中共党史、中国革命史有所区别，但在为现实政治服务的总体导向下，中国近代史研究又在一定程度上与意识形态具有同构性。近代史研究在某些方面难免有所窒碍。如近代史所丁守和同殷叙彝编写的《从五四启蒙运动到马克思主义传播》（人民出版社，1963）被认定有严重错误：（1）引用未经核定和正式公布的第一次党代表大会的纲领；（2）引用了毛主席早期写的文章；（3）对右倾机会主义分子陈独秀估价过高。③ 此书后来竟被康生指为"利用历史反党"。④ 概而言之，学术发展自有其内在的规律，就整个"十七年"史学来看，中国近代史研究虽因现实需要而一度成为"显学"，但又不可避免受到制约，"险学"与"显学"成为一体之两面。与古代史、考古学等研究领域相较，研究中国近代史可以驰骋的空间也相对逼仄。

　　在现代学术体制之下，学术论文之发表无疑是科研成果的一个重要指标，但科研水平并不能完全以论文数量来衡量。实际上，若从"十七年"间近代史所出版著作（含译著）数量来看，情形较论文发表则有所改观：

---

① 《范文澜来函》，王玉璞、朱薇编《刘大年来往书信选》（上），第 199 页。
② 《关于近代史研究所副所长刘大年同志的结论请示报告》（1973 年 9 月 21 日），手稿。
③ 近代史所档案：《丁守和致党支部、学部党委》（1965 年 1 月 7 日），⻢写稿；《张崇山致王慎之、张荣安》（1964 年 12 月 17 日）。
④ 杨天石：《忆老丁》，《同舟共进》2009 年第 5 期。

1958 年，6 部；1959 年，3 部；1960 年，2 部；1961 年，7 部；1962 年，
6 部；1963 年，5 部；1964 年，4 部；1965 年，2 部。

　　不过，论及学术研究机构的学术水准与学术发展，还涉及一个关键问
题，即"出货"与"出人"之关系。学术研究关键在于出人才，至于著
述发表之数量——即所谓"出货"——倒不必刻意追求。蔡美彪先生就
认为，如今盛行的科研成果量化管理于学术发展弊大于利，论文发表、著
作出版数量的繁盛，却难逃"出货不出人"之尴尬。[①] 而近代史所在"十
七年"间，产生了一批在全国颇有影响的优秀学者，其著述不以量见长，
但其中不乏精品之作。如此看来，对于"十七年"间近代史所科研成果
过少之质疑，可能还需要全面认识，不可执于一偏。

　　1966 年"文革"风雨欲来，整个国家社会脱离常轨，近代史所自不
能例外。范文澜本为此前历次政治运动的"避风港"，此时也受到前所未
有的冲击。5 月 11 日，范文澜致刘大年、黎澍："有人从康老那里听说，
郭老发表了谈话，得到主动，范某也该主动有所表示才好。"[②] 5 月 18 日
再次致信刘大年："昨天我晤陈伯达同志，他直言相告，大意说我倚老卖
老，没有自我批评，保封建皇朝，不要以为有些知识就等于马列主义。郭
老批评就主动了。更使我惊心的，是说你年老了，不能要求你有多的马列
主义。似乎我要学也不成了。我看情况很不好，昨和黎澍同志谈，请他大
大加增自我批评的文字，请他站在敌对方面大加抨击，否则将来自有人出
来抨击，打倒老朽昏庸之辈。大势所趋，不可有姑息原谅之心。"[③] 同日
致信刘大年、黎澍："请毫不容情地加上自我批评的文字，愈过头愈好。
请你站在敌对者的方面，尽量抨击，不大大抨击，将来自有人出来抨击，
那就被动了。"[④]

---

① 蔡美彪先生访谈记录，2016 年 5 月 10 日。
② 刘潞、崔永华编《刘大年存当代学人手札》，第 233 页。
③ 《范文澜致刘大年》（1966 年 5 月 18 日），刘潞、崔永华编《刘大年存当代学人手札》，
　　第 234 页。
④ 刘潞、崔永华编《刘大年存当代学人手札》，第 235 页。

范文澜被欲"将史学革命进行到底"的陈伯达、尹达等人批判为"保皇党"。近代史所档案中保存有他的检讨文稿，兹摘录于下：

　　……最近几年，史学领域里的阶级斗争非常剧烈。我在一些文章和讲话里，没有对那些正确的意见积极支持，没有积极参加对资产阶级观点的批判。相反的，在有些同志主张破除封建王朝体系，不写或少写帝王将相的时候，我在讲话中却说了"保卫"王朝体系，"保卫"帝王将相之类的具有严重错误的话。要去"保卫"封建地主的残存物，无论如何是错误，是违反马克思主义历史观点的。有的同志因此说我是历史学里面的"保皇派"，显然击中了我思想的要害，必须正视这个可怕的名词，力求改正自己的错误。中国旧的历史书，向来就是按照封建王朝，以帝王将相为中心，一代一代地写下去的。因为那些写历史书的人都是御用的史官，他们当然为封建统治者服务。无产阶级要用马克思列宁主义、毛泽东思想重新研究和改写全部历史，把被剥削阶级颠倒了的历史再颠倒过来，首先必须彻底破除封建的和资产阶级的历史理论、历史观点。不把地主资产阶级的历史彻底破除，无产阶级的历史学就立不起来。这些本来是马克思主义最基本的道理，谁都懂得。我的那些说法，显然与马克思主义的基本道理是根本不符合的，并且是背道而驰的。

　　我的思想方法有很大的片面性，看待问题常常只有一点论，而不是两点论。一点论是形而上学，不是辩证唯物主义。用一点论看待历史就必然是历史唯心主义。唯心主义和形而上学在我的头脑里根深蒂固。一有机会，自觉地或不自觉地就有强烈的表现，讲出口来，写在纸上，实在害人不浅。现在看来，这些害人的东西，应投诸水火，毫不足惜……①

---

① 　近代史所档案：《我在历史学方面的错误观点》（范文澜），油印稿。

范文澜对此前的著述作了激烈的自我批判，"这些害人的东西，应投诸水火，毫不足惜"。但仍跟不上日趋激进的形势，"革命到底"者显然并不愿因此放过范文澜，且命近代史所造反派整理范氏的所谓"黑材料"①。范氏此时亦岌岌可危。幸得毛泽东明确指示，对他加以保护，终得过关。② 而其他如刘大年、黎澍等人显然就没有这么幸运，很快被批判为史学界的"东霸天"、"西霸天"。③

在"十七年"时期的学人看来，"学术为政治服务"似乎天经地义；新时期以来人们痛定思痛，又视学术与政治形同水火。与古史相较，中国近代史同现实更为切近，政治与学术的互动关系体现得尤为鲜明。论者指出，政治对学术也存在正面影响，因意识形态需求之推动而结出学术硕果，在学术史上亦屡见不鲜。④ 事实上，马克思主义史学本来就具有鲜明的实践性品格，具有强烈的现实关怀，研究历史与创造历史紧密结合；近代史所的创建及中国近代史学科"显学"地位的确立，固然有学术发展的内在要求，更不可忽视其背后政治需要的强力支撑。但不可否认，政治与学术不能混为一谈，而各自有其边界，学术固然不能脱离政治，但相对的独立性对于学术之健康发展而言无疑不可或缺。"史学只有在总体上保持自己的独立与特点，才能产生真正的学术效益与社会效益；如果从根本上排除了史学的独立与特点而侈谈所谓为政治服务，那就只能是对史学的损害。"⑤

就近代史所的早期学术研究观之，政治因素颇有双刃剑的意味，其利弊均不可小觑。一方面，近代史所作为国家级史学研究重镇，居于制高点，占有较为丰富的资源，实具当时其他近代史研究机构难以比拟的优势；另一方面，政治又成为制约近代史所学术繁荣发展的因素。

---

① 朱东安先生访谈记录，2011 年 7 月 19 日。
② 邓力群主编《毛泽东人际关系》，中央民族大学出版社，2003，第 490 页。
③ 社论：《夺取资产阶级霸占的史学阵地》，《人民日报》1966 年 6 月 3 日，第 1 版。
④ 王学典：《若干基本共识的再检讨与历史学的前景》，《历史教学问题》2004 年第 1 期。
⑤ 章开沅：《治学不为媚时语　独寻真知启后人》，《近代史研究》1987 年第 6 期，第133 页。

由于近代史所及其开创者范文澜在新中国成立后史坛之地位，近代史所在整个学界有深广的影响。"十七年"史学同政治形势紧密联动，"史学革命"后，史学领域的教条主义、狭隘阶级观点一度盛行。此时起而出面强调历史主义来匡正学风者，主要为范文澜和翦伯赞等人。"十七年"间，近代史所同人较少陷入迷失，资料编纂等基础性的学术活动从未中辍，范氏潜移默化之影响不可忽视。

如前文所述，"十七年"间近代史所在学术上有一定建树，其进行学术研究的理念与取径，大多能遵循学术发展的规律；所订立的规模宏大的研究规划，体现了其学术眼光和学术雄心。概言之，近代史所学人并未放弃其学术追求，仍力图在意识形态诉求与对学术的坚守之间寻得某种平衡，这是它在学术上取得创获的根本原因。但不可否认时代环境的局限，近代史所诸多关于学术建设的规划设想因受到干扰难以落实，其中不少未能结出果实。但是，改革开放以后学界关于史学发展的一些举措，实际上肇始于"十七年"。同时还须看到，范文澜所倡导的严谨笃实、重视实证、不尚浮华的学风虽经"文革"浩劫仍得以延续，这无疑构成了新时期以来近代史所迅速发展的根本基础。这种虽然无形而影响实巨的学脉、学统的薪火传承，亦构成今日近代史研究所弥足珍贵的历史底蕴和精神资源。

时至今日，我们无须讳言马克思主义史学在新中国成立后的发展曾因左的政治干扰遭遇曲折，但不能因此抹杀前辈史家创榛辟莽、筚路蓝缕的开创之功，他们并不缺乏学术的雄心与抱负，也不乏学术研究能力与组织能力。对于"十七年"马克思主义史学发展，我们更宜抱同情之了解，通过全面翔实的史料以贴近历史现场，设身处地以展现当时的实际情形，并将之置于其所处的时代政治环境加以衡量。在此基础上才能总结、汲取经验教训，以更适切稳当的脚步面向史学的未来发展。

参考文献

一 档案

近代史所档案：《人事文书–007–精简材料》。

近代史所档案：《人事文书–干部调动名册》。

近代史所档案：《人事文书–审干材料1959》。

近代史所档案：《人事文书–未整卷》。

近代史所档案馆档案：乙X106。

近代史所档案馆档案：乙X107。

近代史所科研处档案。

近代史所图书馆档案室，乙X108。

近代史研究所所档（1950~1966年）。

中国科学院院档。

二 私人提供未刊文献

丁波：《柴德赓日记及来往书信中所见之〈辛亥革命〉署名及稿酬风波》，未刊稿。

韩信夫：《中央关于研究近代史、民国史的几次指示》，未刊手稿。

李瑚：《本所十年大事简记（1951~1960）》，未刊手稿。

李瑚：《李瑚日记》，未刊手稿，李瑚先生提供。

刘大年：《关于曾彦修同志对〈美国侵华史〉的评论》，未刊稿。

刘大年藏未刊信函，刘潞先生提供。

刘大年读书笔记、札记，未刊手稿。

《刘大年日记》，未刊手稿。

刘大年撰《中国学术代表团访日工作总结报告》（第二稿），1964 年 1 月 8 日。

《刘大年自传》，刘大年亲笔。

王扬宗：《中国科学院的思想改造运动（1951～1952）》，未刊稿。

"姚薇元致曾业英信"，曾业英先生提供。

张海鹏、王学庄关于同盟会会员调查资料（书信约 2000 封），张海鹏先生提供。

《张海鹏自订年谱》，手稿，张海鹏先生提供。

张振鹤：《沉冤二十二年》，未刊手稿，张振鹍先生提供。

张振鹍、沈元："山东黄县下丁家大队口子村村史收集资料"，张振鹍先生提供。

三　内部印行文献资料

戴学稷、徐如编《邵循正先生百年诞辰纪念文集（续编）》，内部印行，2010。

戴学稷、徐如编《邵循正先生百年诞辰纪念文集》，内部印行，2009。

《历史研究》编辑部：《尚钺批判》第一辑，内部印行，1960。

刘大年：《历史专科报告》，内部发行。

刘潞、崔永华编《刘大年存当代学人手札》，内部印行，中国社会科学院近代史研究所，1995。

曲跻武：《清偿集》，内部印行。

王忠俊编《中国科学院史事汇编（1955 年）》，内部资料，中国科学院院史文物资料征集委员会办公室印行，1995。

薛攀皋、季楚卿编《中国科学院史料汇编（1952 年）》，内部资料，中国科学院史文物资料征集委员会办公室，1994。

哲学社会科学长远规划办公室：《历史科学研究工作十二年远景规划》，内部资料，1956 年 4 月。

中国科学院办公厅编《中国科学院年报》（共 8 册），内部资料。

中国科学院办公厅编《中国科学院资料汇编（1949～1954）》，内部资料，1955。

中国科学院办公厅编《中国科学院资料汇编》第 2 集（1950 年），内部资料。

《中国科学院访苏代表团资料汇编》，内部材料。

《中国科学院研究生暂行条例》，内部资料。

《中国科学院一九五六年招考研究生有关资料》，内部资料。

中国科学院整风领导小组办公室编印《中国科学院右派分子言论材料汇集（一）》，内部资料，1958。

四　已刊文献

《北方大学工学院史料》，北京理工大学出版社，1995。

北京大学历史系编《翦伯赞学术纪念文集》，北京大学出版社，1985。

北京大学历史系编《在劳动中写劳动人民的历史》，上海人民出版社，1959。

蔡美彪：《学林旧事》，中华书局，2012。

陈清泉等编《中国史学家评传》（下），中州古籍出版社，1985。

陈三井主编《走过忧患的岁月——近史所的故事》，台北：中研院近代史研究所，1986。

陈仪深、黄克武等：《郭廷以先生门生故旧忆往录》，台北：中研院近代史研究所，2004。

陈智超编注《陈垣来往书信集》，上海古籍出版社，1990。

《当代中国》丛书教育卷编辑室编《当代中国高等师范教育资料选》（上），华东师范大学出版社，1986。

邓广铭：《邓广铭学术文化随笔》，中国青年出版社，1998。

丁名楠等：《帝国主义侵华史》第1卷，人民出版社，1958。

董边等编《毛泽东和他的秘书田家英》，中央文献出版社，1990。

樊洪业主编《中国科学院编年史 1949～1999》，上海科技教育出版社，1999。

范文澜：《范文澜集》，中国社会科学出版社，2001。

范文澜：《范文澜全集》，河北教育出版社，2002。

范文澜：《中国近代史》上编第一分册，华北新华书店，1947。

范文澜：《中国近代史》上编第一分册，人民出版社，1952。

复旦大学历史系编《厚今薄古辩论集》，上海人民出版社，1958。

葛剑雄编《谭其骧日记》，文汇出版社，1998。

宫明编《中国近代史研究述评选》，中国人民大学出版社，1986。

《龚育之访谈录》编辑组编《龚育之访谈录》，中央文献出版社，2009。

顾潮编《顾颉刚年谱》，中国社会科学出版社，1993。

《顾颉刚日记》，台北：联经出版事业公司，2000。

韩辛茹主编《回忆北方大学》，内部印行，北方大学校友会、长治市地方志办公室，1991。

何炳棣：《读史阅世六十年》，中华书局，2012。

何东昌主编《中华人民共和国重要教育文献（1949～1975）》，海南出版社，1998。

侯外庐：《韧的追求》，上海三联书店，1985。

《胡适思想批判》第2辑，三联书店，1955。

黄达主编《吴玉章与中国人民大学》，山西教育出版社，1996。

《翦伯赞纪念文集》编委会编《翦伯赞纪念文集》，人民教育出版社，1997。

姜义华、武克全主编《二十世纪中国社会科学·历史学卷》，上海人民出版社，2005。

蒋廷黻：《蒋廷黻选集》第3册，台北：传记文学出版社，1978。

金毓黻：《静晤室日记》，辽沈书社，1993。

金毓黻：《中国史学史》，河北教育出版社，2003。

《金毓黻学术年谱》（初稿），《学术研究丛刊》（增刊），1987年5月。

黎澍纪念文集编辑组编《黎澍十年祭》，中国社会科学出版社，1998。

李恩涵：《近代中国史事研究论集》，台北：台湾商务印书馆，1982。

李新：《回望流年——李新回忆录续编》，北京图书馆出版社，1998。

《历史研究》编辑部编《中国近代史分期问题讨论集》，三联书店，1957。

《历史研究》编辑部编《历史研究四十年1954—1994》，历史研究杂志社，1994。

梁景和主编《中国近代史基本理论问题文献汇编》（上、中、下），社会科学文献出版社，2013。

梁启超：《〈文心雕龙讲疏〉序》，新懋印书局，1925。

刘大年：《刘大年史学论文选集》，人民出版社，1987。

刘大年：《中国近代史问题》，人民出版社，1978。

刘炼编《何干之纪念文集（1906~2006）》，北京出版社，2006。

刘乃和等：《陈垣年谱配图长编》，辽海出版社，2000。

鲁迅：《鲁迅全集》第16卷，人民文学出版社，2005。

罗尔纲：《罗尔纲全集》，社会科学文献出版社，2011。

罗尔纲：《生涯六记》，贵州人民出版社，1991。

罗家伦先生文存编辑委员会编《罗家伦先生文存》第12册，台北："国史馆"、中国国民党中央委员会党史委员会，1989。

吕思勉：《吕著中国近代史》，华东师范大学出版社，1997。

毛泽东：《建国以来毛泽东文稿》第 10 册，中央文献出版社，1996。

毛泽东：《毛泽东农村调查文集》，人民出版社，1982。

毛泽东：《毛泽东文集》第 3 卷，人民出版社，1996。

毛泽东：《毛泽东选集》第 2 卷，人民出版社，1991。

《牟安世先生纪念文集》编辑委员会编《牟安世先生纪念文集》，中华书局，2008。

南京大学历史系中国古代史教研室编《中国资本主义萌芽问题讨论集（续编）》，生活·读书·新知三联书店，1960。

钱穆：《八十忆双亲·师友杂忆》，台北：东大图书公司，1983。

人民出版社编辑部编《历史科学中两条道路的斗争》，人民出版社，1958。

荣孟源：《历史笔记》，中国社会科学出版社，1983。

荣孟源：《历史人物的评价问题》，华东人民出版社，1954。

荣孟源：《中国近百年革命史略》，生活·读书·新知三联书店，1954。

沙知编《向达学记》，生活·读书·新知三联书店，2010。

山东人民出版社编《艰苦创业的下丁家人》，山东人民出版社，1965。

尚钺：《尚钺史学论文选集》，人民出版社，1984。

石父辑译《苏联历史分期问题讨论》，中华书局，1952。

宋云彬：《红尘冷眼——一个文化名人笔下的中国三十年》，山西人民出版社，2002。

童教英：《从炼狱中升华——我的父亲童书业》，华东师范大学出版社，2001。

王玉璞、朱薇编《刘大年来往书信选》（上、下），中央文献出版社，2006。

温济泽等编《延安中央研究院回忆录》，湖南人民出版社，1984。

吴介民主编《延安马列学院回忆录》，中国社会科学出版社，1991。

夏鼐：《夏鼐日记》，华东师范大学出版社，2011。

徐宗勉、黄春生编《黎澍集外集》,社会科学文献出版社,2003。

杨翼骧:《中国史学史讲义》,天津古籍出版社,2006。

余英时:《〈历史与思想〉自序》,《史学、史家与时代》,广西师范大学出版社,2004。

俞筱尧:《书林随缘录》,中华书局,2002。

张国淦著、杜春和编《张国淦文集》,北京燕山出版社,2000。

张世林编《学林往事》(中),朝华出版社,2000。

张贻玖:《毛泽东读史》,中国友谊出版公司,1991。

张义德、彭程编《名人与光明日报》,光明日报出版社,1999。

章开沅:《实斋笔记》,陕西人民出版社,2008。

赵春生编《周恩来文化文选》,中央文献出版社,1998。

赵俪生:《篱槿堂自叙》,上海古籍出版社,1999。

中共中央文献研究室编《毛泽东书信选集》,中央文献出版社,2003。

《中国科学院(1949~1956)》,科学出版社,1957。

中国科学院地震工作委员会历史组编《中国地震资料年表》(上下),科学出版社,1956。

中国历史研究会编《中国近代史研究纲要》,光华书店,1948。

中国社会科学院近代史研究所编《范文澜历史论文选集》,中国社会科学出版社,1979。

中国社会科学院近代史研究所编《回望一甲子——近代史研究所老专家访谈及回忆》,社会科学文献出版社,2010。

中国社会科学院近代史研究所编《中国近代史稿》第1册、第2~3册,人民出版社,1978、1984。

中国社会科学院近代史研究所中华民国史室编《胡适来往书信选》(上),中华书局,1979。

中国社会科学院科研局编《中国社会科学院学术大师治学录》,中国社会科学出版社,1999。

《中国史稿》编写组编《中国史稿》第 4 册，人民出版社，1962。

中国史学会秘书处编《中国史学会五十年》，海燕出版社，2004。

中国史学会主编《中国近代史资料丛刊·中日战争》，新知识出版社，1956。

中国史学会主编《中国近代史资料丛刊·回民起义》，神州国光社，1952。

中国史学会主编《中国近代史资料丛刊·捻军》，神州国光社，1953。

中国史学会主编《中国近代史资料丛刊·戊戌变法》，神州国光社，1953。

中国史学会主编《中国近代史资料丛刊·辛亥革命》，上海人民出版社，1957。

中国史学会主编《中国近代史资料丛刊·鸦片战争》，神州国光社，1954。

中国史学会主编《中国近代史资料丛刊·洋务运动》，上海人民出版社，1961。

中国史学会主编《中国近代史资料丛刊·中法战争》，上海人民出版社，1957。

中国史学会主编《中国近代史资料丛刊·太平天国》，神州国光社，1952。

中国史学会主编《中国近代史资料丛刊·义和团》，神州国光社，1951。

周恩来：《周恩来选集》（下），人民出版社，1984。

蔡美彪：《对中国农民战争史讨论中几个问题的商榷》，《历史研究》1961 年第 4 期。

戴逸：《回忆金应熙同志》，《皓首学术随笔·戴逸卷》，中华书局，2006。

邓广铭等：《十年来的中国史研究概述》，《光明日报·史学》1959年10月29日。

邓之诚、邓瑞：《五石斋文史札记》（三十一），《中国典籍与文化》2009年第69期。

段昌同：《逝水飞尘二十年——忆聂崇岐先生》，《学林漫录》八集，中华书局，1983。

范文澜：《反对放空炮》，《历史研究》1961年第3期。

范文澜：《历史研究应当厚今薄古》，《历史研究》1958年第5期。

方回（向达）：《解放四年来历史科学的发展》，《光明日报》1953年10月3日，第6版。

福尔维克：《一篇污蔑中国史学界的文章——〈披着马克思主义外衣的中国史学〉》，《史学资料》1962年合订本。

顾颉刚：《禹贡学会的清季档案》，《文献论丛·论述一》，国立北平故宫博物院，1936。

郭沫若：《读〈武训历史调查记〉》，《人民日报》1951年8月4日，第3版。

郭沫若：《关于目前历史研究中的几个问题》，《人民日报》1959年4月8日，第7版。

华岗：《两年来中国历史科学的转变和趋势》，《光明日报》1952年3月15日，第6版。

黄元起：《〈武训历史调查记〉所提示的治史方法》，《新史学通讯》第1卷第6期，1951年。

翦伯赞：《第九次青年汉学家会议纪要》，《历史研究》1956年第12期。

翦伯赞：《历史学的新方向新道路——介绍〈清河制呢厂五十年〉》，《人民日报》1958年12月4日，第7版。

翦伯赞：《目前历史教学中的几个问题》，《北京大学学报》（人文社会科学版）1959年第2期。

翦伯赞：《右派在历史学方面的反社会主义活动》，《人民日报》1957年10月4日，第7版。

翦伯赞：《怎样研究中国历史》，《新建设》1950年第2期。

金灿然：《〈中国通史简编〉是怎样写成的》，《解放日报》1941年12月14日，第3版。

金冲及：《历史科学必须贯彻群众路线》，《光明日报》1958年9月15日，第3版。

金冲及：《六十年的回顾》，《光明日报》2009年10月1日，第6版。

金绍庆编《范文澜同志贺南京史料整理处成立函两件》，《民国档案》1991年第1期。

金毓黻：《关于整理近代史料的几个问题》，《新建设》1950年第2期。

近代史研究所通讯组：《近代史研究所1950年工作概况》，《科学通报》1951年第1期。

《科学院历史研究所第三所的跃进指标》，《历史研究》1958年第7期。

来新夏：《我学中国近代史》，《近代史研究》2003年第3期。

黎凯：《谈当前"四史"编写的一个问题》，《光明日报》1965年10月6日，第4版。

黎澍：《中国的近代始于何时?》，《历史研究》1959年第3期。

李妍：《〈历史研究〉的片断历史》，《炎黄春秋》2007年第1期。

李真真：《中宣部科学处与中国科学院——于光远、李佩珊访谈录》，《百年潮》1999年第6期。

林增平：《胡适历史唯心主义怎样污损和歪曲中国近百年历史》，《湖南师院学报》1956年第1期。

刘大年：《历史研究所第三所的研究工作》，《科学通报》1954年第8期。

罗家伦：《研究中国近代史的计画》，《国立第一中山大学语言历史学研究所周刊》第14期，1928。

罗家伦：《研究中国近代史的意义和方法》，《武汉大学社会科学季刊》第 2 卷第 1 期，1930 年 3 月。

罗文起辑《罗尔纲书信选》，《近代史研究》1998 年第 3 期。

荣孟源：《建议编撰辛亥革命以来的历史资料》，《新建设》1957 年第 7 期。

尚钺：《中国资本主义关系发生及演变的初步研究》，《历史研究》1955 年第 3 期。

社论：《夺取资产阶级霸占的史学阵地》，《人民日报》1966 年 6 月 3 日，第 1 版。

叔谅：《中国之史学运动与地学运动》，《史地学报》第 2 卷第 3 期，1923 年。

汪荣祖：《五四与民国史学之发展》，杜维运、陈锦忠编《中国史学史论文选编》第 3 册，台北：华世出版社，1980。

王德禄、尉红宁：《关于思想改造运动——刘大年先生访谈录》，《院史资料与研究》1992 年第 1 期。

王可风：《建国十年来南京史料理事处的工作概况》，《中国档案》1959 年第 8 期。

王庆成：《"太平天国起义调查报告"评介》，《光明日报》1956 年 11 月 1 日，第 3 版。

武衡：《充实而有意义的三年（上）》，《中国科学院院刊》1991 年第 2 期。

许师谦：《到劳动中去和劳动人民一起写工农商学兵的历史》，《光明日报》1958 年 10 月 27 日，第 3 版。

杨立文：《关于编写村史的几个问题的初步探讨》，《新建设》1965 年第 3 期。

翟清福：《关于郭沫若主编〈中国史稿〉的一些情况》，《社会科学学报》（《北京农业工程大学学报》增刊）1990 年总第 7 期。

张寄谦：《范文澜和北大历史系》，《近代史研究》1994 年第 1 期。

张稼夫：《我与科学院》，《院史资料与研究》1991 年第 2 期。

赵丰田：《评教案史料编目》，《史学年报》第 3 卷第 2 期（总第 12 期），1940 年 12 月。

赵俪生：《论中国新史学的建设问题》，《新建设》1949 年第 6 期。

赵有福、黎凯：《试论编写和研究"四史"的重大意义》，《历史研究》1965 年第 1 期。

郑鹤声：《怎样研究中国近代史》，《文史哲》1951 年第 2 期。

周家骏：《张国淦先生传略初稿》，《近代史资料》总 99 号，中国社会科学出版社，1999。

周一良：《我国历史学家参加在荷兰莱登举行的青年"汉学"家年会》，《历史研究》1956 年第 2 期。

周予同：《五十年来中国之新史学》，《学林》第 4 辑，1941。

祝伟坡：《编写〈金星人民公社史〉的回忆》，《中共党史资料》2007 年第 2 期。

五　相关研究论著

〔美〕保罗·埃文斯：《费正清看中国》，陈同等译，上海人民出版社，1995。

曹家齐：《顿挫中嬗变——20 世纪的中国历史学》，西苑出版社，2013。

曾业英主编《五十年来中国近代史研究》，上海书店，2000。

陈其泰：《范文澜学术思想评传》，北京图书馆出版社，2000。

陈徒手：《故国人民有所思：1949 年后知识分子思想改造侧影》，生活·读书·新知三联书店，2013。

陈以爱：《中国现代学术研究机构的兴起——以北京大学研究所国学门为中心的探讨（1922～1927）》，台北：政治大学历史系，1999。

桂遵义：《马克思主义史学在中国》，山东人民出版社，1992。

〔美〕海登·怀特：《形式的内容：叙事话语与历史再现》，董立河译，北京出版社，2005。

洪认清：《抗战时期的延安史学》，安徽大学出版社，2006。

侯云灏：《20世纪中国史学思潮研究》，北京师范大学出版社，2007。

胡逢祥、张文建：《中国近代史学思潮与流派》，华东师范大学出版社，1991。

贾熟村、罗文起：《困学真知——历史学家罗尔纲》，南京大学出版社，2001。

蒋大椿：《历史主义与阶级观点研究》，巴蜀书社，1992。

蒋大椿：《唯物史观与史学》，吉林教育出版社，1991。

〔美〕柯文：《在中国发现历史——中国中心观在美国的兴起》，林同奇译，中华书局，2002。

〔意〕克罗齐：《历史学的理论和实际》，傅任敢译，商务印书馆，1997。

〔美〕孔飞力：《中华帝国晚期的叛乱及其敌人》，谢亮生等译，中国社会科学出版社，1990。

〔美〕李怀印：《重构近代中国——中国历史写作中的想象和真实》，岁有生、王传奇译，中华书局，2013。

李泽厚：《中国现代思想史论》，安徽文艺出版社，1994。

梁景和：《中国近代史基本线索的论辩》，百花洲文艺出版社，2004。

刘龙心：《学术与制度——学科体制与现代中国史学的建立》，新星出版社，2007。

刘易斯·科塞：《理念人——一项社会学的考察》，郭方等译，中央编译出版社，2001。

陆键东：《陈寅恪的最后二十年》，生活·读书·新知三联书店，1995。

逯耀东：《史学危机的呼声》，台北：联经出版事业公司，1987。

〔德〕罗梅君：《政治与科学之间的历史编纂》，孙立新译，山东教育出版社，1997。

罗志田：《近代中国史学叙论》，北京师范大学出版社，2015。

罗志田主编《20 世纪的中国：学术与社会·史学卷》（上、下），山东人民出版社，2001。

瞿林东：《中国史学的理论遗产》，北京师范大学出版社，2005。

桑兵：《晚清民国的国学研究》，北京师范大学出版社，2014。

桑兵：《晚清民国的学人与学术》，中华书局，2008。

桑兵：《治学的门径与取法——晚清民国研究的史料与史学》，社会科学文献出版社，2014。

尚小明：《北大史学系早期发展史研究（1899～1937）》，北京大学出版社，2010。

沈志华等：《中苏关系史纲（1917～1991）》，新华出版社，2007。

史学史研究室编《新史学五大家》，社会科学文献出版社，1996。

宋晞：《论中共的"史学革命"》，"中华学术院"编《史学论集》，台北：华冈出版有限公司，1977。

苏双碧：《阶级斗争与历史科学》，上海人民出版社，1982。

田亮：《抗战时期的史学》，人民出版社，2005。

王汎森：《傅斯年：中国近代历史与政治中的个体生命》，生活·读书·新知三联书店，2012。

王学典、陈峰：《二十世纪中国历史学》，北京大学出版社，2009。

王学典：《历史主义思潮的历史命运》，天津人民出版社，1994。

王子今：《毛泽东与中国史学》，中共中央党校出版社，1993。

吴安家：《中共史学批判论集》，台北：幼狮文化事业公司，1985。

夏鼐、苏双碧：《吴晗的学术生涯》，浙江人民出版社，1984。

肖黎主编《中国历史学四十年》，书目文献出版社，1989。

谢保成：《郭沫若评传》，百花洲文艺出版社，1995。

许冠三：《新史学九十年》，岳麓书社，2003。

张传玺：《新史学家翦伯赞》，北京大学出版社，2006。

张海鹏、龚云：《中国近代史研究》，福建人民出版社，2005。

张剑平：《新中国史学五十年》，学苑出版社，2003。

张越:《新旧中西之间——五四时期的中国史学》,北京图书馆出版社,2007。

章群:《中共早期的历史研究工作》,台北:学海出版社,2000。

中国社会科学院科研局编《中国社会科学院学术大师治学录》,中国社会科学出版社,1999。

周朝民、庄辉明等编著《中国史学四十年》,广西人民出版社,1989。

周秋光、黄仁国:《刘大年传》,岳麓书社,2009。

朱政惠:《吕振羽学术思想评传》,北京图书馆出版社,2000。

左玉河:《中国近代学术体制之创建》,四川人民出版社,2008。

Albert Feuerwerker, *History in Communist China*, Cambridge, Mass.: The MIT Press, 1968.

Albert Feuerwerker, *Chinese Comunist Studies of Modern Chinese History*, Cambridge, Mass.: Harvard University Press, 1961.

Michael Stanford, *An Introduction to the Philosophy of History*, Blackwell Publishers, UK, 1998.

〔美〕阿里夫·德里克:《革命之后的史学:中国近代史研究中的当代危机》,《中国社会科学季刊》1995 年春季卷。

陈峰:《趋新反入旧:傅斯年、史语所与西方史学潮流》,《文史哲》2008 年第 3 期。

陈其泰:《范文澜与毛泽东:学术的关联和风格的共鸣》,《当代中国史研究》2001 年第 2 期。

樊洪业:《中国科学院早期的改造之路》,《科学文化评论》2005 年第 6 期。

洪认清:《抗战时期延安与重庆马克思主义史学的区域特色》,《三明学院学报》2006 年第 1 期。

侯云灏:《20 世纪五六十年代中国史学的基本走向》,《史学理论研究》2000 年第 1 期。

黄广友：《刘大年史学研究》，博士学位论文，山东大学，2010。

林国华：《范文澜与中国马克思主义史学》，博士学位论文，山东大学，2007。

林正珍：《台湾五十年来"史学理论"的变迁与发展：1950～2000》，台北《汉学研究通讯》第 20 卷第 4 期，2001 年 11 月。

林志宏：《蒋廷黻、罗家伦、郭廷以：建立"科学的户国近代史"及其诠释》，台北《思与言》第 42 卷第 4 期，2004 年 12 月。

刘龙心：《中国近代史——一门次学科领域的兴起》，"史学、时代、世变：郭廷以与中国近代史研究"学术研讨会论文集，台北，2004。

罗志田：《近三十年中国近代史研究的变与不变》，《社会科学研究》2008 年第 6 期。

欧阳军喜：《20 世纪 30 年代两种中国近代史话语之比较》，《近代史研究》2002 年第 2 期。

欧阳军喜：《论"中国近代史"学科的形成》，《史学史研究》2003 年第 2 期。

王汎森：《什么可以成为历史证据——近代中国新旧史料观点的冲突》，《新史学》第 8 卷第 2 期，1997 年 6 月。

王学典：《近五十年的中国历史学》，《历史研究》2004 年第 1 期。

王也扬：《略论我国史家学习马克思主义的三个境界》，《社会科学》1992 年第 9 期。

叶毅均：《为何成为马克思主义史学家？——范文澜学术思想前传》，博士学位论文，新竹清华大学历史研究所，2017。

俞旦初：《中国近代最早的史学会——湖北史学会初考》，《近代史研究》1986 年第 6 期。

虞和平：《改革开放以来中国近代史学科的创新》，《晋阳学刊》2010 年第 6 期。

张海鹏、赵庆云：《试论刘大年的中国近代史研究》，《历史研究》2011 年第 3 期。

张海鹏：《20 世纪中国近代史学科体系问题的探索》，《近代史研究》2005 年第 1 期。

张海鹏：《关于中国近代史的分期及其"沉沦"与"上升"诸问题》，《近代史研究》1998 年第 2 期。

张剑平：《谈〈中国通史简编〉在延安的问世》，《延安大学学报》1991 年第 4 期。

张越、叶建：《近代学术期刊的出现与史学的变化》，《史学史研究》2002 年第 3 期。

张越：《"五朵金花"问题再审视》，《中国史研究》2015 年第 2 期。

赵庆云：《"三次革命高潮"解析》，《近代史研究》2010 年第 6 期。

赵庆云：《从几则未刊材料解读黎澍》，《学术界》2011 年第 1 期。

赵庆云：《范文澜续写、重写〈中国近代史〉的构想及实践》，《史学理论研究》2016 年第 2 期。

赵庆云：《近代中国主叙事的源起、流变与重构——评李怀印〈重构近代中国〉》，《近代史研究》2015 年第 2 期。

赵庆云：《刘大年与学术组织工作》，《近代史研究》2015 年第 1 期。

赵庆云：《论 1950 年代中科院近代史研究所的学术研究》，台北《思与言》第 48 卷第 2 期，2010 年。

赵庆云：《论十七年的"中国现代史"研究——以中国科学院近代史研究所为中心》，《中共党史研究》2015 年第 12 期。

赵庆云：《辛亥革命讨论会与辛亥革命史研究》，《当代中国史研究》2011 年第 6 期。

Q. Edward WANG, "Between Marxism and Nationalism: Chinese Historiography and the Soviet Influence, 1949 – 1963," *Journal of Contemporary China*, Vol. 9, No. 23, 2000, pp. 95 – 111.

六 报纸期刊

《北大周刊》（1950 年）

《光明日报·史学》

《进步日报·史学周刊》（天津）

《近代史资料》

《科学通报》

《历史研究》

《内部未定稿》

《人民日报》

《史学战线》

《史学资料》

《外国史学动态》

《文史哲》

《新建设》

《新史学通讯》（后改名为《史学月刊》）

《院史资料与研究》

《中国科学院历史研究所第三所集刊》（第一、二集）

七　访谈口述资料

1997 年 8 月 30 日采访刘大年先生记录。

1997 年 9 月 1 日采访刘大年先生录音记录《历史学研究中的几个问题》。

1999 年 11 月 22 日刘大年先生协和医院谈话记录，刘潞先生提供。

2003 年 6 月 20 日、6 月 23 日、11 月 5 日，共 3 次访谈王玉璞先生记录。

2007 年 3 月 24 日、25 日，6 月 18 日、11 月 27 日，2014 年 10 月 22 日、11 月 3 日，2015 年 4 月 8 日，2016 年 1 月 28 日、9 月 5 日，2018 年 12 月 10 日，共 10 次访谈张海鹏先生记录。

2007 年 5 月 18 日、12 月 4 日、12 月 11 日、12 月 18 彐，共 4 次访谈刘潞先生记录。

2007 年 6 月 20 日，2008 年 1 月 15 日，2010 年 1 月 15 日、12 月 3 日，2012 年 2 月 24 日，2013 年 6 月 9 日、11 月 8 日，2016 年 1 月 8 日、29 日，共 9 次访谈张振鹍先生记录。

2007 年 8 月 21 日姜涛先生访谈记录。

2007 年 9 月 11 日、2011 年 8 月 6 日、2016 年 5 月 10 日，共 3 次访谈蔡美彪先生记录。

2007 年 10 月 12 日荣维木先生访谈记录。

2007 年 12 月 4 日崔永华先生访谈记录。

2008 年 1 月 28 日胡绳秘书白小麦先生访谈记录。

2009 年 5 月 23 日刘存宽先生访谈记录。

2009 年 12 月 23 日、2010 年 11 月 20 日两次访谈李瑚先生记录。

2010 年 7 月 19 日、9 月 30 日两次访谈王来棣先生记录。

2010 年 11 月 15 日曾业英先生访谈记录。

2010 年 12 月 1 日曲跻武先生访谈记录。

2010 年 12 月 1 日杨光辉先生访谈记录。

2011 年 7 月 19 日朱东安先生访谈记录。

2012 年 11 月 28 日韩信夫先生访谈记录。

2012 年 12 月 25 日廖学盛先生访谈记录。

2016 年 1 月 17 日丁贤俊先生访谈记录。

索　引

后　记

2008 年留近代史所工作后，有机缘得见近代史所的文书档案，遂将修改博士论文的计划搁置，转而投入对近代史所的研究。倏忽十载已过，两鬓早生华发，才完成这一颇显谫陋的书稿，深感惭惶无地。

曾有学界前辈好心提点我，何必投入如许精力研究近代史所？考虑到近年来学风丕变，如何看待"十七年"史学是仁智互见，甚至有人视其为"完全政治化"的产物而不屑一顾，此种语境下研究近代史所多少有些冒险。不过，"十七年"间"新史学"开拓奠基，可谓当代中国史学自身的源头之一，其影响看似无形，实则深远，不宜存而不论甚至一笔抹杀。近代史所与延安史学机构一脉相承，也是新中国成立后第一个国家级史学机构，居于相当关键的位置，自具典型意义与研究价值。无须讳言，1949 年后史学机构既受政治运动影响，也在政治中扮演重要角色。但还须看到，正因为与政治之间难以分割的纠葛，近代史所较诸纯粹的学术机构，或许具有更为丰富的探讨空间。

以"创榛辟莽"作为书名，主要着眼于近代史所对于中国近代史学科的前驱之功。我的基本思路是，从具体史实出发，着力挖掘相关史料，重返当时的时空语境，梳理近代史所渊源发展的脉络，将学人之"学"与其"行"结合起来加以考察，呈现学人在政治与学术之间不无困扰的实际作为，展示"十七年"间史学发展的丰富与复杂的形态。并试图分析这一形态生成与演化的历史动因，在此基础上察其得失之所由。换言之，不局限于一般史学史的研究取径，既是史学机构史，也是知识分子史。

能多大程度上达到初衷，自己殊无把握。平心而论，我在获取资料上固然有近水楼台之便，然亦难免身在庐山之中的局限；表述上如何既能达意又不逾矩，也是不小的挑战，虽然颇费斟酌，某些地方仍不免言不尽意。此外诸如人事矛盾、政治运动的基层运作等问题相当重要，虽然收集了一些材料，但深感难以把握得当，因此着墨不多，对这些问题作更深入的专题研究只能俟诸将来了。

书稿付梓之际，首先要感谢我的博士导师张海鹏先生、硕士导师饶怀民先生。两位先生将我领入史学研究之门，他们的言传身教，如春风化雨令我终生受益。本课题自始即得到海鹏先生的支持，研究过程中，海鹏先生作为"十七年"史学的亲历者，不仅提供了不少珍贵的史料，在史料解读上也常为我指点迷津。

感谢近代史所的领导王建朗、夏春涛、虞和平、汪朝光、金以林诸位先生。他们的雅量包容，是我在研究中能力求客观的重要前提。

本书写作得到蔡美彪、张振鹍、耿云志、曾业英、朱东安、廖学盛、杨光辉、姜涛、刘潞、李长莉、白小麦诸位先生的鼎力支持，他们不仅提供了宝贵的口述史料，还将自己收藏的日记、笔记、书信等资料提供给我。向他们表示由衷的谢意！

还要感谢桑兵、王也扬、谢维、徐秀丽、王奇生、张越、黄春生、左玉河、杜继东、李细珠、黄道炫、马忠文诸位师长的鼓励和指点。周祖文、李瑾、李志鹏、杜丽红、唐仕春、刘文楠、胡永恒、徐志民、吴志军、尹媛萍、薛刚在平时论学中提出了中肯意见，一并致谢！

我要特别感谢社会科学文献出版社杨群总编和徐思彦老师。正是二位老师的慷慨相助，使本书得以顺利出版。徐思彦老师还牺牲春节假期，对书稿仔细审读把关。二位老师纯粹从学术着眼的担当，令我衷心感佩。

　　感谢历史学分社总编辑宋荣欣老师和责编李丽丽，她们的细致高效和优秀的专业素养，使本书尽可能减少疏漏错讹。

　　最后，我要感谢妻子在生活中的温情陪伴和默默支持，感谢父母和岳父母任劳任怨无私付出，使我得以心无旁骛专心学业。家人的温暖，是我前行的动力，也是我永远的依傍。

2019 年 4 月 17 日于北京常营寓所

图书在版编目（CIP）数据

创榛辟莽：近代史研究所与史学发展／赵庆云著
．－－北京：社会科学文献出版社，2019.4
ISBN 978－7－5201－4630－2

Ⅰ．①创…　Ⅱ．①赵…　Ⅲ．①中国历史－近代史－文
集　Ⅳ．①K250.7－53

中国版本图书馆 CIP 数据核字（2019）第 058675 号

创榛辟莽：近代史研究所与史学发展

著　　者／赵庆云

出 版 人／谢寿光
项目统筹／宋荣欣
责任编辑／李丽丽
文稿编辑／肖世伟 等

出　　版／社会科学文献出版社·历史学分社（010）59367256
　　　　　地址：北京市北三环中路甲 29 号院华龙大厦　邮编：100029
　　　　　网址：www.ssap.com.cn
发　　行／市场营销中心（010）59367081　59367083
印　　装／三河市东方印刷有限公司

规　　格／开 本：787mm×1092mm　1/16
　　　　　印 张：27.5　插 页：0.5　字 数：418 千字
版　　次／2019 年 4 月第 1 版　2019 年 4 月第 1 次印刷
书　　号／ISBN 978－7－5201－4630－2
定　　价／128.00 元

本书如有印装质量问题，请与读者服务中心（010－59367028）联系